本书系
国家社会科学基金一般项目"秦法之治下官吏集团研究"
（项目批准号：15BZS066）结项成果

宁全红 著

秦法之治下官吏集团研究

中国社会科学出版社

图书在版编目（CIP）数据

秦法之治下官吏集团研究 / 宁全红著. -- 北京：中国社会科学出版社，2024.8. -- ISBN 978-7-5227-3751-5

Ⅰ. D691.42

中国国家版本馆 CIP 数据核字第 2024BX6852 号

出 版 人	赵剑英
责任编辑	耿晓明
责任校对	李　军
责任印制	李寡寡

出　　版	中国社会科学出版社
社　　址	北京鼓楼西大街甲 158 号
邮　　编	100720
网　　址	http://www.csspw.cn
发 行 部	010－84083685
门 市 部	010－84029450
经　　销	新华书店及其他书店
印　　刷	北京君升印刷有限公司
装　　订	廊坊市广阳区广增装订厂
版　　次	2024 年 8 月第 1 版
印　　次	2024 年 8 月第 1 次印刷
开　　本	710×1000　1/16
印　　张	22
字　　数	350 千字
定　　价	118.00 元

凡购买中国社会科学出版社图书，如有质量问题请与本社营销中心联系调换
电话：010－84083683
版权所有　侵权必究

目 录

绪 论 ………………………………………………………………… (1)

第一章 重申商鞅变法强秦说 ………………………………… (14)
第一节 "墨者强秦"说商榷 ……………………………… (14)
第二节 秦国由弱变强始于商鞅变法 ……………………… (31)
第三节 "官无邪"何以可能？ …………………………… (48)
第四节 本章小结 …………………………………………… (65)

第二章 秦法之治的政治环境 ………………………………… (67)
第一节 秦国/秦王朝国君/皇帝之权力分析 ……………… (67)
第二节 秦国/王朝重要官吏权力之分析 ………………… (88)
第三节 秦国/王朝"二十等爵制"形成考 ……………… (112)
第四节 本章小结 …………………………………………… (129)

第三章 秦法之治下朝廷官吏与秦国崛起 …………………… (131)
第一节 秦孝公时代的朝廷官吏与秦国崛起 ……………… (131)
第二节 秦惠文王时代的朝廷官吏与秦国崛起 …………… (144)
第三节 秦昭襄王时代朝廷官吏与秦国崛起 ……………… (153)
第四节 秦王嬴政时代的朝廷官吏与秦国崛起 …………… (175)
第五节 本章小结 …………………………………………… (188)

第四章 秦法之治下郡县官吏与秦国崛起 …………………… (190)
第一节 睡虎地秦简法律文书的形成 ……………………… (191)

第二节　秦郡县官吏日常治理的法律环境 …………………（222）
　　第三节　秦郡县官吏治理的个案分析 ……………………（238）
　　第四节　本章小结 …………………………………………（255）

第五章　官吏集团与秦王朝的灭亡 …………………………（258）
　　第一节　汉人秦亡诸说商榷 ………………………………（259）
　　第二节　秦始皇立储新考 …………………………………（276）
　　第三节　秦二世"繁刑严诛"析论 ………………………（295）
　　第四节　"伐无道，诛暴秦"析论 ………………………（310）
　　第五节　本章小结 …………………………………………（329）

结　语 ………………………………………………………（331）

参考文献 ……………………………………………………（336）

后　记 ………………………………………………………（345）

绪　　论

早期中国的历史，是一部由分立逐渐迈向统一的历史，是一部由万邦林立逐渐迈向中央集权国家的历史，是一部各民族之间为了生存和发展而不断发生冲突和战争逐渐走向基于相互依存、相互融合共创和谐与繁荣的历史，也是一部由"为政在人"逐渐走向"以法治国"的历史。所有这一切，可以说由秦始皇建立秦王朝而终告完成。相对于东方诸侯国而言，秦国建立最晚，国力长期以来也最为薄弱。直至秦孝公即位，秦国仍然被中原诸侯国视为夷狄，不肯与之会盟。在此情形下，商鞅在秦孝公的支持下大刀阔斧地实施变法，彻底改变秦国贫弱和落后的局面，秦国国力迅速强大。经过几代秦人艰苦卓绝的努力，秦国终于完成一统天下的伟业，建立了空前强大的王朝。然而，它并没有如秦始皇所期望的那样世世代代传之无穷，而是在短短的十几年后就土崩瓦解。不过，这一段波澜壮阔的历史，对于此后的中国历史与文化以及中华民族的前途和命运均产生较为深远的影响，值得人们从各个方面、各个角度进行研究。

从西汉开始，历代王朝治理者和士大夫多重视总结和吸取嬴秦兴亡的经验教训。关于秦国何以兴盛乃至于一统天下，有人将之归诸地利。例如，贾谊等人认为，秦国地势易守难攻，东方诸国虽不乏智者辅佐国政，良将统帅军队，也不乏贤相提供谋略，却困于地势险阻而难以攻陷秦国的天然屏障。[①] 又如，孟万忠等人指出：关中平原易守难攻，让秦国便于向东方扩张，乃控制黄河中下游地区的理想区域。从地缘政治的

---

① （汉）司马迁：《史记》卷六《秦始皇本纪》，中华书局1982年版，第277页。

角度而言，秦国强盛并统一天下具有必然性。① 从地理、地势的角度解释秦国崛起之原因，不能说完全没有合理性。有学者认为，以往周文王控制潼关至崤函一带的函谷关天险后便改变"奉勤于商"的方针，并能够依次消灭殷商王朝之属国。② 然而，从这一角度解释秦国兴盛之原因的局限性也较为明显。如果说地理、地势等因素具有决定性，则秦国在比较强大的穆公时代不能顺利向东扩张而只能称霸西戎的现象难以得到合理解释。如果说地理、地势因素具有决定性，则刘邦就不可能轻易攻取武关，大破秦军于蓝田，迅速灭亡秦王朝。或有学者辩称，此乃刘邦采取利诱等方式抵消了秦王朝军队所拥有的地利优势。③ 不过，持地理决定论的学者又难以解释的事实是，在刘邦占尽地利甚至人和优势，而且以逸待劳的情况下，项羽派遣的黥布等在一月之内便攻破函谷关，刘邦等人不得不前往参加鸿门宴并表示臣服。④

也有学者将秦国崛起乃至一统天下归结为符合人们的利益和愿望。例如，贾谊等人认为，周王室久已卑微，五霸也成为历史，没有人号令天下。各诸侯国因而争相变法图强，征战不休。人们渴望秩序、和平以安其性命。秦国一统天下有利于改变长期以来的战乱局面，建立和平与和谐之秩序，因而得到人们的响应与支持。⑤ 又如，萨孟武认为，战国时期，商业的发达引起地域的分工，使各地在经济上相互依赖，由此产生确保各地商业往来顺利进行以及消除关税障碍的强烈需求。秦国之关中土地肥沃，水利发达，且多大贾，故而秦国可以利用经济力量振兴军备。加之军功爵制的推行激励人们努力作战，秦始皇因而得以统一天下，满足商业资本开拓国内市场的需求。⑥ 在长期深受儒家思想影响的中国，"得人心者得天下，失人心者失天下"之类观念深入人心，上述看法非常容易引起人们共鸣，却未必能够获得足够有效的证据支持。正如刘巍

---

① 孟万忠等：《从地缘政治学的角度探讨秦统一全国的历史必然性》，《太原师范学院学报》（社会科学版）2005 年第 1 期。
② 王晖：《论文王平虞芮之讼与商周战略形势之遽变》，《社会科学战线》2003 年第 1 期。
③ （汉）司马迁：《史记》卷八《高祖本纪》，中华书局 1982 年版，第 361 页。
④ （汉）司马迁：《史记》卷八《高祖本纪》，中华书局 1982 年版，第 364 页。
⑤ （汉）司马迁：《史记》卷六《秦始皇本纪》，中华书局 1982 年版，第 283 页。
⑥ 萨孟武：《秦的兴亡》，《新政治》1938 年第 1 卷第 1 期。

所指出的，秦国与东方各国相互征战，并不顾及民众的感受。他们为此采取系列措施，往往着眼于战争的胜利，而非考虑百姓的利益甚至死活。① 亦如人们所熟悉的《阿房宫赋》所指出的："使六国各爱其人，则足以拒秦。使秦复爱六国之人，则递三世可至万世而为君，谁得而族灭也？"②

  有些学者则从学术或文化的角度探讨秦国兴盛的缘由。例如，陆青松认为，秦国崛起乃至统一天下，必须解决富国强兵、君臣关系以及政权运作等三个方面的问题。诸子学说中的"义利观"和"刑名"理论经过法家改造以后在调动全国民众力量实现富国强兵方面发挥积极作用；在商鞅、韩非等法家思想的主导下，秦国吸收诸子学说中的君臣关系学说，实现了在臣子发挥作用的同时君主的权力得到强化的理想君臣关系；诸子学说又为政权如何运作以及官吏的日常行为准则提供参考方案，确保政权的高效运转。因此，学术推动了秦国一统大业的完成。③ 诸如此类的分析存在的最大问题是，学者们往往将秦政视为诸子学说或者思想指导下的结果，甚至干脆将诸子学说或者思想中的有些论述视为实际运行的秦政。殊不知学说或者思想与政事之间的关系极其复杂，它们要想对政务发挥指导作用或者产生影响，必须为国君乃至多数或大多数臣子所接受，并历经复杂的博弈过程后方可转化为政策或制度，也就是对政治发生影响。在此过程中，学说或者思想难免为国君以及大臣们所修订，有时候甚至与提出者或倡导者的初衷相去甚远甚至背道而驰。因此，简单地将学说或者思想抑或其逻辑发展等同于政治运作本身缺乏足够的说服力。在王绍东看来，商鞅积极吸取战国初期各国变法的经验教训，形成相对系统的变法理论。变法措施密切结合秦国实际，具体而且便于实施。它们不仅在精神实质上与秦国文化传统相一致，而且使秦文化更好地适应富国强兵的需要。④ 从文化的角度探讨历史现象要么极具深刻性，要么完全缺乏说服力。如果上述解释能够成立，人们便难以解释秦王朝

---

① 刘巍：《"民心"决定论的困境：以秦亡汉兴为例》，《北京理工大学学报》（社会科学版）2015年第4期。
② （唐）杜牧：《樊川文集》，上海古籍出版社1978年版，第1—2页。
③ 陆青松：《论学术在秦统一中的作用》，《社会科学论坛》2011年第7期。
④ 王绍东：《秦朝兴亡的文化探讨》，内蒙古大学出版社2004年版。

何以二世而亡。一种文化的形成往往需要经历漫长的时间,其衰亡亦如是。在秦王朝建立后短短的十几年之内,所谓适应富国强兵需要的秦文化不大可能迅速消亡抑或变成所谓导致秦王朝灭亡的文化。如果这两种文化之间不存在此消彼长之关系,则人们又会发现,大家很难获得充分有效的证据支持它们相互竞争抑或相互作用导致秦王朝二世而亡。

有些学者从人的角度进行分析,认为秦国打破世卿世禄制的限制,不断任用东方六国杰出人才,拜为客卿并委以全权,乃秦国兴盛的重要原因。① 这样的看法与李斯在《谏逐客书》中所表达的观点如出一辙。② 李斯通过上书成功阻止秦国驱逐客卿,表明客卿对秦国崛起功不可没,秦人也无法否认。不过,客卿的作用大致包括制定法令、建言献策以及攻城略地等等。他们拟定的法令需要为秦国君臣认同和实施,建言献策需要为秦国国君采纳和官吏集团执行。人们尽管不能否认客卿为秦国崛起所发挥的巨大作用,然而,秦国的强盛毕竟还是由绝大多数秦人在日常治理中一点一滴的努力累积所致。就攻城略地之类事而言,客卿所发挥的作用也不应被无限夸大:一来秦国本土将领所发挥的作用不应被低估;二来军队起初主要由秦人构成,其后勤保障主要由秦国官吏负责。因此,在从人的角度入手探讨诸如秦国何以兴盛之类问题的时候,人们不能因为史书的记载较为简单而将复杂的历史简单化,片面强调客卿的作用,从而导致官吏集团为秦国崛起所付出的努力被人为湮没。

或许是因为以往人们很少考虑秦国何以兴盛之故,从商鞅变法的角度探讨秦国崛起的原因的观点较为晚出。例如,有学者认为,商鞅变法瓦解了以往封建士大夫、士以及庶人的组织,国家严格地组织起来,能够顺利地动员全国的力量,在完成天下一统方面发挥辅助作用。③ 在不否认以往一些学者所谓地理、农业和灌溉、军事技术、军事经验丰富以及崇尚武德、革新措施的顺利制定、任用外来人才的决心以及政治的连续性、稳定性等等因素为秦国赢得战争胜利或者崛起的因素的前提下,一些国外学者认为,就秦国兴盛而言更具决定性的因素是经由商鞅变法

---

① 李福泉:《秦国客卿议》,《湖南师院学报》(哲学社会科学版)1980年第2期。
② (汉)司马迁:《史记》卷八十七《李斯列传》,中华书局1982年版,第2542页。
③ 劳贞一:《秦汉史》,中国文化服务社1947年版,第1—9页。

而完成的提高行政效率的计划、农业改革计划以及政治和军事力量计划。换言之，秦王朝在行政过程中坚持效率、精确性和规定的程序，强调精确的计量数据以及注意改进农业生产以及保护自然资源等等发挥更为重要的作用。① 秦国在商鞅的主持下实施变法，在治国之道方面实现"议事以制"向"以法治国"的转变。各项举措以法令的形式发布并在秦国强制推行，给秦国造成翻天覆地的变化。在商鞅变法前，东方诸侯国非常轻视秦国，将其视为夷狄。而在商鞅变法后，"天子致伯，诸侯并贺"②。因此，人们很难否认的是，在商鞅主持变法期间颁布的法令乃秦国得以迅速崛起的重要因素。不过，人们不能仅从法令的角度考虑秦王朝兴亡问题，还应该重视诸如"条文的规定是一回事，法律的实施又是一回事"，以及"社会现实与法律条文之间，往往存在一定的差距"之类问题。③ 秦国法令由官吏集团实施，法令条文与实施效果之间的差距取决于官吏集团的执法情况。在秦王朝建立前后法令未发生重大改变而效果反差较大的情况下，人们在讨论秦国何以兴盛之类问题的时候应该更加关注影响乃至决定执法效果的官吏集团的行为。

不过，从西汉时期开始，人们更加愿意探讨秦王朝二世而亡的教训。严刑峻法通常为人们心目中秦王朝迅速灭亡的首要原因。例如，西汉陆贾指出："秦二世尚刑而亡。"④ 他还指出："秦以刑罚为巢，故有覆巢破卵之患。"⑤ 贾谊也认为，秦王朝"禁文书而酷刑法"、"以暴虐为天下始"，秦二世又"繁刑严诛"⑥。或许因为前朝也是二世而亡之故，唐人也较为重视吸取秦王朝速亡之教训。在颁行新律于天下的诏书中有"秦并天下，隳灭礼教，恣行酷烈，害虐蒸民，宇内骚然，遂以颠覆"这样的说法，⑦ 表明唐王朝缔造者对于秦亡之看法，同时又表明他们比较注意吸取其教训，在新颁布的刑律中有所体现。

---

① ［英］卜德：《秦国和秦帝国》，载［英］崔瑞德、鲁惟一编《剑桥中国秦汉史》，杨品泉译，中国社会科学出版社1992年版，第61—68页。
② （汉）司马迁：《史记》卷五《秦本纪》，中华书局1982年版，第202—203页。
③ 瞿同祖：《瞿同祖法学论著集》，中国政法大学出版社1998年版，第5页。
④ 王利器：《新语校注》，中华书局1986年版，第29页。
⑤ 王利器：《新语校注》，中华书局1986年版，第51页。
⑥ （汉）司马迁：《史记》卷六《秦始皇本纪》，中华书局1982年版，第284页。
⑦ （五代）刘昫等：《旧唐书》，中华书局1975年版，第2134页。

近代学者认为，繁杂的法令和严酷的刑罚迫使越来越多的农民加入反抗的行列，是导致秦王朝灭亡的重要原因。① 与其相类的看法是，秦始皇滥用刑罚，喜怒无常，超出六国人民能够承受的限度。继位的胡亥也非常残暴，赵高大权独揽，大肆杀戮大臣及诸公子，秦王朝因而灭亡。② 不过，喊出"天下苦秦"的是楚人，反秦最为激烈的也是楚人。其他原山东诸国之人反秦激烈程度远不如楚人。秦人则对反秦战争的态度冷淡。"天下"云云有可能遮蔽部分历史真相。③ 这样的现象在一定程度上可以表明各地对于所谓严刑峻法的感受程度不一。

或许是因为早已敏锐地捕捉到相关信息之故，有学者指出，秦王朝建立后，对关东六国故地实行与关中秦国本土不同的政策。例如，秦王朝采取系列措施以防范关东地区的反抗力量，"徙天下豪富于咸阳十二万户"以削弱关东地区的经济力量，横征暴敛、刑罚严酷，在思想文化方面对关东地区实行更强硬的政策。这些政策的失败引发关东地区社会各阶层对秦王朝统治的怨愤以及反抗，导致秦王朝二世而亡。④ 秦王朝法律严密，在现代人看来未免残酷。不过，它们是否就是导致秦王朝速亡的原因，人们应该进一步探讨。秦国大量刑罚很可能在商鞅变法时期就已经在法律中予以规定并广泛施行，并没有影响或者制约秦国的迅速崛起。即便贾谊也承认："故秦之盛也，繁法严刑而天下振。"⑤ 而且，严刑峻法并非秦国所独有，即便在史料较为匮乏的情况下人们也不难发现东方六国也与秦国一样实施较为严酷的刑罚。⑥ 东方六国的确衰亡，然而，同样甚至变本加厉地实施严刑峻法的明王朝却并未迅速衰亡。因此，人们在严刑峻法与王朝衰亡之间难以建立必然的联系。从理论上而言，严酷的法令只要不与人们的思想观念或者习以为常的生活方式发生严重冲突，在广为人知后尽管可能导致人们产生较为严重的畏刑心理，

---

① 萨孟武：《秦的兴亡》，《新政治》1938 年第 1 卷第 1 期。
② 劳贞一：《秦汉史》，中国文化服务社 1947 年版，第 1—9 页。
③ 陈苏镇：《"天下苦秦"辨》，《两汉魏晋南北朝史探幽》，北京大学出版社 2013 年版，第 3—14 页。
④ 王子今：《秦王朝关东政策的失败与秦的覆亡》，《史林》1986 年第 4 期。
⑤ （汉）司马迁：《史记》卷六《秦始皇本纪》，中华书局 1982 年版，第 278 页。
⑥ 韩国磐：《酷法非秦所独有》，载《中国古代法制史研究》，人民出版社 1993 年版，第 134—140 页。

却未必会令治于人者强烈不满和反抗,因为人们在知其内容后会尽力避免遭受其荼毒,而不是在与国家力量对比悬殊的情况下选择很有可能给自己和家人带来难以承受的后果的抗争。秦国在新征服地区——例如楚国——能够强制推行在关中盛行已久的法、律、令,其中道理就是如此。① 这并不意味着否认由楚人组成的戍卒因为严刑峻法而在误认为"亡亦死,举大计亦死"的极端情况下选择反抗。然而,如果考虑到陈胜、吴广为这支队伍起事所采取的种种措施以及秦王朝官吏集团发生的重大变故这些因素,人们就难以简单地将秦王朝衰亡归结为严刑峻法。

秦王朝为巩固一统之天下而采取众多举措,为此赋敛无度,超出百姓的承受能力,引起百姓的反抗,这也是人们普遍认为其二世而亡的重要原因。例如,西汉陆贾指出,秦始皇在军事方面修筑长城,派遣将领南北征伐;② 在生活方面骄奢淫逸,大量修筑宫殿,天下富豪莫不效仿。③ 贾谊很可能也针对这些事而发出愤怒的谴责。④ 在他看来,秦二世同样如此,"百姓困穷而主弗收恤"⑤。它们与严刑峻法一道,乃"仁义不施而攻守之势异也"的表现,最终导致秦王朝迅速灭亡。⑥ 与其相类似的是,近代学者萨孟武认为,秦王朝自建立后不断对外扩张,大量输入外国奢侈品,导致君臣骄傲奢侈,国家日益贫弱。而且,秦王朝推行重农抑商政策,引发商人的反抗,中断了商业交换,破坏了国家统一的基础。加之秦王朝巨大的武功与土木工程极大地加重农民的负担,在越来越多的农民加入反抗的行列后,地主也因为租税增多以及农业劳动力减少而与农民站在同一战线。秦王朝灭亡因而理所当然。⑦ 现代学者李福泉指出:秦始皇统一全国后,北伐匈奴,妨碍政策重心的转移,破坏社会生产,强化暴虐统治,从而激化社会矛盾,加速秦王朝的灭亡进程。⑧ 国外学者集以上诸说之大成,认为秦王朝之所以灭亡,至少有五个方面

---

① 睡虎地秦墓竹简整理小组:《睡虎地秦墓竹简》,文物出版社1990年版,第13页。
② 王利器:《新语校注》,中华书局1986年版,第62页。
③ 王利器:《新语校注》,中华书局1986年版,第67页。
④ (汉)司马迁:《史记》卷六《秦始皇本纪》,中华书局1982年版,第283页。
⑤ (汉)司马迁:《史记》卷六《秦始皇本纪》,中华书局1982年版,第284页。
⑥ (汉)司马迁:《史记》卷六《秦始皇本纪》,中华书局1959年版,第282页。
⑦ 萨孟武:《秦的兴亡》,《新政治》1938年第1卷第1期。
⑧ 李福泉:《北伐匈奴是秦亡的重要原因》,《学术月刊》1985年第9期。

的原因：一，施政残暴，赋税以及徭役严重；二，皇帝统治能力存在缺陷；三，秦的政策与古代圣王之制大相径庭；四，被剥夺生计的人越来越多，一般人的地位难以进行真正和持久的改善；五，承担的任务过多，导致资源过分紧张。等等。① 秦王朝为巩固天下一统而修建大量工程以及南征北战等等，势必大量征收赋税、徭役以及兵役，从而给百姓造成沉重负担。不过，若言百姓因而起事导致秦王朝灭亡又不尽然，人们不难在秦史中发现反证。例如，在商鞅变法后，秦国历代国君无不以统一天下为己任，几十年以来在关中实行同样的治理方式，并没有引发关中百姓的不满和反抗，反而实现秦国的崛起。或有学者将其归结为地域文化不同，关中之秦人适应秦国的治理方式，而东方六国之百姓却未必能如此。这样的说法显然难以得到充分有效的证据支持。人们应该从史料出发，实事求是地分析百姓负担与起事之间是否存在关联。自古迄今，中国百姓一向特别能忍耐。如果从这样的常识出发人们就会产生新的看法。而且，人们有必要进一步思考的是，相对于原山东六国的军队而言，参与所谓"诛暴秦"的军队未必在数量或者质量方面占优。如果他们面对的是秦始皇治下的王朝和军队，结局或许完全不同。因此，在思考秦何以二世而亡问题的时候，人们很有必要考察秦王朝政治、军事方面出现的问题。

现代中国越来越注重指导思想的重要性，在这样的环境中成长起来的部分学者在探讨秦王朝何以二世而亡的时候倾向于从法家思想入手，也就是考察法家思想与秦王朝迅速灭亡之间的关系。例如，李福泉认为，秦始皇在建立秦王朝以后未能及时转变指导思想，而是将法家思想神圣化；未能顺乎时事，采取合乎人心的举措，而是"举措暴众而用刑太极"；在对东方六国的政策方面，未能慎重对待中小地主、赢得大多数人的拥护，故而导致秦王朝二世而亡。② 其他学者进一步讨论商鞅或韩非的思想是否当为秦速亡承担责任的问题。例如，在认真比较商鞅、韩非的思想以后，徐进认为，兴秦者，商鞅的法治思想；亡秦者，韩非的

---

① ［英］卜德：《秦国和秦帝国》，载［英］崔瑞德、鲁惟一编《剑桥中国秦汉史》，杨品泉译，中国社会科学出版社1992年版，第101—107页。
② 李福泉：《论秦始皇统治的失误》，《湖南师大社会科学学报》1989年第4期。

"集大成"之学。具体地说，韩非本人没有堕秦城、败秦军。他的问题在于将商鞅阐发而行之于秦的法家思想引入歧途：其一，商鞅之独断为兴秦所必需，韩非之独断却可以亡秦。在这位学者看来，前者以"中法"为前提，以君臣有"共"为基础。后者导致秦始皇父子不与臣"共"，不听臣谋，不许臣言；其二，韩非"术"论远比商鞅高超，秦始皇父子因而不讲公道，不循定法，滥杀无辜；其三，商鞅用法生力，用法求强，用法治争王天下，而韩非罕言生力，秦王朝因而不顾生力而大量地浪费国力、消耗民力。因此，韩非而非商鞅的思想应当对秦迅速灭亡承担责任。① 或许是因为注意到商鞅及服膺其设者在秦的势力和影响更大，该学者后来对前述观点在一定程度上予以修正。他指出，商鞅及其后学最先系统阐发的法治理论——例如功利主义的法律工具论、强国弱民的制民论、只见人不见社会的人性论以及以奸止为度的重刑论等等——存在严重的缺失。韩非导致秦亡的学说、秦皇父子等把法家学说"推入歧途"的理论活动，都利用了商鞅理论中的缺失。因此，商鞅的法治理论也应当为秦亡承担责任。② 韩非的思想对嬴政、秦二世以及李斯均产生过影响。然而，秦二世、李斯对韩非的思想产生过多偏颇、片面乃至错误的理解，导致政治实践偏离韩非提出的政治原理，最终导致秦王朝因为暴政而亡。因此，韩非的思想对秦亡应该负一定的历史责任。③

并非所有学者都像上述学者那样认为法家思想应当为秦王朝二世而亡承担责任。这样的学者又大致可分为三类：一类学者认为，秦王朝建立后的指导思想并非法家思想，因此，法家思想不应该为秦王朝迅速灭亡承担责任。例如，乔松林认为，秦亡于暴政乃历史共识。然而，法家的"重刑"并不必然地导致暴政。换言之，"暴政"并不符合法家的思想。秦的制度设计主要依赖于阴阳家的学说而不是法家学说。秦始皇对政治思想的选择随着形势的变化而变化，在一统天下后，他的思想向阴阳家倾斜。阴阳家学说影响下的统治思想以及其带来的统治自信，使得

---

① 徐进：《韩子亡秦论——商鞅、韩非法律思想之比较》，《法学研究》1994 年第 4 期。
② 徐进：《商鞅法治理论的缺失：再论法家思想与秦亡的关系》，《法学研究》1997 年第 6 期。
③ 宋洪兵：《韩学极盛与秦二世而亡》，《学术月刊》2017 年第 4 期。

秦王朝统治具有"暴政"的特征，因而导致其迅速灭亡。因此，秦亡于法家之说难以成立。① 另一类学者认为，秦王朝建立后，治理者的种种做法违背了法家思想。因此，将秦王朝灭亡归结为法家思想缺乏说服力。例如，王占通认为，秦王朝"皆决于上"之类做法违背法家"无为"思想；大治宫室、肆意征伐为韩非所明确反对；"重刑刻法"非法家的"重刑轻罪"；迷信鬼神、祈求长生等等与韩非思想大相径庭。因此，秦王朝灭亡非法家思想之过。② 李国明等人则认为，秦王朝统一天下后，没有适时完成政策的调整，而是将其赖以兴起并完成统一的法家思想推向极端。严格说来，它们已经不是法家思想。因此，人们不能将秦二世而亡归咎于法家思想。③ 还有一类学者从法家思想对于秦汉王朝发挥积极作用的角度论述将秦王朝灭亡简单地归罪于法家思想缺乏必要的根据。例如，徐卫民指出：秦王朝建立以后坚持以法家思想为指导对于维持统一局面具有积极意义，而后世若干王朝实施"外儒内法"思想也并没有因而迅速灭亡。④

　　前面在讨论所谓学术导致秦国崛起的时候已经简要指出不能将思想与政治之间的关系简单化，这里拟对诸如此类的说法略加申述。清人已经开始怀疑商鞅撰文的可能性。有学者指出，商鞅在入秦后或许拟定变法计划以及法令草案，它们因为种种原因得以保存和流传，以至于出现韩非所谓"藏商、管之法者，家有之"的现象。⑤《商君书》之《垦令篇》《境内篇》《战法篇》以及《立本篇》很可能为商鞅本人撰写，而《商君书·更法篇》与商鞅关系密切。⑥ 商鞅是否仅拟定变法计划和法令草案，《商君书》哪些篇章为商鞅所撰等等问题可以进一步探讨。不过，有一点可以肯定的是，《商君书》中不少篇章并非商鞅所著。因此，不加考证就以《商君书》一些篇章中的部分内容为依据论述商鞅的思想与

---

① 乔松林：《秦亡于法家说质疑》，《史学月刊》2013年第6期。
② 王占通：《秦朝灭亡非法家思想之罪》，《古籍整理研究学刊》2012年第5期。
③ 李国明等：《法家思想与秦亡关系新探》，《当代法学》1993年第5期。
④ 徐卫民：《法家思想与秦王朝灭亡关系新论》，《西北大学学报》（哲学社会科学版）2005年第4期。
⑤ 郑良树：《商鞅及其学派》，上海古籍出版社1989年版，第3页。
⑥ 郑良树：《商鞅及其学派》，上海古籍出版社1989年版，第167页。

秦政之关系很难说有多少合理性。即便《商君书》有些篇章系商鞅本人撰写，也不能因而断言它们为秦国之指导思想。尽管得到秦孝公的大力支持，商鞅之设想也未必就可以全部顺利转变成为秦法令。人们在阅读《商君书·垦令》篇后不难发现，各个段落在形式上大体与"无宿治，则邪官不及为私利于民，而百官之情不相稽，则农有余日。邪官不及为私利于民，则农不敝。农不敝而有余日，则草必垦矣"相类。① 也就是开始提出政策主张，然后进行分析，最后得出"则草必垦矣"的结论。这与法令的形式不类，而更像是作者说服他人接受其主张。《商君书·垦令》的内容均围绕秦孝公"强秦"的目标而展开，很可能为商鞅为说服秦孝公而作。正如秦孝公就变法图强这样的大事而征询甘龙、杜挚等人的意见一样，法令在实施前势必会由秦国君臣在商讨后达成共识，因而导致商鞅的主张发生若干变化。至于韩非的思想，人们恐怕不能对其影响秦政的程度估计过高。秦王嬴政固然阅《孤愤》《五蠹》而恨不得与其游，然因其为韩公子而不任用。② 在主政期间，嬴政并未在立法方面采取多少重大举措。他"急法，久者不赦"并非受到韩非思想的影响，对秦始皇施政产生重大影响的乃五德终始说。③ 胡亥继位后用法益刻深，是在"大臣不服，官吏尚强，及诸公子必与我争"的形势下听取赵高建议的结果，④ 也非受到商鞅或者韩非思想的影响。因此，一些学者将秦王朝之灭亡归罪于商鞅、韩非之思想影响很难说有多少合理性。这并非意味着认同反对法家思想应当为秦王朝迅速灭亡承担责任的学者的观点。嬴政等人某些方面的施政或许受到阴阳五行学说的影响，然而，若言秦王朝建立前后有什么指导思想恐怕未必符合实际情况。在比较重视指导思想的政治环境中成长起来的现代学者，非常容易认为秦王朝建立后同样如此。或许值得他们思考的事实是，秦汉时人在反思或者批判秦政的时候从来没有言及法家或者其他诸子。

一些学者在否认秦王朝二世而亡与法家思想之间的关联后将原因归

---

① 张觉：《商君书校疏》，知识产权出版社2012年版，第17页。
② （汉）司马迁：《史记》卷六十三《老子韩非列传》，中华书局1982年版，第2155页。
③ （汉）司马迁：《史记》卷六《秦始皇本纪》，中华书局1982年版，第238页。
④ （汉）司马迁：《史记》卷六《秦始皇本纪》，中华书局1959年版，第268—269页。

结为暴政。① 除胡亥即位之初曾"不师文而决于武力"之外，② 秦王朝绝大多数施政很可能在法律的轨道上运行。因此，人们应该结合其法律来考虑是否应该给予秦政"善"或者"暴"之类评判。有学者指出，曾为推动历史巨大进步做出贡献的秦律怎么在统一后突然变得残暴起来了呢？难道秦统一前后对法律做了重大修改？汉初法律对秦律更多的是直接继承，被视为残暴的秦律为什么在汉初却促进了社会的繁荣？诸如此类的问题值得人们思考。因此，善政或暴政与人的因素有极大的关系，不能全归咎于法律。秦亡汉兴就是一个证明。③ 其他学者进而指出，从这一角度进行分析可知，君道败坏带动吏治的败坏，薄俸厚罚加速了吏风的败坏，由此加重官吏与人民的对立以及官吏丧失对秦王朝的信心才是导致秦王朝迅速灭亡的根本原因。④ 在仔细研读出土秦简记载的法律后，人们不难发现秦王朝法律规定之严密。然而，如果官吏们多像赵高审断李斯所谓谋反案那样执法，⑤ 秦政必然暴虐；如果官吏们多像萧何维护刘邦那样对待违法之人，则秦政必然宽平。在法律规定存在模糊性、事实认定存在一定不确定性以及法律难以完全限制执法者的主观能动性的情况下，施政的暴虐或者良善以及因而导致的人心向背在很大程度上取决于官吏集团的法律实施。与此相类的是，国家能力的强弱在很大程度上也取决于官吏集团能否依法实现国家各种资源的有效配置。如果国家能力因为官吏集团积极有效作为而较为强大，不论被治理者是否不满，国家也会强盛，就像商鞅变法后的秦国那样。反之，如果国家能力因为官吏集团的消极甚至放任行为而弱化，在抗争的力量和规模不断扩大的情况下，国家就会走向衰亡，就像秦二世治下的秦王朝那样。

这并不意味着在抽象的"人"或者"官吏集团"的基础上讨论嬴秦兴亡能够令人信服——更不用说结合在总结其他国家或民族经验基础上

---

① 例如，徐卫民：《法家思想与秦王朝灭亡关系新论》，《西北大学学报》（哲学社会科学版）2005年第4期；王占通：《秦朝灭亡非法家思想之罪》，《古籍整理研究学刊》2012年第5期；乔松林：《秦亡于法家说质疑》，《史学月刊》2013年第6期。
② （汉）司马迁：《史记》卷六《秦始皇本纪》，中华书局1959年版，第268页。
③ 卜宪群：《再看秦亡汉兴》，《光明日报》2002年11月26日。
④ 白艳利：《从汉承秦制看吏治对秦亡的影响》，硕士学位论文，内蒙古大学，2005年。
⑤ 宁全红：《周秦时代狱讼制度的演变》，人民出版社2015年版，第206—211页。

产生的理论的情况下进行研究。组成官吏集团的具体的人的行为因各种因素的制约很难具有高度一致性，更不可能在古今中外具有普遍性。在讨论嬴秦兴亡的时候因而还是应该从具体的人和事件出发考察他们/它们对嬴秦兴亡所造成的影响。早在西汉王朝建立之初，就有士大夫发表相关看法。例如，陆贾指出：秦王朝以李斯、赵高为倚仗，哪有跌倒摔伤的道理？① 现代学者李开元表达了类似的看法：秦始皇生前没有选定皇位继承人，给赵高、胡亥和李斯留下了阴谋篡位的机会，从政权内部导致秦帝国的混乱。② 在摒弃思想文化方面的因素或者分析后，王绍东指出：在赵高的教导下，胡亥在严刑峻法、残忍暴虐的道路上越走越远；胡亥在经由沙丘政变登上皇帝宝座后，信任和倚重赵高，导致秦王朝政治更加黑暗；残杀宗室和功臣又让秦王朝自毁长城。在反秦风暴来临的时候，秦王朝因而迅速土崩瓦解。③ 不过，仅仅停留于此有可能招致这样的反诘：西汉王朝建立后承袭了大部分秦法，而且刘邦也有残杀功臣的行为，何以未导致刚刚建立的汉王朝重蹈秦王朝覆辙？因此，人们有必要从具体事件出发考察秦二世等人的行为对官吏集团产生什么样的影响，而官吏集团的行为又如何导致秦王朝迅速灭亡。正是基于这样的考虑，本书试图在全面考辨相关史实的基础上，从官吏集团的角考察查嬴秦兴亡之根源，希望有助于修正以及深化人们相关认识，为现代治国理政提供有益借鉴。

---

① 王利器：《新语校注》，中华书局1986年版，第51页。
② 李开元：《秦始皇的后宫之谜与亡国之因》，《21世纪经济报道》2007年8月20日。
③ 王绍东：《秦朝兴亡的文化探讨》，内蒙古大学出版社2004年版。

第一章　重申商鞅变法强秦说

相对于东方诸侯国而言，秦国建立较晚，长期不能在诸侯争霸的舞台上扮演重要角色。即便在相对强大且有所作为的秦穆公时代，秦国也难以东向发展，只能称霸西戎。在春秋中晚期诸侯争霸的舞台上，秦国甚至销声匿迹，在文化方面也长期处于落后状态。就这样一个诸侯国，在战国中期一跃而成为七雄之首，并不断蚕食和侵吞关东诸侯国土地，乃至于一统天下。在此过程中，秦国必然经历一个由弱变强的转折点。自从战国末期开始，人们总是将其归诸商鞅变法，尽管人们对所谓"弃礼义，尚诈力，任刑罚"的治国之道有所非议。①当然，在漫长的中国古代历史上，也并非没有士大夫提出不同看法。前些年何炳棣撰文质疑此说，认为秦献公在墨者的帮助下变法图强，为秦孝公、商鞅奠定良好的基础。②诸如此类说法问世以后"曲高和寡"，然而，它对于本书而言关系不可谓不重大。如果秦国没有经历商鞅变法就已经实现转弱为强，则在治国方略方面实现向秦法之治转变的商鞅变法对于秦国崛起以及一统天下的重要性就不应该被过于夸大。因此，本章试图在实事求是地辨析何炳棣之说的基础上深入探讨商鞅变法何以导致秦国迅速崛起。

第一节　"墨者强秦"说商榷

在历经波折与艰辛后，秦献公在臣民的支持下即位。《史记》对其

---

① （汉）司马迁：《史记》卷一百一十八《淮南衡山列传》，中华书局1982年版，第3086页。
② 何炳棣：《国史上的"大事因缘"解谜：从重建秦墨史实入手》，载《何炳棣思想制度史论》，联经出版公司2013年版。为阐述便利起见，本章将何炳棣在《国史上的"大事因缘"解谜：从重建秦墨史实入手》中表达的观点简称为"墨者强秦"说，他处同。

在位期间的事迹记载较少，颇不寻常的是，太史公着重描写了其子孝公出生以后周太史的预言以及雨金异象。① 人们难免因而认为，秦献公时代非常重要之事乃秦孝公出世。这在一定程度上昭示着秦孝公即位以后秦国发生翻天覆地的变化。然而，何炳棣认为，中国古代史上最为重大之事乃以统一、专制集权以及郡县制为基本特征的秦帝国的建立及其传衍，这归根结底又取决于秦献公与墨者之间的特殊因缘。② 何炳棣大约于 2006 年开始思考该问题，2010 年左右撰写成文并于清华大学高等研究院黄长风讲座公开发表。③ 如果秦国由弱变强真的如何炳棣所言应当归功于墨者帮助秦献公在军事制度、户籍与连坐制度、县制以及"尚同"理念的实施等方面实行的变革，④ 那么人们对商鞅变法的意义就不应估计过高，至于秦法之治下官吏集团对秦国崛起所发挥的作用也同样如此。在尽可能避免为证成而论证、为反驳而反驳的前提下，这一节拟对何炳棣之说进行全面而且深入的辨析。

一 献公时代秦国转弱为强说辨析

从逻辑上说，欲推翻商鞅变法强秦说，必须证明秦国在商鞅变法以前已经转弱为强。如果商鞅变法与秦国强盛之间存在时间上的先后关系或共生关系，且太史公已经在《史记》中明确记载秦国在商鞅变法后迅速富强的情况下，论证二者不存在因果关系的难度显然大很多。人们不能因而断言何炳棣乃是基于这样的考虑而论证秦国在献公时代已经转弱为强。不过，在他像这样进行论证后，人们有必要予以实事求是地探讨。

针对以往史家将秦国变法成功归功于商鞅，将秦国由弱变强之枢机溯源至秦孝公的普遍看法，何炳棣提出这样的质疑：虽然《史记》明确记载秦孝公"招战士，明功赏"，然而，由"献公即位，镇抚边境，徙

---

① （汉）司马迁：《史记》卷五《秦本纪》，中华书局 1982 年版，第 201 页。
② 何炳棣：《国史上的"大事因缘"解谜：从重建秦墨史实入手》，载《何炳棣思想制度史论》，联经出版公司 2013 年版，第 379—383 页。
③ 何炳棣：《国史上的"大事因缘"解谜——从重建秦墨史实入手》，《光明日报》2010年 6 月 3 日。
④ 何炳棣：《国史上的"大事因缘"解谜：从重建秦墨史实入手》，载《何炳棣思想制度史论》，联经出版公司 2013 年版，第 361—379 页。

治栎阳，且欲东伐，复缪公之故地"这样的记载可知，它们都是秦献公已经实施的措施与方略。① 这样的看法正如何炳棣批评冯友兰所谓"墨者之第一钜子当为墨子"之说的理由一样没有文献根据。② 何炳棣得出前述看法乃是基于秦献公即位后所实施的"镇抚边境，徙治栎阳"诸事。在他看来，这些即便不是秦国历史上前无古人、后无来者的功业，也是秦国实现由弱变强的关键所在。且唯有"招战士，明功赏"才能成功完成这样的功业。上述分析以及结论均值得推敲。"镇""抚"均为"安"之意。例如，《国语·晋语七》"镇定大事"韦昭注曰："镇，安也。言知虑能安定也。"③ 抚，《说文·亡部》："安也。"④ "镇抚"因而与现代汉语中的"安抚"意义相近。安抚边境显然不能算是多么伟大的功业。"徙治栎阳"同样如此。如果此举体现秦献公非凡的战略眼光，对于秦国由弱变强至关重要，则秦国没有必要在十几年后徙治咸阳。如果何氏的说法成立，则人们难以解释直至灭亡秦国/王朝也再未重新迁都栎阳这样的现象。安抚边境并非重大军事行动，驱使百姓建筑城池亦如此，秦人无须为此"招战士，明功赏"。

对此，何炳棣或许可以辩称："（秦）与晋战于石门，斩首六万"以及"与魏、晋战少梁，虏其将公孙痤"事表明秦国在对外军事行动中取得重大胜利，⑤ 实现由弱到强的转变。在像这样重要的战争中取得胜利，"招战士，明功赏"显然不可或缺。诸如此类的辩解同样难以成立。秦国在秦灵公、秦简公、秦惠公以及出子等执政期间因政局动荡而丧失河西地。在秦献公即位后，秦国一改颓势，在与魏晋的战争中取得重大胜利，似乎表明秦国实现由弱到强的转变。不过，在像这样得出结论前，人们应该注意的是，秦国此前亦曾"伐义渠，虏其王"⑥，以及"伐蜀，

---

① 何炳棣：《国史上的"大事因缘"解谜：从重建秦墨史实入手》，载《何炳棣思想制度史论》，联经出版公司2013年版，第344页。
② 何炳棣：《国史上的"大事因缘"解谜：从重建秦墨史实入手》，载《何炳棣思想制度史论》，联经出版公司2013年版，第345页。
③ （清）董增龄：《国语正义》，巴蜀书社影印光绪庚辰章氏式训堂精刻本1985年版，第919页。
④ （汉）许慎：《说文解字》，中华书局2013年版，第253页。
⑤ （汉）司马迁：《史记》卷五《秦本纪》，中华书局1982年版，第201页。
⑥ （汉）司马迁：《史记》卷五《秦本纪》，中华书局1982年版，第199页。

取南郑"①。即便秦穆公后秦国衰落,它也能够在战场上取得若干胜利。因此,秦献公时代一两场军事胜利并不能证明秦国实现由弱到强的转变。既然如此,它们也就不能证明秦献公曾经采取对战争胜利发挥重要作用的"招战士,明功赏"之类举措。太史公认为秦孝公所采取的"招战士,明功赏"措施有必要载入史册,②在一定程度上可以反证秦献公在此方面并无多少作为。在秦孝公与秦献公之间,司马迁不大可能厚此而薄彼,也不大可能出于何种考虑而有意抹杀秦献公之功劳。当然,人们不能因为太史公在《史记》中未予记载而完全否认秦献公在此方面或多或少有所作为。不过,在《史记》未予记载的情况下,何炳棣像那样强调秦献公之举措及其作用恐怕很难说是合理。总之,何炳棣就秦献公所谓"招战士,明功赏"之类而发表的看法至多存在概率不大的可能性,基于此而进行的相关分析也就缺乏坚实的基础。

何炳棣所列"秦、魏两国河西战争史"表为人们观察商鞅变法前后秦国对外战争胜负以及由此体现的国家强盛与否提供较大便利。③ 根据该表可以发现,在商鞅变法前,秦国丧失全部河西之地。尽管秦献公治下的秦国一度取得与魏晋之战的胜利,然而,河西之地仍然在他人手中。在商鞅变法后,在与魏国的战争中,秦国接连取得大捷,不仅夺取河西之地,而且从此拉开东进序幕。秦国因而是在秦孝公执政期间实现由弱到强的转变。从另外一个角度而言,如果秦献公在执政期间已经通过"招战士,明功赏"等举措而实现强国梦,则秦孝公就不大可能"常痛于心",更没有必要以"与之分土"为条件向天下招募"出奇计强秦者"④。换言之,秦孝公度德量力,认为率由旧章根本无法实现秦献公之志,痛定思痛之余,决心改弦更张以实现强秦目标。这就从一个侧面表明秦献公时代秦国已经转弱为强的说法难以成立。

二 墨者入秦史事辨析

何炳棣认为,秦国在献公时代之所以取得石门大捷,秦国之所以因

---

① (汉)司马迁:《史记》卷五《秦本纪》,中华书局1982年版,第200页。
② (汉)司马迁:《史记》卷五《秦本纪》,中华书局1982年版,第202页。
③ 何炳棣:《国史上的"大事因缘"解谜:从重建秦墨史实入手》,载《何炳棣思想制度史论》,联经出版公司2013年版,第345页。
④ (汉)司马迁:《史记》卷五《秦本纪》,中华书局1982年版,第202页。

而转弱为强，乃是因为获得墨者的支持和参与以及墨者在军械设计制造和纪律操守方面世无匹敌。① 为了让信奉何炳棣说之人信服，也出于为商鞅变法强秦说提供更为坚实之基础考虑，这里拟对于墨者入秦相关史事进行深入辨析。非常明显，欲证明墨者对于秦国取得石门之战大捷发挥重要作用，必须先证明墨者早在秦献公时代已经进入秦国并为其效力，否则一切无从谈起。

何炳棣的分析乃是由墨家钜子制入手进行。正如他所指出的，墨子并非墨家首任钜子，这一职位最初很可能由墨子之弟子孟胜担任。孟胜与其弟子八十五人为践行墨者之义而在阳城君死后以死相殉。不过，为避免绝墨者于世，在此之前，孟胜已经将钜子之位传给远在宋国的田襄子。由此可知，墨家第二位钜子为田襄子无疑。② 正如何炳棣所指出的，目前所有资料均难以证实田襄子仕宋之时间。然而，他仍然以《史记·六国年表》"伐宋，到彭城，执宋君"以及"伐宋，取仪台"等两条资料推测田襄子仕宋的时间跨度。③ 令人遗憾的是，这样的推测完全不能成立。在孟胜临终前所谓"属钜子于宋之田襄子"之语中，"宋之田襄子"，与"荆之阳城君"相类，仅仅表明田襄子为宋人而已。在其他诸侯国伐宋的时候，田襄子既有可能在宋国，也有可能作为墨者钜子而前往其他诸侯国。因此，所谓田襄子"仕宋"之说根本无从坐实。至于宋国城防瓦解以及疆土丧失后，田襄子的结局亦无从谈起。

关于墨家第三位钜子，由于史料匮乏之故，人们已经难以确知其详。何炳棣为此煞费苦心，探讨墨子死后墨家的分化以及钜子制的中断。④ 问题在于，与"自孔子之死也，有子张之儒，有子思之儒，有颜氏之儒，有孟氏之儒，有漆雕氏之儒，有仲良氏之儒，有孙氏之儒，有乐正

---

① 何炳棣：《国史上的"大事因缘"解谜：从重建秦墨史实入手》，载《何炳棣思想制度史论》，联经出版公司2013年版，第353—366页。
② 何炳棣：《国史上的"大事因缘"解谜：从重建秦墨史实入手》，载《何炳棣思想制度史论》，联经出版公司2013年版，第345—347页。
③ 何炳棣：《国史上的"大事因缘"解谜：从重建秦墨史实入手》，载《何炳棣思想制度史论》，联经出版公司2013年版，第352页。
④ 何炳棣：《国史上的"大事因缘"解谜：从重建秦墨史实入手》，载《何炳棣思想制度史论》，联经出版公司2013年版，第348—351页。

氏之儒"相类的是，① 所谓"自墨子之死也，有相里氏之墨，有相夫氏之墨，有邓陵氏之墨"云云表达的是墨子死后墨家逐渐演化而形成的现象，② 人们根本无从据以确定墨家分化的具体时间，相关论述对于何炳棣确定墨者第三位钜子的产生时间没有多大意义。至于他所谓齐之墨者留秦三年不得见秦惠王以及东方之墨者谢子求见秦惠王而为唐姑果进谗言所阻事表明墨者钜子制已经中断云云难以成立。③ 正如后世掌握生杀大权的帝王也不能确保天下臣民所有言行都忠于自己或者合法一样，墨家钜子也不可能令所有墨者言行均合乎墨者之法。对于墨者唐姑果而言，如果墨者谢子为秦惠王所任用且逐渐亲信之，则意味着他有可能在秦惠王那里失宠甚至付出更大的代价。在此情形下，唐姑果不惜以"辩士""险"之类秦惠王反感的言辞中伤谢子，令其无从进见。这与墨者钜子制是否中断基本上没有什么关系。

何炳棣根据秦惠王所谓"先生之年长矣"推测腹䵍在秦献公晚年已经进入秦国并且因力量、声望等在墨者中已达高峰而得以担任钜子这样的说法很难令人信服。④ 事实上，腹䵍是否为墨家第三任钜子以及其为钜子的年份根本不可能在现有资料条件下予以确定。何炳棣做出上述推测的言外之意是腹䵍最迟在秦献公晚年已经在秦国活动。否则，他就不可能建功立业并因而担任钜子。这样的说法存在进一步探讨的空间。依据墨家首任钜子将其位传给田襄子的时候所谓"田襄子，贤者也"可知，⑤ 墨家钜子传承一开始采用的是传贤原则。尽管这不意味着此后必然如此，然而，何炳棣断言田襄子以功勋作为确定继任钜子人选的依据必须举出令人信服的证据。在目前的资料不可能予以证实的情况下，何炳棣所谓腹䵍帮助秦献公建功立业后以殊勋得以担任钜子之说也就成为无源之水、无本之木。

---

① （清）王先慎：《韩非子集解》卷第十九《显学》，中华书局1998年版，第456页。
② （清）王先慎：《韩非子集解》卷第十九《显学》，中华书局1998年版，第456—457页。
③ 何炳棣：《国史上的"大事因缘"解谜：从重建秦墨史实入手》，载《何炳棣思想制度史论》，联经出版公司2013年版，第350—351页。
④ 何炳棣：《国史上的"大事因缘"解谜：从重建秦墨史实入手》，载《何炳棣思想制度史论》，联经出版公司2013年版，第351页。
⑤ 许维遹：《吕氏春秋集释》卷十九《上德》，中华书局2010年版，第522页。

关于此事，人们还必须注意的是，即便墨者以功勋为依据来确定钜子的人选，候选者也应该是为墨者大义或者墨家发展壮大而建立功勋，而非为秦国建功立业。墨者在为秦人富强做出重大贡献后有利于墨者在秦国迅速发展壮大。从这一角度而言，何炳棣之说也并非完全不可能。然而，目前没有任何证据表明墨者势力在秦献公时代或者其后迅猛发展。如果田襄子担任钜子的时间不长，则腹䵍有可能在秦献公有所作为前已经担任钜子。如果田襄子担任钜子时间较长或者在他与腹䵍之间尚有其他人担任钜子，腹䵍亦有可能在秦献公取得军事胜利后担任钜子。因此，何炳棣所谓以腹䵍为钜子的墨者帮助秦献公富国强兵之说要想成立，尚需更多的证据予以支持。

近来有学者在对《吕氏春秋·去宥》中东方之墨者谢子西见秦惠王相关记载进行分析的基础上对何炳棣之说予以支持。① 客观地说，该学者关于"少主"的分析并不十分合理，也因而遮蔽了唐姑果与秦孝公和秦惠王父子之间的关系。在形容人的年龄以及与之相关的特征的时候，"少"有如次之用法：①幼也，例如《大戴礼记·文王官人》中"其少"；②幼稚，例如《礼记·曲礼上》中"少者贱者不敢辞"；③年少，例如《汉书·贾谊传》中"适遇诸侯之皆少"；④年少于己者，例如《大戴礼记·曾子制言上》中"少者友焉"；⑤三十或者二十九岁以前，例如《论语·季氏》中"少之时"，等等。② 唐姑果不大可能当着秦惠王的面言其"幼"或者"幼稚"。相对于唐姑果而言，秦惠王"年少""年少于己者"很可能符合实际情况。而且，秦惠王当时很可能在"三十岁以前"。然而，在国君面前，唐姑果表达诸如此类之意显然不太合适。而且，在具体语言环境中不难发现，"少"在表达上述含义的时候往往用来指称第三人。因此，人们对唐姑果当面称呼秦惠王为"少主"之事不应该从年龄的角度分析"少"的含义，而是应该改寻他途。如果唐姑果奉秦孝公为"主"，则他称呼秦惠王为"少主"就比较合情合理，而且也符合其身份和地位。该学者所谓秦国在孝公时代已经有墨者的看

---

① 史党社：《再论墨学与秦的关系》，载《秦始皇帝陵博物院》第三辑，三秦出版社2013年版，第392—393页。
② 宗福邦等主编：《故训汇纂》，商务印书馆2007年版，第1138—1139页。

法较为合理。在秦孝公发布求贤令后,在商鞅入秦的同时,其他人也有可能积极响应,在秦国变法图强的过程中发挥其才能和作用,并因而获得秦人的任用甚至信任,例如唐姑果。就变法而言,史书仅仅记载商鞅的事迹,这也并非不能予以合理解释。例如,其他人对于变法所做出的贡献相对于商鞅的功劳而言较为有限,这样就符合史书仅仅记载大事以及重要人物的惯例。

人们因而能够同意的是,在秦孝公时期,墨者已经前往秦国并且为变法图强贡献一己之力。然而,这未必意味着能够像何炳棣等少数学者所认为的可以为秦献公时代秦国已经有墨者之说提供支撑点。① 原因非常简单,如果前面关于"少主"的辨析成立,则唐姑果即便在秦献公时代已经进入秦国也未必获得重用,从而不可能为秦国富强发挥多少作用。当然,何炳棣所谓秦献公时代的墨者主要是指腹䵍。不过,他关于腹䵍担任钜子时期的年龄所进行的推测不可能成立。在没有史料表明腹䵍在某某事件发生时的年龄或者某某阶段的大致年龄的情况下,也就是在没有史料据以确定腹䵍年龄的起点和终点以及其他关节点的情况下,像何炳棣那样进行年龄推算没有太大意义。腹䵍在秦惠王时代已经年长,则他在秦献公时代的确有可能成年。不过,在目前的资料条件下人们难以确定他在秦献公时代已经前往秦国。至于他何时因助秦富强之功而担任钜子更是无从谈起。

关于腹䵍与秦国之间的关系,目前所能知道的仅仅是,在其"居秦"期间,其子杀人。秦惠王以其年长且无他子之故而令官吏不予追究,然腹䵍以"墨子之法"以及"天下之义"为由没有接受秦惠王的好意,坚持杀死了自己的儿子。② 腹䵍像这样做尽管在事实上维护了秦法的权威,然而不无拂逆秦惠王意思之嫌。这样的情形让人难以认为二者之间是君臣关系,而是更倾向于认为他们之间是主客关系。换言之,腹䵍当时未必是秦国之臣。这样的看法可因为《吕氏春秋》所谓"居秦"而非"仕秦"之记载以及秦惠王的称呼而得以进一步证实。在相关记载中,秦惠

---

① 参见史党社《再论墨学与秦的关系》,载《秦始皇帝陵博物院》第三辑,三秦出版社2013年版,第393—394页。
② 许维遹:《吕氏春秋集释》卷一《去私》,中华书局2010年版,第31—32页。

王尊称腹䵍为"先生"①。值得注意的是,"先生"较早用来指父兄。例如,"有事弟子服其劳,有酒食先生馔"②。其中,"先生"系相对于"弟子"而言,显然是指父兄。后来,"先生"被用来指有学问、年高德劭之人。例如,"宋牼将之楚,孟子遇于石丘,曰:'先生将何之?'"③赵岐注:"学士年长者,故谓之先生。"④目前,在记载春秋战国时事的文献中,人们难以发现君王用"先生"来称呼臣子者。在相关场合,君王通常使用"子"这样的称呼。例如,"寡人请听子"⑤。又如,"寡人不听也,请与子盟"⑥。如果腹䵍为秦惠王之臣,后者应该称呼前者为"子"而非"先生"。

因此,钜子腹䵍不过在秦惠王执政期间居住于秦国而已。在秦孝公支持商鞅实施变法的时候,包括唐姑果在内的墨者也做出相应的贡献。或因为如此,鉴于钜子在墨者中间享有崇高的地位,秦惠王对身为墨者钜子的腹䵍比较尊重。至于腹䵍等墨者何时入秦,人们在目前的资料条件下难以确知。总之,何炳棣无从证实墨者为献公时代秦军取得的大捷做出重大贡献。

三 墨者助秦大捷说辨析

历史遗留下来的有关墨者在秦国所作所为的资料太过匮乏,人们以文献未予记载而断定其无的做法较为危险。对于何炳棣所坚持的说法,人们不能断然否认:腹䵍在秦献公时代已经建立殊勋,因而担任墨者钜子。在年长后,腹䵍仍然居住于秦国并且受到秦惠王尊重。在重建其心目中的秦墨史实的时候,何炳棣证明了这些看法。然而,与其所谓墨者在献公时代入秦一样,他的论证也存在诸多值得进一步推敲之处。

何炳棣的论证从《墨子·迎敌祠》中在他看来与秦人相关的记载开始。关于其中"公素服誓于太庙"之"公",何炳棣认为指秦献公,并

---

① 许维遹:《吕氏春秋集释》卷一《去私》,中华书局2010年版,第31—32页。
② (宋)朱熹:《论语集注》卷一,载《四书章句集注》中华书局1983年版,第56页。
③ (宋)朱熹:《孟子集注》卷十二,载《四书章句集注》中华书局1983年版,第340页。
④ (宋)朱熹:《孟子集注》卷十二,载《四书章句集注》中华书局1983年版,第340页。
⑤ (汉)司马迁:《史记》卷七十《张仪列传》,中华书局1982年版,第2284页。
⑥ (汉)司马迁:《史记》卷七十一《樗里子甘茂列传》,中华书局1982年版,第2312页。

从五行系统、巫祝仪式以及望气杂占等方面给予证明。① 不过，他的论证并非不存在进一步探讨的空间。例如，在没有提供任何证据的情况下，何炳棣将《墨子·贵义》所谓四"龙"与银雀山兵家②残简所谓四"帝"等同视之，进而以《墨子·迎敌祠》含四"神"为由而指出其出自早期秦墨之手。其中，四"龙"、四"帝"以及四"神"是否都与五行相关，何炳棣并没有给出令人信服的分析。又如，在何炳棣看来，《墨子·号令》篇记载的"极度严峻的城防法令规章"只有从"秦魏河西征战史"中，以及从"秦献公返国即位途中极度艰险的经过中，才能得到合理的解答"③。这样的说法也是难以让人信服的。《墨子·号令》开篇有"诸行赏罚及有治者，必出于王公。数使人行劳，赐守边城关塞、备蛮夷之劳苦者"云云这样的记载。④ 该篇作者主要是针对"蛮夷"而立说。然而，所谓蛮夷乃是华夏对于少数民族之蔑称，不可能指魏国。

人们继续沿着这样的思路分析下去，就会产生令何炳棣始料未及的看法。早在秦德公时代，秦国就以雍城为国都。⑤ 由秦孝公求贤令中所谓"秦僻在雍州"这样的表述来看，⑥ 雍州在秦人心目中有着重要的地位，在一定程度上可以说是长期充当秦国的国都以及象征。在秦献公即位后的第二年，秦国实施"城栎阳"这样重大的举措。⑦ 由秦灵公十三年秦国"城籍姑"以及秦简公六年秦国"城重泉"这样的记载来看，⑧ 仅仅由"城栎阳"这样的记载并不能得出徐广所谓"徙都之"的看法。⑨ 更何况司马迁在他处有像"秦献公县栎阳"这样的记载。⑩ 不过，如果加上"十八年，雨金栎阳"这样的记载，秦国的确很可能如张守节在

---

① 何炳棣：《国史上的"大事因缘"解谜：从重建秦墨史实入手》，载《何炳棣思想制度史论》，联经出版公司 2013 年版，第 353—361 页。
② 根据上下文来看，何炳棣所谓兵家乃是指春秋时期的孙武。
③ 何炳棣：《国史上的"大事因缘"解谜：从重建秦墨史实入手》，载《何炳棣思想制度史论》，联经出版公司 2013 年版，第 359—361 页。
④ （清）孙诒让：《墨子间诂》卷十五《号令》，中华书局 2001 年版，第 586—587 页。
⑤ （汉）司马迁：《史记》卷五《秦本纪》，中华书局 1982 年版，第 184 页。
⑥ （汉）司马迁：《史记》卷五《秦本纪》，中华书局 1982 年版，第 202 页。
⑦ （汉）司马迁：《史记》卷五《秦本纪》，中华书局 1982 年版，第 201 页。
⑧ （汉）司马迁：《史记》卷五《秦本纪》，中华书局 1982 年版，第 200 页。
⑨ （汉）司马迁：《史记》卷五《秦本纪》，中华书局 1982 年版，第 201 页。
⑩ （汉）司马迁：《史记》卷四十四《魏世家》，中华书局 1982 年版，第 1842 页。

《史记正义》中所言："雨金于秦国都,明金瑞见也。"① 《史记·秦本纪》乃司马迁主要依据《秦记》之类文献而撰写,所谓"雨金栎阳"乃秦人对于相关自然现象的解读。它与周太史儋所谓"周故与秦国合而别,别五百岁复合,合十七岁而霸王出"以及"桃冬花"一道,② 表明秦国崛起乃顺应天意。栎阳只有成为国都才有可能成为秦国符号或者象征。值得进一步思考的问题是,秦献公何以在即位后迁都栎阳?在认同何炳棣的相关说法的情况下,由秦献公在太庙之言可知,某人不讲道义而恃武力,威胁要灭亡秦国,毁坏其社稷,消灭其百姓。③ 秦献公为此决定迁都合乎情理,问题在于某人何指。

在秦献公即位以前,秦国在西面与义渠为敌,东面则与魏国为河西之地而屡兴战端,秦献公在太庙中所谓"其人"因而既有可能是指义渠,也有可能是指魏人。观秦献公即位前后魏国所作所为可知,魏国东征西讨均以打败诸侯国军队、攻占诸侯国某地为目标,从来没有试图灭亡某诸侯国。而且,魏国除了在秦国入侵阴晋后发动报复性的伐秦之役外,其主要征伐对象为齐、楚、赵以及韩等中原诸侯国。即便在秦献公执政以后秦与魏、晋战于少梁,由前述秦孝公求贤令所披露的秦献公战略目标可知,该役也很可能是秦国为了夺取河西之地而主动发动。④ 基于这样的考虑,魏人主动讨伐乃至威胁灭亡秦国的可能性不大。因此,诸如此类的威胁更有可能来自秦国西面的戎人。在以往"数易其君,君臣乖乱"的情况下,⑤ 面对咄咄逼人的戎人,秦献公不得已迁都。

也只有如此,人们才能合理解释何以秦孝公即位后、变法前"出兵围陕城,西斩戎之獂王"⑥。此举除了可以一雪以往被迫迁都之耻外,还可以解除秦国面临的紧迫威胁,为变法创造良好的外部环境。"于是"二字比较清楚地表明,秦孝公非常清楚,若非"西斩戎之獂王",则求贤令难以发挥应有的作用。没有人相信在强敌压境、危如累卵的秦国可

---

① (汉)司马迁:《史记》卷五《秦本纪》,中华书局1982年版,第201页。
② (汉)司马迁:《史记》卷五《秦本纪》,中华书局1982年版,第201页。
③ (清)孙诒让:《墨子间诂》卷十五《迎敌祠》,中华书局1986年版,第577页。
④ (汉)司马迁:《史记》卷四十四《魏世家》,中华书局1982年版,第1841—1844页。
⑤ (汉)司马迁:《史记》卷五《秦本纪》,中华书局1982年版,第200页。
⑥ (汉)司马迁:《史记》卷五《秦本纪》,中华书局1982年版,第202页。

以从容实施变法。在商鞅变法十数年间，魏国亦未主动发起针对秦国的战争，在一定程度上可以作为魏国并非秦国主要威胁之佐证。因此，《墨子·号令》篇中所谓"蛮夷"乃是指义渠之类。顺便指出的是，秦献公即位以后面临蛮夷的严重威胁，不得已迁都栎阳。以往面临社稷倾覆之危险的国都已经成为与蛮夷接壤的边境。人们将其与秦孝公在求贤令中所谓"献公即位，镇抚边境"之类记载联系起来，① 显得更为合理。所谓秦国在墨者的帮助下取得与韩、魏等国之战的大捷乃至实现由弱到强的转变之说就难以成立。

或许有学者辩称，秦献公既然可以取得墨者的帮助以镇抚边境，当然也可以因为同样的缘故而打败强大的魏国。问题在于，认同诸如此类说法容易产生其他问题。例如，秦献公即位后，一再东伐，欲夺回河西之地。② 然墨者以善于防守城池而闻名于世，《墨子·号令》篇记载的乃守城之法，未必适应秦献公时代的战略需要。而且，墨子以"非攻"学说闻名于世，他视杀人为不义，攻国为最大的不义。③ 在墨子看来，土地对于诸侯国而言有余，王民对于它们而言不足。因此，为了三里之城、七里之郭而征伐，杀人多者达数万，少也会有数千，纯属"弃所不足，而重所有余也。"④ 墨子为墨家创始人，在墨家享有崇高威望。墨者信奉其说，便不可能帮助秦献公争夺河西之地，斩首数万。在目前所能利用的可靠文献中，人们仅仅能够发现墨者帮助防守而无协助攻战的记载绝非偶然。

何炳棣以及认同其说者或许会进一步辩称，墨子诸如此类说法主要针对的是北方的齐、晋以及南方的荆、吴这样通过攻战而开地数千里、人口达数百万人之众的诸侯国。⑤ 秦献公治下的秦国与其完全不同，其攻战的主要目的乃收复失地。然而，即便不考虑在土地有余的时代收复失地是否必要以及会导致数万人之伤亡这样墨子强烈反对的因素，只要

---

① （汉）司马迁：《史记》卷五《秦本纪》，中华书局1982年版，第202页。
② 何炳棣：《国史上的"大事因缘"解谜：从重建秦墨史实入手》，载《何炳棣思想制度史论》，联经出版公司2013年版，第338页。
③ （清）孙诒让：《墨子间诂》卷五《非攻》，中华书局2001年版，第129页。
④ （清）孙诒让：《墨子间诂》卷五《非攻》，中华书局2001年版，第132页。
⑤ （清）孙诒让：《墨子间诂》卷五《非攻》，中华书局2001年版，第133—135页。

注意秦孝公求贤令所反映的秦献公的功业欲就知道这样的辩解不能成立：它分明表明秦献公除了希望收复失地之外，还准备像秦穆公那样通过东征西讨而取得"天子致伯，诸侯毕贺"这样的功业。① 如此一来，秦国与前述为争霸天下而攻伐的四国便没有什么不同。秦国在商鞅变法后迅速强大，其攻战显然未局限于收复失地，在一定程度上可以表明，收复失地与争霸天下之间并没有严格的界限。在具备足够的实力后，任何诸侯国非常容易实现二者之间的转化，墨者应该非常容易明白此理。

四　墨者助秦变法说辨析

何炳棣有关巫祝仪式、五行系统以及望气之类的分析主要是为了反驳一些墨学专家有关《墨子·迎敌祠》乃晚期墨学作品的说法，并不能证实《墨子·迎敌祠》以及《墨子·号令》诸篇与秦国之间的关系。《墨子》城守诸篇在现有资料条件下也无从证实它们与秦国有关。战国时期受到蛮夷威胁不得已而请求墨者协助守城的显然并非只有秦国。何炳棣又从军事、户籍与连坐制度以及推广县制等方面论述墨者在秦献公图强运动中的贡献，他这样做的本意是与前面关于秦献公时代墨者仕秦的分析结合起来，在进一步坐实相关史实的同时进一步阐述墨者在秦献公图强过程中究竟做出哪些贡献。在墨者仕秦尚不能证实的情况下，相关分析容易让人认为属于无源之水、无本之木。为避免主观性，这里仍然对何炳棣诸说进行实事求是的辨析。

从军事方面而言，何炳棣的论证从守、尉及其职责以及弩的使用等两方面展开。《汉书·百官公卿表》固然谓"郡守，秦官"②，然而，没有任何证据表明《墨子》城守诸篇中的"守"是指"郡守"。何炳棣也不能不承认的是，"守"类职官的起源至少可以追溯到春秋时期。而且，在秦献公执政前后，赵国、魏国皆有"守"这样的职官。"尉"的情形与此相类。③ 因此，何炳棣想要证明《墨子》城守诸篇乃墨者为秦国需要而作都不可得，更不可能证实献公时代秦国城防守、尉皆由墨者充任。

---

① （汉）司马迁：《史记》卷五《秦本纪》，中华书局1982年版，第202页。
② （汉）班固：《汉书》卷十九上《百官公卿表》，中华书局1962年版，第742页。
③ 何炳棣：《国史上的"大事因缘"解谜：从重建秦墨史实入手》，载《何炳棣思想制度史论》，联经出版公司2013年版，第361—362页。

正如一位学者所指出的，"守"全部由墨者担任超出人们的想象。① 从情理上而言，即便"守"为秦国城防长官，墨者在秦献公时代已经仕秦，以及《墨子》城守诸篇乃墨者针对秦国强国需要而做，它们也有可能与《商君书》一些篇章相类的是仅仅为墨者向秦献公上书所言或者在协助秦国城防的时候所言，至于它们在多大程度上转化为秦国的制度不得而知，墨者在多大程度上亲力亲为更不可能证实。

在证明尉乃古已有之的职官后，何炳棣依据秦律有关尉的规定指出，尉还有训练基层官吏以及士卒射弩技术的责任。② 他这样做的本意是引出弩的话题，以便从这一角度论证墨者对于强秦的贡献。与其相类的是，一些学者以《墨子》城守诸篇与秦律中均存在关于"尉"的记载为由而认定《墨子》城守诸篇乃秦墨所为或者墨者为秦国所作。诸如此类的分析乍看起来很有道理，然而，在略加推敲后可以发现实际上并非如此。

尉，古已有之，其职掌为捕贼、司察以及以罪罚奸非之职官。③ 根据春秋时期晋国之尉羊舌大夫谏大子"违命不孝，弃事不忠。虽知其寒，恶不可取。子其死之"这样的记载来看，④ 晋国早在献公时代已经设置尉。而且，《春秋左氏传》相关记载表明，晋国一直设置该职官。在三分晋国基础上诞生的韩、赵、魏等国也很可能设置尉。然而，人们不能因而认为《墨子》城守诸篇乃墨者为韩、赵、魏等国所作。在记载政治、经济、军事或者文化方面制度或者名物的《墨子》城守诸篇与秦律之间并不存在多少交集，以及根本无法排除同时代其他诸侯国存在类似制度或者名物的情况下，遽然得出《墨子》城守诸篇乃秦墨所为或者墨者为秦国而作的结论难以成立。比较令人信服的论证至少应符合两方面条件：其一，《墨子》城守诸篇中有与《睡虎地秦墓竹简》记载的秦律基本或者大部相同或者相近的记载；其二，其他诸侯国根本不可能存

---

① 史党社：《再论墨学与秦的关系》，载《秦始皇帝陵博物院》第三辑，三秦出版社2013年版，第394页。
② 何炳棣：《国史上的"大事因缘"解谜：从重建秦墨史实入手》，载《何炳棣思想制度史论》，联经出版公司2013年版，第362—363页。
③ 韦昭：《辨释名》，转引自（清）孙诒让《墨子间诂》卷十四《备城门》，中华书局2001年版，第519—520页。
④ 杨伯峻编著：《春秋左传注》闵公二年，中华书局2016年版，第297—298页。

在类似制度。秦律中尽管有诸如"除士吏、发弩啬夫不如律,及发弩射不中,尉赀二甲"之类规定,①然而,人们难以因为《墨子·备城门》篇仅仅言及"弩"和"木弩"而在其未涉及相关制度的情况下认为它乃秦献公时代墨者为秦国所为。更何况何炳棣已经明确指出,《孙子兵法·作战篇》有"甲胄矢弩"之说而《孙子兵法·势》篇言及"势如旷弩,节如发机"②。它们表明,弩早在春秋晚期已经是孙武曾经游历或者所闻之国的重要武器,并非秦国所独有。因此,何炳棣以此断言《墨子》城守诸篇乃秦献公时代墨者协助秦国守城之记载难以成立。他在此基础上所进行的有关墨者为秦国在军事上实现由弱变强而做出贡献的论证也就没有任何说服力。

与有关军事制度之论述相类的是,何炳棣将秦国什伍连坐制度视为秦献公时代墨家"尚同"思想的产物。③在他看来,所谓"尚同"就是《孙子兵法》所谓"令民与上同意"。在实施什伍连坐制后,百姓们的行为如果不符合或者违背天子的意志和利益,就会为人们所告发。如果发现有人犯法而不告发,在被查出以后,人们就会受到与犯者同样的惩罚。与此相反的是,告发不仅可以让他们免受处罚,而且可以获得奖励。如此一来,天子因实施什伍连坐制而能以天下百姓为耳目,实施治国理政的其他举措也就有了切实可靠的保障。此乃何炳棣在"尚同"思想与什伍连坐制之间人为建构的联系。若要说秦国在献公时代已然如此必须具备必要的史料依据,何炳棣显然明白此理,为此进行一番论证。墨家所撰之《墨子·尚同》篇引用周武王在伐商大军渡孟津的时候发布的誓命,其中指出:"小人见奸巧乃闻,不言也,发罪钧。"④不容否认的是,其内容的确与后世连坐制相类。然而,《墨子》有相关记载是一回事,秦国在献公时代是否依据它们而制定相关制度是另外一回事。秦国在文公时代制定的"法初有三族之罪"与什伍连坐制之间的区别非常明显:

---

① 睡虎地秦墓竹简整理小组:《睡虎地秦墓竹简》,文物出版社1978年版,第128页。
② 何炳棣:《国史上的"大事因缘"解谜:从重建秦墨史实入手》,载《何炳棣思想制度史论》,联经出版公司2013年版,第364页。
③ 何炳棣:《国史上的"大事因缘"解谜:从重建秦墨史实入手》,载《何炳棣思想制度史论》,联经出版公司2013年版,第366—377页。
④ (清)孙诒让:《墨子间诂》卷三《尚同》,中华书局2001年版,第96页。

即便不考虑告发相关成分，三族——正如何炳棣所言——主要是指父母、妻子以及同产（兄弟），是以血缘关系为依据而区分的。什伍之人却并非如此，他们是指居住在同一区域的十家、五家居民，是以地缘关系为依据划分的。在目前资料条件下没有证据表明父母、妻子以及同产（兄弟）居住于什伍所在区域。为证明秦国在献公时代已经实施什伍连坐制，何炳棣又求助于《墨子》城守诸篇中"什长""伍长"相关记载。令人难免生疑的是，《史记·秦本纪》献公十年中的"为户籍相伍"未必与《管子·立政》"十家为什，五家为伍，什伍皆有长焉"①，以及《尉缭子·伍制令》"夫什伍相结，上下相联，无有不得之奸，无有不揭之罪"②中的"什伍"是一回事。前者完全未提到"什"！这种以家为单位的"什伍"不能与《墨子·迎敌祠》"五步有五长，十步有什长"中以"步"为单位的"什伍"混为一谈。在不得已承认什伍成员在战时与在日常可能不符后，何炳棣所谓"二者之间必有密切的联系"就难以令人信服。在《墨子》城守诸篇中的"什五"与《管子·立政》《尉缭子·伍制令》中的"什伍"以及"为户籍相伍"中的"伍"之间并没有充分有效的证据表明它们为同一事物。因此，所谓秦国在献公时代已经实施什伍连坐制之说实在难以令人信服。

何炳棣所谓墨者在秦献公时代协助推广县制的说法纯属推测，他未能为此提供任何证据和有效论证，故而不予讨论。至于他所谓墨者推动"尚同"理念实施之说要想成立，③至少需要满足四个方面的条件：其一，秦献公在执政期间实施了改革；其二，墨者在秦献公时代入秦且推行其"尚同"理念或者《墨子·尚同》诸篇流传至秦国；其三，秦献公以及秦国朝野上下对墨家"尚同"理念颇为认同，并且在相关理念指导下实施变革达成共识；其四，秦国所推行的改革举措与"尚同"理念之间存在因果关系。就一而言，尽管何炳棣一而再、再而三地指出秦献公在执政期间变法图强，然而，除"止从死"这样的记载之外，④史书

---

① 黎翔凤：《管子校注》卷一《立政》，中华书局2004年版，第65页。
② （战国）尉缭：《尉缭子兵书》，北京燕山出版社1996年版，第163页。
③ 何炳棣：《国史上的"大事因缘"解谜：从重建秦墨史实入手》，载《何炳棣思想制度史论》，联经出版公司2013年版，第377—379页。
④ （汉）司马迁：《史记》卷五《秦本纪》，中华书局1982年版，第201页。

再未提供任何有关秦献公改革的记载。而且，前面已经对所谓秦献公在墨者的帮助下实施的变革一一进行辨析，它们事实上均难以成立。从另一角度而言，如果秦国真的在秦献公时代实现由弱变强，由衰变盛，太史公不大可能厚商鞅/秦孝公而薄墨者/秦献公。据《史记》记载，商鞅在秦孝公发布求贤令后入秦，劝说秦孝公变法修刑。在听取商鞅与杜挚、甘龙等人辩论以后，秦孝公决心实施变法，支持商鞅推行若干重大举措。然而，人们难以在《史记》中发现秦献公时代存在与之相类人物和事件的任何蛛丝马迹。何炳棣所谓墨者在秦献公时代仕秦之说难以得到任何证据的有力支持。与嬴政对韩非《五蠹》篇大加赞赏相类的秦献公对于流传至秦国的墨家著作赞叹不已的哪怕只言片语都难以在史书中发现，秦国高层就变革进行讨论以及形成决断之类记载更是付诸阙如。至于秦献公所谓变革举措与"尚同"思想之间的关联，前面已经证明难以成立。如果墨者真的帮助秦献公实施由弱变强的改革，史家不大可能对此只字不提。或许何炳棣会以墨者在汉代已经失势为由进行辩解。这也是不能成立的，法家受到秦王朝所谓暴政的牵连而在后世臭名昭著，史家仍然予以记载。而且，《史记》主要以《秦记》为依据撰写《史记·秦本纪》，秦国史官显然不可能有厚商鞅而薄墨者的偏好。而且，商鞅最终在秦国沦为罪人、遭车裂之刑而死，墨者却未见如此。何炳棣唯一能够提供的、支持其论点的证据是《荀子·强国》记载的荀子入秦所见所闻，甚至为此不惜将其中"四世有胜"之"四"改为"五"以适应其秦献公时代秦国由衰转盛之说。① 荀子入秦的时候所见所闻发生在商鞅变法大见成效后若干年，何炳棣没有任何理由将其归功于墨者而非商鞅。

以往人们通常将秦国由衰转盛、由弱变强的功劳归诸商鞅变法，何炳棣从重建所谓秦国史实入手对此进行质疑，进而认为应当归之于秦献公时代的变革以及秦墨的指导和协助，表现出难能可贵的创新精神。不过，历史学领域的创新必须符合实事求是的原则。唯有在足以推翻成说的新史料问世、以往人们对于史料的理解存在偏差或者论证不无纰漏的情况下，后来者基于新史料或者对于既有史料的更为合理的理解而在更

---

① 何炳棣：《国史上的"大事因缘"解谜：从重建秦墨史实入手》，载《何炳棣思想制度史论》，联经出版公司2013年版，第378—379页。

加全面和严密的论证基础上形成更加合理的观点或者理论,这样才称得上是真正的创新。反观何炳棣《国史上的"大事因缘"解谜:从重建秦墨史实入手》一文,人们不难发现其根本不具备相关条件——在未出现新史料的情况下,何炳棣对于现有史料的重新解读以及史实重建存在不少偏差,论证也不够严密,因而其新说缺乏足够的说服力。秦孝公时代,不少墨者已经为秦国服务,秦惠王时代墨家钜子也居住于秦国。然而,人们难以由此得出秦献公时代墨者仕秦的结论。在根本无从证实《墨子》城守诸篇为秦墨所为或者墨者为秦国治理需要所进言的情况下,所谓墨者成为秦国军队中的大小军官和严格纪律的执行者以及秦国根据墨者"尚同"理念而推行什伍连坐制等等说法均难以令人信服。在目前的资料条件下,人们难以排除《墨子》城守诸篇乃墨者在其他诸侯国曾经践行的抵御侵略的学说以及"尚同"理念在其他诸侯国推行的可能性。总之,除非大量足以证实其说的新史料问世,人们对于何炳棣重建的所谓秦墨史实应当采取较为审慎的态度,并对秦国由弱变强的历史进行更加实事求是和令人信服的分析。

第二节　秦国由弱变强始于商鞅变法

在继承国君之位后,秦孝公对秦国在国力以及文化方面落后于其他诸侯国痛感于心,下达求贤令。秦孝公三年(前359),卫鞅劝说秦孝公变法修刑,由此拉开对秦国乃至于后世王朝影响深远的变法大幕。在商鞅的主持下,秦国变法分为两个阶段进行①,历时长达十余年。据传,一些秦国士大夫指出:"夫商君为孝公平权衡、正度量、调轻重、决裂阡陌、教民耕战,是以兵动而地广,兵休而国富,故秦无敌于天下,立威诸侯。"范雎对此未表示异议。② 与此相类的是,李斯谓秦王嬴政曰:"孝公用商鞅之法,移风易俗,民以殷盛,国以富强,百姓乐用,诸侯亲服,获楚、魏之师,举地千里,至今治强。"秦国朝野也未有人质

---

① 《史记》较为简要地记载了变法的主要内容,为避免重复,后文在分析的时候详细阐述。
② (西汉)刘向集录:《战国策》卷五《秦三》,上海古籍出版社1998年版,第216页。

疑。① 其他诸侯国士大夫亦持类似观点。例如，"商君教秦孝公以连什伍，设告坐之过，燔诗书而明法令，塞私门之请而遂公家之劳，禁游宦之民而显耕战之士。孝公行之，主以尊安，国以富强……"② 又如："公孙鞅之治秦也，设告相坐而责其实，连什伍而同其罪，赏厚而信，刑重而必，是以民用力劳而不休，逐敌危而不却，故其国富而兵强。"③ 连太史公这样严肃的史家也认为，在商鞅制定并颁布的第一批法令实施十年后，"秦民大悦，乡邑大治，百姓勇于公战，怯于私斗"④。在其第二批法令公布并实施以后，"秦人富强"⑤。

上述言说出自《战国策》《韩非子》等文献，太史公亦有可能受其影响而在编撰《史记》的时候直接发表见解，故而其可靠性难免让人怀疑。而且，言说者——特别是蔡泽、李斯以及《韩非子》作者——未能列举商鞅变法前秦国贫弱的史实，也未提供他们据以认为秦国在商鞅变法后富强的证据，更未阐明商鞅变法与秦国由衰转盛、由弱变强之间的关系。因此，其上述观点有可能是他们根据若干传闻或者记载而形成的较为感性的认识。他人有可能因同样的缘故而发表与其颇不相同之见解。例如，苏轼指出："此皆战国之游士邪说诡论，而司马迁暗于大道，取以为史。"⑥ 他进而认为："秦固天下之强国，而孝公亦有志之君也。修其政刑十年，不为声色田游之所败，虽微商鞅，有不富强乎？秦之所以富强者，孝公务本立稽之效，非鞅流血刻骨之功也。"⑦ 因此，秦国在商鞅变法后是否由衰转盛、由弱变强及这种转变与商鞅变法之间的关系，并非有些人所以为的那样可以视之为理所当然，而是必须予以实事求是地探讨和论证。

一 从农耕的角度看商鞅变法强秦说

在中国古代，农产品乃家庭和国家收入的主要来源，农业对于民富国

---

① （汉）司马迁：《史记》卷八十七《李斯列传》，中华书局1982年版，第2542页。
② （清）王先慎：《韩非子集解》卷四《和氏》，中华书局1998年版，第97页。
③ （清）王先慎：《韩非子集解》卷十七《定法》，中华书局1998年版，第398页。
④ （汉）司马迁：《史记》卷六十八《商君列传》，中华书局1982年版，第2231页。
⑤ （汉）司马迁：《史记》卷六十八《商君列传》，中华书局1982年版，第2232页。
⑥ （宋）苏轼：《东坡志林》卷五《论古》，中华书局2007年版，第232页。
⑦ （宋）苏轼：《东坡志林》卷五《论古》，中华书局2007年版，第233页。

强至关重要。广大百姓如果因为农业生产率高而得以不断增加收入、提高生活水平，就能逐渐扩大人口再生产，并且为国家源源不断地提供赋税和兵源，民富国强的目标就有望实现。提高农业生产率的途径有二，一是提高农业生产技术，二是提高从业者生产积极性。在无法期望前者在短期内取得突破的情况下，商鞅将最大限度地提高秦人农耕积极性确定为变法的主要内容之一，从田制以及奖励农耕两方面采取措施。

在商鞅变法期间，秦国实施以"为田开阡陌、封疆而赋税平"为主要内容的法令。① 其中，"阡""陌"分别指南北和东西之道路，"封疆"则是指聚土为界。因此，"为田开阡陌、封疆"的意思就是为田确定边界。② 董仲舒认为秦国在商鞅变法期间还废除了井田制："至秦则不然，用商鞅之法，改帝王之制，除井田，民得买卖，富者田连仟伯，贫者无立锥之地。"③ 这样的说法得到班固等人的支持，《汉书·食货志》记载其事曰："坏井田，开仟伯。"④ 秦国在商鞅变法期间是否废（除）井田有必要略加考察。《诗经》所谓"雨我公田，遂及我私"表明，⑤ 周代田确有公、私之分。一些周人必须耕种公田，同时获得私田之产出。根据春秋时期郑国执政子产实施的"田有封洫"改革来看，⑥ 当时田地的边界并非十分明确。也只有如此，人们才能理解孟子为何主张"夫仁政，必自经界始。经界不正，井地不均，谷禄不平，是故暴君污吏必慢其经界"⑦。正是基于这样的理由，孟子提出著名的井田制蓝图："方里而井，

---

① （汉）司马迁：《史记》卷六十八《商君列传》，中华书局1982年版，第2232页。
② 太史公在他处又有"昭襄王生十九年而立。立四年，初为田开阡陌"这样的记载（（汉）司马迁：《史记》卷六《秦始皇本纪》，中华书局1982年版，第290页）。《史记》之《秦本纪》以及《商君列传》均记载秦国在孝公时代已经开阡陌，何以昭襄王在立四年后"初为田开阡陌"？人们难以想象商鞅在秦孝公大力支持下制定之法一直到昭襄王时代才得以实施。在连太子犯法都有人因而受到处罚的情况下，像为田开阡陌这样的事应该不至于遇到强大的阻力而难以推行。比较合理的解释是，秦国在收复河西之地后不断东向开疆拓土，昭襄王在即位四年后才为扩张而得之田开阡陌。
③ （汉）班固：《汉书》卷二十四上《食货志》，中华书局1962年版，第1137页。
④ （汉）班固：《汉书》卷二十四上《食货志》，中华书局1962年版，第1126页。
⑤ 《毛诗》卷十四《小雅·莆田之什》，载《十三经》，上海书店出版社据《四部丛刊》初编初印本影印1997年版，第254页。
⑥ 杨伯峻编著：《春秋左传注》襄公三十年，中华书局2016年版，第1306页。
⑦ （宋）朱熹：《孟子集注》卷五《滕文公章句上》，载《四书章句集注》中华书局1983年版，第256页。

井九百亩，其中为公田。八家皆私百亩，同养公田。公事毕，然后敢治私事。"① 此乃孟子向滕文公兜售其仁政学说时提出的主张，包括后人所谓井田制在内的政策措施均为"请……"的内容②。这些不过是孟子的建议而已，并非实践中已然如此。而且，孟子乃是向滕文公提出上述建议，他是否主张全天下均如此，人们不得而知。从理论上而言，实施这样的土地制度，只有在广袤的平原才属可能，在丘陵、河谷地带就不具备实施条件。到了汉代，诸多士大夫同样倡导井田制。例如，"古者八家而井田，方里为一井。广三百步、长三百步为一里，其田九百亩。广一步、长百步为一亩。广百步、长百步为百亩。八家为邻，家得百亩，余夫各得二十五亩。家为公田十亩，余二十亩共为庐舍"③。这些相对孟子前述主张更为完善，也更适合在实践中推行。其中，"古者"并非确指，难免让人怀疑相关内容属于传闻。其后"八家相保，出入更守，疾病相忧，患难相救，有无相贷，饮食相招，嫁娶相谋，渔猎分得"云云④，与孟子所谓"出入相友，守望相助，疾病相扶持"⑤含义相近，同样更为完善。以上三方面表明，《韩诗外传》作者有可能依据孟子井田制设想而提出并完善其主张。与《韩诗外传》相类的是，《春秋谷梁传》也含井田制相关论述："古者三百步为里，名曰井田。井田者，九百亩，公田居一。"⑥ 由于它与孟子相关论述差别较大，可能另有来源。无论如何，其中"古者"二字表明，此乃汉人听闻。人们难以依据它们来认定秦汉以前有此历史，更不能据以认定汉代曾经实施井田制。在其基础上，《汉书》形成这样的主张："理民之道，地著为本。故必建步立亩，正其经界。六尺为步，步百为亩，亩百为夫，夫三为屋，屋三为井，井方一

---

① （宋）朱熹：《孟子集注》卷五《滕文公章句上》，载《四书章句集注》中华书局1983年版，第256页。

② （宋）朱熹：《孟子集注》卷五《滕文公章句上》，载《四书章句集注》中华书局1983年版，第256页。

③ （汉）韩婴：《韩诗外传集释》卷四第十三章，中华书局1980年版，第143页。

④ （汉）韩婴：《韩诗外传集释》卷四第十三章，中华书局1980年版，第143页。

⑤ （宋）朱熹：《孟子集注》卷五《滕文公章句上》，载《四书章句集注》中华书局1983年版，第256页。

⑥ 《春秋谷梁传》卷七《宣公》，载《十三经》上海书店出版社据《四部丛刊》初编初印本影印1997年版，第1354页。

里，是为九夫。八家共之，各受私田百亩，公田十亩，是为八百八十亩，余二十亩以为庐舍。出入相友，守望相助，疾病【相】救……"① 其中，"理民之道"云云表明，此乃《汉书》作者视之为理所当然的看法。"正其经界"以及"出入相友，守望相助，疾病【相】救"云云与前述《孟子》相关论述完全一致，而其关于井田制的论述又与《韩诗外传》相关记载基本一致。人们难免据而认为，班固在前贤相关论述基础上写下上述文字，并且以此为标准来批判秦国在商鞅的主持下实施的相关变法。在像上面那样分析战国秦汉时期文献有关井田制的记载以后，人们恐怕难以言之凿凿地说井田制在周代实有其事，而只能《诗经》以及《春秋左氏传》等相关记载而认定周代田地确有公私之分。

商鞅在秦国实施的土地制度改革，与子产在郑国的相关做法如出一辙，颇有孟子所谓"正其经界"之意。无论如何，秦人在田中间开辟道路，聚土为界有利于确定耕者之"分"，为"民得买卖"创造条件。不过，像汉人那样将商鞅变法所采取的举措理解为化公为私需要更多证据。在目前所能利用的文献记载中，人们在此方面能有所发现。例如，晋侯为秦国所擒获，为克服眼前危机而命人"朝国人而以君命赏"，晋国因而"作爰田"②。关于"爰田"之含义，古今学者众说纷纭。关此，人们应该注意《国语》相关记载："且赏以悦众，众皆哭焉，作辕田。"③ 据此可知，"爰田"又可以称为"辕田"，乃晋侯赏赐国人之田，为晋国国人所有。与之相关的是《汉书·地理志》中这样的记载："孝公用商君，制辕田，开仟伯，东雄诸侯。"④ 人们难免据而认为，秦国在商鞅变法期间"开阡陌"的同时亦"制辕田"。与晋国国人在"作爰田"以后有其田相类的是，辕田也为秦国百姓所有。这样的推测可以得到诸多记载之证实。例如，王翦率兵六十万伐楚，"请美田宅园池甚众"，目的是为"子孙业耳"⑤。如果田不为私人所有甚至可以继承，王翦提出这样的要求便没有多大意义。如果这样的分析成立，则在商鞅变法后，秦国百姓

---

① （汉）班固：《汉书》卷二十四上《食货志》，中华书局1962年版，第1119页。
② 杨伯峻编著：《春秋左传注》僖公十五年，中华书局2016年版，第394页。
③ 徐元诰：《国语集解》之《晋语三》，中华书局2002年版，第313页。
④ （汉）班固：《汉书》卷二十八下《地理志》，中华书局1962年版，第1641页。
⑤ （汉）司马迁：《史记》卷七十三《白起王翦列传》，中华书局1982年版，第2340页。

获得其田。正如孟子所云："民之为道也，有恒产者有恒心，无恒产者无恒心。苟无恒心，放辟邪侈，无不为已。"① 其大意为，百姓唯有对于恒常属于自己的产业才会自始至终用心经营。否则，除非道之以政齐之以刑，"放辟邪侈"之类行为难免发生。后世诸如"耕者有其田"之类口号一再得到百姓的热烈拥护可以在一定程度上对此说予以证明。② 在其他条件相同或者相似的情况下，百姓在自己的土地上劳作与在强迫监督下为公室或他人耕种的生产率截然不同，前者必然较后者为高。在百姓向官府缴纳的赋税法定以后，原本公有的土地转变为百姓所有意味着农业生产率提高，百姓们必然因而越来越富裕。在商鞅采取"为田开阡陌封疆而赋税平"之类举措前后，秦国百姓的收入水平发生显著变化，"居五年，秦人富强"当非虚言。③

在商鞅变法期间，秦国还制定以"僇力本业，耕织致粟帛多者复其身。事末利及怠而贫者，举以为收孥"为主要原则和内容的法令。④ 其中，"本业"是指耕织，因为唯有如此才能"致粟帛多"。关于"复其身"，元代学者胡三省在注《资治通鉴·周纪二》相关内容的时候指出："汉法，除其赋、税、役，皆谓之复。"⑤ 这样的解释表面看起来不合情理。如果百姓皆积极从事农耕而导致"致粟帛多"，秦国在依照法令免除其赋税以及徭役、兵役后便不能保障其军队获得足够的兵源以及后勤补给，这显然违反秦国变法的初衷。然而，如果百姓耕织收获越多则秦国征发越多，则又难以维持百姓们持续耕织的积极性。原因很简单，他们在耕织方面的投入不仅受到边际效益递减规律的影响，而且会遭受国家更多的剥夺。在达到一定临界点后，百姓在耕织方面的投入不能得到相应的回报。对于秦人而言，此并非难解之题。《商君书·壹言》篇有"农者易勤，勤则富，富则废之以爵……"这样的记载。⑥ 诸如此类进言

---

① （宋）朱熹：《四书章句集注》之《孟子集注》卷五《滕文公章句上》，中华书局1983年版，第254页。
② 在富者拥有大批土地而贫者无立锥之地的情况下"均田地"，无疑变相为贫者提供土地，实现"耕者有其田"之目标。
③ （汉）司马迁：《史记》卷六十八《商君列传》，中华书局1982年版，第2232页。
④ （汉）司马迁：《史记》卷六十八《商君列传》，中华书局1982年版，第2230页。
⑤ （宋）司马光：《资治通鉴》卷二《周纪二》，中华书局1956年版，第47页。
⑥ 蒋礼鸿：《商君书锥指》卷三《壹言》，中华书局1986年版，第61页。

或者奏议一旦为秦国国君采纳而成为法令，富者可以向国家购买官爵以获得诸如免除刑罪之类特权或者利益。由于国家用官爵来换取百姓的粟帛，百姓们便愿意持续不断地积极从事耕织以便获得更高的官爵以及相应的特权和利益。"末利"乃是指工商业，《史记索隐》曾经指出："末谓工商也。"① 关于"举以为收孥"，《史记索隐》认为其意系指"纠举而收录其妻子，没为官奴婢"②。对于不参与战事的百姓，秦法诸如此类的规定确保他们积极从事农耕，而不得从事工商业或者怠惰。

据说秦国在昭襄王执政期间曾经出现大规模饥荒，应侯建议秦王用五苑之蔬菜、橡果、枣栗等施救。昭襄王认为，如此一来则百姓不论有功无功都受到赏赐，违反以"民有功而受赏、有罪而受诛"为基本原则的秦法，故而情愿"死而治"③。这样的记载在一定程度上意味着，秦国自商鞅变法以来制定的法令一直得以严格贯彻执行，而且深入后世秦王之心。秦国为一统天下而发动的征战基本上未因后勤补给不足而不得已中止，在特殊情况下——例如长平之战关键时刻秦国还能持续加大兵员投入，与商鞅变法期间制定的上述举措显然分不开。

二　从战线变化看商鞅变法强秦说

在列国争霸时代，如果一个诸侯国能够不断地征伐他国，将战线不断向他国纵深推进，这样的诸侯国无疑非常强大；反之，如果一个诸侯国不断遭受他国侵略，甚至祖先遗留的土地难以保全，这样的诸侯国无疑较为弱小。如果能够就此标准达成共识的话，人们可以商鞅变法前后秦国与其他诸侯国之间战线的变化来评估商鞅变法强秦说。

秦孝公即位后之所以下定"强秦"决心，是因为"思念先君之意，常痛于心"④。根据求贤令之内容可知，秦献公所念念不忘之事乃"东伐，复穆公之故地，修穆公之政令"⑤。所谓秦穆公之故地应该就是指河西之地。除此地为三晋夺取之外，秦孝公并未言及其他丧权辱国的情形。

---

① 转引自（汉）司马迁《史记》卷六十八《商君列传》，中华书局1982年版，第2231页。
② 转引自（汉）司马迁《史记》卷六十八《商君列传》，中华书局1982年版，第2231页。
③ （清）王先慎：《韩非子集解》卷十四《外储说右下》，中华书局1998年版，第337页。
④ （汉）司马迁：《史记》卷五《秦本纪》，中华书局1982年版，第202页。
⑤ （汉）司马迁：《史记》卷五《秦本纪》，中华书局1982年版，第202页。

而由"（晋献公执政期间）晋强，西有河西，与秦接境"这样的记载可知，① 河西之地原本为晋国所有。在晋献公去世后，郤芮建议公子夷吾贿赂秦国，借以获得其支持，以便返回晋国担任国君。② 公子夷吾因而许诺"赂秦伯以河外列城五：东尽虢略，南及华山，内及解梁城"③。有学者认为，黄河之龙门至华阴段自北向南，晋国以绛为都，故而以河西与河南为河外。至于东、南以及内云云乃具体叙述列城五之四至。④ 这样的话，所谓"河外列城五"就与《史记·秦本纪》记载的公子夷吾之言"诚得立，请割晋之河西八城与秦"之间存在些微差别。⑤ 由于时代相近且亲历考察之故，太史公的说法应该更为可信。公子夷吾许诺并不意味着秦国就能顺利得到河西之地。或许是为了遏制秦国向东扩张之野心，公子夷吾在即位后不愿意履行承诺，而是派邳郑前往秦国以大臣所谓"地者，先君之地，君亡在外，何以得擅许秦者"为由进行推辞，秦人也无可奈何。⑥

不过，事情很快有了转机。在晋惠公执政期间，晋国出现饥荒，秦国为其输入粟。然在秦国出现饥荒后，晋国却拒绝施以援手。秦国因而获得讨伐晋国的正当理由，并在韩原之战中俘获晋惠公。经再三权衡，秦穆公采纳子桑"归之而质其大子，必得大成"的意见而"许晋平"⑦。在与晋国大臣盟于王城后，秦穆公礼送晋侯回国。不过，秦国为此提出的条件之一就是晋惠公必须履行以前的承诺，并因而"始征晋河东，置官司焉"⑧。然而，《史记》记载晋国献河西之地事云："夷吾献其河西地，使太子圉为质于秦，秦妻子圉以宗女，是时秦地东至河。"⑨ 人们不难发现，《史记》与《左传》相关记载至少存在两个重大区别：其一，依据《左传》之记载来看，秦国设置职官、征收赋税的地区已达黄河以

---

① （汉）司马迁：《史记》卷三十九《晋世家》，中华书局1982年版，第1648页。
② 杨伯峻编著：《春秋左传注》僖公九年，中华书局2016年版，第384页。
③ 杨伯峻编著：《春秋左传注》僖公十五年，中华书局2016年版，第360页。
④ 杨伯峻编著：《春秋左传注》僖公九年，中华书局2016年版，第384—385页。
⑤ （汉）司马迁：《史记》卷五《秦本纪》，中华书局1982年版，第187页。
⑥ （汉）司马迁：《史记》卷三十九《晋世家》，中华书局1982年版，第1650页。
⑦ 杨伯峻编著：《春秋左传注》僖公十五年，中华书局2016年版，第385—393页。
⑧ 杨伯峻编著：《春秋左传注》僖公十五年，中华书局2016年版，第400—401页。
⑨ （汉）司马迁：《史记》卷五《秦本纪》，中华书局1982年版，第189页。

东。而在《史记》中,"东至河"表明秦国因释放晋惠公回国而获得的回报是将土地扩张至黄河岸边,尚未越过黄河而到达其东部。其二,据《左传》记载,在晋惠公归国两年后,"夏,晋大子圉为质于秦,秦归河东而妻之"①。人们容易因而将其与"于是秦始征晋河东"联系起来,认为秦国将两年前依据盟约而获得的晋国黄河以东之地作为聘礼归还晋国。倘若如此,太史公所谓"秦地东至河"表面看起来难以解释。在对它们进行深入解读以后不难发现,二者之间其实并不存在根本冲突。在晋献公执政时期,晋国的土地到达黄河以西。秦穆公通过释放晋惠公而将土地扩张到黄河以东,除了获得晋国原来在黄河以西的土地之外,还获得黄河以东的若干晋国土地。在将宗女嫁给大子圉的时候,秦国将黄河以东的土地作为聘礼交还晋国,不过仍旧占据黄河以西原来属于晋国的土地,也即河西之地。太史公所谓"秦地东至河"因而能够得到合理解释。也唯有如此,秦孝公所谓"东平晋乱,以河为界"也才能得以合理解释。②

诸如"故晋复强,夺秦河西地"之类记载表明,③直至战国时期被故晋夺取前,河西之地一直属于秦国。在秦厉公、秦躁公、秦简公以及秦出子治理时期,秦国国内因接连发生争夺国君之位事件而引发政局动荡,故晋乘机夺取河西之地。④秦献公二十一年(前332),秦与晋战于石门,斩首达六万之多。⑤两年后,秦与魏晋战于少梁,俘虏其将领公孙痤。⑥尽管在战场上取得两次重大胜利,秦国并没有夺取任何土地。夺回河西失地、获取东向发展的跳板的重任历史性地落在秦孝公身上。

人们还应该注意的是,秦孝公求贤令还包括"修穆公之政令"之说。⑦依据《左传》以及《史记》相关记载可知,秦穆公在即位后授百里傒以国政,且以蹇叔为上大夫,先后派兵护送公子夷吾以及公子重耳回晋国即位为君。在因而趁机将土地扩充至黄河以后,由于强大的晋国

---

① 杨伯峻编著:《春秋左传注》僖公十七年,中华书局2016年版,第407页。
② (汉)司马迁:《史记》卷五《秦本纪》,中华书局1982年版,第202页。
③ (汉)司马迁:《史记》卷五《秦本纪》,中华书局1982年版,第200页。
④ (汉)司马迁:《史记》卷五《秦本纪》,中华书局1982年版,第199—200页。
⑤ (汉)司马迁:《史记》卷五《秦本纪》,中华书局1982年版,第201页。
⑥ (汉)司马迁:《史记》卷五《秦本纪》,中华书局1982年版,第201页。
⑦ (汉)司马迁:《史记》卷五《秦本纪》,中华书局1982年版,第202页。

阻挡之故难以继续向东扩张，秦穆公不得已任用由余而向西发展，开辟土地达千里，称霸西戎，天子也赐予金鼓表示祝贺。① 由是可知，秦孝公的目标绝非仅夺回河西失地而已，还包括在秦国强大以后开创霸业，这一点可由商鞅入秦后言帝、王之道而秦孝公不听，言霸道则秦孝公"数日不厌"这样的记载而得以证实。② 为此，秦孝公下达主要内容为"宾客群臣有能出奇计强秦者，吾且尊官，与之分土"之令。③ 其中，"宾"主要指贵客，"客"则包括"门客""食客"等等。由是可知，求贤令所访求的对象不仅包括国内之群臣，而且包括来自国外的宾客。

远在魏国的公孙鞅听闻秦孝公求贤令后进入秦国，在其主持下，秦国大刀阔斧地实施变法。虽遭遇数以千计秦民甚至太子及其傅、师的反对，然在秦孝公的支持下，变法法令得以推行，秦国因而迅速强大并得到周天子和其他诸侯的认同。④ 在追述先人功绩的时候，秦孝公仅仅提到秦穆公。这在相当程度上表明，在秦人心目中，以往秦国在穆公执政时期最为强盛。即便在秦穆公执政期间，秦国在东面也只能将土地扩张至黄河而已。在与晋国争霸过程中，秦国负多胜少，始终难以逾越晋国这个障碍而向东发展。在商鞅变法大获成功以后，秦国不仅收复河西之地，而且继续向东扩张，在因而与其他诸侯国发生的战争中胜多负少，不断蚕食和侵吞它们的土地，直至一统天下。正如一位现代学者所言："且夫商君变法之成效，不惟由其国内之家给人足，国富兵强，足以知之。由其对外之每战辄胜，终霸诸侯，亦可觇之也。"⑤ 此乃对于商鞅变法前后秦国对外战争形势发展变化的准确描述。

总之，对于秦献公时代的秦国而言，河西之地乃祖先遗留下来的产业。在取得一两次大捷后，秦献公时代的秦国仍然不能夺回失地。以前面所述标准予以衡量，秦国显然不能算是由弱转强。在商鞅变法以后，秦国不仅迅速攻占河西之地，而且不断向关东扩张，将战线不断向山东诸侯国推进，建立秦穆公时代企求而不及的功业。因此，人们有充分的

---

① （汉）司马迁：《史记》卷五《秦本纪》，中华书局1982年版，第186—195页。
② （汉）司马迁：《史记》卷六十八《商君列传》，中华书局1982年版，第2228页。
③ （汉）司马迁：《史记》卷五《秦本纪》，中华书局1982年版，第202页。
④ （汉）司马迁：《史记》卷六十八《商君列传》，中华书局1982年版，第2228—2232页。
⑤ 齐思和：《商鞅变法考》，载《中国史探研》，中华书局1981年版，第141页。

理由相信，秦国乃是在商鞅变法以后转弱为强。

三 商鞅变法与秦国富强之间的关系

战争的胜负，往往取决于多种因素。关此，兵家孙武曾经指出："主孰有道，将孰有能，天地孰得，法令孰行，兵众孰强，士卒孰练，赏罚孰明，吾以此知胜负矣。"① 如果不能证实商鞅变法与其后秦国和其他诸侯国之间战争胜负之间的因果关系，可能仍然会有学者认为，秦国在商鞅变法后无往而不胜的原因乃是与变法无关的其他因素，例如，秦国凭借诸如较其他诸侯国优越的自然地理条件、秦人的尚武精神以及墨者的帮助之类取得胜利。因此，接下来颇有必要阐明商鞅变法与秦国由弱变强、由衰转盛之间的内在关联。

前面已经指出，在秦孝公时代，墨者已经为秦国效力。然墨者主张"兼爱""非攻"，这意味着他们不可能凭借其严明的纪律和高超的防御技术为秦国的军事扩张服务。在秦国一统天下的过程中，也鲜有记载表明墨者参与其间。就自然地理条件而言，司马错伐蜀，"秦以益强，富厚"乃秦惠王执政时事。② 郑国渠之修建让关中平原成为沃野千里乃秦王嬴政时事。以往曾经令商周战略形势发生根本转化的"崤函之固"③，并非秦国早已有之，直至秦惠文君六年（前351），秦国才获得魏国远在崤函之西的阴晋。④ 这些因素对于秦国一统天下固然不可或缺，然而它们是秦国在已经富强到能够东向攻城略地的时候获得的，故而不能视为秦国由衰转盛、由弱变强的原因。

就前述孙子言及的主、将、天地、法令、兵众、士卒以及赏罚等决定战争胜负的因素而言，国君是否制定严明的法令最具根本性。在广土众民的战国时代，法令对于实现"令民与上同意"而言至关重要。⑤ 像舜那样以德化民固然有利于从长远和根本上解决问题，让广大百姓心甘

---

① 李零：《吴孙子发微》，中华书局1997年版，第30页。
② （汉）司马迁：《史记》卷七十《张仪列传》，中华书局1982年版，第2283—2284页。
③ 王晖：《周文王授命称王与商周战略形势递变之因》，载《古文字与商周史新证》，中华书局2003年版，第76页。
④ （汉）司马迁：《史记》卷五《秦本纪》，中华书局1982年版，第205页。
⑤ 李零：《吴孙子发微》，中华书局1997年版，第29页。

情愿地追随或者服从其号令。然而，正如一位法家人物所言："且舜救败，期年已一过，三年已三过。舜有尽，寿有尽，天下过无已者，以有尽逐无已，所止者寡矣。赏罚使天下必行之，令曰：'中程者赏，弗中程者诛。'令朝至暮变，暮至朝变，十日而海内毕矣，奚待期年？"① 在冷兵器时代，战争胜负主要取决于将士是否奋勇杀敌，以赏罚为主要手段的法令对于调动将士们积极性因而至关重要。好官爵而恶刑罚乃人之本性。在法令规定将士可以通过杀敌立功而获得官爵、避免刑罚以后，在将士相信法令必将得以实施以后，人们便会尽最大努力杀敌立功以满足其本性。兵众是否强在很大程度上同样如此，倘使他们渴望获得法令规定的官爵方面的赏赐，就会积极主动地训练以提升战力。至于天地等自然地理条件，对于敌我双方而言相同，关键在于将士们能否在奖励耕战的法令驱使下发挥主观能动性，充分有效地利用。当然，这些均是从理论上而言，更为重要的是从史料出发，考察秦国克敌制胜的重要因素与商鞅在秦国的变法之间是否存在因果关系。

在分析商鞅变法后秦国在与山东六国的战争中绝大部分以大胜而告终的原因的时候，韩非子指出："今秦出号令而行赏罚，有功无功相事也。出其父母怀衽中，生未尝见寇耳，闻战，顿足徒裼，犯白刃，蹈炉炭，断死于前者，皆是也。夫断死与断生者不同，而民为之者，是贵奋死也。"② 其中，"有功无功相事也"是指"分别其有功无功，不混淆也"③。韩非子又指出："今秦地折长补短，方数千里，名师数十百万。秦之号令赏罚，地形有利，天下莫若也。以此与天下，天下不足兼而有也。是故秦战未尝不克，攻未尝不取，所当未尝不破，开地数千里，此其大功也。"④ 人们由是可知，韩非子认为地形对于秦国攻无不取、战无不胜也发挥重要作用。然而，如果注意到在强大如秦穆公时代的秦国始终无法越过黄河而扩张土地以及前面所言诸如"崤函之固"之类险要地形是秦国东征后夺取这样的事实，地形的因素不应像这样强调。至于秦行号令赏罚云云，难以排除言说者为迎合秦王而夸大其词的可能性，人

---

① （清）王先慎：《韩非子集解》卷十五《难一》，中华书局1998年版，第350—351页。
② （清）王先慎：《韩非子集解》卷一《初见秦》，中华书局1998年版，第3页。
③ （清）王先慎：《韩非子集解》卷一《初见秦》，中华书局1998年版，第3页。
④ （清）王先慎：《韩非子集解》卷一《初见秦》，中华书局1998年版，第4页。

们有必要予以验证。

商鞅变法，一言以蔽之，以赏罚二柄诱导以及驱使秦人致力于农战。在奖励军功方面，秦国采取的措施至少包括，"有军功者，各以率受上爵；为私斗者，各以轻重被刑大小"①。此乃太史公对于商鞅变法期间制定举措的概括性描述，并非法令本身。在其他文献中，人们不难发现支撑其说的法令，例如，"商君之法曰：斩一首者爵一级，欲为官者为五十石之官；斩二首者爵二级，欲为官者为百石之官"②。这样的法令表明官爵之封赏与将士斩首之功相称。此乃《韩非子》之记载，有必要予以验证。《史记》"告奸者与斩敌首同赏"的记载表明，③在商鞅变法后，秦国的确以将士所斩敌首为依据计算军功。在湖北省云梦县出土的睡虎地秦简中记载了两则案例，亦可以对此予以间接证实：其一，某里士五（伍）甲携带着一枚首级而将男子丙绑缚送往官府，男子丁与其同行。甲向官府控告说，他是某尉的私吏，参与邢丘城的战斗。某日在军戏看见男子丙用剑砍伤男子丁，抢夺那枚首级，因而将其绑赴官府。④ 其二，某里士五（伍）甲与郑县某里公士丙一道将一枚首级送交官府，各自呈控说自己在邢丘城的战斗中获得这枚首级，相互争夺，请求官府予以定夺。⑤ 以上记载表明，在战场上获得的首级，对于将士格外重要，为此不惜相互争夺，甚至可以伤害昔日战友。这样的现象唯有与前述商君之法联系起来才能得到合理解释：秦国法令规定以首级为依据计算军功，又以军功为依据授予官爵。在官爵与诸多特权和利益相关的情况下，人们因而为首级而相互争斗甚至大打出手。它们在一定程度上表明前述商君之法一直得以有效实施。

秦国（王朝）将士在战场杀敌立功，除了如上所述可依法获得军功爵以外，还可获得其他形式的奖励，例如购赏。前些年公布的秦简记载如次之法令，"不如令者，论之，而上夺爵者名丞相，丞相上御史。都官有购赏贳责（债）者，如县。兵事毕矣，诸当得购赏贳责（债）者"⑥，由

---

① （汉）司马迁：《史记》卷六十八《商君列传》，中华书局1982年版，第2230页。
② （清）王先慎：《韩非子集解》卷十七《定法》，中华书局1998年版，第399页。
③ （汉）司马迁：《史记》卷六十八《商君列传》，中华书局1982年版，第2230页。
④ 睡虎地秦墓竹简整理小组：《睡虎地秦墓竹简》，文物出版社1978年版，第256—257页。
⑤ 睡虎地秦墓竹简整理小组：《睡虎地秦墓竹简》，文物出版社1978年版，第257—258页。
⑥ 陈松长主编：《岳麓书院藏秦简（伍）》，上海辞书出版社2015年版，第206—207页。

"不如令者"这些文字可知,此乃秦令之规定。秦令——例如《逐客令》——乃秦律没有相关规定而实践中出现新情况、新问题的时候秦国根据需要颁布的法律。上述秦令表明,秦律中必然存在秦军将士在战场上杀敌立功如何以钱财进行奖励之规定。不少秦军将士因而能够赊欠货物以满足其各种需求,并承诺将来以秦国法律规定的奖励——也就是购赏来加以偿还。在实践中出现大量相关事件后,朝廷颁布这样的令以解决官府无法可依的问题。与之相类的是,《商君书》有这样的记载:"能得爵首者,赏爵一级,益田一顷,益宅九亩,一除庶子一人,乃得人兵官之吏。其狱法:高爵訾下爵级,高爵能无给有爵人隶仆。爵自二级以上有刑罪则贬,爵自一级以下有刑罪则已。"[1] 关于"爵首",王时润曰"爵当依崇文本作甲"[2],不妥。这里记载的对于获得首级者的奖励远较前述商君之法的规定为高,当不是指普通敌军士兵首级,而是指有爵位之将士头颅。关于"得人",王时润曰:"得人当作得入。"[3] 此说是。"一除庶子一人,乃得人兵官之吏"大意为,委任其一位庶子以官职,于是得以进入军队官吏行列。关于"高爵訾下爵级",蒋礼鸿认为:"訾亦量也,量其罪,贬其爵。"[4] 关于"高爵能无给有爵人隶仆",孙诒让曰:"能亦当作罢,言高爵有罪而罢,无得给有爵之人为隶仆。"[5] 在与其时代相同或相近的文献中,"能"没有这样的用法,此说不妥。事实上,"高爵能无给有爵人隶仆"与"高爵訾下爵级"一样乃狱法的组成部分,都是在高爵者犯罪后的处置办法。其大意为,高爵者在犯罪后能够不给有爵之人做隶仆。这段话出自《商君书·境内》篇。该篇主要内容为爵位等级以及授予爵位者能够得到的特权和利益,与太史公所谓"明尊卑爵秩等级,各以差次名田宅,臣妾衣服以家次"的内容基本相同,[6] 很容易让人认为其乃商鞅向秦廷提交的爵秩方案,后得到秦孝公的采纳和施行。关于《商君书·境内》篇以及前述"商君之法"二者之间的关系,人们

---

[1] 蒋礼鸿:《商君书锥指》卷五《境内》,中华书局1986年版,第119—120页。
[2] 蒋礼鸿:《商君书锥指》卷五《境内》,中华书局1986年版,第119页。
[3] 蒋礼鸿:《商君书锥指》卷五《境内》,中华书局1986年版,第119页。
[4] 蒋礼鸿:《商君书锥指》卷五《境内》,中华书局1986年版,第120页。
[5] 蒋礼鸿:《商君书锥指》卷五《境内》,中华书局1986年版,第120页。
[6] (汉)司马迁:《史记》卷六十八《商君列传》,中华书局1982年版,第2230页。

应该能够同意的是，前者提供的爵秩方案得以采纳并成为秦国正式法令，为前述"商君之法"的实施创造了条件。如果前面关于"爵首"的分析成立，则前述"商君之法"与《商君书·境内》篇有关"得爵首"者的奖励为相互补充之关系。这也就意味着，在提出初步变法方案并得到秦孝公同意后，商鞅等人还要从事大量的工作以便将它们变成在实践中可以施行的法令。

尽管在战场上杀敌立功可以获得诸多特权和利益，然而，参与战事毕竟具有较高伤亡之风险，故而难免有人试图通过各种途径避免上战场或者当逃兵。很可能因此之故，秦法令规定："匿敖童，及占癃（癃）不审，典、老赎耐。百姓不当老，至老时不用请，敢为酢（诈）伪者，赀二甲；典、老弗告，赀各一甲；伍人，户一盾，皆罨（迁）之。"① 倘若有人弄虚作假，典、老依法要连带受处罚。他们自然不会通过法律禁止的手段来帮助百姓逃避徭役和兵役。秦国制定此律的目的有二：一是防止人们以隐匿或者谎称废疾的方式逃避服兵役；二是防止人们借"免老"之条而不服兵役和徭役。与其相类的是，"冗募归，辞曰日已备，致未来。不如辞，赀日四月居边。军新论攻城，城陷，尚有栖未到战所，告曰战围以折亡。叚（假）者，耐；敦（屯）长、什伍智（知）弗告，赀一甲；伍二甲"②。在出台这样的法令以后，秦国不仅可以防止士兵在服役期限未满的情况下谎称服役期限已满而提前结束服役，而且可以防止士兵以阵亡为幌子而不进入战场。

《商君书·农战》篇指出，国家依靠农战而兴，而能够让具有趋利本性的百姓积极从事农战者唯有官爵。因此，国家必须设法让农战成为百姓获得官爵的唯一途径，所谓"利出于一孔"是也。如果百姓能够设法逃避农战而从事商贾、手工业等等，国家就会削弱。③ 非常明显，《商君书·农战》篇这样的论述与上述秦律之间存在高度相关性。由"余尝读商君《开塞》《耕战》书，与其人行事相类"这样的言说可知，④ 太史公曾看过商鞅所著《商君书·耕战》篇。在流传至今的《商君书》中

---

① 睡虎地秦墓竹简整理小组：《睡虎地秦墓竹简》，文物出版社1978年版，第143页。
② 睡虎地秦墓竹简整理小组：《睡虎地秦墓竹简》，文物出版社1978年版，第145页。
③ 蒋礼鸿：《商君书锥指》卷一《农战》，中华书局1986年版，第20—21页。
④ （汉）司马迁：《史记》卷六十八《商君列传》，中华书局1982年版，第2237页。

《农战》与《耕战》虽有一字之别然意义完全相同的情况下，太史公所谓《耕战》书乃《商君书·农战》篇的可能性很大。对于像逃避服役以及在战场上逃亡这样实践中经常出现的现象，有能力率领军队对魏国开战并取得胜利的商鞅应该能够想到并且制定法令加以防范。加之诸如田宅、官爵以及刑罪之免除之类对于秦人而言极具诱惑力的特权和利益唯有通过农战而获得，舍此别无他途。在战功又以首级为依据计算的情况下，无怪乎秦人为争夺首级而大打出手，又无怪乎秦国军队往往被称为"虎狼之师"！由像这样而以"贵奋死"为特点的将士组成的秦国军队得以通过武力或者武力相威胁而不断蚕食、侵吞山东诸国土地乃至于一统天下便成为必然。

尽管相关分析均可在《商君书》中找到一些佐证，然而，上面的论述总是理所当然地将秦国奖励耕战方面的法令视为商鞅变法的产物。或许有学者会指出，这样的做法有意无意地忽略秦孝公在变法前"招战士，明功赏"的可能性。换言之，像上面那样进行分析完全排除了相关法令为（或者部分为）秦孝公早已制定的可能性。诸如此类的质疑是不能成立的。依据求贤令的内容不难得知，秦孝公知道若不改弦更张，秦国上下难以改变"诸侯卑秦，丑莫大焉"的局面。不然的话，他没有必要以"吾且尊官，与之分土"为代价寻求"出奇计强秦者"①。或许有学者提出，秦孝公本人可能想不到的是，单凭他采取的"招战士，明功赏"诸项举措已经足以达成秦国富强的目标。这样的说法也是难以成立的。人们应该注意诸如"卫鞅说孝公变法修刑，内务耕稼，外劝战死之赏罚"之类记载。②如果秦孝公已经制定以此为主要内容的法令，商鞅像这样游说便不大可能达到预期目的。而且，秦孝公本人所谓"今吾欲变法以治，更礼以教百姓，恐天下之议我也"③，以及甘龙所谓"今若变法，不循秦国之故，更礼以教民，臣恐天下议君"④均表明，秦国在商鞅变法前尚循秦国之故，遵以往之礼，并未在耕战方面采取什么重大举措，至多循秦国故事而已，故而不能将"招战士，明功赏"这样的记载

---

① （汉）司马迁：《史记》卷一《秦本纪》，中华书局1982年版，第202页。
② （汉）司马迁：《史记》卷一《秦本纪》，中华书局1982年版，第203页。
③ 蒋礼鸿：《商君书锥指》卷一《更法》，中华书局1986年版，第2页。
④ 蒋礼鸿：《商君书锥指》卷一《更法》，中华书局1986年版，第3页。

作无限扩大的解释，以至于认为商鞅变法期间制定的以奖励耕战为主要内容的法令乃秦孝公早已为之。

人们还可以由《商君书·垦令》篇入手对此予以进一步论证。学术界基本上认为该篇乃商鞅所作。① 其中各章在格式以及内容方面均与法令不类。例如，像"重关市之赋，则农恶商，商有疑惰之心。农恶商，商疑惰，则草必垦矣"②这样的说法显然并非法令，各级官府也难以执行。例如，其中并没有明确指出官府在关市以什么标准征收赋税，达到重农抑商的目的。在《商君书·垦令》篇中，各章提出的以"草必垦矣"为最终目标的言说均如此。它们非常像商鞅向秦孝公提出的关于制定垦草令的设想以及现实可行性，其间包含垦草令的主要内容、基本原则以及立法目标。等等。如果这样的分析成立，则《商君书·垦令》篇应该是商鞅在劝说秦孝公变法的时候所为。原因很简单，如果商鞅仅仅提出变法之目标，而不详细提出实现目标的具体办法，让秦孝公认为具备可行性，显然不足以让秦孝公下定决心实行变法。在说服秦孝公后，商鞅等人必须起草可供各级官府执行的法令并得到秦孝公等人同意，《垦草令》很可能就像这样问世。因此，在各类文献中记载的与《商君书·垦令》内容相关的法令都可能是在商鞅变法期间制定出来又经过后世不断根据实际情况修改完善的结果。

相对于历时近二十年的商鞅变法而言，无论是《史记·秦本纪》还是《史记·商君列传》等文献中相关记载，也无论是《商君书》还是《韩非子》等诸子类文献中相关记载，均显得太过简略。这就为墨者或者秦孝公本人强秦说留下若干空间。在简牍等出土文献不断涌现的时候，人们不难发现若干法令与《史记·秦本纪》《史记·商君列传》以及《商君书》相关记载之间存在明显关联。秦孝公之后，秦国除了根据形势需要而对法令进行修改和完善以外，再未进行像商鞅变法那样重大的法制变革。因此，人们有理由将它们视为商鞅变法的产物。人们无论如何也难以否认，在商鞅变法与秦国迅速强大之间存在时间先后关系。而且，从逻辑上看，商鞅变法相关记载与秦国富强之

---

① 郑良树：《商鞅及其学派》，上海古籍出版社1989年版，第20—21页。
② 蒋礼鸿：《商君书锥指》卷一《垦令》，中华书局1986年版，第17页。

间存在颇具必然性的关联。基于这两方面的理由，人们有充分的理由将商鞅变法视为秦国由弱变强、由衰转盛的转折点以及根源。总而言之，商鞅变法，开启了以法治国新时代，秦国的迅速强大因而乃是在秦法之治下得以实现。

第三节 "官无邪"何以可能？

正如某后世学者所指出的："条文的规定是一回事，法律的实施又是一回事。某一法律不一定能执行，成为具文。"[①] 为避免系列旨在奖励耕战的法令成为具文，进而收富国强兵之效，国家必须确保它们得到有效实施。为此，一方面，国家必须设官分职，授予大小官吏相应的职责和权力，令其严格实施法令，使之发挥预期作用；另一方面，国家又必须设法避免大小官吏为了维护个人或其亲友的身家性命、利益以及特权等而滥用权力，以至于让法令成为一纸空文。官爵，人之所欲也，问题在于如何利用官爵来驱使官吏们如国家所期望的那样实施法令。在基本上可以认定为出自商鞅之手的《商君书》诸篇中记载不少确保"官无邪"的主张，而由"率用商鞅法"这样的记载可知，[②] 它们在秦孝公的支持下基本上变成秦国法令。尽管《韩非子》指出变法成果为官吏侵占等问题，然而，人们在《荀子》中也可以发现堪称反证之记载。而且，秦国经由商鞅变法而迅速由弱变强、由衰转盛，最终一统天下，此乃不争的事实。人们由是可知，商鞅拟定的约束官吏的举措富有成效。为了更好地再现秦国崛起的历史，现从《商君书》《韩非子》以及《史记》等文献中梳理出相关史实，分述如下。

一 "无宿治"

"无宿治"这样的说法见于《商君书·垦令》篇。[③] 关于该篇性质，

[①] 瞿同祖：《中国法律与中国社会》之《导论》，中华书局1981年版，第2页。
[②] （汉）司马迁：《史记》卷五《秦本纪》，中华书局1982年版，第203页。
[③] 关于《垦令》篇作者以及成书年代之分析，参见仝卫敏《出土文献与〈商君书〉综合研究》，花木兰文化出版社2013年版，第81—96页。

有学者指出："乃《垦令》之所从出，非即令也。"① 《商君书·垦令》篇乃商鞅为说服秦孝公同意发布《垦草令》而写的奏疏或者是史官记录的商鞅劝说秦孝公发布《垦草令》的相关言说。之所以这样看待《商君书·垦令》篇的性质，是因为它的各个组成部分均为实施某种举措后"草必垦也"云云，非常类似奏疏以及劝说之类表达方式。关于"宿治"，以往学术界有多种解释：簿书不停积也；朝廷有事，马上就办；不准留下当天政务。等等。② 在词义不断演变发展且战国时期一词多义的现象已经并不鲜见的情况下，如果将个别或者少数词与包含它们的篇章乃至作者相关著述割裂开来，孤立地理解它们，学术背景以及思想倾向不同的学者势必会产生不同的解释。然而，如果将其置入具体语境乃至时代背景中，为词义的解释增加尽可能多的约束或者限制条件，人们就有可能获得比较接近原意的理解。

关于"宿治"的理解或者解释就应该如此。《商君书·说民》篇亦有关于"宿治"的论述："治则家断，乱则君断。治国者贵下断，故以十里断者弱，以五里断者强。家断则有余，故曰：日治者王。官断则不足，故曰：夜治者强。君断则乱，故曰：宿治者削。故有道之国，治不听君，民不从官。"③ 何谓"家断"？《商君书·说民》篇在上文有如次之言说："省刑要保，赏不可倍也。有奸必告之，则民断于心。上令而民知所以应，器成于家而行于官，则事断于家。"④ 何谓"省刑要保"？朱师辙认为："谓使民互相为保，有奸必告，则民不敢犯法，故刑减省。"⑤ 这样的解释有增字为训之嫌，且与后文"有奸必告之"重复，不妥。《春秋左氏传》有"莫保其性"之语，⑥《汉书》作"莫信其性"，师古因而曰："信犹保也。"⑦ "省刑要保"的意思因而是，刑罚减省要守信。关于"赏不可倍也"，有学者指出："倍犹背也，谓赏必信。"⑧ 由于

---

① 蒋礼鸿：《商君书锥指》卷一《垦令》，中华书局1986年版，第6页。
② 张觉：《商君书校疏》，知识产权出版社2012年版，第17页。
③ 蒋礼鸿：《商君书锥指》卷二《说民》，中华书局1986年版，第40—41页。
④ 蒋礼鸿：《商君书锥指》卷二《说民》，中华书局1986年版，第40页。
⑤ 蒋礼鸿：《商君书锥指》卷二《说民》，中华书局1986年版，第40页。
⑥ 杨伯峻编著：《春秋左传注》昭公八年，中华书局2016版，第1441页。
⑦ （汉）班固：《汉书》卷二十七上《五行志第七上》，中华书局1962年版，第1340页。
⑧ 蒋礼鸿：《商君书锥指》卷二《说民》，中华书局1986年版，第40页。

官府不折不扣地兑现法令规定的诸如刑罚减省之类赏赐，告奸制度的存在导致违反法令者均受到应有制裁，人们基于趋利避害的本性自然而然地选择遵守法令，这也就是所谓"上令而民知所以应"。"器"通常指器物，然这段话完全与器物无关，故而这里的"器"应该另有其意。人们常常利用器物来完成各类事务，故而"器"可以引申为用以完成事务之工具。例如，《礼记·礼运》："礼义以为器，故事行有考也。"① 不过，在前引《商君书·说民》那段话中，"器"显然不是指礼义，而是指人们行事所必须遵循的法令。因此，"器成于家而行于官"的意思是，人们依据法令行事，官府也依据法令而行赏罚，这就是《商君书》所谓"事断于家"。如果人们没有法令可以遵循或者凡事拒绝遵循国家颁布的法令，则官府势必投入大量人力、物力以确保人们的言行步入国家所期望的轨道，这应该就是《商君书》所谓"官断"。在各级官府所辖区域以及人口数量相对较大且交通不便的时代，凡事"官断"显然会让官府力不从心。这在《商君书·说民》篇作者看来就是"官断则不足"。不过，如果官府能够设法令百姓积极从事农战，则国家仍然可以强大。如果百姓没有法令可以遵循或者拒绝遵从法令，而官府也难以令百姓走上农战之轨道，事无大小因而必须由国君决断和处置。在国君精力有限以及国家也难以投入足够人力、物力以确保国君之意志得以贯彻实施的情况下，国家势必陷入混乱。这就是《商君书》所谓"君断则乱"。

在清楚"家断""官断"以及"君断"的含义后，人们就不难理解《商君书》所谓"日治""夜治"以及"宿治"的含义。如果国家颁布法令于下，为百姓所周知，且人们皆依据法令行事，这就是《商君书》所谓"日治"。换言之，国家期望之事白天就可以完成。倘若不能如此，百姓凡事都必须听从官府之号令或者议事以制，则在百姓与官府相距五里的情况下官府的号令或者措施传达至百姓需要时间。倘若如此，在百姓遵守法令的情况下白天就可以完成之事就必然拖延到夜间才能够开始或者完成，这就是《商君书》所谓"夜治"。即便如此，在当时的生产力条件下，国家仍然可以强大。如果一个国家连"夜治"也不能做到，凡事皆有待国君决断并采取措施，在国君与百姓之间存在十里之距离的

---

① （清）朱彬：《礼记训纂》卷九《礼运》，浙江大学出版社2010年版，第343—344页。

情况下，国君之政令或者采取的措施传达至百姓需要耗费更长的时间。这在《商君书·说民》篇作者看来属于"宿治"。因此，"宿"不能像有些学者所认为的那样乃是指"夜"，而是相较于"日""夜"而言更长的时间概念。像这样理解"宿"，则《商君书》所谓"有道之国，治不听君，民不从官"就比较容易理解。① 正如朱师辙所言："有道之国，法令划一，故臣据法而治，民不必听命于君主；民遵法而行事，不必依附其长官。"② 若非遵守君主制定的法令，在古代中国那样的政治社会中，百姓不听从君主之令以及不依附其长官难以想象。

如果认同上面的分析，人们就比较容易理解《商君书》所谓"无宿治"相关言说。国家制定的法令广为人知，官吏因而不能利用百姓对于法令的无知或者一知半解来谋取私利，也因而令"百官之情不相稽"③。"情"者，人之欲也。"稽"者，留也，例如，"是以令出而不稽"④。在法令广为人知的情况下，百官不能因为贪欲而让部分法令不能得以实施，旨在奖励耕战的法令因而得以全面而有效地实施，农业就不会荒废，土地势必得到有效耕作。⑤ "訾粟而税，则上壹而民平。上壹则信，信则官不敢为邪"⑥ 的原理与"无宿治"相类。"訾粟而税"是指根据粟的产量而征税。"壹"，有学者解释为"统一"⑦。这样的解释不大合理。法令的一个重要特征是在一个国家或者其他能够制定并依照法令进行治理的政治体内为人们一体遵循，故而无须再行强调统一。这里的"壹"因而应该是指始终如一，与朝令夕改相对。法令唯有始终如一才会为人们所信从，官吏们因而不能以法令变化为由谋取私利，百姓也因而对从事农耕有较为稳定的预期，从而不会随意更换谋生方式。在此情形下，百姓就不会非议朝廷，也不会为官吏所苦。长此以往，年壮之百姓就会积极从事农耕，而年少之百姓也会坚持加以学习，如此则土地势必得到有效

---

① 蒋礼鸿：《商君书锥指》卷二《说民》，中华书局1986年版，第41页。
② 张觉：《商君书校疏》，知识产权出版社2012年版，第85页。
③ 蒋礼鸿：《商君书锥指》卷一《垦令》，中华书局1986年版，第6页。
④ 黎翔凤：《管子校注》卷十《君臣上》，中华书局2004年版，第565页。
⑤ 蒋礼鸿：《商君书锥指》卷一《垦令》，中华书局1986年版，第6页。
⑥ 蒋礼鸿：《商君书锥指》卷一《垦令》，中华书局1986年版，第6页。
⑦ 张觉：《商君书校疏》，知识产权出版社2012年版，第18页。

耕作。① 如果以上分析成立，在意识到官吏们有可能利用法令不为百姓所知或者法令时常修改等钻空子以满足自己的贪欲从而让法令不能得到全面有效地实施的情况下，商鞅主张采取让法令广为人知以及始终如一等配套措施，在官吏们依据法令治理百姓的同时为其划定相关行为之界限，令与其利益息息相关的百姓反过来约束或者监督官吏们的执法行为，从而确保官吏们依法施政。

二 "百县之治一形"

"百县之治一形"相关言说亦见于《商君书·垦令》篇。有学者指出："（形）古又作'刑'，通'型'，与下句之'制'同义。"② 所谓"形"作"刑"进而与"型"相通的说法非常正确，然其所谓"形"与后文之"制"同义之说需要进一步探讨。"形"系对"百县之治"的描述，与现代所谓"范式"以及"模式"等等概念的含义相近。所谓"百县之治一形"指的是秦国所辖各县均按照同样的模式治理，也就是遵循同样的法令，不得因为各地风土人情等等不同而有所区别，进而收"从迁者不敢更其制，过而废者不能匿其举"之效。③ 清代学者孙诒让根据下文"迁者不饰，代者不更"④ 而认为"从迁"后面应该补"不饰，代"等字。⑤ 这样的说法表面上看不无合理性，然而没有文献方面的有力证据，像这样妄改古籍因而难以为人们所接受。王时润基于此说而进一步指出："从迁二字无义，当为迁徙之伪。盖从俗作従，与徙形近；遷俗作迁，与迂形近，故迁徙二字伪从迁耳"⑥。在前提已经存在问题的情况下，他又未能提出在类似情况下形近而伪的有力证据，故而更难以令人信服。因此，人们还是应该基于《商君书》原本记载而予以合理解释。

---

① 蒋礼鸿：《商君书锥指》卷一《垦令》，中华书局1986年版，第6—7页。
② 张觉：《商君书校疏》，知识产权出版社2012年版，第33页。
③ 蒋礼鸿：《商君书锥指》卷一《垦令》，中华书局1986年版，第16页。
④ 蒋礼鸿：《商君书锥指》卷一《垦令》，中华书局1986年版，第16页。
⑤ 蒋礼鸿：《商君书锥指》卷一《垦令》，中华书局1986年版，第16页。
⑥ 蒋礼鸿：《商君书锥指》卷一《垦令》，中华书局1986年版，第16页。

"从",《说文·从部》:"相听也"或"随行也"①。"迁",《说文·辵部》:"避也。"②"迁"通常意为避开正面,从它面迂回。在此基础上"迁"可引申为"邪也"。例如,"不度而迁求,不可谓义。"韦昭注曰:"迁,邪也。不度利害之本,而以邪夺正,不可谓得其义。"③"从迁者"因而指听从或者跟随奸邪者,这里指试图违反法令的官吏。在秦国所辖各县均执行同样的法令的情况下,人们比较容易从它县获悉法令的内容,在利益受损以后必然会向上级官府控告。在如前所述秦法对于"不从王令,犯国禁,乱上制者"的惩罚异常严厉的情况下,试图像奸邪者那样违反法令的人就不敢随意对制度予以更改。关于"过而废者不能匿其举",有学者指出:"此盖谓有过当废者,人必举之,不得匿也。"④ 这样的解释不无增字为训之嫌。"过"者,违背也。"废"者,荒废也。"举"者,行为也。这句话的意思因而是,违反全国统一规定而让法令不能发挥应有作用者,不能掩盖其行为。"过而废者"与"从迁者"之间的区别在于,前者让国家法令成为具文,而后者试图对国家法令进行更改或者变通。"过举不匿,则官无邪人"比较容易理解,意为违反国家规定的统一的治国之道而让法令成为具文者不能隐匿其行,官府自然没有奸邪之人。秦国法令规定:百姓因为耕战有功而依法应当获得奖赏,"过而废者"为满足自己贪欲而将其据为己有。在"百县之治一形"的情况下,百姓可以从它县获得相关法令的内容并因为自己利益受损而提出控告,如此一来"过而废者"就不能隐匿其行径。在"百县之治一形"的情况下,因为诸如百姓容易从他县获悉国家法令的内容且可能对违法进行控告之类缘故,奸邪者难以掩饰其违反法令的行为,替代者也不敢更改制度。秦国在商鞅变法期间确定的赋税水平堪称"平"⑤,奸邪官吏更改制度的目的只可能是为满足贪欲而增加赋税,而不大可能是相反。为此,官府需要增加吏员对此进行防范,而百姓为了维持一定生活水平就需要付出更多劳动。在"迁者不饰,代者不更"的情形下,诸如

---

① 许慎:《说文解字》,中华书局2013年版,第166页。
② 许慎:《说文解字》,中华书局2013年版,第36页。
③ 徐元诰:《国语集解》卷七《晋语一》,中华书局2002年版,第253页。
④ 蒋礼鸿:《商君书锥指》卷一《垦令》,中华书局1986年版,第16页。
⑤ (汉)司马迁:《史记》卷六十八《商君列传》,中华书局1982年版,第2232页。

此类问题就不会产生。总之，在法令与百姓切身利益密切相关的情况下，商鞅试图利用他们因而愿意维护法令的倾向以约束官吏的行为。与前述让法令广为人知不同的是，这里要求全国法令整齐划一，统一执行，从而避免为各地迁者提供上下其手的机会。

秦人在征伐戎人的过程中逐渐夺取周王朝原岐、丰之地以及西戎大量土地，秦文化因而在接纳周文化后又与戎文化不断进行交流和融合。在商鞅变法后，秦国势必东向发展，秦文化因而又将与中原文化发生交流和融合。秦国必将存在各具特色的区域文化。它们可能会为一些地方官吏上下其手以牟取私利提供较为方便之借口。"百县之治一形"的设想很可能基于这样的考虑而制定出来。在与赵良的对话中，商鞅声称："始秦戎翟之教，父子无别，同室而居。今我更制其教，而为其男女之别，大筑冀阙，营如鲁卫矣。"① 其中，"教"显然与后世"风俗"义同。关于商鞅更制其教的详情，各类文献均未予以记载。人们可以根据湖北省云梦县出土的睡虎地秦墓竹简相关记载而进行较为合理的推断。依据其中记载的《语书》可知，南郡郡守腾曾对县、道啬夫指出："古者"各地有其乡俗，有的对百姓生产、生活不便，有的对国家治理不利。为此，圣王制定法度以矫正人心，消除邪恶的风俗。在法、律不能发挥应有作用的情况下，朝廷下达令以弥补法律之不足。所有法、律、令的宗旨都是教导百姓，消除各地恶俗，令其向善。② 从字面上而言，"古者"并非指商鞅变法时期，而是指由圣王治理的上古时期。不过，法、律、令的产生时间却较晚。根据"是时承用秦汉旧律，其文起自魏文侯师李悝。悝撰次诸国法，著法经"③，以及"商鞅受之以相秦，改法为律"这些记载可知，律的产生时间不会早于商鞅变法。至于"法、律未足，民多诈巧，故后有间令下者"这样的治理方式，④ 乃商鞅变法以来秦国治国之道的真实写照。因此，郡守腾有可能是在总结商鞅变法以来治理经验的基础上发表上述看法。诸如此类记载提醒人们，商鞅可能以法令的形式强制各地"更制其教"。于情于理，商鞅在十数年时间内

---

① （汉）司马迁：《史记》卷六十八《商君列传》，中华书局1982年版，第2234页。
② 睡虎地秦墓竹简整理小组：《睡虎地秦墓竹简》，文物出版社1978年版，第15页。
③ （唐）房玄龄等：《晋书》卷三十《刑法志》，中华书局1974年版，第922页。
④ 睡虎地秦墓竹简整理小组：《睡虎地秦墓竹简》，文物出版社1978年版，第15页。

不大可能以教化方式达成这样的治理目标。秦国从秦穆公统治时期开始向西戎扩张，原来戎地维持戎翟之教理所当然。不过，这并不意味着秦国所有区域均如此。人们很难设想原属周王朝的岐丰之地也盛行戎翟之教。因此，秦国在商鞅变法期间就可能用法令来改变风俗，推行"百县之治一形"的治国之道。

就此而言，在一统天下的过程中，秦国在新征服地区采取的措施可以成为有力佐证。秦国在昭襄王时代夺取楚国北部地区建立南郡近半个世纪后，部分地方官吏和百姓仍然不愿遵循秦国较为完备的法、律、令，淫佚的风俗不止，助长了百姓邪恶、淫佚的观念。长此以往对于国家非常有害。为此，郡守腾整理相关法、律、令并命官吏公之于众，以便官吏和百姓知晓而避免误陷法网。然而，官吏、百姓们为谋取私利而违反法、律、令，向往乡俗之心不变，令、丞以下明明知道也不揭发和查处。在郡守腾看来，这是公然违背朝廷法、律、令以及豢养、包庇邪恶百姓的表现。身为人臣要么是因为明知故犯而属于不忠，要么是因为不知而属于不胜任，要么是因为知道而不敢查处而属于不廉，这些都是大罪。如果令、丞对此不知的话，非常不便于治理。为此，郡守腾对县、道啬夫指出，他将派他们前往各地巡查，对不遵守法、律、令者查实后依律处罚。如果令、丞涉案，县官也要承担责任。如果有人多次违反法令而令、丞未能抓获，就将有关令、丞的名单上报郡守府。① 由《编年记》中"南郡备敬（警）"这样的记载可知，② 楚国当时正试图夺回这一地区。秦国对于南郡的控制受到武力威胁。郡守腾不可能不知道这样的局面，仍然汲汲于在其治下推行法、律、令以消除"不便于民、害于邦"的乡俗，③ 为此不惜采取上述措施。从客观方面而言，他所采取的措施有利于实现"百县之治一形"的治理目标。如果秦国法、律、令在南郡得以全面而彻底地实施，则原有之风俗势必逐渐消亡，官吏们便不得以既有风俗的力量过于强大为由为其不忠、不胜任或者不廉行为辩解，也不能要求缓行法、律、令或者采取变通措施而为其谋取私利服务。

---

① 睡虎地秦墓竹简整理小组：《睡虎地秦墓竹简》，文物出版社1978年版，第15—16页。
② 睡虎地秦墓竹简整理小组：《睡虎地秦墓竹简》，文物出版社1978年版，第7页。
③ 睡虎地秦墓竹简整理小组：《睡虎地秦墓竹简》，文物出版社1978年版，第15页。

商鞅在秦惠文君执政之初就被以谋反的罪名施以车裂之刑，不过，在他主持下制定的法令并未遭到废除，"百县之治一形"相关法令亦如此。长此以往，它们逐渐成为秦国上下习以为常的治国之道。郡守腾在南郡采取上述措施因而就可以得以合理解释。

三 "官法明，故不任知虑"

"官法明，故不任知虑"这样的言说见于《商君书·农战》篇。关于该篇作者以及成书年代，四库馆臣曾经指出："今考《史记》称秦孝公卒，太子立，公子虔之徒告鞅欲反，惠王乃车裂鞅以徇，则孝公卒后，鞅即逃死不暇，安得著书？"① 有学者或因而认为，它即便不是商鞅所作，也是在商鞅逝世后短期内完成的。作者不但是商鞅的忠实信徒，而且非常了解商鞅的治理思想。② 对于四库馆臣的质疑，人们同样可以质疑，商鞅被秦惠文君以"反"为名诛杀，其他人在短期之内对其避之唯恐不及，哪有可能记载其异端邪说？关于《商君书·农战》篇作者以及成书问题，人们应该注意这样的记载：太史公曾经阅读商鞅《开塞》《耕战》诸篇。③ 在"耕战"与"农战"仅一字之差，其意基本相同的情形下，人们不能轻易忽略或者否定太史公这样的记载，据而认为《商君书·农战》篇所记载的内容出自商鞅也属合理——它的内容看起来就像在阐述《史记》记载的变法法令的原理。即便商鞅没有时间、精力或者欲望著书立说，在主持变法的十几年间，他也必须与秦孝公商议国事或者就法令相关事务上陈奏疏。《商君书·农战》篇也有可能像这样产生。④ 因此，"官法明，故不任知虑"很有可能是商鞅建议采取的举措，不过，其含义和目的有待探讨。

"知"与"觉"这两个词在早期中国的意义有别。何休在注《春秋公羊传·宣公六年》"赵盾知之，蹴阶而走"的时候指出："由人曰'知

---

① （清）永瑢等：《四库全书总目》，中华书局1965年版，第848页。
② 郑良树：《商鞅及其学派》，上海古籍出版社1989年版，第25—28页。
③ （汉）司马迁：《史记》卷六十八《商君列传》，中华书局1982年版，第2237页。
④ 关于《农战》篇作者以及成书年代之分析，参见仝卫敏《出土文献与〈商君书〉综合研究》，花木兰文化出版社2013年版，第96—103页。

之',自己知曰'觉'焉。"① 至于"虑",《说文·思部》:"谋思也。"②
"不任知虑"因而意为不根据他人言说或自己谋思而委任(官爵)。作为
"官法明"之结果,"不任知虑"进而意味着"准法而已"③。《商君书·
农战》篇指出,人主调动吏民积极性的手段唯有官爵,而国家又唯有依
靠农战才能强大。因此,如果希望国家强大,人主必须让吏民知道除了
农战以外别无他途而获得官爵。如果人们可以通过花言巧语或者其他不
诚实的途径获得官爵,国家必然削弱。④ 原因比较简单,倘若官爵可以
通过农战以外的不正当途径获得,就没有人愿意积极从事需要流汗或者
流血的农战。如果人们不愿意从事农战,国家无从获得足够的赋税以维
持正常开支以及国家机构运转,在与敌国的战争中也不可能取得胜利。
这样的国家势必走向衰亡。对于官吏而言,如果人主"淫于言"也就是
惑于巧言辩说而授予官爵,就会导致"官爵不可得而常也"⑤,此乃国家
衰亡的又一重要原因。如果人们可以通过巧言辩说而获得官爵,则官吏
上可以欺诈人主、下可以出售权力。奸邪之官可以巧言令色迷惑人主,
以此不仅让自己获得升迁,也可以让人主升迁他人。这样他们就可以与
希望获得升迁的下官进行交易。下官用财物贿赂奸邪之官,换取奸邪之
官向人主进言以达到升迁的目的。如果这样的风气形成,希望获得升迁
的下官认为,不贿赂上官而求升迁就像以狸饵鼠以及缘木求鱼一样不可
能成功,他们就必然会向百姓搜刮财物以便贿赂上官从而达到升迁的目
的。百姓也因而认为,勉力农战仍然地位卑贱、家庭贫困,不如巧言令
色以求官爵。如果官吏和百姓均像这样不致力农战,国家势必贫弱。⑥

　　商鞅在《商君书·农战》中不仅指出了问题,也提出解决上述问题
之办法,这就是以"上作壹"为重要内容的"官法明"⑦。人主依法授予
官爵,而不考虑人言以及才能、智慧等因素。官爵之授予完全依据吏民

---

① (汉)何休解诂、(唐)徐彦疏:《春秋公羊传注疏》,上海古籍出版社2014年版,第628页。
② 许慎:《说文解字》,中华书局2013年版,第216页。
③ 蒋礼鸿:《商君书锥指》卷一《农战》,中华书局1986年版,第22页。
④ 蒋礼鸿:《商君书锥指》卷一《农战》,中华书局1986年版,第20页。
⑤ 蒋礼鸿:《商君书锥指》卷一《农战》,中华书局1986年版,第21页。
⑥ 蒋礼鸿:《商君书锥指》卷一《农战》,中华书局1986年版,第21页。
⑦ 蒋礼鸿:《商君书锥指》卷一《农战》,中华书局1986年版,第22页。

农战之功，除此以外别无其他依据。诸如此类均在法令中予以明确规定。人主完全依法而根据吏民农战成果而决定是否授予官爵，人们就不会心存侥幸，试图通过贿赂或者巧言而求取，而是致力于农战。如果人主根据所谓才能、知慧而任官，知慧之人必然根据人主好恶以及欲求而进言，下官则通过财货贿赂他们以求升迁，官爵因而为贿赂所左右，从而没有规则可循。如果官爵授予像这样陷入混乱，就不能充分发挥其奖励耕战的积极作用，如此田地必然荒芜、战争必然失败。如果人主为辩说所惑，法令就会被弃置，法令规定的赏罚就不能兑现，其驱使人们致力于耕战的作用就不能有效发挥，国家也会逐渐走向衰亡。①《商君书·农战》篇通过像这样论述"任知慧"的严重后果，有力地证明人主必须严格执行法令，官爵唯有用来奖励农战。

《商君书·农战》篇之所以像这样反复强调"官法明"和"上作壹"，反对人主"淫于言"以及"任知慧"，表明商鞅已经意识到国家法令对人主缺乏约束力，故而建议致力于争霸天下的人主坚定不移地依法论功而授予官爵。人们在后世秦国政治中不难发现其影响。例如，苏秦极言秦国之地利，建议秦惠文君吞并天下，称帝而治。秦惠文君却以羽毛不丰满者不可以高飞，形势不明朗不可以兼并诸侯国由委婉拒绝。②苏秦不言农战，而是以任何国君都难以抗拒之目标而诱之，然秦惠文君心不动者，固然可以像司马迁那样用秦惠文君因为刚诛杀商鞅故而对辩士深恶痛绝来解释。③不过，如果将苏秦之言说与《商君书·农战》篇的相关论述联系起来，人们就可以发现，苏秦所作所为正是《商君书·农战》篇所极力反对的。秦惠文君目睹商鞅变法所获得的巨大成就而信服其说，应该是更为合理的解释。张仪进入秦国而秦惠文君任以为客卿之事表明，后者并非对辩士一概排斥。关于客卿，元代学者胡三省注《资治通鉴》"秦王说之，以为客卿"曰："秦有客卿之官，以待自诸侯来者，其位为卿而以客礼待之也。"④来自关东之人尽管像这样获得秦人礼遇和施展才能之机会，然必须为秦国建功立业后才有可能授予官爵。

---

① 蒋礼鸿：《商君书锥指》卷一《农战》，中华书局1986年版，第22—23页。
② （汉）司马迁：《史记》卷六十九《苏秦列传》，中华书局1982年版，第2242页。
③ （汉）司马迁：《史记》卷六十九《苏秦列传》，中华书局1982年版，第2242页。
④ （宋）司马光：《资治通鉴》卷二《周纪二》，中华书局1956年版。

例如，张仪在设法让秦国兵不血刃地获得上郡、少梁后，秦惠文君才以张仪为相。① 范雎入秦，以言辞打动秦昭王，然亦仅获拜为客卿而已，直至在其建议下秦昭王解除以穰侯为核心的政治势力对于王权的威胁，范雎才得以拜相。② 客卿在秦惠文君执政后方才出现（此前商鞅说服秦孝公而获任左庶长），诸如此类的史实表明秦国相关做法与《商君书·农战》篇相关论述相适应，难免让人们认为二者之间存在或多或少的因果关系。"秦之法，任人而所任不善者，各以其罪罪之。"③ "任"乃保举之义，相当于后世推荐以及担保等等，例如"世无请谒任举之人"④。根据秦国这样的法令，如果官吏保举之人犯法，则官吏也当与他（们）一样受到同样的处罚。这样的规定，对于收受贿赂而保举他人为官者无疑具有极大的威慑力。人们通过贿赂的方式求官，无非是想在为官后获取更大的利益，由此必然走向贪腐。如果保举之人因而承担同样的法律责任，则将付出较收受的贿赂为大的代价，从而就缺乏收受贿赂并说服人主授予他人官爵的积极性。诸如此类的法令，与秦国在商鞅变法后实施的客卿制度一样，与《商君书·农战》篇相关论述之间亦可能存在一定程度的因果关系。

《商君书·修权》篇指出，国君垄断权力，与臣子一道以法治国，务必让人们相信法律规定的赏罚必然兑现。只有像这样做，国家富强等目标才可能实现，而危害社会秩序的行为才没有可能发生。否则，如果法律规定的赏赐优厚而实不至，人们不会如法令期望的那样致力耕战；如果法律规定的刑罚严厉而不实施，人们就会不以为然。前者必将导致国家不可能强大，而后者则导致社会秩序难以得到有效维持。因此，人主在依法论功行赏的时候不能忘记疏远之人，而在依法定罪量刑的时候也不能放过亲近之人。⑤ 反观商鞅在变法期间徙木立信以及处罚太子师、傅等举措，与这样的言说精神完全相符。不过，遽然因此而认定《商君书·修权》篇乃商鞅所著恐怕难以令人信服。该篇主要针

---

① （汉）司马迁：《史记》卷七十《张仪列传》，中华书局1982年版，第2284页。
② （汉）司马迁：《史记》卷七十九《范雎列传》，中华书局1982年版，第2411—2412页。
③ （汉）司马迁：《史记》卷七十九《范雎列传》，中华书局1982年版，第2417页。
④ 黎翔凤：《管子校注》卷十五《任法》，中华书局2004年版，第903页。
⑤ 蒋礼鸿：《商君书锥指》卷三《修权》，中华书局1986年版，第82—84页。

对的是国君"释法而任私议"现象,与商鞅依法处置私议法令便或不便之民之事不类。① 而且,以秦孝公对于商鞅信任与支持来看,人们也很难设想在商鞅主持变法的时候秦孝公听从私议而弃法令于不顾。在《商君书·修权》篇作者看来,"释法而任私议"有可能产生"授官予爵不以其劳则忠臣不进,行赏赋禄不称其功则战士不用"的后果。② 更为重要的是,如果国君像这样偏爱自议、私誉,则喜好毁誉之奸臣在侧。如前所述,他们为满足私欲而向下面卖权、向上面邀禄,而秩官之吏就向下鱼肉百姓。如果官吏们都像这样谋取私利而不顾百姓死活,国家很少没有不灭亡的。③ 在秦惠王执政期间,张仪的确通过逞口舌之利而为秦国对外扩张服务,然张仪对外游说并非私议。因此,《商君书·修权》篇应该也并非针对张仪而作。与以上两人不同的是,范雎请昭襄王屏退穰侯等人,属于私议无疑。他保举王稽、郑安平等人,有向下卖权之嫌。范雎的所作所为对穰侯等人的利益构成严重威胁,《商君书·修权》篇在这样的背景下产生显得合情合理。如果这样的推测成立,在"释法而任私议"与"不任智虑"一脉相承的情况下,人们可在一定程度上认为,前述商鞅相关思想以及相关法令对秦国政治影响深远。

四 以势、术御奸

秦国在商鞅主持下制定了旨在耕战强国的法令,确定了君臣上下、全国各地一断于法的治国之道。然而,即便念兹在兹的国君也可能出于各种考虑而有意无意地违反。例如,秦昭襄王在郑安平事发以后对范雎不予追究。对于官吏们而言,倘若相对于全面而严格地执行法令而言以权谋私所能获得的利益更大,他们的行为不难预期。或许因此之故,"公孙鞅之治秦也,设告相坐而责其实,连什伍而同其罪,赏厚而信,刑重而必。是以其民用力劳而不休,逐敌危而不却,故其国富而兵强。然而无术以知奸,则以其富强也资人臣而已矣"。从情理上而言,这样的记载具有较大的可信性。④ 在引经据典以论证其说的时候,《韩非子》

---

① (汉)司马迁:《史记》卷六十八《商君列传》,中华书局1982年版,第2231页。
② 蒋礼鸿:《商君书锥指》卷三《修权》,中华书局1986年版,第83—84页。
③ 蒋礼鸿:《商君书锥指》卷三《修权》,中华书局1986年版,第84—85页。
④ (清)王先慎:《韩非子集解》卷十七《定法》,中华书局1998年版,第398页。

相关记载至少为当时之人所公认。否则，作者难以据以说服人主采纳其说乃至获得任用。因此，对于《韩非子》上述记载，今人或许狐疑视之，然应该能够接受它们至少包含若干真实成分。如果这样的判断成立，则商鞅变法以来秦国可能出现官吏们以权谋私的现象。如何解决诸如此类问题很可能曾经为秦孝公、商鞅等人提上议事日程。

《商君书·禁使》篇的主要内容看起来与前述《韩非子》相关记载存在密切关联。关于《商君书·禁使》篇作者以及成书年代，有学者依据《史记·秦始皇本纪》记载秦始皇二十六年"分天下以为三十六郡，郡置守、尉、监"云云指出，以设置丞、监为主要内容的《商君书·禁使》篇成书于秦始皇二十六年后。① 这样的分析和结论均难以令人信服。各类文献仅仅记载秦国全部事务的极小部分，它们又只有极小部分流传到现在。人们不能因为文献未予记载而断言秦国以往并未设置守、尉、监。《商君书·禁使》篇指出，官吏们在千里之外根据一己之意而决定如何依法处理各项政务，国家每十二个月才通过计书审核其处置是否符合法令。人主即便对其所为有所怀疑也无可奈何。原因非常简单，时过境迁，计书可以虚构，官吏们有可能互相包庇，人主却无足够的人力予以审核，纠举违法。② 为此，国家设置丞、监，令他们监督官吏依法办事。在《商君书·禁使》篇作者看来，设置丞、监是为了防止官吏以权谋私。然而，作为国家官吏的丞、监也有可能以权谋私。二者还容易因为利益一致而结成一体。因此，国家试图简单地用丞、监之类良吏来监督营私舞弊的恶吏是不可行的。在儿子与他人利益一致的情况下，父亲盘问儿子都不可能获得实情，君臣之间就更是如此。③ 依据上述论述可知，秦国已经制定"上计"制度，具体做法是每年通过计书审核官吏依法治理情况。秦国还设置丞、监等官吏，让他们监督官吏奉公守法。不过，实际效果很可能差强人意。与此相关的是，"昭王召王稽，拜为河东守，三岁不上计"这样的记载表明，④秦国早在昭襄王时代已经实施上计制度，至于制定上计制度的时间则更早。《商君书·禁使》篇所谓

---

① 郑良树：《商鞅及其学派》，上海古籍出版社1989年版，第124—125页。
② 蒋礼鸿：《商君书锥指》卷五《禁使》，中华书局1986年版，第133—134页。
③ 蒋礼鸿：《商君书锥指》卷五《禁使》，中华书局1986年版，第133—136页。
④ （汉）司马迁：《史记》卷七十九《范雎列传》，中华书局1982年版，第2415页。

秦国设置丞、监后官吏奉公守法状况不如人意，与《韩非子》记载的商鞅治秦时代"富强也资人臣而已"状况相类。这在一定程度上意味着，《商君书·禁使》篇成书于商鞅变法时代实属可能。①

官吏们并非自动自发地执行法令的机器，古今中外均如此。人们很难设想秦国大小官吏会时刻将富国强兵事放在心上，他们通常考虑更多的是个人利益。在利用权力能够比较容易地攫取私利的情况下，如果不采取有效措施，官吏们以权谋私问题便会层出不穷。在《商君书·禁使》篇作者看来，解决官吏们以权谋私问题之法在于令官吏们利害相异。在比较理想的状态下，就连夫妻朋友之间都不能相互包庇，其他人之间就自然而然难以相互掩盖违法行为。关于如何才能到达理想的治理状态这个问题，《商君书·禁使》篇作者认为："凡知道者，势、数也。"② 关于"势"，《说文·力部》："盛力，权也。"③ 人主最大限度地借助与其权力相伴之势能够达到明察百官秋毫的效果，不需要多官众吏相互监督就能够令其行为符合法度。④ 关于"数"，蒋礼鸿注曰："术也。"⑤ 这样的用法在先秦文献中较为多见。就"术"而言，《商君书》言之不详，《韩非子》则有较为详细的论述："夫有术者之为人臣也，得效度数之言，上明主法，下困奸臣，以尊主安国者也。是以度数之言得效于前，则赏罚必用于后矣。人主诚明于圣人之术，而不苟于世俗之言，循名实而定是非，因参验而审言辞。"⑥ 由此可知，"数"与"术"之间的确存在密切的关联，诸如"上明主法，下困奸臣"之类功用与《商君书·禁使》篇提出的目标也较为一致。明于术之人主，不盲从世俗之人的评价，而是通过调查而确定官吏之名望与其实际施政效果是否相符。对于左右近习之臣的毁誉，人主也应该再三查验。倘若如此，官吏们就不敢在以权谋私之余设法博取廉洁奉法之名，左右近习之臣也不敢与官吏们相勾结而妄自毁誉。

---

① 关于《禁使》篇作者以及成书年代之分析，参见仝卫敏《出土文献与〈商君书〉综合研究》，花木兰文化出版社2013年版，第208—211页。
② 蒋礼鸿：《商君书锥指》卷五《禁使》，中华书局1986年版，第132—133页。
③ （汉）许慎：《说文解字》，中华书局2013年版，第294页。
④ 蒋礼鸿：《商君书锥指》卷五《禁使》，中华书局1986年版，第133页。
⑤ 蒋礼鸿：《商君书锥指》卷五《禁使》，中华书局1986年版，第132页。
⑥ （清）王先慎：《韩非子集解》卷四《奸劫弑臣》，中华书局1998年版，第99—100页。

《韩非子·奸劫弑臣》篇作者认为："此管仲之所以治齐而商君之所以强秦也。"① 这样的说法表面看来与《韩非子·定法》篇所谓"无术以知奸，则以其富强以资人臣而已矣"明显不一致。在无从认定两篇作者有作伪之嫌的情况下，人们不妨换一思路，考虑它们均属实。不过，它们所描写的是商鞅变法期间不同历史时段的情形，问题能够迎刃而解。例如，在秦国出现《韩非子·定法》篇所描述的官吏们以权谋私问题后，《商君书·禁使》篇作者认为，设置丞、监，令其监督官吏们奉公守法不足以解决问题，必须依靠势、术。在国君采纳这样的建议后，《韩非子·定法》篇指出的问题得以解决，秦国因而强大，"天子致伯""诸侯毕贺"②，乃至于开始统一天下的进程。毫无疑问这样的历史叙述具有较大的合理性。

五 "破胜党任""任法而治"

"破胜党任"以及"任法而治"相关言说见于《商君书·慎法》篇。关于该篇作者，有学者认为，其言论与商鞅思想完全相合，文中自称臣表明其为奏疏。因此，该篇有可能是商鞅上秦孝公书。③ 又有学者基于类似的理由认为该篇与《商君书·农战》篇出自一人之手。④ 而《商君书·农战》篇，如前所述，乃商鞅所作。其他学者基本上对上述说法表示赞同。⑤ 关于《商君书·慎法》篇之作者，学术界已经基本达成共识。关于其成书，人们可进一步予以考察。在《商君书·禁使》篇作者看来，具有以权谋私倾向的官吏们因为利益一致而容易勾结起来蒙蔽人主。倘若任其发展，事态会进一步恶化成为《商君书·慎法》篇所指出的局面：官吏们以是否党与为标准而称某人贤善与否，人主听某人之言以为其有才能，询问其党就会得到赞誉，其人若非其党就会遭到毁损。其结果必然是，不管其人是否有功，人主可能以官爵贵之；不论其人是否有罪，人主可能予以诛杀。长此以往形成风气，奸邪之官吏有机会达成其

---

① （清）王先慎：《韩非子集解》卷四《奸劫弑臣》，中华书局1998年版，第100页。
② （汉）司马迁：《史记》卷五《秦本纪》，中华书局1982年版，第203页。
③ 郑良树：《商鞅及其学派》，上海古籍出版社1989年版，第127页。
④ 郑良树：《商鞅及其学派》，上海古籍出版社1989年版，第127页。
⑤ 张觉：《商君书校疏》，知识产权出版社2012年版，第275页。

奸险之目的，小人也有可能弄巧使诈。倘若政局恶化至此，人主势必难以有效治理国家。① 从理论上而言，官吏们因为利益一致而在必要的时候相互勾结以应付人主与结党营私并非处于同一阶段，他们唯有经多次或者经常勾结以至于形成比较稳定的团体的情况下才称得上结党。由于《商君书·禁使》篇主要针对官吏相互勾结蒙蔽人主的问题，而《商君书·慎法》篇主要讨论如何解决官吏结党营私问题，《商君书·慎法》篇相对于《商君书·禁使》篇而言很可能晚出。

《商君书·慎法》篇指出，在人主愿意听从官吏们同党之言的情况下，那些求仕之人通过阿附比周就能达到目的。人主如果任用这样的人，他们就会继续结党营私而不顾人主的意志和利益，如此一来君弱臣强的局面就会逐渐形成。人主如果不能察觉并加以改变，要么国家为其他诸侯国所侵略，要么人主为官员集团所挟持。如果学习言说之才技就能获得进身之阶，人们就不肯致力于农战而成天口诵虚言。人主如果不能察觉和加以改变，国家在战争中就会遭受重大损失。② 对此问题，《商君书·慎法》篇也提出了解决办法：治理国家的明主忠臣，不能在任何时候忽略法令，克服乃至杜绝根据同党的意见而任人为官的倾向，节制乃至消灭夸夸其谈的现象，人主完全依照法令办理相关事务即可。换言之，官吏达到法令规定的条件就予以升迁或者降罪，他们即便巧言令色也不能售其奸；百姓不尽最大努力从事耕战就不能获得官爵，他们即便阴险也不能行其诈。像这样依法治理，赞誉不能助人升迁，贬损也不能致人获罪。倘若如此，人们即便爱人也不会结党，即便憎恨他人也不会加害。此乃治理的最佳状态。③ 为此，《商君书·慎法》篇进而从正反两方面强调耕战而非辨慧对于国家的重要性，以及任法而治"令民之欲利者非耕不得，避害者非战不免，境内之民莫不先务耕战而后得其所乐"对于王霸之业的必要性。④ 在商鞅变法成功以后，人们很少在秦国历史上发现结党营私现象，即便在特殊历史时期出现的结党问题也为大权在握的国君迅速解决，在一定程度上意味着该篇的设想落实为制度进而成为政治

---

① 蒋礼鸿：《商君书锥指》卷五《慎法》，中华书局1986年版，第136—137页。
② 蒋礼鸿：《商君书锥指》卷五《慎法》，中华书局1986年版，第137页。
③ 蒋礼鸿：《商君书锥指》卷五《慎法》，中华书局1986年版，第137—138页。
④ 蒋礼鸿：《商君书锥指》卷五《慎法》，中华书局1986年版，第138—139页。

传统。

商鞅变法历时十余年,对于实现治国之道由"议事以制"向"以法治国"转变的这场重大变革而言,无论是《史记·秦本纪》还是《史记·商君列传》的记载均过于简略,人们很难据而全面了解商鞅变法必然历经的纷繁复杂的过程、惊心动魄的重大事件。关于秦孝公和商鞅如何适时制定法令将官吏们的行为约束到法治轨道、杜绝他们以权谋私乃至结党舞弊之类问题,以往人们很少涉及。如果能够在前贤研究基础上注意到《商君书》各篇的作者以及成书年代,摒弃以往较为常见的将《商君书》视为商鞅某一时期思想的研究材料的做法,认识到《商君书》诸多篇章乃商鞅等人在不同的历史时段针对不同的问题而发表的进言或者奏疏,进而结合《史记》以及《韩非子》等相关文献记载以确定其结果以及影响。人们不难发现,在十余年间,商鞅根据治理需要适时提出系列以"任法为治"为基本原则的解决办法,较为成功地将权力关进制度的笼子,为秦国通过以法治国而实现富国强兵奠定良好基础。

第四节　本章小结

商鞅变法以来,秦国迅速强大,由此开始一统天下的进程。不仅流传至今的《韩非子》中的相关记载持这样的看法,以严谨著称的太史公在《史记》中也明确表达了这样的观点。自古迄今,人们对商鞅变法或许存在诸多非议,然而,对于它实现秦国由衰转盛、由弱变强却从未予以怀疑。直至不久以前,何炳棣为此专门撰文进行商榷,表现出一位真正的学者非常可贵的怀疑和创新精神。与以往人们将注意力集中于以商鞅为代表的法家人物对于变法强秦所做出的贡献有所不同的是,何炳棣的著作提醒人们,包括墨家在内的其他学派的人们也积极响应秦孝公求贤令而入秦,为秦国变法图强或多或少做出了他们的贡献,这一点不应该因为商鞅等人的光芒过于强大之故而抹杀。不过,在论证墨家强秦这一所谓中国历史上的大事因缘的时候,何炳棣对于《墨子》《吕氏春秋》以及《史记》等文献中的相关记载做出有利于其说的解释和分析:要么他构建的文献与事件之间的对应关系不可能成立,要么他所言事件之间的关联取决于其他尚未考查或者根本不能证实的条件,这样就令其主要观点难以经受住学者们的推敲。反观商鞅变法强秦的传统观点,不仅可以由变法前后秦国与其他诸侯国之间战线的变化而令人信服地予以证实,而且人们基于对人性的理解也不难发现《史记》等文献记载的商鞅在变法期间采取的措施与秦国富强之间存在因果关系。而且,这些措施或多或少可以得到出土秦简记载之法令的证实。

  在商鞅变法后,秦国再未历经类似的重大法制变革,秦国历代国君不过根据形势需要而对若干法令进行修改和完善而已。因此,商鞅变法乃秦国崛起的根源无疑。在秦国治国方略经由商鞅变法而实现向"以法治国"的转变后,秦法令成为国君和官吏们治理国家的主要工具。如何约束官吏们严格执法,让旨在富国强兵的法令发挥应有的作用成为摆在秦孝公、商鞅等人面前亟待解决的问题。令人遗憾的是,以往学者们很少涉足相关问题。在现有资料条件下,如果认真审视《商君书》一些篇章的成书年代,结合《史记》《韩非子》等传世文献以及出土秦简相关记载,不难发现,商鞅等人一方面在变法前就预见到官吏在执法方面容易出现以权谋私问题,一方面又在变法以来治理实践中逐渐发现暴露出来诸如结党营私之类的问题,为此采取以"任法而治"为基本原则的解决办法,为秦国杜绝官吏为谋取私利而置法令于不顾的现象,实现崛起乃至于一统天下奠定良好的基础。

第二章 秦法之治的政治环境

秦法乃秦国君/皇帝意志的体现，在整个国家为其产业的情况下，秦法理应最大限度地维护秦国/王朝的长远和根本利益。正因为如此，秦国君/皇帝理应成为这类法令实施最为坚定的守护者。然而，在实践中，一些秦国君/皇帝也有可能因情感等非理性因素以及眼前利益而制定法令或者超越法令之规定，损害秦国/王朝的长远和根本利益。在此类问题发生以后，只有拥有相当权力的官吏才有可能解决。法令并非自动自发地运行，而是依靠大小官吏去实施。为此，秦国/王朝必须赋予他们若干权力。然而，官吏们同样是人，有可能利用权力谋取私利。为此，秦国/王朝必须另行设置官吏，设法防止其滥用权力。因此，秦国/王朝法令之制定和实施，在相当程度上取决于秦国/王朝的权力结构，对于秦国/王朝官吏们而言乃其所处的政治环境。

基于这样的认识，本章试图对商鞅变法以来秦国/秦王朝国君/皇帝、"三公"、内史以及郡县官吏等等的权力予以考查。在官、爵为法令规定的旨在调动人们积极性的基本手段的情况下，本章也对秦的爵位予以考查和分析。鉴于商鞅变法不可能令秦国与历史截然割裂开来，本章拟在历史变迁中考察国君/皇帝和官吏们的权力。自从《汉书·百官公卿表》以及《通典》问世以来，相关研究络绎不绝，成果也较为丰硕。为避免简单重复问题，本章拟将考察限定于学术界尚存在争议以及研究较为薄弱之处，并且以即将进行的研究需要为重点。

第一节 秦国/秦王朝国君/皇帝之权力分析

国家的权力结构，通常与国家的形成方式密切相关。简而言之，如果国家乃是某一政治势力或集团在利用武力消灭其他敌对政治势力或集团后建立，则该政治势力或集团势必垄断国家一切权力；如果各种政治势力或集团都不能利用武力消灭其他政治势力或集团，故而他们不得不在达成协议的基础上建立国家，国家的权力势必由这些政治势力或集团分享。在法律通常为国家治理不可或缺的情况下，国家权力结构又深深决定和影响法律的地位、作用以及权力与法律的关系：垄断国家一切权力的政治势力或集团必然令法律成为其统治工具；而在共享权力的国家，在各政治势力或集团都不希望在不断斗争中走向毁灭的情况下，它们势必制定一体遵循的游戏规则，这就是法律。像这样形成的法律势必凌驾于各政治势力或集团之上。基于这样一些认识，这一节拟在考察秦国建立方式的基础上分析秦国/秦王朝国君/皇帝之权力。原因非常简单，秦官本质上乃秦国/王朝所任用以协助治理其产业者。对于秦国/王朝官吏们而言，秦国/秦王朝国君/皇帝的权力是他们必须高度重视的因素，对于他们依法治理具有决定性影响。

一 秦襄公获封诸侯史事辨析

长期以来，无人质疑秦国乃周王室分封的诸侯国。在秦国蚕食侵吞其他诸侯国土地而为它们极其痛恨的时候是这样，在汉王朝为阐述秦亡汉兴的必然性而对秦人大肆挞伐的时候亦如是。随着新史学之兴起，质疑旧说以及常识成为历史学者实现学术创新的主要途径。在这样的学术氛围中，少数历史学者对于周王朝分封秦人为诸侯事提出质疑。这一问题事关重大，如果他们的质疑成立，则秦国君权的正当性也就值得怀疑。因此，秦襄公获封诸侯之事有必要予以辨析。

据《史记·秦本纪》记载，周幽王废黜太子，立褒姒之子为太子。为取悦褒姒，周幽王"数欺诸侯，诸侯叛之"[①]。西戎、犬戎遂与申侯一道攻打周王室，杀周幽王于骊山下。秦襄公率领军队救周，将士们奋勇杀敌，立下大功。"周避犬戎难，东徙雒邑，襄公以兵送周平王。平王封襄公为诸侯，赐之岐以西之地。"[②]《史记·周本纪》相关记载与以上

[①] （汉）司马迁：《史记》卷五《秦本纪》，中华书局1982年版，第179页。
[②] （汉）司马迁：《史记》卷五《秦本纪》，中华书局1982年版，第179页。

所述有四点不同：其一，为博取褒姒之笑，周幽王数次在并无外患的情况下举烽火欺诸侯，导致其后来烽火示警不再为诸侯所相信，故而不再出兵。① 关于"欺"的含义，《说文·欠部》言："诈欺也。"② 周幽王烽火戏诸侯的确为诈欺，然而，若不像《史记·周本纪》那样详细言诈欺之事而仅仅像《史记·秦本纪》那样言"数欺诸侯"，难免让人们不知周幽王如何诈欺诸侯，甚至有可能将诈欺的程度想象得过于严重，特别是在后文出现"诸侯叛之"的情况下。诸侯在周王室真正需要救援而举烽火示警后因担心再次受到欺骗而不再出兵与"叛"之间显然存在不小的区别。这样的记载暗含着这样的可能性：倘若发现周王室确实面临重大危机，诸侯仍然会出兵救援。其二，申侯因申后以及太子无故遭废黜之故而非常愤怒，勾结缯国、西夷以及犬戎攻打周王室。③ 在这场对周王室而言属于犯上作乱的重大事件中，申侯扮演的是主导者的角色。其三，在杀周幽王于郦山后，缯、西戎以及犬戎等索取大量财物后离开。④ 这样的记载难以让人们将消弭犬戎、西戎之祸归功于秦国。其四，诸侯与申侯一道立故幽王太子宜臼为王，他在即位后"东迁于雒邑，辟戎寇"⑤。这里未提及秦襄公派兵护送以及封侯之事。这样的记载表明，诸侯在获悉周王室面临重大危机以后纷纷赶来救援，这样就与前面的分析相一致。

《史记·周本纪》与《史记·秦本纪》之所以存在上述不同，很可能是因为太史公在编撰《史记》的时候史料来源不同。《史记·秦本纪》很可能主要取材于《秦记》，后者非常强调秦国在周王室这场灾难性变故中所发挥的作用，目的很显然是为向后人昭告祖先的光辉业绩。而《史记·周本纪》所依据的文献则无此必要，不过，它在字里行间也为相关事件预留了空间。《史记·秦本纪》突出周幽王之"欺"以及诸侯之"叛"，大概是为唯独秦国出现在拯救周王室的战场做铺垫，进而表明周平王封秦襄公为侯的合理性。在太史公难以依据远较后人所见为多

---

① （汉）司马迁：《史记》卷四《周本纪》，中华书局1982年版，第148页。
② （汉）许慎：《说文解字》，中华书局2013年版，第178页。
③ （汉）司马迁：《史记》卷四《周本纪》，中华书局1982年版，第149页。
④ （汉）司马迁：《史记》卷四《周本纪》，中华书局1982年版，第149页。
⑤ （汉）司马迁：《史记》卷四《周本纪》，中华书局1982年版，第149页。

的文献确定攻打周王室者为缯国、西夷以及犬戎抑或西戎、犬戎的情况下，在《左传》《国语》相关记载与它们并不存在明显矛盾的情况下，①后人根据文献中的只言片语推测的地望简单否定《史记》相关记载的真实性并不可取。②流传至后世的文献极其稀少，而它们记载的历史又极其有限。在诸如犬戎之类人群及其居处地望等不断变迁的情况下，后人据以进行分析容易将复杂的历史简单化，难免产生张冠李戴以及其他逻辑谬误。

至于《史记·周本纪》与《史记·秦本纪》第三、四类区别所涉及之事，已经在近现代学者中引起一些讨论。例如，钱穆认为："犬戎助平王杀父，乃友非敌，不必避也。"③与其相类的是蒙文通的观点："襄公救周，则党于幽而敌于平。犬戎党于平而夺平地，秦敌于平而平封爵之，皆事之必不然者。"④20世纪80年代中期，又有学者专门撰文提出，在讨论秦襄公救周事的时候必须首先分清敌我阵线：周幽王因为宠爱褒姒之故而废黜申后以及太子宜臼，立褒姒之子伯服为太子，申侯愤而与犬戎等一道进攻周王室。是故周幽王、褒姒以及伯服为一方，申后、太子宜臼、申侯以及犬戎等为另外一方。秦襄公率兵勤王，加入周幽王一方，则与太子宜臼、申侯一方为敌。在太子宜臼即位为周平王后，秦襄公与之系敌非友，与之相反的是犬戎与周平王系友非敌。如此看来，周平王东迁并非避犬戎而是避秦。⑤诸如此类的分析和质疑乃是将复杂的历史简单化的显著例子，也是过去常常批评的静止地看待不断发展变化的矛盾的显著例子。缯、犬戎以及西夷等与申侯一道伐周，目的显然不是为了帮助申侯泄愤以及让故太子宜臼即位为周王。由"尽取周赂而去"这样的记载可知，⑥缯、犬戎以及西夷等出兵伐周有其利益诉求。在申侯、缯、犬戎以及西夷杀死周幽王于骊山下后，申侯、缯、犬戎以

---

① 参见王玉哲《周平王东迁乃避秦非避犬戎说》，《天津社会科学》1986年第3期。
② 钱穆：《国史大纲》，商务印书馆1996年版，第47—48页。
③ 钱穆：《国史大纲》，商务印书馆1996年版，第48页。
④ 蒙文通：《周秦少数民族研究》，载《蒙文通文集》第二卷《古族甄微》，巴蜀书社1993年版，第71页。
⑤ 王玉哲：《周平王东迁乃避秦非避犬戎说》，《天津社会科学》1986年第3期。
⑥ （汉）司马迁：《史记》卷四《周本纪》，中华书局1982年版，第149页。

及西夷与周王室之间的矛盾很可能因而转变成为申侯、诸侯以及周王室与缯、犬戎以及西夷之间的矛盾。周幽王已死，在申侯以及其他诸侯的拥立下，故太子宜臼即位为周平王。缯、犬戎以及西夷等若贪得无厌，对周王室索取无度，就会与重建后的周王室发生矛盾。秦襄公率兵救周如果发生在申侯与犬戎等一道攻打周王室的时候，则秦军将士之英勇作战并未改变周幽王被杀之结局。在秦襄公作为周王朝之西垂大夫必须效忠周王室的情况下，在诸侯与申侯一道拥立故太子宜臼即位为周王以后，周王室在能以君臣之义轻易将秦人招揽过来的情况下没有任何必要坚持与其为敌。倘若如此，为表示向王室尽忠竭力，秦襄公派兵护送周平王东迁实属合情合理。秦襄公率兵救周如果发生在周幽王被杀后，则秦襄公与周平王、申侯等站在一边共同应付犬戎等实施的大肆劫掠，迫使他们在索取申侯的许诺①或者周王室能够承受的贿赂后离去，这样就不存在秦襄公与周平王为敌甚至迫使他东迁的可能性。②

犬戎以及西戎等打败周王室、杀死周幽王之事表明它们具备相当的战争能力和再次入侵的可能性，而它们占据岐丰之地又为入侵创造非常便利的条件，足以令救援的诸侯鞭长莫及。因此，它们对周王室形成现实而又持久的威胁。周平王决定东迁因而可以得到合理解释，他将戎人已经占据的岐丰之地分封给在救周过程中出力不少的秦襄公也容易理解。《国语》记载的富辰所谓"郑武、庄有大勋力于平、桓，我周之东迁，晋、郑是依"云云发生在周襄王因对郑人种种行径非常不满而打算以狄伐郑的背景下，③其主要目的在于强调郑国以往的功勋，劝谏周王不要对郑国干戈相向。周桓公所谓"我周之东迁，晋、郑焉依"与此相类，发生在周王拒绝对前来朝觐的郑伯以礼相待的背景下。④ 人们可以据而认定晋、郑两国的确对周王室东迁做出重大贡献，然未必能因而否定其他诸侯国也曾为此出力。在讨论周王室与郑国的关系的时候，富辰等人没有必要一一强调派兵护送周平王东迁的诸侯。在骤然面对周王的非理

---

① 在与申侯之间不存在臣属关系的情况下，犬戎等在申侯做出足以令其动心的许诺后出兵的可能性比较大。
② 参见晁福林《论平王东迁》，《历史研究》1991年第6期。
③ 徐元诰：《国语集解》之《周语中第二》，中华书局2002年版，第44—46页。
④ 杨伯峻编著：《春秋左传注》隐公六年，中华书局2016年版，第55页。

性决定的时候，他们临时组织的言说很可能并非异常严谨地将护送周平王东迁者一一列出。因此，后人对于《史记》的质疑也不无值得推敲之处。在此情形下，人们对于《史记》的记载还是应该予以尊重。

如果前述学者对于《史记·秦本纪》相关记载的质疑成立，有些历史现象就难以得到合理解释。例如，在诸侯与申侯一道拥立故太子宜臼即位为周王以后，人们很难设想周平王会迫于秦襄公的武力而不得不封其为诸侯。即便周王室衰弱，秦国也难以与拥戴王室的诸侯们为敌。又如，倘若周平王封秦襄公为诸侯之记载如一些学者所说的那样非常可疑，在周王尚为天下共主的时代，至少在姬姓诸侯眼里，秦国根本不具备诸侯国的资格，它以诸侯国的名义行事就会遭受不断质疑。事实却并非如此。为报复晋国针对秦国军队的崤之役，秦人发动王官之役。晋人不愿出动军队迎战，秦国军队在掩埋死于崤之役中将士尸骨后返回。君子是以知"秦穆之为君也……"① 在《左传》中，君子往往为知书达礼之人。在秦国与姬姓晋国发生冲突以后，君子并未否认秦国立国之本。秦国在商鞅变法大获成功后，"天子致伯"②，正与春秋时期周王室对待迅速崛起的齐桓、晋文的方式相类。倘若秦国建立并非因为周王室分封，诸如此类事势难发生。战国中晚期，六国之人无不称秦国为暴秦，称其军队为虎狼之师，然从未有人质疑其获封诸侯国之事，后世项羽、刘邦亦如此。这些史实值得那些认为秦襄公与周平王系敌非友的学者们深思。

与秦建国密切相关的是，制作于春秋中叶的秦公钟云："我先且（祖）受天命，商（赏）宅受或（国）。"③ 秦公簋云："丕（丕）显朕皇且（祖）受天命，鼎宅禹蹟。"④ 诸如此类记载在前述个别学者看来毫无周王分封之意。⑤ 对于这样的说法，人们有必要结合《左传》相关记载再予推敲。春秋时人已然认为，诸侯国兴亡取决于天意。例如，虢公在桑田打败戎人，晋国卜偃认为："虢必亡矣。亡下阳不惧，而又有功，

---

① 杨伯峻编著：《春秋左传注》文公三年，中华书局2016年版，第579—580页。
② （汉）司马迁：《史记》卷五《秦本纪》，中华书局1982年版，第203页。
③ 伍仕谦：《秦公钟考释》，《四川大学学报》（哲学社会科学版）1980年第2期。
④ 雍际春：《秦公簋及"十又二公"考》，《社会科学战线》2013年第6期。
⑤ 王玉哲：《周平王东迁乃避秦非避犬戎说》，《天津社会科学》1986年第3期。

是天夺之鉴，而益其疾也。"① 甚至人们是否有机会成为国君以及卿大夫，春秋时人都认为要视天是否有此安排。前者如，晋献公为大子城曲沃，士𬤇据以认为申生没有机会即位为国君："天若祚大子，其无晋乎？"② 与其相反的是，叔詹认为，重耳将即位为君，理由是"臣闻天之所启，人弗及也。晋公子有三焉，天其或者将建诸，君其礼焉"③。后者如，在答复谁将执郑国之政的时候，裨谌指出："天祸郑久矣，其必使子产息之"④。申生以及重耳能否即位为晋侯取决于系列人事，春秋时人却将其理解为天意。子产能否执郑国之政取决于国君的抉择，然春秋时人也将其理解为天意。秦人同样自以为先祖受天命，并不妨碍人们承认秦国受封于周王室。中原诸侯国视秦国为夷狄，此乃"秦戎翟之教，父子无别，同室而居"之故，⑤ 而不是因秦国并非周王室分封之故。

总之，秦襄公获封诸侯乃无可否认的事实。周王室分封给秦人的是戎翟所侵占的周王室土地以及生活于其上的百姓。这与周王朝建立之初的分封并没有太大的差别。例如，获封的姜太公面临他人与其争国问题，伯禽不久以后也面临大规模叛乱。秦人因而必须通过武力攻占名义上属于他们的土地，夺取生活于其上的百姓。像这样建立的诸侯国，除了体现其与周王室之间存在的臣属关系而必须履行纳贡、朝觐以及出兵等义务外，国君势必垄断诸侯国所有权力。

二 秦国/王朝君位/皇位继承制度考察

在官爵设置方面，秦国与其他诸侯国存在一些差别。例如，与中原诸侯国通常设置卿大夫不太相同的是，协助秦国国君治理的乃是系列大夫，而庶长们对于秦国政治影响甚巨。不过，或因同属周王室分封的诸侯之故，在君位继承制度方面，秦国与中原诸侯国似乎没有明显不同。⑥

---

① 杨伯峻编著：《春秋左传注》僖公二年，中华书局2016年版，第310页。
② 杨伯峻编著：《春秋左传注》闵公元年，中华书局2016年版，第283页。
③ 杨伯峻编著：《春秋左传注》僖公二十三年，中华书局2016年版，第446页。
④ 杨伯峻编著：《春秋左传注》襄公二十九年，中华书局2016年版，第1292页。
⑤ （汉）司马迁：《史记》卷六十八《商君列传》，中华书局1982年版，第2234页。
⑥ 这里的"制度"是指人们在相同或者类似情况下据以处理事务的故事或者惯例，在人们心目中具有理所当然的约束力，未必与后世依靠国家强制力保障实施的法律制度相类。

它在相当程度上决定秦政局的稳定乃至国家存亡，对于官吏们的行为影响很大，故而先行予以考查。

在君位继承方面，秦国起初实行的可谓长子继承制，也就是由长子继承已故国君之位。身为周大夫的秦仲有五个儿子，长子庄公继承了他的爵位。① 秦庄公有子三人，长子世父"让其弟襄公，襄公为太子"②。这里的"让"字表明，秦庄公之位本来应该由世父继承。继承秦襄公之位者为秦文公，然文公之太子早卒，秦人因而立其长子也就是文公长孙为太子。秦文公去世后，其长孙即位为秦宁公。宁公有子三人，长子武公为太子……③由"武公弟德公，同母鲁姬子，生出子"这样的记载可知，④ 鲁姬子为武公和德公之母，后又为他们生弟名出子。这样的记载提醒人们，秦国国君未必仅有一位配偶，以往秦仲五子以及庄公三子未必同母所生。嫡长子继承制以及不得以妾为夫人之制均为周制，秦无论是作为周王朝之西垂大夫还是诸侯，都有可能遵守周制。倘使如此，则秦宁公及其以前国君之继位符合嫡长子继承制。如果事实并非如此，则秦国国君多位夫人所生之子均在秦国具有同等的地位，且由最年长者继承君位。对此两种可能性，人们难以遽然做出抉择，故而只能暂且泛泛地称其实行长子继承制。

在秦宁公去世后，长子继承制开始遭到破坏。大庶长弗忌、威垒、三父等人废黜已经成为太子的秦武公，改立出子为君。六年后，三父等人又命人贼杀出子，重新立秦武公为国君。⑤ 在秦武公去世后，长子继承制继续遭到破坏。秦武公有子一人名白，在武公去世后未能继承君位，秦武公之弟德公成为新的秦国国君。⑥ 其长子宣公后继承其父之君位，这让秦国的君位继承看起来回到长子继承制的轨道。然而，它很快又遭到破坏。在秦宣公及其弟成公分别有子九人和七人的情况下，他们分别

---

① 秦庄公应该是秦襄公正式成为诸侯后追封，正如刘邦等人建立王朝后封其父为帝一样。
② （汉）司马迁：《史记》卷五《秦本纪》，中华书局1982年版，第178页。
③ （汉）司马迁：《史记》卷五《秦本纪》，中华书局1982年版，第178—181页。
④ （汉）司马迁：《史记》卷五《秦本纪》，中华书局1982年版，第181页。
⑤ （汉）司马迁：《史记》卷五《秦本纪》，中华书局1982年版，第181页。
⑥ （汉）司马迁：《史记》卷五《秦本纪》，中华书局1982年版，第183页。

确定其弟成公和穆公为国君之位的继承者。① 秦武公事表明，秦人在君位继承方面并非遵循制度或者故事而已。在相关记载过于简略、诸多史实难以为人所知的情形下，以上史实未必意味着秦人在国君继承方面转而实行兄终弟及制。在没有任何重大变故或者变革发生的情况下，在秦穆公之后，秦康公、共公、桓公、景公、哀公、夷公、惠公、悼公以迄厉共公等实行的是父死子继制。此外，尽管秦穆公雄才大略，直至秦孝公时代仍然为秦人奉为国君之典范，然而，人们难以据而认为秦人试行立君以贤之制。当然，人们也难以否认这种可能性。

秦国在君位继承方面逐渐演化出长子继承、立君以贤以及兄终弟及等三类制或者故事，为战国时期秦国九世不宁埋下隐患。秦国具有继承资格的公子均可比较方便地以循制或者故事为由设法夺取国君之位。例如，厉共公之子秦躁公死后，其弟怀公继承了君位。由秦孝公所谓"会往者厉、躁、简公、出子之不宁，国家内忧"可知，② 表面上看秦躁公依照父死子继之制继承厉共公之位，实际上这次君位继承有可能历经后人不得而知的足以令秦国政局动荡的权力斗争。秦怀公继承其兄躁公之位也很可能如此，他也因而付出惨痛的代价。在继位四年以后，庶长鼌与大臣一道迫使秦怀公自杀。在怀公之太子昭子早死的情况下，他们立昭子之子为国君，这就是秦灵公。③ 在灵公死后，其子献公未能继承君位，灵公之季父悼子即国君位，这就是秦简公。由秦怀公被迫自杀后庶长和大臣们立其太子之子为君之事可知，当时作为怀公之弟的秦简公未能获得臣子们的认同和拥戴。道理非常简单，倘若秦国庶长和大臣们认为悼子堪当此任，则秦简公早就登上国君之位。因此，秦简公觊觎君位并且以不正当手段达成目的属于大概率事件。在秦简公死后，其子继承君位，这就是秦惠公。后来，他的儿子出子又继承了他的国君之位。秦国国君之位在像这样沿着父死子继的轨道上短暂地运行三世后，庶长和大臣们迎接灵公之子秦献公回来继承君位，并且杀死出子及其生母。④ 庶长们干预国君继立的原因在于，出子之夫人任用宦者惑乱朝政，群臣非

---

① （汉）司马迁：《史记》卷五《秦本纪》，中华书局1982年版，第184—185页。
② （汉）司马迁：《史记》卷五《秦本纪》，中华书局1982年版，第202页。
③ （汉）司马迁：《史记》卷五《秦本纪》，中华书局1982年版，第199页。
④ （汉）司马迁：《史记》卷五《秦本纪》，中华书局1982年版，第200页。

常不满，纷纷虚与委蛇以避祸；百姓也充满愤怒和怨恨，纷纷指责朝廷。公子连利用天赐良机企图进入国都夺取君位，夫人遂派官吏和士兵前往边境阻止其行。令其始料未及的是，军队发生哗变，将士们反而迎接公子连回国都并围攻夫人。① 这难免会让人们推测，秦怀公通过不正当途径夺取君位后施政不善，引起庶长和大臣们极其不满乃至于逼迫其自杀。

由君权争夺而引发的政局动荡给秦国造成重大危害，比较突出地表现为河西之地为三晋夺取。② 尽管如此，无论是在《史记·秦本纪》《史记·商君列传》还是在《商君书》中，人们都难以发现商鞅变法期间秦人在吸取以往重大教训的基础上在君位继承制度方面有所变革。这或许是因为，商鞅变法乃是为秦国国君提供富国强兵之道，并非将君统也纳入治理之轨道。在秦孝公去世后，其子惠文君继位。秦惠文王之子武王在即位数年后尚无子的情况下因举鼎绝膑而死，《史记·秦本纪》以及《史记·穰侯列传》均言秦人立其异母弟昭襄王。然"诸弟争立，唯魏冄力为能立昭王"这样的记载表明，③ 这次君位继承实际上是具有继承君位资格的公子能够得到秦国政治实力派的支持，在权力斗争中胜出。秦昭襄王在即位三年后方行冠礼，而且在秦武王死时他尚在燕国为人质，未必有机会向秦人证明他最为胜任秦王之位。也正因为如此，两年后，秦国发生庶长壮与大臣、诸侯以及公子等企图弑君并改立他人之事。④

《史记·吕不韦列传》比较详细地记载吕不韦由赵国商人成为秦国丞相的经过，其中不少内容涉及秦国君位继承，人们可据以了解相关制度。昭襄王太子早死，大概是遵长子继承制之故，秦人以其次子安国君为太子。⑤ 安国君之正夫人华阳夫人无子，其余配偶为其生子达二十多人。"能立適（嫡）嗣者，独华阳夫人耳"这样的记载表面上看来系正夫人决定子嗣人选。⑥ 实际上，此乃安国君宠幸华阳夫人之故，真正享

---

① 许维遹：《吕氏春秋集释》卷二十四《当赏》，中华书局2016年版，第650—651页。
② （汉）司马迁：《史记》卷五《秦本纪》，中华书局1982年版，第200页。
③ （汉）司马迁：《史记》卷七十二《穰侯列传》，中华书局1982年版，第2323页。
④ （汉）司马迁：《史记》卷五《秦本纪》，中华书局1982年版，第210页。
⑤ （汉）司马迁：《史记》卷八十五《吕不韦列传》，中华书局1982年版，第2505页。
⑥ （汉）司马迁：《史记》卷八十五《吕不韦列传》，中华书局1982年版，第2506页。

有决定权的还是安国君。① 否则，华阳夫人没有必要以子楚贤名盛于诸侯以及终身有靠为由请求安国君立其为适（嫡）嗣。② 反观在吕不韦的操控下安国君立子楚为继承人的过程，人们不难发现的是，他根本没有考虑立长问题。像这样就与春秋时期穆叔所谓"大子死，有母弟，则立之；无，则立长。年钧择贤，义钧则卜"之类"古之道"③ 以及王子朝所谓"王后无适，则择立长。年钧以德，德钧以卜"之类先王之命④有所不同，甚至与中原诸侯盛行的"立大子之道三：身钧以年，年同以爱，爱疑决之以卜筮"也颇不相符。⑤ 不过，安国君并未因而受到来自昭襄王或者其他政治势力的干预。在子楚也就是后来的庄襄王去世后，他的儿子嬴政登上秦王之位。在秦始皇去世后，幼子胡亥出众人意外地成为皇帝之位的继承者。后面的分析将表明，这很可能出自秦始皇之本意或者决定。如果君位/皇位继承像这样不存在人们必须遵循的公认规则，而是由秦国君/皇帝决定，任何具备继承资格的公子都有可能成为潜在的国君/皇帝。在国君/皇帝未就君位/皇位继承做出妥善安排的情况下，具有继承资格的公子能否在权力斗争中胜出就成为他们能否继承国君/皇帝的不二途径。其他公子也会在权力欲的驱使下一有机会便试图通过武力等不正当途径继续为君位/皇位而斗争。政治乱象的发生就不可避免。

总而言之，秦君位/皇位继承以父死子继为常态（长子继承又是其中常态），而以兄终弟及为非常态。对此君位/皇位继承现象，或有学者从周制或者蛮夷文化的角度进行解释。不过，秦人在绝大多数情况下按照长子继承制度或者模式确定君位/皇位继承者，未必因秦国乃周王室分封之诸侯国之故而必须遵循周制。秦国向东扩张因为强大的晋国阻挡之故一再遇挫，秦穆公不得已采纳由余的建议而称霸西戎，秦文化从此与夷狄文化较为深入地交流和融合。在此之后，秦国君位继承在绝大多数情况下仍然以父死子继为主。若因而言秦人与公认为蛮夷的楚人相类而采

---

① （汉）司马迁：《史记》卷八十五《吕不韦列传》，中华书局1982年版，第2506页。
② （汉）司马迁：《史记》卷八十五《吕不韦列传》，中华书局1982年版，第2508页。
③ 杨伯峻编著：《春秋左传注》襄公三十一年，中华书局2016年版，第1311页。
④ 杨伯峻编著：《春秋左传注》昭公二十六年，中华书局2016年版，第1645页。
⑤ 徐元诰：《国语集解》卷七《晋语一》，中华书局2002年版，第269页。

取有别于周制的国君继承制度恐怕又不尽然，原因在于，秦国的君位继承在绝大多数情况下较为符合周制。在目前的资料条件下或可以这么认为，嫡长子继承制因为周人长期实行之故而获得合法性，又因符合人情、有利于政局稳定之故而为秦人自觉自愿地遵循，即便夷狄文化也难以改变。不过，在国君/皇帝有权决定继承者的情况下，秦人在特殊情况下也依据兄终弟及制确定君位/皇位继承者。在长期实践中演化出诸如此类制度或者故事以后，任何有资格的君位觊觎者甚至权臣都可以较为方便地加以利用，为他们通过各种不正当手段夺取君位/皇位提供诱因和口实，这样就容易酿成影响秦国/王朝命运的政治动荡。

三 秦国君/皇帝之权力分析

大概是因为国君/皇帝在秦境内享有最高权力之故，秦人为君位/皇位继承而发生令不少庶长、公子乃至国君身死的激烈争夺以及政局动荡。同样是因国君/皇帝垄断秦国/王朝所有权力之故，官吏们的治理行为以及秦国/王朝政局因而深受影响。为阐述之便，这里拟对秦君权/皇权的内容略加分析。

（一）战争和外交决定权

在《史记·秦本纪》中，秦国国君"以兵伐……""遣兵伐……"之类记载不仅非常简略，而且是战争进入实施阶段后的情形，人们必须依据一些较为详细的、叙述战争的起因、经过以及结果的记载而判断秦国国君在发动战争方面扮演的角色或者发挥的作用。现举例予以说明。杞子派人向秦穆公报告，郑人让其掌管国都北门的钥匙，秦国如果趁此机会派遣军队偷袭，可以攻占郑国。秦穆公前往与蹇叔商议，后者以劳师以袭远容易为敌方获悉并做好防范为由表示反对。"公辞焉，召孟明、西乞、白乙，使出师于东门之外。"① 秦穆公在征求蹇叔意见且招致反对的情况下决定出兵，表明秦国国君对于战争这样的国之大事享有决定权。在商鞅变法后，秦国国君在此方面的权力没有发生任何变化。例如，齐国在马陵之役大败魏国后，商鞅建议乘机伐魏，迫使魏国将国都东徙，秦国可因而成就帝王之业。②

---

① 杨伯峻编著：《春秋左传注》僖公三十二年，中华书局2016年版，第536页。
② （汉）司马迁：《史记》卷六十八《商君列传》，中华书局1982年版，第2232—2233页。

第二章　秦法之治的政治环境

秦国变法已经大获成功，商鞅因而在秦国享有极高威望，然像对外发动战争这样的大事仍然必须由秦孝公定夺。

秦国国君享有战争决定权，不仅如上所述表现为是否发动战争方面，而且表现在对谁发动战争方面。现以秦伐蜀为例来加以说明。巴、蜀相互攻击，各自向秦国告急。秦惠王准备发兵伐蜀，却担心蜀道艰险狭窄。当此之时，韩国派兵入侵秦国，秦惠王又打算先攻打韩国。在秦惠王犹豫不决的时候，司马错与张仪在他面前争论，阐述其伐蜀或者伐韩的主张以及理由。秦惠王最终采纳司马错的意见，起兵伐蜀。① 与前面所述蹇叔、商鞅等人一样，司马错与张仪不过提供意见和建议而已，秦惠王才能对这样的大事进行定夺。

秦国国君享有这类权力，还可由其中止战争的权力予以体现。现以昭襄王允韩、赵求和为例来加以说明。白起在长平之战中大败赵国，前后一共斩杀赵国将士四十五万人后，分兵为二，大有一举灭赵之势。在苏代游说下，应侯范雎建议昭襄王应允韩、赵两国割地以和，秦王听从了他的建议。由"武安君闻之，由是与应侯有隙"这样的记载可知，② 白起对于此时罢兵难以苟同，然在国君作此决定后无可奈何，唯有将愤怒指向提出建议的应侯。③ 在商鞅变法前后，均有将领自行决定中止战事的情形。不过，它们难以构成秦国国君中止战争权力之反证。例如，在郑国已经采取防范措施的情况下，孟明等人以为"攻之不克，围之不继"，决定放弃既定目标。④ 此乃将领们在国君确定的战争目标已经难以实现，根据实际情况采取的最大限度地维护秦国利益的行为。秦穆公并未因此而惩罚他们，在一定程度上表明秦穆公在同样的情形下也会做出类似决定。如果情况并非如此，将领擅自退兵则势必受到严惩。现以甘茂为例来加以说明。秦昭襄王命樗里子、甘茂攻打魏国皮氏，后甘茂因

---

① （汉）司马迁：《史记》卷七十《张仪列传》，中华书局1982年版，第2281—2284页。就张仪与司马错讨论伐蜀事宜的记载而言，《史记》与《战国策》之记载基本相同，太史公取材纵横家书而记载此事无疑，或有学者因而质疑此事的真实性。本文在这里讨论的是国君战争决定权问题，即便此事并不属实，也不妨碍据而产生的看法的合理性。纵横家们乃是在国君理所当然地享有战争决定权的前提下提供可供学习的经典论辩案例。
② （汉）司马迁：《史记》卷七十三《白起列传》，中华书局1982年版，第2336页。
③ （汉）司马迁：《史记》卷七十三《白起列传》，中华书局1982年版，第2335—2336页。
④ 杨伯峻编著：《春秋左传注》僖公三十二年，中华书局2016年版，第542页。

畏惧向寿等人进谗言故而停止攻打魏国蒲阪，"得罪于秦，惧而遁逃"①。

秦国国君之所以能够牢牢掌握战争之决定权，与秦国军队为国君所有和绝对掌控有关，将领不过系国君在战争爆发的时候委任并负责指挥而已。理由有三：第一，秦国国君往往在战争或者军事行动开始的时候委任将领，让他们负责指挥军队。例如，"（秦穆公）使百里傒将兵送夷吾。"② 又如，"缪公发兵，使丕豹将"③。与中原诸侯国执政通常在战事发生以后担任中军帅不同的是，秦国在每次战争爆发的时候都由国君临时任命将领，像这样可以避免将领因长期统率的缘故而掌控军队的问题产生。第二，秦国国君可以根据需要而在战争期间更换将领。例如，秦国任命左庶长王龁为将，率军攻打韩国。王龁在率军攻占上党后与廉颇率领的赵国军队相持于长平。在赵国任命赵括为将后，秦国暗中任命武安君白起为上将军，王龁为尉裨将。④ 这支秦军的统帅由王龁变为白起。第三，战争结束，秦国国君往往将军队重新置于自己控制下。例如，商鞅率军大破魏国，迫使后者徙都大梁，因而获封於、商十五邑。他率领的军队很显然交还秦国，重新置于秦国国君的控制之下。倘非如此，数月之后，有人告商鞅谋反，他没必要逃亡。在返回秦国后，他也不可能仅与徒属发动邑兵攻打郑国。⑤ 又如，秦王嬴政命李信与蒙恬率领二十万军队伐楚。在取得一些胜利后，这支秦军为楚军大败，"入两壁，杀七都尉，秦军走"⑥。由是可知，这支秦军并非全军覆灭。后来秦王任命王翦为将，听从其言率军六十万出征。⑦ 既然这位君"空秦国甲士而专委"于王翦，⑧ 这支军队很可能包括此前李信等人率领的军队。换言之，在伐楚之战中败走的军队重新回到秦王控制之下。

在春秋战国时代，诸侯国之间的联系日益密切，外交和战争选项时常摆在它们面前。就外交而言，与战争一样，秦国国君也享有最后的发

---

① （汉）司马迁：《史记》卷七十一《甘茂列传》，中华书局1982年版，第2313—2316页。
② （汉）司马迁：《史记》卷五《秦本纪》，中华书局1982年版，第187页。
③ （汉）司马迁：《史记》卷五《秦本纪》，中华书局1982年版，第188页。
④ （汉）司马迁：《史记》卷七十三《王翦列传》，中华书局1982年版，第2334页。
⑤ （汉）司马迁：《史记》卷六十八《商君列传》，中华书局1982年版，第2232—2237页。
⑥ （汉）司马迁：《史记》卷七十三《王翦列传》，中华书局1982年版，第2339页。
⑦ （汉）司马迁：《史记》卷七十三《王翦列传》，中华书局1982年版，第2340页。
⑧ （汉）司马迁：《史记》卷七十三《王翦列传》，中华书局1982年版，第2340页。

言权。作为位于西部僻远地区的诸侯国，秦国迟至穆公时代才开始与中原诸侯国产生较为密切的联系，而且以东部强邻为主。战争还是外交乃试图东向发展的秦国必须决定的重大问题。起初，秦国试图通过支持夷吾等人回国即位而达到目的。然而，晋人对于秦国的动向十分警惕。秦国不得已通过战争解决问题，在韩原之役中，秦人俘获晋侯。如何处置晋侯，乃决定秦、晋两国今后和与战的重大外交问题。公子子显主张杀之，而子桑建议以其大子为质后予以释放。然秦国夫人等以登台履薪这样的极端方式迫使秦穆公对晋侯以礼相待。秦穆公最终决定在晋侯同意交付允诺的贿赂以及以大子为质后让晋侯回国。①

商鞅变法后，秦国国君的外交权力未发生任何变化。例如，秦惠王更倾向于让张仪通过外交手段来为秦国谋取土地等利益，并通过战争配合张仪的外交行为。这样的做法很可能在秦国国内引起非议。在秦惠王去世后，秦武王即位，"群臣日夜恶张仪未已"②。在此以前，秦国群臣也很可能未必赞成秦惠王的军事配合外交的战略。然而，因为国君享有决定权之故，他们对此无可奈何，只能在不悦张仪的秦武王即位后予以毁恶。又如，昭襄王执政期间，在魏冉准备越过韩、魏两国而攻打齐国的时候，范雎设法觐见秦王，指出"王不如远交而近攻，得寸则王之寸也，得尺亦王之尺也"③。昭襄王采纳范雎之建议，拜其为客卿，派遣五大夫讨伐魏国。尽管魏冉此时权倾朝野，然昭襄王仍然能够做出与其意不相符之决定并采取相应的行动，表明与发动战争一样，外交也是国君固有的权力，不容群臣哪怕是权臣异议。

（二）治国之道决定权

在商鞅变法以前，就治国之道而言，秦国与中原诸侯国并无多少不同。这就是"议事以制，不为刑辟"④。其大意为，对于面临之政事，人们商议决定如何处理，而不是以刑罚来威逼人们服从。在商议过程中，人们常常援引先王之制、流传下来的诗、书中有关治理的言说以及故事等等而不是事先规定的法令以支持其主张。例如，秦穆公在韩原之役中

---

① 杨伯峻编著：《春秋左传注》僖公十五年，中华书局2016年版，第381—402页。
② （汉）司马迁：《史记》卷七十《张仪列传》，中华书局1982年版，第2299页。
③ （汉）司马迁：《史记》卷七十九《范雎列传》，中华书局1982年版，第2404—2410页。
④ 杨伯峻编著：《春秋左传注》昭公六年，中华书局2016年版，第1411页。

俘获了晋侯，子桑建议释放晋侯而以其大子为人质。他的理由是，"史佚有言曰：'无始祸，无怙乱，无重怒。'重怒难任，陵人不祥"①。诸如此类之"制"与人们面临的事务之间的关系显然和后世法律与事实之间关系完全不同，人们具有较大的阐释空间和选择自由度，从而让这种治国之道笼罩着浓厚的人治色彩。又如，晋国公子夷吾以河西之地作为贿赂而请求秦穆公帮助他回国即位。秦穆公为此询问公孙枝公子夷吾能否定晋国，后者指出："臣闻之，唯则定国。《诗》曰：'不识不知，顺帝之则。'文王之谓也。又曰：'不僭不贼，鲜不为则。'无好无恶，不忌不克之谓也。今其言多忌克，难哉！"② 倘依照公孙枝所援引之"制"处理眼前事务，秦穆公不应该答应夷吾之请。然而，他基于秦国利益而认为："忌则多怨，又焉能克？是吾利也。"③

商鞅变法令秦国治理之道发生重大变化，此乃秦孝公乾纲独断的结果。何以言之？对于公孙鞅所主张的变法，甘龙以其所闻"圣人不易民而教，知者不变法而治"的道理为依据表示反对，④ 杜挚也以其所闻"利不百，不变法；功不十，不易器"，以及"法古无过，循礼无邪"等治国之道予以反对。⑤ 普通秦人也强烈反对变法。据《史记》记载："令行于民期年，秦民之国都言初令之不便者以千数。"⑥ 相对于这些起而行者而言，沉默的反对者应该更多。总之，变法远未在秦国朝野达成共识。就是在这样的政治环境中，在信服商鞅所谓"且夫有高人之行者，固见负于世，有独知之虑者，必见惊于民"的情况下，⑦ 秦孝公力排众议，坚持变法，秦国因而逐渐步入以法治国的轨道。

对此，人们或许可以通过《韩非子》讲述的故事进一步来理解。秦国发生饥荒，应侯建议用五苑之蔬菜、橡果以及枣栗等来赈济百姓。昭襄王没有同意，他的理由是"吾秦法使民有功而受赏，有罪而受诛。今

---

① 杨伯峻编著：《春秋左传注》僖公十五年，中华书局2016年版，第389—393页。
② 杨伯峻编著：《春秋左传注》僖公十年，中华书局2016年版，第361—362页。
③ 杨伯峻编著：《春秋左传注》僖公十年，中华书局2016年版，第361—362页。
④ 蒋礼鸿：《商君书锥指》卷一《更法》，中华书局1986年版，第3页。
⑤ 蒋礼鸿：《商君书锥指》卷一《更法》，中华书局1986年版，第4页。
⑥ （汉）司马迁：《史记》卷六十八《商君列传》，中华书局2014年版，第2711页。
⑦ 蒋礼鸿：《商君书锥指》卷一《更法》，中华书局1986年版，第2页。

发五苑之蔬果者,使民有功与无功俱赏也。夫使民有功与无功俱赏者,此乱之道也。夫发五苑而乱,不如弃枣蔬而治"①。昭襄王不可能不知道不赈济百姓的后果,然而,在他看来,如果因赈济百姓而破坏秦法,后果会更为严重。这其实是个主观判断,至少昭襄王并未讲清事情何以至此的机制或逻辑。不过,这样的言说足以表明在昭襄王心目中坚持以法治国极端重要。有君如是,实践中秦国在不断修改和完善法、律、令的同时,事无巨细,往往依法而断。例如,咸阳未能察觉伪造之传,就再次封好以后传给他县。其他县也像这样传给县以下机构,一直到达关隘方被查获。在并未造成什么危害或者严重后果的情况下,咸阳以及涉事之县都依法而接受"赀"的处罚。②

(三) 制定、修改和废除法律的权力

《史记·商君列传》记载的秦国两次集中颁布的法令尽管出自商鞅等人之手,然而,如果他们没有奏请秦孝公并得到其同意的话,它们不可能成为法令并公之于世。如果"于是遂出垦草令"③以及"卒定变法之令"④的主语并不是十分明确,难以证实秦孝公在相关事件方面发挥的作用的话,《史记·秦始皇本纪》比较详细地记载秦王朝焚书令的形成过程,⑤它表明非经皇帝同意或者认可,臣子的意见不可能成为法律。与此相类的是,据出土秦简记载,秦始皇廿六年己卯,丞相状、绾等人以为湘山、屏山以及骆翠山以南树木野美,建议如保护禁苑树木一样禁止予以砍伐,得到皇帝同意方成为法令。⑥

通常而言,法律随着政治、经济、文化以及军事等方面形势的变化而需要不断进行修改。这相当于在变化了的条件的制约下制定符合新需要的法律。这类权力如果同样属于秦国国君,则其制定法律的权力可以进一步予以证实。如果这样的权力可以由秦国国君以外的人行使,则前述看法应该予以修正。个中道理非常简单,经过国君同意的法令体现其

---

① (清)王先谦:《韩非子集解》卷十四《外储说右下》,中华书局1998年版,第337页。
② 睡虎地秦墓竹简整理小组:《睡虎地秦墓竹简》,文物出版社1978年版,第176页。
③ 蒋礼鸿:《商君书锥指》卷一《更法》,中华书局1986年版,第5页。
④ (汉)司马迁:《史记》卷六十八《商君列传》,中华书局1982年版,第2229页。
⑤ (汉)司马迁:《史记》卷六《秦始皇本纪》,中华书局1982年版,第254—255页。
⑥ 陈松长主编:《岳麓书院藏秦简(伍)》,上海辞书出版社2017年版,第57—58页。

意志，如果他人可不经国君同意而对法律进行修改，则表明他人的意志可以凌驾在国君的意志之上。这不仅从法理上而言不可能，在实践中人们能够看到的也往往是与之完全不同的情形。例如，"二年十一月己酉朔朔日，王命丞相戊（茂）、内史匽，囗囗更修为田律"①，尽管学术界目前对"囗囗"代表的字尚不能达成共识，然而，简文大意当无疑问，这就是秦王命令丞相戊（茂）、内史匽等人对为田律进行修改。这样的记载表明修改法律的权力属于国君，而丞相戊（茂）、内史匽等人不过奉命处理具体事务而已。

与制定和修改法令的权力相类的是，废除法令的权力亦属于秦国国君。例如，秦国宗室以及一些大臣认为，其他诸侯国前来为秦国效力者无非为其国君充当说客和间谍，他们因而请求驱逐所有来客。②这样的建议一度得到秦王的同意并成为法令，秦国因而到处搜索并驱逐来自其他诸侯国之客。在李斯上书后，"秦王乃除逐客之令"③。

（四）任免秦国重要官吏的权力

秦国军事将领的任命已如前述，这里主要考察秦国文官之任免。在商鞅变法前，协助秦国国君处理国事的主要为大夫，他们均由国君任命。例如，秦穆公用五张羊皮向楚人赎百里傒，与之商谈国事而大悦，授之国政。在百里傒向其推荐蹇叔后，秦穆公派人持厚币迎之，任命其为秦国上大夫。④诸如此类记载本来已经可以说明秦国国君的用人权力，然人们尚难据而获悉秦国宗室成员或其他大臣在授予官爵方面所能发挥的作用，故而对于秦国国君这类权力的认识尚不能说达到较为充分的程度。《左传》的相关记载因而显得较为重要。孟明等人奉命率军伐郑，因军事行动的秘密泄露，不得已灭滑而还，被晋国大败于殽。秦大夫以及左右都认为此战之败乃孟明等人之罪，然秦穆公归罪于己，"复使为政"⑤。这样的记载表明，秦国国君在任命大臣方面享有决定性权力。

在主持秦国变法的时候，商鞅主张国君依法根据人们在农战过程中

---

① 四川省博物馆、青川县文化馆：《青川县出土秦更修田律木牍》，《文物》1982年第1期。
② （汉）司马迁：《史记》卷八十七《李斯列传》，中华书局1982年版，第2541页。
③ （汉）司马迁：《史记》卷八十七《李斯列传》，中华书局1982年版，第2546页。
④ （汉）司马迁：《史记》卷五《秦本纪》，中华书局1982年版，第186页。
⑤ 杨伯峻编著：《春秋左传注》文公元年，中华书局2016年版，第565页。

所建功勋而授予官爵。在通常情况下，秦国国君的确如此。不过，秦国法令绝不可能成为国君任免官吏的桎梏。例如，齐国孟尝君招徕诸侯宾客以及亡人有罪者数千人，以贤闻名于诸侯。秦昭王以泾阳君为人质而要求见孟尝君，在齐王让孟尝君入秦后，秦昭王当即准备任命他为相。当此之时，孟尝君对于秦国而言寸功未立。有人劝说秦昭王："孟尝君贤，而又齐族也。今相秦，必先齐而后秦，秦其危矣。"秦昭王因而不再任命孟尝君为秦相。① 利害而非法令乃秦昭王考虑任命丞相的主要原因。后孟尝君设法逃回齐国后，秦人任命楼缓为丞相。② 楼缓为赵人，以前也从未为秦国建功。又如，吕不韦对于子楚立为太子乃至即位为秦王发挥极其重要的作用，对庄襄王个人而言功莫大焉。不过，吕不韦所作所为很难说是为秦国建功，庄襄王即位后却立即以吕不韦为丞相。③ 与任命丞相无须依法论功相类的是，秦王也不需要依据法令就可以免除他们的丞相职位。例如，赵人认为楼缓为秦相对赵国不利，于是派遣仇液前往秦国，建议秦王任命魏冄为相。仇液听从其客宋公之计而对楼缓言，"请为公毋急秦"。秦王见赵国并不急于请求他任命魏冄为相，以为此举对秦国有利而对赵国不利，故而免除楼缓丞相之位，任命魏冄为丞相。④ 然而，人们在现有文献中难以发现楼缓违反法令的任何记载。

秦王既然连丞相这样重要的职官都可随意任免，其他职官自然不在话下。因此，人们仅需了解秦王任免职官的下限即可，至于其他职官的任命在后面简要予以介绍。从现有资料来看，秦王任免职位最低的职官为郡守。例如，因范雎推荐之故，秦昭王召见王稽，任命其为河东守，三年不进行上计。⑤ 这样的记载又表明，对于像郡守这样的职官，他人可以推荐，然决定权操于国君之手。魏冄相秦后"举任鄙以为汉中守"这样的记载恐不足以构成反证。⑥ 举有任用之意。例如，"（黄帝）举风

---

① （汉）司马迁：《史记》卷七十五《孟尝君列传》，中华书局1982年版，第2354页。
② （汉）司马迁：《史记》卷五《秦本纪》，中华书局1982年版，第210页。
③ （汉）司马迁：《史记》卷八十五《吕不韦列传》，中华书局1982年版，第2509页。
④ （汉）司马迁：《史记》卷七十二《穰侯列传》，中华书局1982年版，第2324页。
⑤ （汉）司马迁：《史记》卷七十九《范雎列传》，中华书局1982年版，第2415页。
⑥ （汉）司马迁：《史记》卷七十三《白起列传》，中华书局1982年版，第2331页。

后、力牧、常先、大鸿以治民"①。然而，此乃"昭王少，宣太后自治，任魏冄为政"这样的非常状态下的情形。② 在收穰侯之印并任命范雎为丞相后，范雎仅能推荐人选而已，行使任命权者乃秦昭王本人。

（五）赏罚权

赏罚乃秦国君/皇帝实现其治理目标的两种最为常用的手段，其中又以罚最为常用。例如，在即位三年后，秦武公以三父等人杀出子为由而夷其三族。③ 不少文献记载表明，秦国国君在行使赏罚权的时候具有相当的任意性。例如，秦穆公之爱马走失，为岐下三百余野人捕获并且杀而食之。秦国官吏查明并抓获食马之人，拟对他们施刑。由这三百余人在秦晋之战爆发后都请求参战而且奋不顾身的表现来看，他们也自认为惩罚在所难免，在秦穆公赦免他们以后企图以这样的方式报答恩惠。秦国官吏的做法因而没有什么不妥。然而，秦穆公不仅以"君子不以畜产害人为由"为由赦免他们，而且赐酒为其压惊。④ 又如秦穆公赦免孟明之罪。孟明等人奉命率军袭郑，在消息走漏以后放弃继续攻打郑国的打算。孟明等人像这样做乃是尽可能为秦国谋利益，然而，他们灭亡滑国的军事行动显然未得到相关命令，属于擅自行动。由晋国原轸所谓"敌不可纵，纵敌，患生"以及"吾闻之'一日纵敌，数世之患也'"这样的言说可知，⑤ 包括原轸在内的一些晋国大臣已然视秦国为敌，无论秦人是否灭滑，他们都有可能主张对秦国军队采取行动。晋国内部也有像栾枝这样的大臣，他们认为在还没有报答秦国恩惠的情况下讨伐其军队不甚妥当，本来可以成为制止秦晋之战的力量。然而，孟明等人灭了与晋同姓之滑国，让原轸所谓"秦不哀吾丧而伐吾同姓，秦则无礼，何施之为"这样观点占据上风，终于导致令秦军遭受灭顶之灾的殽之役爆发。⑥ 因此，秦国大夫以及秦穆公左右皆言"是败也，孟明之罪也，必杀之"并非没有合理性。然而，秦穆公将此战之败完全归罪于自己，不

---

① （汉）司马迁：《史记》卷一《五帝本纪》，中华书局1982年版，第6页。
② （汉）司马迁：《史记》卷七十二《穰侯列传》，中华书局1982年版，第2323页。
③ （汉）司马迁：《史记》卷五《秦本纪》，中华书局1982年版，第182页。
④ （汉）司马迁：《史记》卷五《秦本纪》，中华书局1982年版，第189页。
⑤ 杨伯峻编著：《春秋左传注》僖公三十三年，中华书局2016年版，第543—544页。
⑥ 杨伯峻编著：《春秋左传注》僖公三十三年，中华书局2016年版，第543—544页。

仅不惩罚孟明等人，反而使孟明继续为政。① 这表明秦穆公拥有不受任何约束的惩罚权。至于赏赐的权力，实际上与此相类。例如，后子因为秦桓公宠爱之故，与景公如同二君一样。周王室辛伯早已指出："并后、匹嫡、两政、耦国，乱之本也。"② 然而，秦桓公不顾礼法和历史教训而任由一己之意进行赏赐，谁也不能反对和制约。

在商鞅变法期间，秦国确立根据功罪而行赏罚的基本原则，并在法令中对在符合何种条件后行赏罚予以明确规定。不过，这并不意味着秦国/秦王朝国君/皇帝完全依照法令规定而行使赏罚之权。在必要的时候，法令不可能妨碍国君们按照自己的意愿对官吏进行赏罚，例如，郑安平在攻打赵国的时候为赵军所围困，竟然率军两万人投降。此人乃应侯推荐，而秦法有"任人而所任不善者，各以其罪罪之"相关规定，③ 故范雎在郑安平事件发生后向秦王请罪。秦昭王不仅不加罪，反而禁止秦人言郑安平之事。④ 又如，秦二世胡亥在继位后鉴于大臣不服以及诸公子仍然有可能与其争夺皇帝之位的严峻形势，听从赵高之言"不师文而决于武力"⑤，也就是不按照法令办理而是直接利用权力处死那些对二世不服以及对皇位构成威胁者，大臣和诸公子因而遭到肆意杀戮。⑥ 关于国君/皇帝赏赐权力行使的任意性，相关文献匮乏，然也不是不能发现例证，秦王嬴政赐王翦田宅就是如此。秦王嬴政强行让王翦率军六十万灭楚，后者遂"请美田宅园池甚众"⑦。在军队到达函谷关后，王翦又派人"请善田者五辈"⑧。当此之时，王翦率领的军队尚未达到楚国边境，故而不可能建立任何功勋，依照秦国法令不应得到任何赏赐。然为消除嬴政有可能对他产生的猜忌，王翦不得不如此。王翦之所以认为此举可行，应该是因为他知道嬴政可以将秦国法令弃置一旁而答应他所请。

作为周王室分封之诸侯，秦国境内包括土地在内的一切资源以及生

---

① 杨伯峻编著：《春秋左传注》文公元年，中华书局2016年版，第565页。
② 杨伯峻编著：《春秋左传注》桓公十八年，中华书局2016年版，第166页。
③ （汉）司马迁：《史记》卷七十九《范雎列传》，中华书局1982年版，第2417页。
④ （汉）司马迁：《史记》卷七十九《范雎列传》，中华书局1982年版，第2417页。
⑤ （汉）司马迁：《史记》卷六《秦始皇本纪》，中华书局1982年版，第268页。
⑥ （汉）司马迁：《史记》卷六《秦始皇本纪》，中华书局1982年版，第268页。
⑦ （汉）司马迁：《史记》卷七十三《王翦列传》，中华书局1982年版，第2340页。
⑧ （汉）司马迁：《史记》卷七十三《王翦列传》，中华书局1982年版，第2340页。

活于其上的百姓均为国君所有。为了维持以及不断扩大这份产业，秦国国君建立军队，设置官吏。与中原诸侯有所不同的是，秦国国君绝对掌握军队，从而确保独揽秦国一切大权，其中主要包括决定战争与外交的权力、治国之道决定权、制定、修改和废除法令的权力以及任免、奖惩官吏的权力。商鞅变法实现秦国治国之道向以法治国的转变，在秦国乃国君产业的性质没有发生改变的情况下，它没有也不可能以法令来约束和限制国君的权力——除非法令因为有利于秦国长远和根本利益而为国君们自觉自愿地遵守。这同时又意味着，秦国在君位继承制度方面存在的固有缺陷也不可能因商鞅变法而得到修正。

第二节　秦国/王朝重要官吏权力之分析

秦国/秦王朝国君/皇帝不可能凡事亲力亲为，必须设官分职以协助其治理。为了达成其持续扩大产业以及有效维持秩序等目的，秦国/秦王朝国君/皇帝必须赋予官吏们相应的权力。在他们可能利用权力以谋取私利的情况下，秦国/秦王朝国君/皇帝又必须设法对其权力进行约束，迫使他们按照自己的意志和利益行事。这两方面因素决定了秦国/王朝官吏的设置及其执掌的内容。除此以外，人们的思想观念以及社会风尚的不断发展变化又会对秦国国君设官分职产生影响。例如，秦国官吏的名称、权力以及酬劳等在商鞅变法后发生重大变化。不过，它们又会在一定程度上与传统有或多或少的联系。本节拟依据传世和出土两类文献而对秦国/王朝若干重要官吏的权力进行分析，以便为后面的分析提供必要的便利。

一　秦"三公"考

关于秦国/王朝之"三公"，在目前资料条件下，人们只能在《史记》这样的传世文献中发现两处记载，较为严谨的学者容易因而倾向于否认其可靠性。而且"三公"相关记载多见于诸子百家语，如果愿意理性思考学说与实践之间的关系的话，人们就有理由对早期中国是否设置"三公"保持必要的审慎。不过，司马迁以及班固等史家既然在其历史著述中言及周秦乃至殷商"三公"事，就意味着他们有可能受所处环境的影响而为之。秦王朝设置"三公"的可能性因而不能排除，人们有必

第二章　秦法之治的政治环境

要依据相关史料进行考查。

对各类文献关于秦以前"三公"设置情况的记载进行辨析，有助于祛除似是而非的认识，从而有利于在更为坚实的根基上形成更为接近历史真相的认识。关于殷商"三公"，墨者云："昔者傅说居北海之洲，圜土之上，衣褐带索，庸筑于傅岩之城。武丁得而举之，立为三公，使之接天下之政，而治天下之民。"①太史公在《史记》中亦有"（纣）以西伯昌、九侯、鄂侯为三公"这样的记载。②对于诸如此类言说，班固认为："夏、殷亡闻也，《周官》则备矣。"③《汉书》诸多记载源自《史记》，班固不可能没有看到太史公相关记载。然而，他明确指出夏、商无迹可考，表明他对于《史记》有关殷商"三公"的记载并不认同。而在现代学者看来，太史公有可能根据其所处时代对于三公的认识来理解帝辛时代具有类似地位的西伯昌、九侯、鄂侯等三人，也就是"以后世三公说的逆推"④。

关于周王朝"三公"，太史公有"召公为三公：自陕以西，召公主之；自陕以东，周公主之"这样的记载，⑤它与《春秋公羊传》所谓"天子三公者何？天子之相也。天子之相则何以三？自陕而东者，周公主之；自陕而西者，召公主之；一相处乎内"不少内容相同。⑥在现代学者看来，二者之间很可能存在因袭关系。《春秋公羊传》成书于西汉初年，主要内容出自孔子弟子与再传弟子之间的传承。⑦现代学者容易因而认为，太史公"三公"相关记载深深打上传承者所处时代的烙印，让人难免怀疑其真实性。关于"三公"，班固在《汉书》中指出："太

---

① （清）孙诒让：《墨子间诂》卷二《尚贤下》，中华书局2001年版，第68—69页。
② （汉）司马迁：《史记》卷三《殷本纪》，中华书局1982年版，第106页。从上下文看，《汤诰》所谓"三公咸有功于民，故后有立"（（汉）司马迁：《史记》卷三《殷本纪》，中华书局1982年版，第97页）中的"三公"有可能对于禹、皋陶以及后稷等三人的尊称，未必一定是称他们为帝舜时代的三公。
③ （汉）班固：《汉书》卷十九上《百官公卿表第七上》，中华书局1962年版，第722页。
④ 卜宪群：《秦汉官僚制度》，社会科学文献出版社2002年版，第105页。
⑤ （汉）司马迁：《史记》卷三十四《燕召公世家》，中华书局1982年版，第1549页。
⑥ （汉）何休解诂、（唐）徐彦疏：《春秋公羊传注疏》卷三《隐公》，上海古籍出版社2014年版，第86—87页。
⑦ （汉）何休解诂、（唐）徐彦疏：《春秋公羊传注疏》校点前言，上海古籍出版社2014年版，第1—2页。

师、太傅、太保，是为三公。盖参天子，坐而议政，无不总统，故不以一职为官名……《记》曰三公无官，言有其人然后充之。舜之于尧，伊尹于汤，周公、召公于周，是也。或说司马主天，司徒主人，司空主土，是为三公。"① 所谓"天官冢宰，地官司徒、春官宗伯，夏官司马，秋官司寇，东官司空"云云显然出自《周官》。② 今传本《礼记》有"设四辅及三公，不必备，唯其人"这样的记载，③ 与《记》曰云云含义相近。唐人所谓"《礼记》云：三公无官，言有其人然后充之，无其人则缺"④，它们与《记》所言更加接近。因此，班固所谓《记》很可能是指《礼记》。《韩诗外传》有"三公者何？曰司空、司马、司徒也。司马主天，司徒主人，司空主土"这样的记载，⑤ 与班固所谓"或说"的内容完全相同。因此，班固所谓"或说"很可能出自该书。关于《周官》这部书，目前学术界基本达成共识的是，它并不完全是先秦官制的实录，而是掺杂若干作者的理想。⑥ 既然如此，人们便难以确知其中关于"三公"的记载是否为实录。⑦ 至于班固所依据的《礼记》和《韩诗外传》等文献成书于西汉早期，人们无从得知作者发表相关看法的依据，故而难以认定其关于周王朝"三公"之说的可靠性。

  关于春秋时期的"三公"，流传至今可谓绝无仅有的文献记载出自《韩诗外传》。吴国攻打楚国，楚昭王不得已逃亡，屠夫羊说一路护送。在重建楚国后，楚昭王论功行赏，羊说推辞而不接受。楚昭王命司马子期前往求之，委任羊说为三公。羊说以为："三公之位，我知其贵于刀俎之肆矣；万钟之禄，我知其富于屠年之利矣。今见爵禄之利，而忘辞受之礼，非所闻也。"⑧ 楚昭王委任"三公"并非小事。而且，羊说之言非常符合《左传》作者尊礼倾向，《左传》没有理由不予记载。在较为

---

① （汉）班固：《汉书》卷十九上《百官公卿表第七上》，中华书局1962年版，第722页。
② （汉）班固：《汉书》卷十九上《百官公卿表第七上》，中华书局1962年版，第722页。
③ （清）朱彬：《礼记训纂》卷八《文王世子》，浙江大学出版社2010年版，第313页。
④ （唐）徐坚等：《初学记》卷十一《职官部上》，中华书局1962年版。
⑤ （汉）韩婴：《韩诗外传集释》卷八，中华书局1980年版，第290—291页。
⑥ 参见冯绍霆《周礼：远古的理想》，上海古籍出版社1997年版，第2页；彭林：《以人法天的理想国纲领——〈周礼〉》，《光明日报》2001年3月27日。
⑦ 参见卜宪群《秦汉官僚制度》，社会科学文献出版社2002年版，第107页。
⑧ （汉）韩婴：《韩诗外传集释》卷八，中华书局1980年版，第272—273页。

详细地记载列国史事的《左传》尚未言及羊说其人其事的情形下，几百年后的汉人似乎难以得知其详。现代学者难免因而认为，上述故事出自传闻的可能性较大，不足为凭。顺便指出的是，近来有学者以其他文献为依据来考察周王朝"三公"之制，① 然并未获得学术界广泛认同。原因或在于，这些学者所依据的文献即便可靠也成书于战国中晚期，就证明周王朝"三公"而言与《周礼》等文献之记载一样难以令人信服。关于周王朝是否存在"三公"这一问题，学术界尚未形成比较公认的看法。

有学者难免因而将目光投向可以视为西周原始史料的《逸周书·祭公解》，其中含"三公"相关记载，亦即"呜呼，天子、三公监于夏商之既败，丕则无遗后难，至于万亿年，守序终之"云云。② 已有学者对此持怀疑态度。其理由在于，西周金文以及相关文献记载表明，并非所有称公者都拥有前述文献中所谓"三公"那样大的权力，而是只有执政公才有，然执政公通常只有一位。③ 这样的说法存在进一步探讨的空间。已经出土的青铜器仅占全部青铜器的极小比重。它们所记载之事又仅占周王朝所有事务的极小比重。在以西周金文为依据探讨西周王朝史事的时候不能以部分代整体，犯以偏概全的错误。具体到周代是否设置"三公"这个问题，人们不能因出土西周金文未记载"三公"而否认西周王朝有"三公"之制。在《礼记》已经明确指出周王朝"三公"实行"不必备，唯其人"的原则的情况下，学者们似不能以执政公只有一位而否认"三公"的真实性。而且，执政公与"三公"之间是否存在交集也难以证实或者证伪。这些问题都应加以考量。总而言之，现代学者对于西周王朝"三公"事不能像有些学者那样断然否认，在出土金文尚难以证实后出文献"三公"之记载的真实性的情况下应该暂时存而不论。

秦人在获封诸侯国以后从戎人手里夺取大片原属周王朝的土地并统治生活于其上的周遗民。因此，秦文化与周文化之间势必存在一定程度

---

① 参见沈建华《清华楚简〈祭公之顾命〉中的三公与西周世卿制度》，《中华文史论丛》2010年第4期；杜勇：《清华简〈祭公〉与西周三公之制》，《历史研究》2014年第4期。
② 黄怀信等：《逸周书汇校集注》，上海古籍出版社2007年版，第935页。
③ 王治国：《金文所见西周王朝官制研究》，博士学位论文，北京大学，2013年，第99—110页。

的继承关系。不过，人们不能简单地因周王朝可能存在"三公"之制而认为秦国同样如此。从唐代开始就有学者否认秦汉之际有"三公"之官，① 现代学者则视其为人们将其政治理想与现实相结合的产物。② 在这样的学术背景中，人们对于《史记》中有关秦"三公"之记载的理解容易出现偏差。战国乃至西汉时期人们关于殷商以及西周王朝"三公"之言说自然不能轻易视为信史，这不仅因为二者之间时间至少相隔数百年，而且因为长时期口耳相传以及早期书籍传播的局限性很容易导致信息失真问题之出现。然而，作为天下显学的儒家、墨家、道家以及法家等都在其论著中视天子设置"三公"为理所当然，③ 至少可以在相当程度上表明其乃时人较为普遍的思想观念。因此，人们有必要重新审视《史记》中有关秦国"三公"之记载，或许会产生不同的看法。苏代劝说应侯阻止白起灭赵，主要理由是："武安君所为秦战胜攻取者七十余城，南定鄢、郢、汉中，北禽赵括之军，虽周、召、吕望之功不益于此矣。今赵亡，秦王王，则武安君必为三公，君能为之下乎？"④ 苏代之言在一定程度上隐含着周、召以及吕望等人曾任"三公"这类对时人而言属于或许可以称之为常识的信息。白起之功比曾任"三公"的周、召、吕望等人之功都大。因此，他必然会成为三公。苏代之言又表明，秦国当时尚未设置"三公"。只有天子才能够设置三公，而秦国当时不过诸侯国而已。而且，"秦王王"乃是秦国灭赵后才有可能出现的情形，而秦国当时不过有灭赵之势而已。然应侯信服其说，这很可能意味着，"三公"之说至少已经在秦国高层达成共识。秦国一旦完成统一天下的大业，势必将有些劳苦功高的文臣武将拜为"三公"。

行文至此，人们应该高度重视章邯派使者对李斯所言"居三公位，如何令盗如此"⑤。秦王朝已经王天下，设置三公的可能性较大。实事求是地说，此乃孤证，人们不能太过轻率地据以得出秦王朝已经设置"三

---

① （唐）徐坚等：《初学记》卷十一《职官部》，中华书局1962年版，第251页。参见安作璋等《秦汉官制史稿》，齐鲁书社1984年版，第6页。
② 卜宪群：《秦汉官僚制度》，社会科学文献出版社2002年版，第111页。
③ 卜宪群：《秦汉官僚制度》，社会科学文献出版社2002年版，第108—109页。
④ （汉）司马迁：《史记》卷七十三《白起列传》，中华书局1982年版，第2335页。
⑤ （汉）司马迁：《史记》卷八十七《李斯列传》，中华书局1982年版，第2554页。

公"的结论。不过,人们倘若能够在西汉史事中发现若干佐证,产生相关看法不至于引起莫名惊诧:第一类乃太史公自言"三公"事。例如,"王生者,善为黄老言,处士也。尝召居廷中,三公九卿尽会立"①。又如,"广不得爵邑,官不过九卿,而蔡为列侯,位至三公。"② 第二类乃时人言"三公"事。例如,丞相长史田仁上书言:"三河太守皆内倚中贵人,与三公有亲属,无所畏惮,宜先正三河以警天下奸吏。"③ 又如,公孙弘为御史大夫,汲黯曰:"弘位在三公,奉禄甚多。然为布被,此诈也。"④ 在淮南、衡山谋反后,公孙弘请辞丞相、平津侯,在其上书中曰:"今臣弘罢驽之质,无汗马之劳,陛下过意擢臣弘卒伍中,封为列侯,致位三公。"⑤ 再如,张汤为御史大夫,为三长史设计陷害,张汤上书曰:"汤无尺寸功,起刀笔吏,陛下幸致为三公,无以塞责。"⑥ 与其言帝辛时代"三公"事不同的是,太史公对西汉是否设置"三公"有较大发言权。而且,他以同样的方式记载的"公孙弘以《春秋》白衣为天子三公,封以平津侯"⑦ 能够得到《史记·平津侯主父列传》中汲黯以及公孙弘本人对皇帝所言的证实,表明有关王生的记载也有较为可靠的依据。

退一步言,即便太史公所谓西汉"三公"乃其个人深受诸子影响而将相关学说与西汉政治现实结合而产生的比附,上述田仁、汲黯、公孙弘以及张汤等人在对皇帝言事的时候绝无可能因不明朝廷制度而就"三公"发表不当言论。因此,西汉王朝在武帝前已经设置"三公"为无可否认之事实。既然如此,人们应该基于"(汉)承秦之制"之说就秦汉之间制度而言大体无误的记载而依据"斯居三公位"得出秦王朝已经存在"三公"的结论。

对于诸子百家文献中出现的不少"三公"相关言说与秦汉"三公"

---

① (汉)司马迁:《史记》卷一百三《张释之冯唐列传》,中华书局1982年版,第2756页。
② (汉)司马迁:《史记》卷一百九《李将军列传》,中华书局1982年版,第2873页。
③ (汉)司马迁:《史记》卷一百四《田叔列传》,中华书局1982年版,第2781页。
④ (汉)司马迁:《史记》卷一百一十二《平津侯主父列传》,中华书局1982年版,第2951页。
⑤ (汉)司马迁:《史记》卷一百一十二《平津侯主父列传》,中华书局1982年版,第2952页。
⑥ (汉)司马迁:《史记》卷一百二十二《酷吏传》,中华书局1982年版,第3143页。
⑦ (汉)司马迁:《史记》卷一百二十一《儒林列传》,中华书局1982年版,第3118页。

政治现实之间的关系，人们也应该予以合理解释，使之不能继续成为人们合理对待秦汉"三公"的障碍。秦汉"三公"的职掌以及地位等与儒、墨、道、法等各家论著中的相关描述确实不一致，然而，这并不意味着太史公等关于秦汉"三公"的记载难以尽信。诸子百家关于"三公"的看法大体上可以分为两类：其一，有关周王朝"三公"之看法；其二，更多的则是就"三公"问题泛泛而论，未必与周王朝相关。前者乃是秦汉时人对周王朝相关现象的历史记忆。由于秦王朝没有任何理由必须继承周制，其"三公"之制与《春秋公羊传》关于"三公"的言说不尽一致因而并不存在难以解释的障碍。至于其二，毕竟秦汉王朝在采纳诸子学说的时候会根据政治、军事、经济以及文化等多方面条件以及自己的偏好而予以抉择，政治实践与学说之间因而未必一致。至于那些根本无法对政治产生影响的学说就更不必论矣。因此，人们不能将学说与政治之间较为复杂的关系简单化，以政治实践与学说不符为由而否认秦汉有关"三公"之记载的真实性。

二 秦国/王朝丞相权力之分析

在目前的资料条件下，人们只能将秦王朝丞相、御史大夫归入"三公"之列。至于以往人们经常言及的同样属于"三公"之列的太尉，目前尚无较为直接的证据予以证实或者证伪。以太尉与丞相、御史大夫具有同样的地位为由而将其列入"三公"容易产生以今度古之类问题，不如存疑更为妥当。太史公载入《史记》的多为王侯将相。其中，秦国/王朝丞相/相邦基本上载入《列传》。这在很大程度上表明，在司马迁看来，他们在秦国/王朝政治事务中扮演极其重要的角色。因此，这里对其权力略加分析。

在《汉书·百官公卿表》中，相国、丞相皆为秦官，"掌丞天子助理万机"[①]这样的记载容易引起误解。嬴氏在秦王朝建立后方有资格称天子，而相国或丞相在秦国早已设置。它们渊源于以往执国政之大夫。秦穆公以百里傒贤而"授之国政，号曰五羖大夫"[②]。后世赵良言及此人

[①] （汉）班固：《汉书》卷十九上《百官公卿表第七上》，中华书局1962年版，第724页。
[②] （汉）司马迁：《史记》卷五《秦本纪》，中华书局1982年版，第186页。

的时候曰:"五羖大夫之相秦也"①,与太史公视西伯昌、九侯、鄂侯为殷商"三公"一样,赵良以后世秦国相国视百里傒,表明就拥有的地位和权力而言春秋时期秦国执政大夫与后世秦国之相国相当。关于秦国执政大夫之权力,人们可由如次之记载而略窥一斑:晋国使者叔虎、齐国使者东郭蹇前往秦国,公孙枝请求与他们相见。②在得知并非其分内之事且并非"相国使子"后,秦穆公以"事服其任,人事其事"为由拒绝了他的请求,并且指出应当治其罪,公孙枝因而到百里傒那里自陈其事。百里傒向秦穆公请示如何处理,秦穆公曰:"此所闻于相国欤?枝无罪,奚请?有罪,奚请焉?"③百里傒回去后,宣布其罪状。公孙枝告辞并自行前往市朝,百里傒命官吏前往行刑。④由秦穆公所谓"事服其任,人事其事"可知,秦国在设置职官的同时明确其职掌。而由"相国使子乎"这样的记载可知,相国有权根据需要而指派官吏处理某项政事,它们有可能并非在其职掌之内。上述记载还表明,相国对于秦国大臣具有处罚之权。公孙枝并非秦国寻常人物,关于此人,太史公的记载有所不同:晋国发生旱灾,粮食匮乏,请求秦国施以援手。丕豹建议不答应其所请,而且要趁机讨伐。秦穆公因而征求公孙支、百里傒等人的意见。⑤服虔认为,公孙支乃秦国大夫公孙子桑,⑥此说不知何据。不过,《史记》中的公孙支与《吕氏春秋》所言公孙枝显然为同一人。在是否援晋粮食这一重大的问题上,秦穆公首先征求公孙支的意见,然后才听取百里傒的看法,至少表明公孙支在秦穆公心目中具有重要地位。很可能正因为如此,百里傒才会在对其进行处罚前向秦穆公请示。秦穆公的答复则表明,此乃执政大夫权限内事,无须上请。公孙枝尚且如此,其他官吏自然更不用说。

当然,此乃战国晚期的文献记载,在编撰《吕氏春秋》时,人们是

---

① (汉)司马迁:《史记》卷六十八《商君列传》,中华书局1982年版,第2234页。
② 为尊重原文故,文中有时依据《吕氏春秋》而使用"公孙枝",有时又依据《史记》而使用"公孙支"。二者实际上为同一人。
③ 许维遹:《吕氏春秋集释》卷二十四《不苟论》,中华书局2016年版,第642—643页。
④ 许维遹:《吕氏春秋集释》卷二十四《不苟论》,中华书局2016年版,第642—643页。
⑤ (汉)司马迁:《史记》卷五《秦本纪》,中华书局1982年版,第188页。
⑥ (汉)司马迁:《史记》卷五《秦本纪》,中华书局1982年版,第188页。

否深受所处时代制度的影响，编撰者是否因卷入权力斗争而有意为之，诸如此类问题都难以给出肯定的答案。不过，有一点可以肯定的是，战国晚期，人们的确这样看待执政大夫的权力。《左传》关于秦穆公时代孟明之记载稍详，人们可据以了解执政大夫享有的其他权力。孟明奉秦穆公之命率军伐郑之类记载表明，秦国执政之大夫与晋、鲁等国执政之卿有所不同——后者为战时理所当然的军队统帅，而秦国执政之大夫不过军队将领候选人之一而已。在失利回国后，秦穆公再次让孟明为政。"孟明增修国政，重施于民"这样的记载表明，①秦国执政之大夫在涉及民生的事务方面享有一定权力。尽管孟明为百里傒之子，这样的现象却未必表明秦国与晋、鲁等国一样，执政之大夫可以世袭。人们需要更多较为可靠的证据才能得出这样的结论。至于秦国执政大夫的其他权力，在文献未予记载的情况下难以得知。

到了战国时期，商鞅以左庶长的身份在秦国主持变法，在第一阶段变法成功后升任大良造。在目前已经出土的秦孝公时代铜器铭文中，人们可以发现诸如"十三年，大良造鞅之造戟"，"十六年，大良造、庶长鞅之造雍、矛"，十八年"冬十二月乙酉，大良造鞅爰积十六尊（寸）五分尊（寸）壹为升，重泉"，以及"大良造、庶长鞅之造殳、雍、骄□"之类记载。② 由此可知，商鞅在升任大良造后仍然时时兼任庶长。正当商鞅炙手可热的时候，名士赵良指责他"相秦不以百姓为事"，且违君臣之礼。③ 由此可知，大良造兼庶长不仅与以往秦国执政之大夫相当，而且与秦国后来的相邦或者丞相相当。

在商鞅以大良造兼庶长身份率领秦军夺取河西之地后，"（二十二年，秦国）封大良造商鞅"④。与这一记载颇为一致的是，《史记·秦本纪》云："二十二年，卫鞅击魏，虏魏公子卬。封鞅为列侯，号商君。"⑤不过，秦孝公并未拜其为相邦。两年后，秦孝公卒，商鞅随即被车裂。

---

① 杨伯峻编著：《春秋左传注》文公二年，中华书局2016年版，第570页。
② 李学勤：《秦孝公、惠文王时期铭文研究》，《中国社会科学院研究生院学报》1992年第5期。
③ （汉）司马迁：《史记》卷六十八《商君列传》，中华书局1982年版，第2234—2235页。
④ （汉）司马迁：《史记》卷十五《六国年表》，中华书局1982年版，第726页。
⑤ （汉）司马迁：《史记》卷五《秦本纪》，中华书局1982年版，第204页。

第二章 秦法之治的政治环境

在此期间，没有证据表明商鞅获得新的封赏。在功高如商鞅之流尚未获任相邦或丞相的情况下，其他人获任相邦或者丞相的可能性微乎其微。因此，秦孝公根本没有设置相邦或者丞相的可能性非常大。这样的看法可以得到出土器铭相关记载之证实。诸如"四年，周天子使卿大夫辰来致文武胙（胙），冬十一月辛酉，大良造、庶长游出命曰：……"之类记载表明，① 在商鞅死后，樛游获封大良造兼庶长。而据出土相邦樛游戈载："四年，相邦樛游之造，栎阳乙上造闻。吾（䙴）。"② 秦历以十月为岁首，两个月后的正月仍属四年，直至十月方进入五年。③ 由此可知，大良造兼庶长游在冬十一月至九月之间被任命为相邦。人们因而有理由相信，相邦一职乃秦惠文君在执政期间设置，与以往大良造兼庶长相当。

关于商鞅获封列侯事，人们还可以进一步予以探讨。秦孝公在求贤令中设定"复缪公之故地，修缪公之政令"这样的强秦目标，承诺帮助他完成这样的功业者，"吾且尊官，与之分土"④。秦穆公在位期间取得最大的功业，无非是在向西夺取千里之地并称霸西戎后，"天子使召公过贺缪公以金鼓"⑤。秦国在商鞅主持下变法成功后，天子致伯，诸侯毕贺。⑥ 这可谓完成"修缪公之政令"之目标。很可能因此之故，商鞅建议秦孝公趁魏国兵败马陵的时候出兵讨伐，以建立帝王之业。在商鞅率军大破魏军后，魏国割河西之地以求和，可谓完成"复缪公之故地"这样的目标。秦孝公因而兑现"与之分土"这样的承诺，封商鞅为列侯。此乃目前资料条件下最为合理的解释。

无论如何，相当于后世丞相的大良造兼庶长商鞅获封列侯，开创秦国政治史上的重要先例。在张仪与公子华降蒲阳，迫使魏国献出上郡、少梁等地后，秦惠文君委以为相。在秦国向东发展过程中，张仪逞口舌之利而瓦解诸侯国之合纵，有力地配合秦国军队在战场上的进攻，秦惠

---

① 李学勤：《秦孝公、惠文王时期铭文研究》，《中国社会科学院研究生学院学报》1992年第5期。

② 李学勤：《秦孝公、惠文王时期铭文研究》，《中国社会科学院研究生学院学报》1992年第5期。

③ 参见宁全红《李斯卒年再辨》，《中华文化论坛》2015年第8期。

④ （汉）司马迁：《史记》卷五《秦本纪》，中华书局1982年版，第202页。

⑤ （汉）司马迁：《史记》卷五《秦本纪》，中华书局1982年版，第194页。

⑥ （汉）司马迁：《史记》卷五《秦本纪》，中华书局1982年版，第203页。

王封张仪五邑，号曰武信君。① 樗里子有所不同，他从右更开始，因伐曲沃、蔺以及协助魏章攻楚而获封严君。《史记索引》按：严君是爵邑之号，当是封之严道。② 秦武王即位后，樗里子为左丞相。与其同时的右丞相甘茂则未获封侯。到了秦昭王时代，宣太后异父弟魏冄在秦国政坛逐渐崛起，在担任秦相后获封穰，后来又增封陶，号称穰侯。③ 其前后秦相楼缓、寿烛以及薛文等等在位日浅，未获封侯。穰侯失势后，秦昭襄王拜范雎为相，且以应地封之，号为应侯。④ 取范雎而代之的蔡泽担任丞相的时间较短，亦未获封侯。秦庄襄王在即位后兑现对于吕不韦许下的"必如君策，请得分秦国与君共之"之诺言，⑤ 任命吕不韦为丞相，封文信侯，食河南洛阳十万户。⑥ 秦王政亲政后，吕不韦因为嫪毐事发获罪，王绾任丞相，《史记》未言封侯之事。依据王翦所谓"为大王将，有功终不得封侯"推测，⑦ 王绾封侯的可能性不大。根据上述记载可知，秦相获封列侯乃秦孝公时代特定政治环境中的产物，未必意味着秦法令曾像这样做出规定，而秦国/秦王朝国君/皇帝对于是否封丞相为侯拥有决定性权力。

与以往秦穆公直接将百里傒拔擢为执政之大夫一样，秦国/秦王朝国君/皇帝可以任一己之意而委任相邦或者丞相。在商鞅变法导致秦国治国方略实现向以法治国的转变后，秦国/秦王朝国君/皇帝在任命相邦或者丞相方面出现一些新的特点，后面的章节将对此予以详细阐述。就秦国/王朝相邦或者丞相的权力而言，其中最为重要的是建议并根据秦国/秦王朝国君/皇帝之命令制定、修改或者废除法令。太史公在《史记·商君列传》中较为简要地叙述商鞅两个阶段变法的主要内容，并没有言及秦孝公发挥的作用。前面已对《商君书》诸多篇章进行较为深入的分析，指出它们乃商鞅等人向秦孝公奏请制定法令而在朝堂发表的言说或者撰写

---

① （汉）司马迁：《史记》卷七十《张仪列传》，中华书局1982年版，第2284—2294页。
② （汉）司马迁：《史记》卷七十一《樗里子列传》，中华书局1982年版，第2307—2308页。
③ （汉）司马迁：《史记》卷七十二《穰侯列传》，中华书局1982年版，第2325页。
④ （汉）司马迁：《史记》卷七十九《范雎列传》，中华书局1982年版，第2412页。
⑤ （汉）司马迁：《史记》卷八十五《吕不韦列传》，中华书局1982年版，第2506页。
⑥ （汉）司马迁：《史记》卷八十五《吕不韦列传》，中华书局1982年版，第2509页。
⑦ （汉）司马迁：《史记》卷七十三《王翦列传》，中华书局1982年版，第2340页。

的奏章。如果这样的看法成立,则所有法令都很可能系商鞅等人拟定并经秦孝公同意。前面在阐述秦国/秦王朝国君/皇帝在制定法令方面的权力的时候举例予以证明,兹不赘述。就修改法令而言,一些出土秦简之记载表明,丞相等人奉命修改法令。例如,"二年十一月己酉朔朔日,王命丞相戊(茂)、内史匽氏臂更修为田律"①。不过,这并不意味着丞相在制定或者修改法令方面不能有任何作为。如同他们可以建议制定法令一样,在秦国君/皇帝拟颁行法令的时候,他们可以发表意见,俾有助于法令更为完善。例如,秦始皇命丞相李斯拟定法令:经征召而参与朝议的博士,若遇逮捕或者告劾之事,负责经办的官吏应当如对待那些宦显大夫一样向朝廷请示。对此,李斯提议,对于那些已经罢免的博士,则不必如此。②又如,皇帝听说有些反者之子未年满十四岁,有的甚至为婴儿,尚未脱离母亲怀抱或者刚学会走路。在他们依法被处以城旦舂之刑的时候,县官令他们一概穿囚服,背负城旦舂工具。皇帝下令务必不要这样做。对此,丞相与御史一道提出更为可行的解决办法。③

  法令制定者不能预见他们制定出来的法令在实施过程中所遇到的所有问题。而且,任何语言都有其局限性,正如叔向所言,"锥刀之末,将尽争之"④。这些都会导致官吏们在办理具体案件的时候难以完全依据法令进行裁断或者严格依照法令处置有可能出现法令制定者始料未及的问题,这就涉及到谁有权处置的问题。例如,泰山郡守奏报,新黔首不更昌等夫妻一道犯盗罪,依法应耐为鬼薪白粲,他们的儿子也应收监。然而,他们的孙子尚未长大成人,不能自己养活自己。如果依照法令将其押送他处,这个幼儿恐怕会死于押送途中。郡府官员商议的结果是将其寄养在伯父母或者其他亲戚家,不再押送他处。官吏们在执法过程中遇到这样的疑难问题后,丞相指出,那些年龄未满八岁者寄养在伯父母或者其他亲戚家;如果年满八岁就要依法令办理,押送他处。此乃比照

---

① 陈伟主编:《秦简牍合集(贰)》,武汉大学出版社2014年版,第190页。
② 陈松长主编:《岳麓书院藏秦简(伍)》,上海辞书出版社2017年版,第68页。
③ 陈松长主编:《岳麓书院藏秦简(伍)》,上海辞书出版社2017年版,第70页。其中,城旦,筑城之意。舂,舂米之意。参见(汉)卫宏《汉旧仪》,中华书局1936年版,第19页。
④ 杨伯峻编著:《春秋左传注》昭公六年,中华书局2016年版,第1413页。

琅琊郡的做法办理。① 丞相的意见在考虑人情的同时严格依法办事，据以实施的可能性较大。与不少涉及法令制定或者修改的简文往往记载皇帝的最终决定不同的是，此处简文最后并没有"制曰：可"这样的记载，或许表明议决疑难案件乃丞相权限范围内之事。

与以往执政之大夫百里傒在其权限范围内处置像公孙枝这样在秦国地位较高的贵族相类的是，身为大良造兼庶长的商鞅在公子虔违反法令后"劓之"②。在担任此要职期间，商鞅还"日绳秦之贵公子"③。诸如此类记载表明他享有较大的赏罚权力。秦王朝建立后，丞相同样享有这类权力。例如，秦二世胡亥继位后，赵高任郎中令，深得秦二世倚重和信赖，甚至可以恣意妄为。在赵高与丞相李斯产生矛盾后，秦二世"恐李斯杀之"④。这样的记载表明，秦王朝丞相对于即便像赵高这样为皇帝宠信之大臣也有赏罚之权。后来赵高奉秦二世胡亥之命案治李斯，设计迫使李斯承认谋反。"赵高为丞相，竟案李斯杀之。"⑤ 在秦国大良造兼庶长与秦王朝丞相二者之间的秦国相邦或者丞相很可能享有同样的权力。

此外，秦国/秦王朝相邦或丞相很可能享有任用县令的权力。秦国早在武公时代就开始设县。⑥ 商鞅变法期间，秦国大规模合并乡聚落而为县，并置县令。⑦ 在一统天下的过程中，秦国也不断设置郡县。例如，"（王翦）竟平荆地为郡县"⑧。一直以来，人们难以了解秦国/秦王朝如何任命县令等官吏。不久前公开出版的岳麓书院藏秦简记载如次之令文："御史节发县官吏及丞相、御史、执法发卒吏以下到县官、佐、史，皆毋敢名发。其发治狱者官必遣尝治狱二岁以上。不从令，皆赀二甲。"⑨ "节"，符节也，系朝廷信物。例如，"司马握节而死"⑩。"节发"中的

---

① 陈松长主编：《岳麓书院藏秦简（伍）》，上海辞书出版社2017年版，第62—63页。
② （汉）司马迁：《史记》卷六十八《商君列传》，中华书局1982年版，第2232页。
③ （汉）司马迁：《史记》卷六十八《商君列传》，中华书局1982年版，第2234页。
④ （汉）司马迁：《史记》卷八十七《李斯列传》，中华书局1982年版，第2560页。
⑤ （汉）司马迁：《史记》卷六《秦始皇本纪》，中华书局1982年版，第273页。
⑥ （汉）司马迁：《史记》卷五《秦本纪》，中华书局1982年版，第182页。
⑦ （汉）司马迁：《史记》卷五《秦本纪》，中华书局1982年版，第203页。
⑧ （汉）司马迁：《史记》卷七十三《王翦列传》，中华书局1982年版，第2341页。
⑨ 陈松长主编：《岳麓书院藏秦简（伍）》，上海辞书出版社2017年版，第110页。
⑩ 杨伯峻编著：《春秋左传注》文公八年，中华书局2016年版，第620页。

"节"用作动词，御史以符节等信物表明某某乃朝廷派遣。后文有"丞相、御史、执法发卒吏以下到县官、佐、史"这样的规定。"御史节发县官吏"的意思很可能是，尽管丞相、御史、执法等官员均可以遣卒吏以下到县任官、佐、史。不过，他们必须由御史统一派遣。这样的令文大概是在以往明确某县官、佐、史乃丞相、御史或者执法派遣的情况下产生拉帮结派问题，故而朝廷颁布法令以杜绝诸如此类现象。至于秦国从什么时候开始像这样任命县府官吏，什么时候又出现这样的问题均不得而知，有待更多的资料问世以后予以确定。

三 秦国/王朝其他重要朝廷官吏权力之分析

《汉书·百官公卿表》云："御史大夫，秦官，位上卿。银印青绶，掌副丞相。"[1] 从字面上看，对于班固认为如此重要而且职位较高的秦官，在《史记》《商君书》以及《吕氏春秋》等传世文献中非常罕见。汉政权较早设置御史大夫，而且不止一位。例如，"汉王使御史大夫周苛、枞公、魏豹守荥阳"[2]。西汉王朝建立后仍然设置御史大夫，地位很高，与班固的记载较为相符。例如，"八月庚申旦，平阳侯窋行御史大夫事"[3]。又如，御史大夫张苍与丞相陈平、太尉周勃、大将军陈武、宗正刘郢、朱虚侯刘章以及东牟侯刘兴居等人一道拥立汉文帝即皇帝位，[4] 不久后张苍便升为丞相。再如，汉景帝在即位后以御史大夫开封侯陶青为丞相。[5] 在丞相周亚夫死后，汉景帝以御史大夫陶侯刘舍为丞相。[6] 根据这些记载可知，西汉王朝御史大夫不仅常由获封侯爵之人担任，而且常常作为丞相的继位人选。反观秦王朝乃至秦国，人们很难在继承丞相之位的人中间发现曾经担任御史大夫者。例如，李斯乃是以廷尉升任丞相。因此，人们对班固《汉书》中有关秦王朝御史大夫之记载应该予以审慎对待。

---

[1] （汉）班固：《汉书》卷十九上《百官公卿表上》，中华书局1962年版，第725页。
[2] （汉）司马迁：《史记》卷七《项羽本纪》，中华书局1982年版，第326页。
[3] （汉）司马迁：《史记》卷九《吕太后本纪》，中华书局1982年版，第409页。
[4] （汉）司马迁：《史记》卷十《孝文本纪》，中华书局1982年版，第415页。
[5] （汉）司马迁：《史记》卷十一《孝景本纪》，中华书局1982年版，第439页。
[6] （汉）司马迁：《史记》卷十一《孝景本纪》，中华书局1982年版，第445页。

依据现有较为可靠的史料来看，秦国早在昭襄王时代就已经设置御史。依据在于，秦昭王与赵王会于渑池，前者让后者奏瑟，秦国御史遂上前记载这一历史事件。① 秦王朝建立后，这类职官仍然存在。例如，"赵高使其客十余辈诈为御史、谒者、侍中，更往覆讯斯"②。又如，胡亥派遣御史曲宫乘传前往代，令蒙毅自杀。③ 在这些重大事件中，御史的地位显然不高，很难让人们将其与《汉书·百官公卿表》所谓御史大夫联系起来。关于秦御史大夫之考查，人们必须另寻他途。班固曾指出："（御史大夫）有两丞，秩千石。一曰中丞，在殿中兰台，掌图籍秘书，外督部刺史，内领侍御史员十五人，受公卿奏事，举劾按章。"④ 反观秦御史的所作所为，前者充当史官角色，貌似与"掌图籍秘书"相关；后者担任执法者，行事与"举劾按章"存在一定关联。尽管所谓"部刺史"可能到了汉代才设置。然而，人们不能因而全盘否认相关记载，因为它有可能是班固误以西汉相关职官之名而名秦相关职官。秦国/王朝既然已经设置《汉书·百官公卿表》所谓侍御史，也很有可能设置《汉书·百官公卿表》所谓御史大夫。当然，在较为肯定地得出结论以前，人们应该提供有力证明。

在《商君书·定分》篇中，人们可以发现如次之记载："天子置三法官，殿中置一法官，御史置一法官及吏，丞相置一法官。"⑤ 《商君书·定分》篇乃后人假托秦孝公与公孙鞅之名而作，很可能成书于秦始皇二十六年（前221）（秦国一统天下之年）至秦始皇三十三年（秦始皇下令以吏为师之年）之间。⑥ 其中，御史位列丞相之前。像这样的官吏与天子、丞相一道设置法官，地位显然很高。在统一天下后，秦王嬴政下令丞相、御史议帝号。⑦ 御史既然能参与如此重大事项之朝议，表明其地位不低。当然，前者也有可能是人们奏请或者建议，未必为秦廷

---

① （汉）司马迁：《史记》卷八十一《廉颇蔺相如列传》，中华书局1982年版，第2442页。
② （汉）司马迁：《史记》卷八十七《李斯列传》，中华书局1982年版，第2561页。
③ （汉）司马迁：《史记》卷八十七《蒙恬列传》，中华书局1982年版，第2568页。
④ （汉）班固：《汉书》卷十九上《百官公卿表上》，中华书局1962年版，第725页。
⑤ 蒋礼鸿：《商君书锥指》卷五《定分》，中华书局1986年版，第143页。
⑥ 郑良树：《商鞅及其学派》，上海古籍出版社1989年版，第129—136页。
⑦ （汉）司马迁：《史记》卷六《秦始皇本纪》，中华书局1982年版，第235—236页。

采纳而成为政治现实。而在后者之中，人们难以确知御史的地位是否高到仅次于丞相的地步。岳麓书院藏秦简的公开出版为该问题之解决提供了可能，在它记载的"御史、丞相、执法以下有发征及为它事，皆封其书，毋以檄。不从令，赀一甲"这样一则令文中，① 御史竟然位列丞相之前！尽管以上文字未必表明御史的地位或者官阶比丞相高，然而它们至少说明发征诸事乃御史之职掌或者由其主导。如果这样的分析成立，则御史与丞相之间属于分工负责关系，地位不可能相差很大。另有两则令文能够说明同样的问题：其一，"执法令都吏循行，案举不如令【者】。论之，而上夺爵者名丞相，丞相上御史"②。其二，"不如令者，论之，而上夺爵者名丞相，丞相上御史"③。"丞相上御史"这样的表述至少表明，在吏民犯令当剥夺爵位事务方面，御史处于主导地位，丞相因为其职掌之故而发挥协助或者配合作用。依据这些记载可知，这类御史的地位远较前述充任史官或者执法者的御史的地位为高。整理者以为，此乃御史大夫的简称。④ 这样的意见能够为如次之令文所证实：官吏犯法而当论处的，主治官员应当上报御史，"御史遣御史与治者杂受印"⑤。令文像这样表达不至于引起人们的理解困难，表明秦人虽一概称之为御史，然对其所指非常清楚。后者受前者指派从事"举劾按章"具体事务，非常明显乃前者之属吏。上述令文的内容因而与班固御史大夫相关记载相符，较为直接地证实前面的推断。此外，泰山刻石有"丞相臣斯、臣去疾御史夫=臣德昧死言"这样的记载，⑥ 琅琊刻石有"五夫=（赵婴）、五夫=杨樛"这样的记载。⑦《史记·秦始皇本纪》记载其人其事曰"五大夫赵婴、五大夫杨樛从"⑧。人们将二者对比后不难认为，所谓"五夫="就是太史公所谓"五大夫"。人们不难因而相信，如果太史公有必要记载石刻所谓"御史夫=臣德"事，一定会称其为"御史

---

① 陈松长主编：《岳麓书院藏秦简（伍）》，上海辞书出版社2017年版，第101页。
② 陈松长主编：《岳麓书院藏秦简（伍）》，上海辞书出版社2017年版，第187页。
③ 陈松长主编：《岳麓书院藏秦简（肆）》，上海辞书出版社2015年版，第207页。
④ 陈松长主编：《岳麓书院藏秦简（伍）》，上海辞书出版社2017年版，第213页。
⑤ 陈松长主编：《岳麓书院藏秦简（伍）》，上海辞书出版社2017年版，第108页。
⑥ 陈梦家：《秦刻石杂考》，《文史》2015年第1期。
⑦ 陈梦家：《秦刻石杂考》，《文史》2015年第1期。
⑧ （汉）司马迁：《史记》卷六《秦始皇本纪》，中华书局1982年版，第246页。

大夫"。至此，至少秦始皇设置御史大夫以及秦简和一些传世文献省称为"御史"之事得以证实。

汉政权承秦制而设置御史大夫因而就比较容易理解，当然，二者在其职掌以及地位、俸禄等方面未必完全相同。以上分析并不意味着班固在《汉书·百官公卿表》中有关秦王朝御史大夫的记载就完全正确。《史记》中的一些记载表明，所谓御史大夫"位上卿"之类说法与实际情况不尽相符。例如，"恬大父蒙骜，自齐事秦昭王，官至上卿"①。在秦一统天下的过程中，蒙骜立下不少汗马功劳，却始终未与御史大夫产生任何交集。又如，"（蒙毅）位至上卿，出则参乘，入则御前"②。尽管蒙受如此恩宠，蒙毅却从未获委任为御史大夫。因此，人们难以认为御史大夫与上卿位阶相同。"官至上卿"表明上卿乃职官名。人们对其位阶以及职掌并不十分清楚。然而，如前所述，御史大夫乃仅次于丞相之职官，在处理有些事务方面甚至连丞相也必须配合。地位如此之高的职官怎么可能"位至上卿"？

御史大夫之职掌除了前面所述的以外尚有其他，例如战事监察权。《商君书》之《境内篇》有如次之记载：在攻城围邑的时候，将军与国正监以及"王御史"参望之。③ 这里依据明代天一阁范钦注本而将"正"改为"王"的理由在于，秦人将御史大夫、侍御史以及监郡御史等一概称为御史，而无所谓正御史之说。"王御史"这样的表述意味着御史乃秦王任命，故而很可能为御史大夫。御史与将军以及国正监等人一道观望攻城围邑战事，有助于了解战事进展以及将士功过。御史像这样做显然有利于防止战事结束后论功行赏的时候舞弊问题之产生。

前面在分析秦国/王朝御史含义的时候已经涉及其法令相关之职掌。在近来公布的秦简中，人们可以发现御史法令相关职掌至少有三个方面：其一，与丞相一样，御史大夫享有建议制定和修改法令的权力。据《岳麓书院藏秦简（伍）》记载，关于徒隶园，朝廷之令有明文规定。有人却偷偷在徒隶园内放养马、牛、羊，几乎将园中庄稼完全损坏。针对这

---

① （汉）司马迁：《史记》卷八十八《蒙恬列传》，中华书局1982年版，第2565页。
② （汉）司马迁：《史记》卷八十八《蒙恬列传》，中华书局1982年版，第2566页。
③ 蒋礼鸿：《商君书锥指》卷五《境内》，中华书局1986年版，第121页。

类人和事，御史建议制定新令，明确规定处罚办法。① 《岳麓书院藏秦简（伍）》又载，一些在军中管理粟以及监管漕卒、长辕粟徒之吏，秩从敦长以上至二千石，在履行管理以及监管职责的场所出售饮食、衣服、场所以及兵器等等，购买这些物品而不用于给事者，均为谋取私利，法令有明文规定。或许因为法令没有规定如何处罚之故，谋取私利的行为屡禁不止。针对这样的现象，御史与丞相一道，就私利如何更加详细而清楚地予以界定，如何予以处罚等等提出建议，得到皇帝的同意，"布以为恒令"②。

其二，御史大夫有权参与讨论疑难案件。例如，假正夫对于故赵将军乐突之弟、舍人等廿四人在故代、齐等地从人之妻子、同产、舍人以及已经傅嫁之子是否应该比照故魏、荆等地从人之相关亲属处置，请求给予指示，御史遂发表其看法。③ 关于假正夫，整理者以为，假乃代理之义，正疑为廷尉正。④ 事涉刑辟，且廷尉之下有正、左右监等职官。⑤ 其他职官未必同时满足这两方面条件，故而整理者的意见较为合理。廷尉正与侍御史之秩相同，皆为千石。尽管不能完全排除侍御史应其请而发表意见的可能性，然由官阶以及俸禄皆比其高的御史大夫予以指示的可能性无疑更大。无论属于哪种情况，这样的记载均意味着御史大夫对于疑难案件如何论断有权提出建议。简文未记载案件最终是否依照御史的意见办理。在仅仅记载御史之意见而未同时记载其他职官的异议以及皇帝的最终决定的情况下，案件按照御史的意见办理的可能性很大。不过，人们在不能提供其他可靠材料进行佐证的情况下暂时不将御史拥有的建议权力扩大为决定权较为稳妥。

其三，御史大夫有权参与与官吏相关的案件的办理。在秦法之治下，官爵为激励人们致力于耕战的重要工具，而法令又依赖官吏执行。因此，在《商君书》中，人们不难发现不少内容系针对官吏而言。鉴于商鞅在秦国变法过程中所发挥的极其重要的作用，人们不难同意的是，秦国曾

---

① 陈松长主编：《岳麓书院藏秦简（伍）》，上海辞书出版社2017年版，第50—51页。
② 陈松长主编：《岳麓书院藏秦简（伍）》，上海辞书出版社2017年版，第116—118页。
③ 陈松长主编：《岳麓书院藏秦简（伍）》，上海辞书出版社2017年版，第43—44页。
④ 陈松长主编：《岳麓书院藏秦简（伍）》，上海辞书出版社2017年版，第74页。
⑤ （汉）班固：《汉书》卷十九上《百官公卿表第七上》，中华书局1962年版，第730页。

制定不少约束官吏的法令。随着越来越多秦简的公开出版，人们因而知道，秦法也规定在有些情况下给予官吏优待。例如，"显大夫有罪当废以上毋擅断，必请之"①。倘若没有职官负责这类法令之实施并为此规定相应的程序，诸如此类的法令势必难以落到实处。在不久前公开出版的《岳麓书院藏秦简（伍）》中，人们可以发现这样的令文：对于那些因为犯法之故而当论处者，"二千石，治者辄言御史，御史遣御史与治者杂受印；在郡者，言郡守、郡监、守丞、尉丞与治者杂受印，以治所县官令若丞印封印，令卒吏上御史；千石到六百石，治者与治所县令若丞杂受，以令若丞□受，以令若丞印封，令吏上御史……"②由此可知，犯官吏秩达二千石者，审理者必须立即告知御史大夫，御史大夫派遣侍御史与他们一道审理。如果犯官吏在郡，审理者须告知郡守、郡监、守丞、尉丞等人，由他们与审理者一道审理并上报御史；犯官吏秩为千石到六百石的，审理者与治所县令、若丞一道审理并上报御史；省略部分为五百石以下官吏的审理程序，尽管他们官阶和俸禄较前述官吏为低，法令也规定审理者必须通过适当的方式将结果向御史报告。从理论上言，在御史大夫派遣御史参与审理或者郡县官吏参与审理的情况下，主持审理的官吏徇私枉法的难度增加。而且，在审理结果必须向御史报告的情况下，诸如断狱不直之类问题更容易暴露。相对于普通百姓只能通过乞鞫以及奏谳的程序获得公正论断而言，这样的规定让官吏获得更多公正处置的机会，相关权力则授予御史大夫。

据《汉书·百官公卿表》记载，廷尉"掌刑辟"③。与其颇为一致的是，根据秦汉简牍记载的案件来看，廷尉通常负责审理皇帝交办的重大案件以及郡县上报的疑难案件。作为朝廷重臣，廷尉的职掌并不局限于此。例如，身为廷尉的李斯也参与讨论帝号以及分封诸王这样的国家大事。人们或许因而产生廷尉与御史大夫在职掌方面是否存在区别的问题。根据现有资料来看，大概御史以各种方式参与审理与官吏相关的案件而廷尉必须审断一切吏民之案件。此外，关于御史大夫与各郡监御史之间

---

① 陈松长主编：《岳麓书院藏秦简（伍）》，上海辞书出版社2017年版，第56页。
② 陈松长主编：《岳麓书院藏秦简（伍）》，上海辞书出版社2017年版，第108—110页。
③ （汉）班固：《汉书》卷十九上《百官公卿表上》，中华书局1962年版，第730页。

的关系，人们很容易想到后者由前者统领。客观地说，目前尚无史料证实这一点，暂时存而不论。

内史一职，秦国至少在穆公时期已经设置。例如，内史廖向秦穆公献计如何招降为戎人效力之由余。① 在《史记》中，直至秦王嬴政时代，人们才能再次发现内史出现在历史舞台：先是秦王嬴政下令处死与嫪毐一起作乱的内史肆等人，② 后是秦王嬴政先后拜腾③、蒙恬④为内史，二人均被任命为将领而统帅军队参与一统天下的战争。由于秦国/秦王朝国君/皇帝可以任由一己之意而指派将领，人们不能简单地依据这样的记载而认定内史为军事类职官，其职掌应该依据可靠史料而认定。在青川木牍的记载中，人们可以发现内史匽与丞相戊一道奉命更修为田律，⑤ 由此得知内史可奉王命而修改法令。随着更多秦简的面世，人们对于内史与法令相关职掌的认识更加丰富：其一，建议制定法令的权力。据《岳麓书院藏秦简（肆）》记载，内史言：西工室司寇、隐官以及践更等等多贫困而不能在粮食方面实现自给。议曰：令县派遣司寇输入禾，其县就不再缴纳禾……⑥ 与其他类似记载中"丞相议""御史议"不同的是，这里的"议"无主语。内史指出了问题，与其他大臣一道商议旨在解决相关问题的法令的内容理所当然。

其二，建议解释法令的权力。岳麓书院藏秦简有这样的记载："十三年辛丑以来，明告黔首：相贷资缗者，必券书吏。其不券而讼，乃勿听，如廷律。前此令不券书讼者，为治其缗，毋治其息，如内史律。"⑦ 大概相贷资缗之百姓因未券书之故而在实践中造成争端等诸多问题，朝廷遂颁布此令，对该令下达前后不券而讼的现象分别做出规定。其中，"如"者，若也，在法令中乃"参照"之意。在实践中出现法令制定时始料未及的问题后，朝廷下令参照廷律、内史律的规定执行，实际上是对这两

---

① （汉）司马迁：《史记》卷五《秦本纪》，中华书局1982年版，第192—193页。
② （汉）司马迁：《史记》卷六《秦始皇本纪》，中华书局1982年版，第227页。
③ （汉）司马迁：《史记》卷六《秦始皇本纪》，中华书局1982年版，第232页。
④ （汉）司马迁：《史记》卷八十八《蒙恬列传》，中华书局1982年版，第2565页。
⑤ 于豪亮：《释青川秦墓木牍》，《文物》1982年第1期。
⑥ 陈松长主编：《岳麓书院藏秦简（肆）》，上海辞书出版社2015年版，第204页。
⑦ 陈松长主编：《岳麓书院藏秦简（肆）》，上海辞书出版社2015年版，第194—195页。

种律的相关规定做出扩大解释。简文未载令名，亦未明确发布法令之职官，故而难以确定该令为谁发布。不过，《内史仓曹令》中有像"县廷薄（簿）有不以实者而弗得，坐如其稗官令"这样与其相类之记载，①表明整理者将其归入内史发布之令有其合理性。它们一道表明，内史发布之令可以对既有法令进行解释。从法理上而言，法律解释相当于针对实践中新情况、新问题而进行的立法，在秦国君以及王朝皇帝完全掌握立法权的情况下，内史对于法令的解释必须经过一定程序。根据"廿年二月辛酉内史言：里人及少吏有治里中，数昼闭门不出入。请：自今以来敢有……者，县以律论之。乡啬吏智（知）而弗言，县廷亦论"这样的记载可知，②内史针对实践中出现的新问题而建议依照现有律文进行约束或者规范，乃是对现有律令做出扩大解释，故而必须征得秦国君/皇帝的同意。

有些学者或许会注意到，内史与御史以及丞相一样享有建议制定以及修改法令的权力，从而产生他们在此方面的权力是否有所区别以及是否在其职掌之内就法令制定或修改提出建议之类疑问。如果《吕氏春秋》记载的秦穆公所谓"事服其任，人事其事"比较客观地反映秦国设官分职之情形，人们依据"明尊卑爵秩等级"这样的记载可以合理推测，③秦国在商鞅变法期间很可能将官吏职掌进一步明确化。内史、御史以及丞相等职官因而可能在各自职掌范围内就法令制定或者修改提出意见或建议。不过，这在目前资料有限的情况下难以形成定论。此外，尽管其内容如今已经难以确知，诸如《内史户曹令》《内史仓曹令》以及《内史旁布金令》之类法令名称已经足以表明内史有颁布法令的权力。

四　秦国/王朝郡县官吏权力之分析

由秦昭襄王拜王稽为河东守之类记载可知，郡守通常由秦国君/皇帝任命。身为丞相、权倾朝野的穰侯也只能举荐他人为郡守，这样的事实进一步证实这样的看法。与其他秦官一样，郡守也有可能获委任为将军，

---

① 陈松长主编：《岳麓书院藏秦简（伍）》，上海辞书出版社2017年版，第182—183页。
② 陈松长主编：《岳麓书院藏秦简（肆）》，上海辞书出版社2015年版，第193—194页。
③ （汉）司马迁：《史记》卷六十八《商君列传》，中华书局1982年版，第2230页。

率领军队作战。例如,蜀守若伐楚,取巫郡及江南为黔中郡。① 不过,类似的情形在秦史中并不多见,郡守担任军事将领因而可能并非常态。与此相关的是,作为一郡之最高官员,郡守有防御外敌入侵以及平定内部叛乱的权力以及责任。例如,李斯之子李由为三川守,在吴广等人率军向西略地的过程中,"过去弗能禁"。章邯为此派使者对李斯予以消让。② 又如,刘邦略南阳郡,南杨守保城守宛。③ 此皆秦王朝建立以后的事例。在统一天下前,秦国国内基本上没有发生对一郡构成重大威胁的叛乱,其他诸侯国也很少对秦国产生实质性军事威胁,人们因而难以发现郡守在此方面的作为。不过,这并不意味着郡守没有守土之权力和责任。对于本文而言,更为重要的是考查郡守在日常治理方面的权责。

人们在已经公开出版的秦简中不难发现,与前述丞相、御史以及内史等官吏有权建议或者奉命制定、修改法律不同的是,郡守的主要使命乃严格执法,即便法令实施较为困难,也必须在法令规定的范围内设法解决,而不能擅作主张。例如,秦法、律、令在南郡实施过程中遇到极大困难,主要原因在于,吏民习焉于故楚风俗而不愿意遵守秦法。郡守腾认为,长此以往势必助长邪僻、淫佚之民的气焰,对国家危害甚大,故而"修法律令、田令及为间私方而下之"④。如前所述,唯有丞相、御史以及内史等人才有权建议以及奉命制定、修改法令。这样的记载很可能意味着,郡守腾根据实际情况选择适用于南郡的法、律、令、田令以及为间私方而予以公告,希望以此令吏民明知,避免误陷法网。这并不意味着他可以停止其他法、律、令在南郡的实施。如若吏民违反其他法、律、令,各级官府必然严格执法。尽管郡府采取上述措施,吏民仍然溺于习俗而违反法、律、令。郡守腾认为,此乃人臣不忠、不胜任、不智以及不廉的表现。在指出"此皆大罪"后,郡守腾派人巡行视察,对于不从律令者予以举劾。⑤

如果遇到严格依法论断势将出现立法者始料未及的问题这样的情形,

---

① (汉) 司马迁:《史记》卷五《秦本纪》,中华书局1982年版,第213页。
② (汉) 司马迁:《史记》卷八十七《李斯列传》,中华书局1982年版,第2554页。
③ (汉) 司马迁:《史记》卷八《高祖本纪》,中华书局1982年版,第359页。
④ 陈伟主编:《秦简牍合集》释文注释修订本(壹),武汉大学出版社2016年版,第29页。
⑤ 陈伟主编:《秦简牍合集》释文注释修订本(壹),武汉大学出版社2016年版,第29页。

郡守不能以此为由而擅自变通执行或者拒绝执行法令，而是必须向皇帝请示或者请求朝议。前者如，东郡守奏称，那些年老、不能劳动、生病以及没有亲属可以依靠的徒隶，（按照法令规定，）县级官府应当遣送以求食。东郡物产丰富，粮食价格便宜，郡守请求停止对这类人遣送以求食的做法，其他的比照相关法令执行。皇帝对此表示同意。① 根据这样的记载可知，以往东海县级官府对于年老、不能劳动、生病以及没有亲属可依靠的徒隶都依照法令遣送以求食，这对于物产丰富和粮食价格便宜的东海郡而言，一来浪费官府人力，二来不利于诸如此类百姓生活。不过，东海郡守不能擅自决定不予执行有关法令，而是必须征得皇帝同意。后者如，泰山守遇到这样一个棘手问题：某夫妻二人犯盗罪，其子女依法应当传输它处。他（们）尚处婴儿阶段，还不能养活自己。如果严格按照法令处置，他（们）恐怕会死于非命。为此，泰山守向朝廷奏称，官府将其婴儿寄养在其伯父母或者其他亲戚家，不必传输。对此，丞相提出解决办法：在婴儿年满八岁前像这样办理。一旦年满八岁，就必须比照琅琊郡严格按照法令办理。② 郡守执法也并非不可以考虑人情。不过，在因而暂缓执行法令以前，他们必须向朝廷上奏，根据朝议形成的方案来实施，不得因为人情而自行其是，损害法令的权威。南阳守、河间守的做法与此相类。在简文残缺的情况下，这里就不再赘述。③

在某些情况下，郡守们依据法令处置即可。不过，如果其他法令规定在这些情况下必须向皇帝请示，郡守也不得不照章办理，表现出对于法令极其敬畏的态度。例如，定阴忠奏称，秦律规定，显大夫有罪当废以上勿擅断，必请之。南郡司马庆，原为冤句县令，因欺诈而应当免除其官职。郡府拟令其以故秩而担任新地吏四年，不免除其官职，请示对庆如何论处。皇帝以文书答复：那些应当免除官职而因担任新地吏之故不免除官职者，不予免除官职。以后这类事务不再奏请。④ 整理者认为，定阴乃定陶之误。⑤ 然而，依据《汉书·地理志》的记载可知，"济阴

---

① 陈松长主编：《岳麓书院藏秦简（肆）》，上海辞书出版社2015年版，第214页。
② 陈松长主编：《岳麓书院藏秦简（伍）》，上海辞书出版社2017年版，第63页。
③ 陈松长主编：《岳麓书院藏秦简（伍）》，上海辞书出版社2017年版，第198—199页。
④ 陈松长主编：《岳麓书院藏秦简（伍）》，上海辞书出版社2017年版，第56—57页。
⑤ 陈松长主编：《岳麓书院藏秦简（伍）》，上海辞书出版社2017年版，第76页。

第二章 秦法之治的政治环境

郡,故梁,景帝中六年别为济阴国,宣帝甘露二年更名定陶",下辖定陶、冤句等九县。① 济阴郡并未像九江郡那样明言为秦置,② 故而很可能为汉王朝设置,且直至汉宣帝时才改名定陶郡。反过来说,如果秦已经设置定陶郡,班固应该像陈述其他秦设置之郡那样明言为秦置后简要介绍其变迁。而且,在此简中,定阴忠很可能为郡守。理由有三:其一,在秦简中,郡守向朝廷奏事的现象较为多见,基本上未见县官上奏朝廷之记载;其二,在等级森严的秦代,县级官员审理郡司马之事难免令人生疑;其三,"陰""陶"二字在秦时容易相混并不意味着必然相混。皇帝的答复表明,诸如应当免除官职而因担任新地吏之故不免除官职之类事,法令很可能有明文规定。然在其他秦律规定办理相关事务的时候必须请示的情况下,郡守即便知悉,也不得不依律请示,以至于皇帝不得不明确指出在类似情况下不必如此。

此乃郡守们必须请示的两类情形,而不是全部情形。即便在现有文献条件下,人们也可以发现,在遇到疑难案件后郡守与其他官吏就如何论处产生分歧并难以达成一致的情况下,案件必须上报朝廷,请示如何办理。这同样可表明郡守们必须严格按照法、律、令进行治理。以上列举的乃郡守在断狱讼的最后阶段依照法令之规定请示的情形,至于他们如何审理案件、在审理案件方面的权限以及依法令必须遵守的程序,等等,后文将予详细阐述。

与郡府官吏一样,县府官吏也有禁盗贼的权力和责任。例如,陈胜、吴广等人攻打陈县,"陈守、令皆不在,独守丞与战谯门中"③。诸如此类记载在秦末较为多见,兹不赘述。在日常治理中,县府官吏"掌治其县",大致而言包括实施教化,依法征收赋税、徭役和兵役以及听断狱讼等等。④ 对于违反法令者,县府官吏依法审断,较为典型地体现他们在实施法令方面的权力和责任。关于这方面的内容以及郡县官吏在断狱讼方面的相互关系,后面也将详细予以阐述。

由以上分析可知,秦国/王朝以法治国的模式大致而言可谓国君/皇

---

① (汉)班固:《汉书》卷二十八《地理志》,中华书局1962年版,第1571页。
② (汉)班固:《汉书》卷二十八《地理志》,中华书局1962年版,第1569页。
③ (汉)司马迁:《史记》卷四十八《陈涉世家》,中华书局1982年版,第1952页。
④ (汉)班固:《汉书》卷十九上《百官公卿表上》,中华书局1962年版,第742页。

帝利用体现其意志和利益的法律来治理秦国/天下，官吏们不过是在其职掌范围内协助国君/皇帝实现其治理目标而已。官吏们享有的法律相关权力具有比较鲜明的分工负责特点：从朝廷层面来看，大致可以划分为丞相、御史大夫以及内史等人享有立法建议和奉命制定权、廷尉的法律执行权以及御史大夫享有的法律监督权；从朝廷与郡县官府的关系层面来看，大致可以划分为朝廷官员享有立法建议权和制定权以及郡县官员仅仅享有的执行权。其中，丞相、御史大夫以及内史等人享有的立法建议权和奉命制定法律的权力有助于弥补国君/皇帝法律知识以及经验的不足，郡县官吏在实施法律过程中遇见疑难问题后必须向朝廷请示的做法又有助于确保秦国/王朝法律得以准确有效地实施。这些与国君/皇帝享有的官吏任免权以及赏罚权一道，确保整个秦国/王朝按照体现国君/皇帝的意志和利益的法令高效运转。

第三节　秦国/王朝"二十等爵制"形成考

秦有"二十等爵制"之说，首见于《汉书·百官公卿表》："一级曰公士，二上造，三簪袅，四不更，五大夫，六官大夫，七公大夫，八公乘，九五大夫，十左庶长，十一右庶长，十二左更，十三中更，十四右更，十五少上造，十六大上造，十七驷车庶长，十八大庶长，十九关内侯，二十彻侯。皆秦制，以赏功劳。"① "秦制"所能指称的范围较广，它既能指称商鞅变法以前已经形成的秦制，也能指称商鞅变法期间创制的秦制或者商鞅变法以后逐渐形成的秦制。根据后世学者的相关研究来看，人们不能满足于此，希望进一步明确秦二十等爵制如何以及何时形成。

在注疏《史记·秦本纪》所谓秦惠文君即位后以"反"为名车裂商鞅以徇秦国的时候，裴骃加按语曰："《汉书》曰：商君为法于秦，战斩一首赐爵一级，欲为官者五十石。其爵名……"② 严格说来，人们不能

---

① （汉）班固：《汉书》卷十九上《百官公卿表上》，中华书局1962年版，第741—742页。
② 省略部分为《汉书·百官公卿表》记载的二十等爵。（汉）司马迁：《史记》卷五《秦本纪》，中华书局1982年版，第205页。

简单地将这样的表述理解为，裴骃认为商鞅为秦国制定二十等爵制。不过，在其心目中，秦国在商鞅变法期间制定"斩一首赐爵一级，欲为官者五十石"相关法令的时候已经形成二十等爵制。理由在于，在注疏《史记·鲁仲连列传》"彼秦者，弃礼义而上首功之国也"的时候，裴骃转引谯周之言曰："秦用卫鞅计，制爵二十等，以战获首级者计而受爵。是以秦人每战胜，老弱妇人皆死，计功赏至万数，天下谓之'上首功之国'，皆以恶之也。"① 虽然并未对谯周之言进行任何分析和评判，然而，裴骃上述表述的倾向性非常明显。他认同谯周之说，认为二十等爵乃秦国采纳商鞅的意见而制定。裴骃之说影响甚大，清人孙诒让以及现代学者郭沫若等基本上信服其说。②

自从20世纪中叶开始，日本学者开始质疑商鞅制二十等爵说。例如，守屋美都雄为了考察汉代爵制而对视为其源流的秦爵制进行研究。在他看来，《商君书·境内篇》乃值得信赖的史料，其中包含公士以迄大良造等十七种爵位，与《汉书·百官公卿表》相比多客卿和正卿两种爵位，同时又缺中更、驷车庶长、大庶长、关内侯以及列侯等五种爵位。他对此提出的解释是，"或许最初情况确如《境内篇》所说的那样，后来随着时代的变迁而增减变更，最后演变为如《汉书·百官公卿表》所记载的内容。"③ 在这篇1957年载于《东方学报》的论文中，守屋美都雄指出，秦国在商鞅变法时形成公士以迄大良造等十七种爵位。至于它们是否商鞅变法之成果，他也不得而知。至于二十等爵制，他认为是秦国在商鞅变法以后减少客卿和正卿两种爵位且增加中更、驷车庶长、大庶长、关内侯以及列侯等五种爵位的情况下形成的。这样的看法可以为人们进一步研究秦二十等爵制提供启示，然局限性也很明显，人们不难在文献中发现可以推翻其说之证据。例如，后面的分析表明，大庶长以及驷车庶长在商鞅变法前已经存在于秦国。又如，西嶋定生认为，在现有资料条件下难以确定二十等爵究竟起源于何时，秦汉爵制之间内容也

---

① （汉）司马迁：《史记》卷八十三《鲁仲连列传》，中华书局1982年版，第2461页。
② 参见高敏《商鞅的赐爵制非二十等爵制说》，载《秦汉史探讨》，中州古籍出版社1998年版，第28—29页。
③ ［日］守屋美都雄：《中国古代的家族与国家》，钱杭、杨晓芬译，上海古籍出版社2010年版，第3—51页。

并非完全等同。大致说来，"百官公卿表所示二十等爵制确属前汉之物，尽管它与秦爵不全相同，但其大部分则是继承秦爵而来的，还是事实。'皆秦制'云者，也不甚违反事实。从大局观之，汉爵与秦爵之间并无本质的不同"①。"前汉之物"与"皆秦制"相类，人们因而有理由认为，西嶋定生否定了以往视二十等爵为商鞅变法产物之说，回到《汉书·百官公卿表》之记载。然而，西嶋定生不仅未对这些说法进行论证，难以令服膺裴骃之说者信服，而且背离人们试图进一步明确班固所谓"秦制"具体所指的倾向。

自从20世纪70年代以来，中国学者也开始怀疑商鞅为秦制二十等爵说。有学者指出，无论《史记》还是《汉书》均未提供二十等爵制乃商鞅变法期间制定的有力证据，反而《商君书·境内》的记载表明商鞅变法期间出现的赐爵制度与二十等爵制并非一回事。《汉书·百官公卿表》记载的二十等爵制系在其基础上逐步演变发展而形成的。② 又有学者指出，《商君书·境内》记载的商鞅主持变法期间出台爵制乃最原始、最可靠以及最有说服力的记载，然而只有十六级爵位，与《汉书·百官公卿表》的记载明显不符。《史记》亦未为商鞅制爵二十级之说提供有力证据。③ 包括以上两位在内的中国学者对守屋美都雄之说作不少补充和完善，然就秦二十等爵制形成问题而言，尚需要后来者继续研究以成定谳。

总之，在《史记》等文献未提供充分依据的情况下，后人基于谯周言说以及裴骃之注疏等而认定秦国在商鞅主持下制二十等爵的确难以令人信服，在很大程度上乃是盲目相信其说而不是基于史料批判以及史料分析而得出的可靠结论。后来相关研究大都围绕商鞅是否制二十等爵而展开，在因热烈争鸣而陷入这一学术窠臼的情况下，人们不仅无法就如何解决问题达成共识，而且离进一步明确秦二十等爵制如何以及何时形成之初衷越来越远。有鉴于此，本文拟从商鞅是否制二十等爵这一问题

---

① ［日］西嶋定生：《中国古代帝国的形成与结构：二十等爵制研究》，武尚清译，中华书局2004年版，第54—56页。
② 高敏：《商鞅的赐爵制非二十等爵制说》，载《秦汉史探讨》，中州古籍出版社1998年版，第28—35页。该文原载《中国古代史论丛》第3辑，福建人民出版社1981年版。
③ 胡大贵：《商鞅制爵二十级献疑》，《史学集刊》1985年第1期。

中跨越出来，将秦爵放在秦国历史发展进程中予以考查，试图通过这样的方式尽可能接近相关历史真相，俾有助于学术界秦二十等爵制的形成达成共识。

一 商鞅制爵新考

在讨论商鞅制爵以及秦二十等爵制等问题的时候，人们在现有资料条件下往往利用《商君书·境内》相关记载。尽管以往也有诸多学者从不同的角度对于其真实性进行证明，然而，人们似乎总是未能重视这样一个问题：《商君书·境内》即便如实记载商鞅在主持变法期间为秦国设置的爵位，他有没有可能不过沿袭秦国以往的做法而已？换言之，《商君书·境内》记载的爵位是否在商鞅变法期间首次出现？诸如此类问题如果不加以解决，不仅商鞅制爵说缺乏坚实的基础，也不利于人们认识秦二十等爵制的形成。

西嶋定生较为敏锐地发现："以汉代制度为中心来看，此二十等爵中，自第一级的公士至第八级的公乘的爵位是给予一般庶民以及下级官吏的；第九级的五大夫以上，秩六百石的官吏始得授与，一般庶民不授予五大夫以上的爵。"[①] 诸如"秦王闻赵食道绝，王自之河内，赐民爵各一级，发年十五以上悉诣长平，遮绝赵救及粮食"之类记载表明，[②] 秦国也存在民爵。而且，秦庶民以及下级官吏所能获得的最高爵位也很可能是公乘。爵位到达五大夫以上的秦人有机会载于史册。例如，"秦复发兵，使五大夫王陵攻赵邯郸"[③]。而且，五大夫有机会与皇帝一道出巡。例如，秦始皇南登琅邪，五大夫赵婴、杨樛从。[④] 秦庶民以及爵位在公乘以下的官吏恐怕很难企及。需要进一步解决的问题是，公乘及其以下爵位何时形成。

在《春秋左氏传》以及《史记》等较为可靠的传世文献中，关于秦庶民以及下级官吏的记载异常匮乏。为解决前面提出的问题，人们不得

---

① ［日］西嶋定生：《中国古代帝国的形成与结构：二十等爵制研究》，武尚清译，中华书局 2004 年版，第 84—85 页。
② （汉）司马迁：《史记》卷七十三《白起列传》，中华书局 1982 年版，第 2334 页。
③ （汉）司马迁：《史记》卷七十三《白起列传》，中华书局 1982 年版，第 2336 页。
④ （汉）司马迁：《史记》卷六《秦始皇本纪》，中华书局 1982 年版，第 246 页。

不诉诸东周时期秦墓考古发掘相关研究成果。至少在春秋战国时期，不同爵位的人往往拥有不同的权力、地位以及财产。在相当程度上而言，爵位乃社会等级的决定性因素。与此较为一致的研究结果是，"等级制度决定丧葬制度，而丧葬制度又是等级制度的必然反映"①。加之在事死如事生观念盛行的时代，人们通常以死者生前重要或珍视之物随葬，人们因而可以基于葬式以及随葬物与社会等级乃至爵位之间存在密切的关联这样的认识，在广泛占有东周时期秦墓葬式以及随葬物资料的基础上略窥秦国社会等级以及爵制的发展演变。

有学者指出："直到春秋战国之交，秦人葬式仍带有浓厚的等级色彩。然而自战国早期开始，随着直肢葬向小型墓的渗透，这种等级色彩逐渐消失。"②又有学者从葬具的角度考察关中与关东地区的礼制差别并得出这样的结论："秦人起码自春秋晚期以后，不像关东诸侯国那样重视棺椁制度。正因这种礼制的束缚较少，所以洞室墓在这里出现较早，流行最快。这将是构成关中与关东两地区差异的关键性因素之一。"③同时，这位学者又从随葬物的角度对关中与关东地区的礼制差别进行考察并发现，春秋早期，秦墓中已经出现陶礼器，它们处在由青铜礼器和日常陶器向仿铜礼器过渡的阶段。大约在春秋中期或者稍后，秦墓开始出现成套仿铜礼器。到了春秋晚期，仿铜陶礼器在秦墓中流行开来。到了战国早、中期，秦墓随葬礼器制度逐渐走向衰微。④人们不难据而形成这样的看法：与楚文化一样，在春秋早中期，秦文化受到周文化的强大影响，逐渐呈现出较为浓厚的等级色彩。然从春秋晚期开始，礼制又逐渐在秦国走向衰微。

以上所述乃秦国贵族社会的情形，底层社会与此有所不同。春秋早中期，秦国平民墓的葬式以屈肢葬为主，头多向西，也不用贝随葬，与周俗截然不同，表明秦国底层基本上未受以等级制为基本特征的周文化影响。⑤春秋中期以后，秦国平民墓用石圭随葬的现象比较普遍，它们

---

① 李如森：《略论关中东周秦墓葬制与关东诸国的差异》，《北方文物》1993年第4期。
② 陈洪：《秦人葬式与社会等级的关系及其演变》，《考古与文物》2016年第2期。
③ 李如森：《略论关中东周秦墓葬制与关东诸国的差异》，《北方文物》1993年第4期。
④ 李如森：《略论关中东周秦墓葬制与关东诸国的差异》，《北方文物》1993年第4期。
⑤ 李进增：《关中东周秦墓与秦国礼制兴衰》，《考古与文物》1991年第1期。

第二章　秦法之治的政治环境

与中、下士墓的尺寸很难区别。这样的现象表明，平民的地位有所上升，与士之间的界线逐渐发生动摇。① 因此，在秦国贵族社会受到以礼为核心的周文化影响的同时，底层社会基本未受影响。秦国平民不大可能像周人那样划分为若干等级。在周礼对于秦国贵族社会的影响逐渐式微后，秦国底层社会就更不可能反而受到其影响而呈现出等级色彩。

《史记》如次之记载大体上可以为秦文化在春秋中期以后发生的转向提供合理解释：由余奉戎王之命观秦，秦穆公以宫室、积聚等示之，由余对此不以为然。秦穆公以为中国具有文化方面的优越性，所谓"中国以诗、书、礼、乐、法度为政"而"戎夷无此"是也。② 然而，在由余看来，具有繁文缛节之特征的礼仪以及富丽堂皇之礼制建筑让鬼神和百姓都费时劳神。③ 在因而言及治乱的时候，由余指出，为政以礼，在黄帝时代也不过小治而已，后世则"上下交争怨而相篡弑，至于灭宗"④。与此不同的是，戎夷"上含淳德以遇其下，下怀忠信以事其上，一国之政犹一身之治"⑤。秦穆公因而认为由余贤，设计迫使其去戎降秦，⑥ 以实际行动表明他非常认同由余之说。在由余的协助下，秦国西向开地千里，令秦文化无可避免地与戎夷文化发生交流与融合。乃至于到了商鞅变法前夜，秦文化以"戎翟之教"为显著特征，父子甚至男女无别。⑦ "别"乃礼的主要特征。御孙曰："今男女同贽，是无别也。男女之别，国之大节也。"⑧ 礼乐文化的逐渐衰微意味着，就身份、地位等方面的区别而言，秦国百姓及底层官吏不像晋、楚等国相应的人群那样明显，至少是较为模糊。人们因而很难相信他们拥有不同爵位。

这样的情形在商鞅变法以后发生改变。在"明尊卑爵秩等级"的同时，商鞅为秦国制定以"有军功者，各以率受上爵。为私斗者，各以轻

---

① 李进增：《关中东周秦墓与秦国礼制兴衰》，《考古与文物》1991年第1期。
② （汉）司马迁：《史记》卷五《秦本纪》，中华书局1982年版，第192页。
③ （汉）司马迁：《史记》卷五《秦本纪》，中华书局1982年版，第192页。
④ （汉）司马迁：《史记》卷五《秦本纪》，中华书局1982年版，第192页。
⑤ （汉）司马迁：《史记》卷五《秦本纪》，中华书局1982年版，第192—193页。
⑥ （汉）司马迁：《史记》卷五《秦本纪》，中华书局1982年版，第193页。
⑦ （汉）司马迁：《史记》卷六十八《商君列传》，中华书局1982年版，第2234页。
⑧ 杨伯峻编著：《春秋左传注》庄公二十四年，中华书局2016年版，第250页。

重被刑大小"等为主要内容的法令。① 在它们实施十年以后,"民勇于公战,怯于私斗"②。由此可知,商鞅主持制定爵制之举有效调动秦人耕战积极性,为秦国迅速崛起发挥重要作用。与此显得颇为一致的是,在爵制盛行以后,秦庶民以及下层官吏的随葬物品发生分化,具有强烈的等级色彩。例如,湖北云梦睡虎地十一号秦墓墓主喜,生前曾担任县治狱吏,甚至有可能担任郡府官吏,其随葬物品以漆器和陶器为主,此外还包括铜器十件,玛瑙环一件。③ 而云梦龙岗六号秦墓墓主生前仅做过从事云梦禁苑管理的小吏,随葬物品便显得较为逊色:尽管也以陶器和漆器为主,然而没有铜器和玉器。至于该地其他同时期生前为庶人的墓主,随葬品较少且以日用陶器为主。④ 在商鞅变法以后秦人尽管会逐渐发展和完善相关举措然未进行类似变革的情况下,人们有理由相信,秦国民爵乃是在商鞅变法期间产生。《商君书·境内》所载公士以迄公乘等爵位与《汉书·百官公卿表》相关记载基本一致。在后者的可靠性从未被人们质疑的情况下,人们有理由相信《商君书·境内》相关记载的可靠性,进而据以认定商鞅在主持变法期间制定的系列民爵就是公士以迄公乘等等。

至于五大夫以迄大良造等爵位,其拥有者有机会载于青史,人们因而能够通过比较商鞅变法前后相关文献记载而探讨其何时形成。在商鞅变法以前,秦国爵位主要由庶长序列和大夫序列构成。关于秦国庶长,流传至今的较为可靠文献中存在相关记载。例如,《史记》载:"出子二年,庶长改迎灵公之子献公于西而立之。"⑤ 又如,《左传》载:"秦庶长鲍、庶长武帅师伐晋以救郑。"⑥ 关于秦国大夫,文献也不乏相关记载。例如,《史记》载:"缪公大说,授之国政,号曰五羖大夫。"⑦ 又载:"于是缪公使人厚币迎蹇叔,以为上大夫。"⑧ 再如,《左传》载:秦穆公

---

① (汉)司马迁:《史记》卷六十八《商君列传》,中华书局1982年版,第2230页。
② (汉)司马迁:《史记》卷六十八《商君列传》,中华书局1982年版,第2231页。
③ 《湖北云梦睡虎地十一号秦墓发掘简报》,《文物》1976年第6期。
④ 梁柱等:《云梦龙岗秦汉墓地第一次发掘简报》,《江汉考古》1990年第3期。
⑤ (汉)司马迁:《史记》卷五《秦本纪》,中华书局2014年版,第254页。
⑥ 杨伯峻编著:《春秋左传注》襄公十一年,中华书局2016年版,第1092页。
⑦ (汉)司马迁:《史记》卷五《秦本纪》,中华书局2014年版,第238页。
⑧ (汉)司马迁:《史记》卷五《秦本纪》,中华书局2014年版,第238页。

"召孟明、西乞、白乙，使出师于东门之外"①。在其返回途中为晋败于崤后，秦穆公颇为自责，不愿降罪于他们："孤之过也，大夫何罪？"②

在商鞅变法以后，秦国爵制出现重大变化：一方面出现多种史书从未记载的爵位。例如大良造："于是以鞅为大良造，将兵围魏安邑，降之。"③ 又如五大夫："五大夫礼出亡奔魏。"④ 此外，左更、中更、右更以及左庶长、右庶长等爵位也可以在《史记》等传世文献以及地下出土文物所记载的后商鞅变法时代历史事件中发现。⑤ 就上述新出现的秦爵而言，《商君书·境内》基本上予以记载。另一方面，变法前后名称相同的爵位在权力、地位等方面发生显著变化。例如，秦国大夫在春秋时期可以率领军队出征。然在《商君书·境内》中，大夫系五等民爵。根据《史记》的记载来看，秦国可以率军出征者最低爵位为五大夫，五大夫陵攻赵邯郸即证明。⑥ 二者在爵称方面又发生较大变化。在商鞅变法以后秦国再未进行类似变革的情况下，人们有充分的理由认为，为《商君书·境内》所记载的五大夫以迄大良造等爵位，也是商鞅变法期间设置。既然《史记》等文献可以证实《商君书·境内》关于这些爵位之记载的可靠性，人们应该有理由对其关于公士以及公乘等爵位的记载持同样的看法！

至此，秦国在商鞅主持变法期间设置公士以迄大良造爵位事以及《商君书·境内》之记载的可靠性基本上得以证明，其中"不更"爵位需要略加说明。在对《商君书·境内》中"不更"相关记载进行注释的时候，蒋礼鸿依据《春秋左氏传》成公十三年"五月丁亥，晋师以诸侯之师及秦师战于麻隧。秦师败绩，获秦成差及不更女父"这样的记载而

---

① 杨伯峻编著：《春秋左传注》僖公三十二年，中华书局2016年版，第536页。
② 杨伯峻编著：《春秋左传注》僖公三十二年，中华书局2016年版，第547页。
③ （汉）司马迁：《史记》卷六十八《商君列传》，中华书局2014年版，第2712页。
④ （汉）司马迁：《史记》卷五《秦本纪》，中华书局2014年版，第267页。
⑤ 《商君书·境内》未记载"中更"爵位，然而，在商鞅变法以后秦国未进行类似变革的情况下，秦国出现如次事件，人们因而有理由相信此乃《商君书》在后世流传过程中漏记："（昭襄王）三十八年，中更胡伤攻赵阏与，不能取。"参见（汉）司马迁《史记》卷五《秦本纪》，中华书局2014年版，第268页。
⑥ （汉）司马迁：《史记》卷五《秦本纪》，中华书局2014年版，第268页。

指出:"秦不更之爵春秋时已有,商君定爵多因旧制,明矣。"① 从文献仅仅记载部分史事的角度而言,这样的说法不无道理。然而,值得进一步推敲的是,在二十等爵序列中,"不更"属第四位民爵。从《春秋左氏传》叙事通例的角度来看,除非与重要人物或者重大事件有关,它不大可能记载仅拥有所谓"不更"爵位之人。而且,"成差"排在"不更女父"前,前者爵位应该较后者为高,在前者爵位未予记载的情形下,人们有理由怀疑"不更"是否爵称。如果这样的质疑成立,则蒋氏的看法失去立足点。退一步而言,即便蒋氏的说法成立,以《春秋左氏传》"不更"相关记载而得出商鞅多依据旧制而制定爵位这样的结论,难免让人认为有以偏概全之嫌。而且,依据一些秦墓发掘报告来看,到了战国早期,它们在日常治理中已经名存实亡。商鞅充其量在主持变法的时候利用其名而已。

二 秦庶长形成考

班固曾将左、右庶长,驷车庶长以及大庶长等四类庶长列入二十等爵范围内,并且明确指出"皆秦制也"②。在对"秦庶长鲍、庶长武帅师伐晋以救郑"进行解释的时候,杜预指出:"庶长,秦爵名。"③ 在春秋时期周王室以及各诸侯国官僚制度尚未盛行的情况下,如果没有充分且可靠的证据表明庶长为职官之名,人们不应该轻率否认班固以及杜预等人意见。与前面的分析相类的是,关于秦庶长,人们也可以在秦史演进过程中考查其产生和发展,并合理解释《汉书·百官公卿表》与《商君书·境内》篇相关记载之差异及其蕴含的历史信息。

秦国建立后,庶长在政治生活中扮演极其重要的角色,主要表现为,他们经常参与国君废立事务。例如,秦宁公去世后,"大庶长弗忌、威垒、三父废太子而立出子为君。"④ 六年后,他们又派人贼杀出子,"复

---

① 蒋礼鸿:《商君书锥指》卷五《境内》,中华书局1986年版,第116页。
② (汉)班固:《汉书》卷十九上《百官公卿表上》,中华书局1962年版,第739页。
③ (晋)杜预集解:《春秋经传集解》卷十五《襄公二》,上海古籍出版社1978年版,第890页。
④ (汉)司马迁:《史记》卷五《秦本纪》,中华书局1982年版,第181页。

第二章 秦法之治的政治环境

立故太子武公"①。人们难免因而产生疑问：此乃大庶长们享有的正当权力，抑或他们利用所掌握的权力而为不法之事？如果系后者，他们废立国君如何能够获得秦人认同？少数学者基于庶长在秦国历史上经常参与废立国君事而认为他们为宗室成员。② 在文献中，人们尚不能发现任何支持此类说法的有力证据。"庶"，《说文·广部》："屋下众也。"③ 如果秦人爵名与其职掌之间存在某种程度的一致性，则庶长与国君同宗的可能性因而的确存在。然而，"庶"又常与"人"连用，"庶人"是也。按照这些学者的逻辑，庶长也有可能充当与古罗马保民官相类之角色。秦国若像这样设置专司维护百姓利益的爵位，他们在秦人支持下参与废立国君便不难理解。这样的分析表明，由庶的含义入手难以就庶长爵位产生令人信服的说法。秦国在文公二十年已经有三族刑。④ 大庶长弗忌、威垒、三父等人应该知道，在废太子而立出子后贼杀出子、复立故太子可能面临严重后果。他们仍然像这样做应该并非自认为有能力控制局势。在国君掌握秦国绝对权力的情况下，更为合理的解释是，他们乃是出于维护秦国以及百姓的利益考虑而为之。倘若是为了便于操纵秦国政局，他们应该让年纪较小而且有能力贼杀之的出子继续为君，而不是复立年长且曾经废之因而可能对他们心怀怨恨的秦武公。这样的分析在很大程度上属于合理推测，庶长改杀出子以及其母而派人前往河西迎接献公回国即位为君的原因则较为清楚：出子之母的行为已经令群臣和百姓非常不满，庶长因而出面行使其权力，履行其责任。⑤ 由于诸如此类举动顺应秦国上下的呼声，故而能够为人们所接受。

　　在《史记》中，太史公已经明确指出弗忌、威垒、三父等人为大庶长。其爵位在《汉书·百官公卿表》中仅次于侯爵，与其在秦国历史上的行事颇为相符。从这一角度来看，庶长鼌也有可能为大庶长，他与大臣在逼迫秦怀公自杀以后立其嫡孙秦灵公。⑥ 相对而言，他们立与秦怀

---

①　（汉）司马迁：《史记》卷五《秦本纪》，中华书局1982年版，第181页。
②　刘芮方：《秦庶长考》，《古代文明》2010年第3期。
③　（汉）许慎：《说文解字》，中华书局2013年版，第191页。
④　（汉）司马迁：《史记》卷五《秦本纪》，中华书局1982年版，第179页。
⑤　许维遹：《吕氏春秋集释》卷二十四《当赏》，中华书局2016年版，第650—651页。
⑥　（汉）司马迁：《史记》卷五《秦本纪》，中华书局1982年版，第199页。

公血缘关系较疏的秦国公子即位对他们自身而言更为安全。然而，他们选择维护秦国长子继承制。尽管像这样做有可能让昏庸甚至无道之人即位，然而能够避免因争位而引发的政局动荡。因此，庶长鼌之举有可能同样是为了维护秦国乃至百姓利益。以同样的标准来衡量，商鞅变法后参与国君废立的庶长壮亦有可能为大庶长。毋庸置疑，如果他们的行动成功，在史书上就不会是“为逆”。或与秦人将御史大夫、侍御史以及监御史一概称为御史相类的是，[①] 在记载庶长鼌、庶长改以及庶长壮事的时候，太史公依据《秦记》之类文献笼而统之地称呼其爵位为庶长。这样的说法并非完全没有根据。例如，“出子享国六年，居西陵。庶长弗忌、威累、参父三人，率贼贼出子鄙衍”[②]。在《史记》中，自从庶长壮以后，秦国历史上再未出现大庶长参与国君废立之事。人们恐怕不能简单地以为，该爵位为秦人废除。在秦国历史上，大庶长弗忌、威垒、三父等人废立国君后近百年才出现庶长鼌迫使秦怀公自杀之事，人们显然也不能因为其间大庶长事迹不载于史册而认为秦人废除该爵位。

《史记·秦本纪》和《春秋左氏传》均未记载《汉书·百官公卿表》所谓驷车庶长。不过，人们恐怕不能因而认为该爵位在秦国历史上从未存在。驷马之车要么与贵族出行相关，要么与将军出征有关。如果是前者，则人们不能因而将其与大庶长区别开来——人们很难设想驷车庶长出行乘车而爵位比其高的大庶长反而不能如此！因此，拥有驷车庶长爵位的人有可能经常率军出征。在《春秋左氏传》以及《史记》等史书中，秦国庶长率军出征之记载并不少见。有学者在全面收集资料的基础上详细列表予以展示。[③] 像这样考察驷车庶长难免招致质疑，前面已经指出从称号的角度分析爵位之职掌不大具有说服力。关于驷车庶长之考察有必要另寻他途。在《史记》等记载秦国历史的文献中，人们不难看到一类庶长参与国君废立而另一类庶长率军出征的现象。在秦国不像晋、

① 例如，“二千石，治者辄言御史，御史遣御史与治者杂受印；在郡者，言郡守、郡监、守丞、尉丞与治者杂受印，以治所县官令若丞印封印，令卒吏上御史；千石到六百石，治者与治所县令若丞杂受，以令若丞□受，以令若丞印封，令吏上御史……”参见陈松长主编《岳麓书院藏秦简（伍）》，上海辞书出版社 2017 年版，第 108—110 页。

② （汉）司马迁：《史记》卷六《秦始皇本纪》，中华书局 1982 年版，第 285 页。

③ 刘芮方：《秦庶长考》，《古代文明》2010 年第 3 期。

第二章　秦法之治的政治环境

鲁等国那样由执政卿兼任中军帅的情况下，人们有理由相信，从事上述二类事务的庶长爵位并不相同。在国君废立事往往系大庶长为之的情况下，《汉书·百官公卿表》所记载的驷车庶长很可能是《史记》和《春秋左氏传》记载的率军出征的庶长不断发展演变而形成。

关于左庶长，除《商君书·境内》篇以外，其他文献也有记载。例如，在《史记·秦本纪》中，在商鞅主持变法三年并获得初步成功后，秦孝公拜其为左庶长。① 然在《史记·商君列传》中，秦孝公在决心变法后即"以卫鞅为左庶长，卒定变法之令"②。究竟何者更为可靠？在商鞅所著《商君书·农战》篇中有这样的论述："凡人主之所以劝民者，官爵也；国之所以兴者，农战也。今民求官爵皆不以农战，而以巧言虚道，此谓劳民。劳民者，其国必无力；无力，则其国必削。善为国者，其教民也，皆作壹而得官爵。"③ 商鞅以诸如此类主张劝说秦孝公变法修刑，论证其可行性，他们自己在变法之初不大可能予以破坏。联系后世秦国国君常常委任诸如张仪之类初来秦者为客卿事来看，《史记·秦本纪》有关商鞅在建功立业以后获封左庶长的记载更有可能与事实相符。秦国既然设置左庶长爵位，就必然会设置与其相应的右庶长爵位。在20世纪50年代有关文物出土后，这样的推测获得证实。诸如"冬十壹月辛酉，大良造庶长游出命曰：取杜才（在）酆邱到于潏水，以为右庶长歜宗邑"之类记载一来表明，④ 秦国已经设置右庶长，二来表明左右庶长位居大良造庶长之下。

大庶长在秦国地位尊贵，权力很大，然在流传至今的《商君书·境内》有"故大庶长就为左更"这样的记载。⑤ 这未免让人觉得不可思议：大庶长既然高于左更，不大可能在升迁以后成为左更。这很可能是《商君书》在长期辗转流传过程中产生的谬误。已有学者发现《商君书·境内》篇存在若干谬误：一曰掉字、衍文以及讹字等等。例如，关于"者着，死

---

① （汉）司马迁：《史记》卷五《秦本纪》，中华书局1982年版，第203页。
② （汉）司马迁：《史记》卷六十八《商君列传》，中华书局1982年版，第2229页。
③ 蒋礼鸿：《商君书锥指》卷一《农战》，中华书局1986年版，第20页。
④ 陈直：《秦陶券与秦陵文物》，《西北大学学报》（哲学社会科学版）1957年第1期。
⑤ 蒋礼鸿：《商君书锥指》卷五《境内》，中华书局1986年版，第118页。

者削",俞樾曰:"此夺生字。当作生者著,死者削,说见《去强》篇。"①王时润亦云:"崇文本有生字,当据补。"② 又如,关于"一除庶子一人,乃得人兵官之吏",王时润曰:"一除当作级除,得人当作得入。"③ 二曰错简。例如,关于"夫劳爵,其县过三日有不致士大夫,劳爵能",孙诒让指出:"能当为罢,言罢免其县令也。此十七字与上下文不相属,疑当在后文'将军以不疑致士大夫劳爵'下,而错箸于此。夫劳爵三字即蒙彼而衍。"④ 又如,《商君书·境内》篇所谓"故客卿相论盈就正卿"不仅与上文"大将御参皆赐爵三级"风马牛不相及,⑤ 而且与本段其他言说句式不类。在太史公明确指出正卿乃职官名的情况下,⑥ 在论述爵制的篇章中出现所谓"故客卿相论盈就正卿"为错简无疑。此乃传世文献历经数千年传承后必然发生之现象,在据以分析秦国爵制变迁类问题的时候,人们应该考虑诸如此类因素,不能尽信其记载而得出似是而非的结论。蒋氏以为:"大字衍文也。此庶长兼左右庶长而言……左右庶长之上即左更,故曰故庶长就为左更。"⑦ 此说近是。它们乃是《商君书·境内》在后世流传的过程中为人们所误植。

总之,在主持变法、设置爵位的时候,商鞅并非完全凭空设置以往并不存在的爵位,而是在沿袭已有爵位——例如大庶长以及驷车庶长爵位的同时设置若干新的爵位。商鞅变法,一言以蔽之,乃是以刑赏二柄调动秦人的耕战积极性从而实现秦国富强的目标。然而,商鞅毕竟是在既有政治架构下实施变革。鉴于在秦国政治传统中大庶长和驷车庶长地位尊崇,权力很大,商鞅或因而不能将他们纳入其中。此乃在目前资料条件下所作合理推测,实际情况是否果系如此,有待更多的可靠资料问世以后才有可能令人信服地解决。

---

① 蒋礼鸿:《商君书锥指》卷五《境内》,中华书局1986年版,第114页。
② 蒋礼鸿:《商君书锥指》卷五《境内》,中华书局1986年版,第114页。
③ 蒋礼鸿:《商君书锥指》卷五《境内》,中华书局1986年版,第119页。
④ 蒋礼鸿:《商君书锥指》卷五《境内》,中华书局1986年版,第115页。
⑤ 蒋礼鸿:《商君书锥指》卷五《境内》,中华书局1986年版,第118页。
⑥ 例如,"恬大父蒙骜,自齐事秦昭王,官至上卿。"参见(汉)司马迁《史记》卷八十八《蒙恬列传》,中华书局2014年版,第3113页。
⑦ 蒋礼鸿:《商君书锥指》卷五《境内》,中华书局1986年版,第118页。

三 秦侯形成考

与《汉书·百官公卿表》的记载相比，《商君书·境内》中缺少关内侯和列侯这两种爵位。在《商君书·境内》表明秦国在商鞅变法期间已经出现公士以迄大良造等十余种爵位的情况下，人们既不能因而认定秦国直至商鞅变法期间尚未出现相关爵位，甚而像以往那样简单地认为二十等爵制乃前汉之物——毕竟所谓"汉承秦制"之说在多数情况下能够成立；又不能以所谓"默证"为由而简单地认为秦国在商鞅变法期间已经出现这两种爵位。人们固然不能以文献未予记载而认定其无，然而，说明其有也需要可靠的证据。在此情形下，人们对秦国侯爵的产生与发展进行考察或许有助于解决问题。

因救周以及以兵护送周王室东迁之故，"平王封襄公为诸侯"①。尽管此后人们称呼秦国国君为"秦×公"，有时又称其为"秦伯"。实际上，秦国国君不过位列诸侯而已。在求贤令中，秦孝公声称，如果有人能够令秦国强大，收复河西之地，"吾且尊官，与之分土"②。商鞅劝说孝公变法修刑，十余年后，天子致伯，诸侯毕贺，完成强秦的目标，获封相当于后世相邦或者丞相之大良造兼庶长。数年后，商鞅率军击魏，魏惠王"使使割河西之地献于秦以和"③，完成求贤令设定的又一目标。秦孝公因而兑现承诺，封其"於、商十五邑，号为商君"④。《史记·秦本纪》记载其事曰："封鞅为列侯，号商君。"⑤商鞅因而得以"南面而称寡人"，与春秋时期国君无异。在被控告谋反而逃亡魏国不果后，商鞅"与其徒属发邑兵北出击郑"⑥，表明他掌控一支能对其他诸侯国发动战争的军队，此乃国君才拥有的权力。当时周王室已然式微，秦孝公封商鞅为列侯不至引发周王室干预。列有位次之义，引申为动词，居于××位

---

① （汉）司马迁：《史记》卷五《秦本纪》，中华书局1982年版，第179页。
② （汉）司马迁：《史记》卷五《秦本纪》，中华书局1982年版，第202页。
③ （汉）司马迁：《史记》卷六十八《商君列传》，中华书局1982年版，第2233页。
④ （汉）司马迁：《史记》卷六十八《商君列传》，中华书局1982年版，第2233页。
⑤ （汉）司马迁：《史记》卷五《秦本纪》，中华书局1982年版，第204页。或有学者指出，秦孝公封商鞅为彻侯，太史公为避汉武帝刘彻之讳故而改为列侯。这样的说法不无道理，然而，人们需要更为充分可靠的证据来对其表示认同。
⑥ （汉）司马迁：《史记》卷六十八《商君列传》，中华书局1982年版，第2237页。

也。列侯云者，其义大概是居于侯位也。

秦惠文君即位后，齐国、魏国以及韩国等三国的国君先后称王。张仪也效仿他们拥立秦惠文君为王，① 秦国开始像周王室那样封侯。例如，秦惠王派兵伐蜀，"贬蜀王，更号为侯，而使陈庄相蜀"②。在少数学者看来，这一蜀侯乃蜀王之子，而非秦公子。他们的理由有三：其一，六国与秦都不将土地拿来分封子弟；其二，秦国三置蜀侯，皆因反叛而受诛，很难让人理解；其三，在设置蜀相的同时又设置蜀守，与汉代设置郡县的同时邑君侯王依然存在同理。③ 这些说法都存在进一步探讨的空间：首先，至少秦国国君在战国时期持续将土地拿来分封给亲戚和子弟。例如，秦昭王十四年，"封公子市宛，公子悝邓，魏冄陶，为诸侯"④。蜀地与秦国相距甚远，道路险狭难至。在消耗不少军队和钱粮而灭亡蜀国以后，秦王派遣值得信任之人前往治理才显得合情合理，这样的人舍子弟莫属。倘若秦王封前蜀王之子为新的蜀侯，一来他容易因家仇国恨而对秦国心怀怨恨，二来他有能力继续号令旧部甚至不少蜀人，像这样就非常容易发生叛乱。其次，也是因为地理方面的缘故，即便身为秦王子弟，蜀侯也容易利令智昏，甚至企图割据一方，不服从秦王号令。倘若如前述学者所言亲戚就不会发动叛乱，则周之三监之乱、汉之七国之乱以及晋之八王之乱便不可能得到合理解释。最后，仍然因地理方面的缘故，秦王在派遣蜀侯、蜀相的同时又派遣蜀守前往治理并非难以理解。秦王即便信任子弟，设防也在情理之中。既然对于一些学者的质疑，人们同样可以提出颇为有力的质疑。对于文献中的记载，人们还是应该认同。秦王分封蜀侯的记载表明，秦人对于王、侯之类称号极其重视。在蜀臣服于秦国后，其国君不能拥有与秦王同样的称号。人们不难因而设想的是，尽管是臣下拥立的，也不论天下是否继续视其为诸侯，秦惠王

---

① （汉）司马迁：《史记》卷七十《张仪列传》，中华书局1982年版，第2284页。
② （汉）司马迁：《史记》卷七十《张仪列传》，中华书局1982年版，第2284页。
③ 蒙文通：《巴蜀史的问题》，《四川大学学报》（社会科学版）1959年第5期；参见杨宽《战国史》，上海人民出版社1998年版，第355页；孙国志：《战国时期秦国封君考论》，《求是学刊》2002年第4期。
④ （汉）司马迁：《史记》卷五《秦本纪》，中华书局2014年版，第267页。

第二章　秦法之治的政治环境

不会认为他与周王有何不同。对于秦王分封诸侯的重大举动，① 至少在秦人眼里，与周初王室封建亲戚也没有什么不同。因此，蜀侯、公子市、公子悝以及魏冄等人既然被秦王分封为诸侯，在秦人心目中，他们理应与周王室分封的诸侯无异。

秦国因而形成两类侯称：一类是列侯，例如秦孝公封赏商鞅等人的称号。一类为诸侯，例如秦惠王赐封公子通等人的称号。就列侯而言，商鞅的情形比较特殊，虽就地位与权力而言与诸侯无异，然商君乃是在秦国国君尚未称王的时候所封。后世秦国之列侯难以像商鞅那样建立功勋，在秦国国君称王并且而分封诸侯以后，列侯就不大可能如商君那样获得封邑。例如，范雎获封应，号为应侯。② 应地如今已经难以查考。不过，吕不韦在获封为文信侯后食河南洛阳十万户而已。③ 就功劳而言，人们很难言范雎高过吕不韦。前者不过献远交近攻之策以及进言令昭襄王罢免魏冄等人而已，而后者帮助子楚登上以其个人之力完全无从企及之君位。为此子楚甚至承诺"必如君策，诚得分秦国与君共之"④。因此，范雎也有可能不过食应地税赋而已。而就诸侯而言，与列侯不同的是，他们通常获得封国。除蜀侯之外，⑤ 昭襄王十六年，秦封公子市宛，公子悝邓，魏冄陶，为诸侯。⑥ 就表述方式而言它们与"康公二年，韩、魏、赵始列为诸侯。十九年，田常曾孙田和始为诸侯"相类。⑦ 至少在秦人眼里，公子市等人与韩、魏、赵以及田和等称号相同。公子市、公子悝之封邑难以查考，然魏冄获封之陶面积较大、人口较多，可与郡相提并论。在其死后，"秦复收陶为郡"⑧。与其相类的是，在秦王政尚未亲政时期，秦人赐予嫪毐山阳地，更以太原郡更为毐国，⑨ 与韩、赵、魏等称为诸侯国相同。这样的记载反过来又可表明，魏冄等人所获封之

---

① （汉）司马迁：《史记》卷五《秦本纪》，中华书局1982年版，第207页。
② （汉）司马迁：《史记》卷七十九《范雎列传》，中华书局1982年版，第2412页。
③ （汉）司马迁：《史记》卷八十五《吕不韦列传》，中华书局1982年版，第2509页。
④ （汉）司马迁：《史记》卷八十五《吕不韦列传》，中华书局1982年版，第2506页。
⑤ （汉）司马迁：《史记》卷五《秦本纪》，中华书局1982年版，第210页。
⑥ （汉）司马迁：《史记》卷五《秦本纪》，中华书局1982年版，第212页。
⑦ （汉）司马迁：《史记》卷三十三《齐太公世家》，中华书局1982年版，第1512页。
⑧ （汉）司马迁：《史记》卷七十九《穰侯列传》，中华书局1982年版，第2319页。
⑨ （汉）司马迁：《史记》卷六《秦始皇本纪》，中华书局1982年版，第227页。

诸侯当非虚封，而是享有封国。

　　大概因习焉于两类侯已久之故，秦王朝设置列侯与伦侯两类爵位，人们分别称呼获得两类爵位者为列侯××侯某某以及伦侯××侯某某。① 其中，"××"为朝廷所封名号，"某某"则为其姓名。《史记索引》在注释伦侯的时候曰："爵卑于列侯，无封邑者。伦，类也，亦列侯之类。"② 伦侯之爵卑于列侯的意见当属合理，至于所谓无封邑之说容易让人以为列侯享有封邑。事实并非如此。秦始皇否定丞相王绾立诸子为王的建议，赞成李斯"诸子功臣以公赋税重赏赐之"的意见，③ 并且指出，天下以往因为有侯王之故而征战不休，"天下初定，又复立国，是树兵也"④。秦王朝所封之侯因而很可能仅食赋税而已，不复享有封国（邑）。在《汉书·百官公卿表》中，侯也分为两类：二十级彻侯，十九级关内侯。秦王朝伦侯应该与其所谓彻侯相当，而其列侯则与关内侯相当。师古曰："言有侯号而居京畿，无国邑"⑤，伦侯的情形与其相符。秦国自商鞅变法以来逐渐形成的诸侯和列侯为何在秦王朝建立以后演变成为列侯与伦侯，如今已经不得而知。至于《汉书·百官公卿表》将其记载为彻侯与关内侯亦复如是。

　　综上所述，两类秦侯不仅并非同时形成，而且所获得的封赏也存在较大差别。在秦王朝建立前后，它们甚至在称号方面也发生较大变化。对商鞅而言，即便明知求贤令有"与之分土"之说，他也不可能知道将来是否能够满足相应条件，甚至也不可能知道秦孝公是否会兑现承诺，更不可能知道将来的形势会演变到秦惠文君称王因而可以像周天子一样封侯的地步。因此，在主持变法的时候，在为适应"明尊卑爵秩等级"需要而制定系列爵位的时候，商鞅不可能制定列侯爵位，也不可能制定伦侯爵位。这两类爵位只可能在后来的历史演进中逐渐形成。

　　总之，《汉书·百官公卿表》关于秦二十等爵制的记载并无明显不当，不过能指范围过大。由于商鞅变法对于秦史乃至以后的中国史影响

---

① （汉）司马迁：《史记》卷六《秦始皇本纪》，中华书局1982年版，第246页。
② （汉）司马迁：《史记》卷六《秦始皇本纪》，中华书局1982年版，第246—247页。
③ （汉）司马迁：《史记》卷六《秦始皇本纪》，中华书局1982年版，第238—239页。
④ （汉）司马迁：《史记》卷六《秦始皇本纪》，中华书局1982年版，第238—239页。
⑤ （汉）班固：《汉书》卷十九上《百官公卿表上》，中华书局1962年版，第740页。

甚巨，加之《商君书·境内》以及《史记》相关记载又的确能够证实大部分爵制在此期间形成，人们不免将秦二十等爵制的形成与其联系起来。不过，现有资料又能表明，尚有几种爵制并非如此。由于赞成和反对该说者均能发现相应的证据，学术界相关研究停留在商鞅是否制二十等爵制这一问题，长期难以取得令人满意的进展。学人们因而应该从以往研究窠臼中跨越出来，寻求人们都能接受的解决办法。这一部分的考查表明，将二十等爵制置入秦国历史发展进程，在动态的历史演变中进行考查，是一种可行的方案：早已产生并且经常在秦国政治生活中扮演重要角色的大庶长以及驷车庶长爵位一直为秦人沿袭，商鞅在主持变法期间创制了绝大部分秦爵，此后秦国爵制并未停止发展，逐渐形成列侯与伦侯爵位。秦二十等爵制因而形成，并且对后世爵制产生重大影响。

第四节　本章小结

关于秦国形成的历史，人们只能依靠太史公所撰《史记》相关记载来了解。根据一些可靠史料来看，秦国乃周王室分封的诸侯国当无疑问。即便在对秦人不断蚕食侵吞土地深恶痛绝的时候，山东诸侯国也没有人否认秦获封建国事。不过，秦人所获封的土地基本上是名义上的，需要利用武力从戎人手中夺取。随着周王室东迁以后日趋衰弱，即便中原诸侯国与周王室之间的关系越来越具有象征性的情况下，人们难以设想秦人与周王室之间的臣属关系更具实质性。不过，在周王室乃天下共主的情况下，即便象征性关系对秦侯而言也非常重要，至少可以表明嬴氏在秦国拥有一切权力的正当性。

春秋时期，秦国国君任用若干才能之士为大夫。根据《吕氏春秋》极其有限的文献记载来看，秦国大夫的职掌存在一定分工，不过，相当于后世丞相的执政大夫可以指派他们履行其他使命。至于其下之吏，人们在目前的资料条件下难知其详。在商鞅主持变法以后，秦逐渐形成以国君/皇帝为核心的中央以及由若干郡、县构成的地方这样的治理体制。它们均由若干官吏组成，而他们又由国君/皇帝或者协助其治理的相国/丞相任命，职掌相对明确。在充分履行其职责、行使相应权力的基础上，官吏们又必须相互协作，共同对国君/皇帝负责。大概是为了让秦国/王朝据以发放俸禄之故，秦国/王朝逐渐形成二十等爵制，由秦国君/皇帝依据耕战之功而决定赐予。官吏们的权力归根结底来源于国君/皇帝，故而亦能为其所剥夺。加上军队由国君/皇帝掌握，将领在完成作战任务以后必须将军队交还。因此，秦国君/皇帝在设官分职，让多官众吏获得权力以后，始终能有效地掌控多官众吏以及政局。

对于后面的分析而言较为重要的是，秦国/王朝所设置的官职和爵位逐渐形成金字塔型的等级结构，越接近国君/皇帝，权力越大，爵位越高。人性往往是追逐尽可能大的权力和尽可能多的财富，秦国/王朝设置官职和爵位的方式，为国君/皇帝利用官职和爵位来驱使才能之士从事耕战创造了非常便利的条件。其中道理在于，如果官爵只能通过耕战之功获取，人们为了满足自己不断膨胀的欲望，必须在耕战中建立功勋。根据《商君书》诸多记载来看，秦国在设官分职的时候很可能在此方面有所考虑。至于它们能否在实践中发挥预期作用，有待于人们依据相关史料予以判定。

根据前面的分析来看，这种治理体制存在导致政局动荡的因素。秦国君/皇帝是秦国/王朝最高统治者，掌握秦国/王朝至高无上的权力。秦国君/皇帝之位的继承者往往由他们因一己之意而指定，且没有人所公认的制度予以规范。在获得秦国/王朝最高权力的欲望驱使下，秦国/王朝任何有资格继承国君/皇帝之位者都会不择手段地争取，甚至在国君/皇帝指定的继承者即位以后仍然试图如此，像这样就会为政局动荡埋下巨大隐患。这在商鞅变法以前发生过，在变法以后能否避免类似危机重现，有待利用相关史料予以考查。

第三章　秦法之治下朝廷官吏与秦国崛起

在商鞅主持变法以后，秦国治理模式实现"议事以制"向"以法治国"的转变。律令成为秦国国君治国理政最为重要的工具，当然，它们不可能被用来约束秦国国君。后者仍然可以与以往一样凭一己之意进行治理。不过，秦国国君通常基于长远和根本利益依法施政。官吏们与秦国国君不同。对于他们而言至关重要的职务任命、升迁以及赏罚之类由律令做出明确规定，日常治理也必须依法而为。在这样的政治和法律环境中，才能之士为秦国迅速崛起乃至一统天下做出不容忽视、更不容否认的重要贡献。他们多来自东方诸侯国，才能各有千秋。这些人与秦国上下之间的关系千差万别，然并不妨碍他们与秦人一道开创"四世有胜"之局面。本章拟在对这四世中重要人物和事件进行考查的基础上，从将相以及其他重要朝廷官吏的角度探讨秦国何以崛起的问题。

第一节　秦孝公时代的朝廷官吏与秦国崛起

如前所述，商鞅主持的变法对于秦国由衰转盛发挥至为关键的作用。在秦国即将一统天下的时候，李斯指出："孝公用商鞅之法，移风易俗，民以殷盛，国以富强，百姓乐用，诸侯亲服，获楚、魏之师，举地千里，至今治强。"[①] 像这样出于为秦客辩护的目的而产生的有关商鞅的论述是否与事实相符？在主持变法为秦国迅速崛起建立不世之功后，商鞅为何在秦孝公死后被以谋反的罪名处死？商鞅在秦国的悲惨结局是否对他主

---

① （汉）司马迁：《史记》卷八十七《李斯列传》，中华书局1982年版，第2542页。

持制定的变法法令乃至秦国的继续崛起产生不利影响？这一节试图在考辨史实的基础上回答上述问题。

一 "秦行商君而富强"①

商鞅原名公孙鞅，乃是与卫国国君血缘关系较远之公子。公孙鞅年少时喜好刑名之学，后为魏相公叔痤效力，担任中庶子。公叔痤知其颇有才能，然未及时进用。直到临终的时候，公叔痤才向魏惠王建议举国听之，否则杀之，后者对此不以为然。在听闻此事后，公孙鞅觉得自己继续留在魏国没有生命危险，然也不可能得到重用。② 此后不久，秦孝公下达求贤令，公孙鞅因而前往秦国，在景监的帮助下成功晋见秦孝公。根据赵良所谓"今君之见秦王也，因嬖人景监以为主，非所以为名也"可知，③ 景监不过一嬖人耳。在士大夫心目中，嬖人乃不具有某种身份却深得国君宠信之人。例如，"公子州吁，嬖人之子也"④。杜预注曰："得宠信者为嬖。"⑤ 公子州吁并非国君夫人之子或者养子，而是为卫庄公宠信之妾所生之子，后弑君夺位。"王姚嬖于庄王，生子颓"亦如是。⑥ 直至春秋时期贵族中间仍然流传的诸如"内宠并后，外宠二政，嬖子配適，大都耦国，乱之本也"之类言说中蕴含着对于"嬖人"极其蔑视和警惕之意。⑦ 公孙鞅依靠景监而得以向秦孝公展示其才能、阐述变法主张固然是幸事，然也预示着他与秦国大小贵族、官吏可能产生难以调和的矛盾。

由秦孝公初次接见公孙鞅后对景监"子之客妄人耳，安足用邪"的指责表明，⑧ 这位秦国国君与公孙鞅原本陌路。不过，其后不久，二人便联手干出一番深刻影响秦国历史乃至后世中国历史的轰轰烈烈的事业。即位之初的秦孝公对中原诸侯夷狄视之，甚而不与秦人会盟深以为耻，时刻不忘重新夺回河西之地。他还希望"修缪公之政令"，为此不惜承

---

① （清）王先慎：《韩非子集解》卷第十七《问田》，中华书局1998年版，第396页。
② （汉）司马迁：《史记》卷六十八《商君列传》，中华书局1982年版，第2227页。
③ （汉）司马迁：《史记》卷六十八《商君列传》，中华书局1982年版，第2234页。
④ 杨伯峻编著：《春秋左传注》隐公三年，中华书局2016年版，第34页。
⑤ 杨伯峻编著：《春秋左传注》隐公三年，中华书局2016年版，第34页。
⑥ 杨伯峻编著：《春秋左传注》庄公十九年，中华书局2016年版，第230页。
⑦ 杨伯峻编著：《春秋左传注》闵公二年，中华书局2016年版，第298页。
⑧ （汉）司马迁：《史记》卷六十八《商君列传》，中华书局1982年版，第2228页。

诺"吾且尊官,与之分土"①。对于"修缪公之政令",人们不能仅从字面上来理解,而应该把握其深意。依据较为可靠的史书记载可知,秦穆公在位期间三平晋乱,趁机将土地扩张至黄河。在无力继续东向的情况下,秦穆公在由余的协助下向西发展,"益国十二,开地千里,遂霸西戎"②。因此,秦孝公"修缪公之政令"的真正含义应该是大规模开疆拓土,称霸诸侯。与此颇为一致因而堪称佐证的记载是,公孙鞅与秦孝公言帝道,后者以为耗时久远,根本不感兴趣。公孙鞅因而改与秦孝公言王道,像这样也不能令秦孝公满意,甚而再次指责景监。公孙鞅遂明白秦孝公真正的渴望,于是与其言霸道。这一次进言切中后者"其身显名天下"的目标,二人因而相谈甚欢,数日不愿结束。③他们交流的主要内容是,公孙鞅劝秦孝公变法,令秦人在内致力于农耕,对外则致力于战斗,以此实现称霸诸侯的目标。④

对于涉及秦国治国之道转变这样的大事,秦孝公并非毫无顾虑。因担心引起天下非议之故,秦孝公让公孙鞅与秦国大夫杜挚、甘龙进行辩论。甘龙以"圣人不易民而教,知者不变法而治"为由建议秦孝公再三斟酌,⑤而杜挚则以"利不百,不变法;功不十,不易器"为由试图让秦孝公消弭变法之念。⑥不过,商鞅"反古者未必可非,循礼者未足多是"云云最终令秦孝公打消顾虑,决心变法,⑦由此拉开秦国十余年变法大幕。诸如"孝公平画"之类秦国国君死后才可能出现的文字表明,《商君书·更法》乃是人们事后根据史官记载或者知情者讲述而追记的文献。公孙鞅在秦国最初获得的爵位乃是左庶长,而非大夫。诸如"公孙鞅、甘龙、杜挚三大夫御于君"之类记载因而表明,《商君书·更法》或多或少存在失实之处。不过,该篇绝大部分内容比较合乎情理。它们表明,在秦国高层并没有就变法达成共识——甘龙、杜挚等秦国重要贵

---

① (汉)司马迁:《史记》卷五《秦本纪》,中华书局1982年版,第202页。
② (汉)司马迁:《史记》卷五《秦本纪》,中华书局1982年版,第194页。
③ (汉)司马迁:《史记》卷六十八《商君列传》,中华书局1982年版,第2228页。
④ (汉)司马迁:《史记》卷五《秦本纪》,中华书局1982年版,第203页。
⑤ 蒋礼鸿:《商君书锥指》卷一《更法》,中华书局1986年版,第3页。
⑥ 蒋礼鸿:《商君书锥指》卷一《更法》,中华书局1986年版,第4页。
⑦ 蒋礼鸿:《商君书锥指》卷一《更法》,中华书局1986年版,第5页。

族表示反对——的情况下，秦孝公做出关于变法之决定。

在公孙鞅的主持下，秦国开启对其未来走向产生决定性影响的变法。在《史记·商君列传》中，太史公简要地记载了法令的主要内容。① 人们将其与《商君书》之《垦令》《农战》诸篇进行比较，不难发现二者之间存在密切的联系。例如，《史记》所谓什伍连坐以及鼓励告奸等举措与《商君书·垦令》"重刑而连其罪"之间密切相关，朱师辙令人信服地指出这一点。② 这里略加补充的是，"重刑而连其罪"势必令"褊急之民不斗，很刚之民不讼"③，这就与《史记·商君列传》记载的变法举措"为私斗者，各以轻重被刑大小"相一致。④ 以迫使两位以上男丁分家为主要内容的法令⑤与《商君书·垦令》篇"均出余子之使令，以世使之"相关，⑥ 以后者为主要内容的法令旨在"不可以辟役"以及"余子不游事人"等等。⑦ 所谓奖励军功相关法令，不仅与《商君书·垦令》篇"无以外权爵任与官"相关，⑧ 更与《商君书·农战》篇主旨相符。正如个别学者所言："商君之道，农战而已矣。致民农战，刑赏而已矣。使刑赏必行，行而必得所求，定分明法而已矣。"⑨ 《史记·商君列传》中"僇力本业"之本业，毫无疑问是指农耕，⑩ 因为只有农耕才可能造成"耕织致粟帛多者"之结果。⑪ 至于《史记·商君列传》中"事末利"云云，人们也不难在《商君书·垦令》篇中发现相关内容。例如，"使商无得籴，农无得粜"⑫。又如，"贵酒肉之价，重其租，令十倍其朴"⑬。再如，"重关市之赋"⑭。在官府严格执行诸如此类

---

① （汉）司马迁：《史记》卷六十八《商君列传》，中华书局1982年版，第2230页。
② 蒋礼鸿：《商君书锥指》卷一《垦令》，中华书局1986年版，第13页。
③ 蒋礼鸿：《商君书锥指》卷一《垦令》，中华书局1986年版，第13页。
④ （汉）司马迁：《史记》卷六十八《商君列传》，中华书局1982年版，第2230页。
⑤ （汉）司马迁：《史记》卷六十八《商君列传》，中华书局2014年版，第2710页。
⑥ 蒋礼鸿：《商君书锥指》卷一《垦令》，中华书局1986年版，第14页。
⑦ 蒋礼鸿：《商君书锥指》卷一《垦令》，中华书局1986年版，第14页。
⑧ 蒋礼鸿：《商君书锥指》卷一《垦令》，中华书局1986年版，第7页。
⑨ 蒋礼鸿：《商君书锥指》卷一《农战》，中华书局1986年版，第19页。
⑩ （汉）司马迁：《史记》卷六十八《商君列传》，中华书局1982年版，第2230页。
⑪ （汉）司马迁：《史记》卷六十八《商君列传》，中华书局1982年版，第2230页。
⑫ 蒋礼鸿：《商君书锥指》卷一《垦令》，中华书局1986年版，第8页。
⑬ 蒋礼鸿：《商君书锥指》卷一《垦令》，中华书局1986年版，第12页。
⑭ 蒋礼鸿：《商君书锥指》卷一《垦令》，中华书局1986年版，第17页。

法令后，商贾不大可能有利润可图。就"怠而贫者"而言，《商君书·垦令》篇中也不乏针对性举措。例如，"壹山泽，则恶农、慢惰、倍欲之民无所于食"①。此外，秦国宗室也必须凭借军功而获得属籍云云，人们可以在《商君书·赏刑》篇中发现相应的论述。《商君书·赏刑》篇可能并非商鞅亲著，然其记载的内容与商鞅的主张基本符合。有学者认为，该篇大概是熟悉商鞅言论的后学对于其各项主张所作系统阐述。②其中指出："所谓壹赏者，利禄官爵抟出于兵，无有异施也。"③倘若将这样的记载置于其历史语境中，人们难免产生这样的看法：公孙鞅的大量建议为秦孝公采纳并成为秦国法令。在它们实施十年后大获成功，秦人积极投身耕战而国家富强。④

不过，《商君书·垦令》篇也有不少内容与《史记·商君列传》所记载的法令并无交集。例如，"无得取庸，则大夫家长不建缮"⑤。又如，"国之大臣诸大夫，博闻、辨慧、游居之事，皆无得为，无得居游于百县"⑥。等等。或有学者据而以为，公孙鞅的部分建议不为秦孝公等人采纳，或者在秦国遭遇太大的反对而未能变成法令。这样的可能性的确难以排除，不过，人们也应该注意，太史公仅仅简要记载他认为最为重要的历史人物和事件，忽略不少在他人看来或许非常重要的史实。即便资料较为匮乏，人们也不难认同的是，《史记·商君列传》仅言及腰斩等刑，然秦国之刑绝不限于此。而且，它们所针对的也绝不可能仅限于《史记·商君列传》所列举的行为。如今绝大多数秦国变法法令已经不得而知，然而，它们很有可能来源于行之已久或者实践证明确有实效的制度以及公孙鞅将刑名之学与秦国实践相结合而产生的制度创新。前者可由《晋书》有关公孙鞅携《法经》相秦事在一定程度上予以证明："悝撰次诸国法，著《法经》……六篇而已，然皆罪名之制也，商君受之以相秦。"⑦《晋书》虽晚

---

① 蒋礼鸿：《商君书锥指》卷一《垦令》，中华书局1986年版，第12页。
② 仝卫敏：《出土文献与〈商君书〉综合研究》，花木兰文化出版社2013年版，第181—183页。
③ 蒋礼鸿：《商君书锥指》卷四《赏刑》，中华书局1986年版，第96页。
④ （汉）司马迁：《史记》卷六十八《商君列传》，中华书局1982年版，第2231页。
⑤ 蒋礼鸿：《商君书锥指》卷一《垦令》，中华书局1986年版，第10页。
⑥ 蒋礼鸿：《商君书锥指》卷一《垦令》，中华书局1986年版，第15页。
⑦ （唐）房玄龄等：《晋书》卷三十《刑法志》，中华书局1974年版，第922页。

出，然这样的说法不断得到出土秦汉简牍所载刑法之证实，①故而可以信从。就后者而言，公孙鞅少时所学刑名之学，乃卫国生产或在卫国较为流行的知识。他将其与秦国实践结合起来制定若干法令的可能性难以排除。

关于商鞅变法以前秦国面临"僻在雍州，不与中国诸侯之会盟，夷翟遇之"的局面，②或许有人以为，秦九世之乱导致河西之地为故晋夺取乃其主因。这样的看法难以成立。在春秋战国时期，一些中原诸侯国丧失土地甚至一度为外族所灭，他们也并未为其他诸侯国所卑。因此，诸侯卑秦必然另有缘故。东周时人区分华夏与戎翟的主要依据是礼。例如，周平王东迁，大夫辛有路过伊川，看见有人披发而在野外祭祀，慨叹"不及百年，此其戎乎！其礼先亡矣"③。杜预注曰："被发而祭，有象夷狄。"④对于夷狄，中原诸国往往卑之。例如，"杞桓公来朝，用夷礼，故曰子。公卑杞……"⑤秦国长期与戎翟发生交流和融合，其文化因而难免打上戎翟文化的印记，⑥这才是诸侯卑秦的真正原因。这种局面让秦孝公觉得"丑莫大焉"⑦。为此，商鞅势必会以法令强制改造秦国习染已久的夷狄文化。例如，第一阶段变法期间，法令规定"民有二男以上不分异者，倍其赋"⑧。在第二阶段变法期间，法令又规定"民父子兄弟同室内息者为禁"⑨。以往人们常常从增加税赋的角度理解这些法令，⑩这是难以让人认同的。税赋通常依据一个家庭的人口数量以及耕种的田亩数量征收。分异并不会导致一个家庭的人口或者田亩的增减，故而不会影响税赋之征收。法令作如是规定因而必然

---

① 这一问题虽较为重要，然与本文主题无关，笔者将专文论证。
② （汉）司马迁：《史记》卷五《秦本纪》，中华书局1982年版，第202页。
③ 杨伯峻编著：《春秋左传注》僖公二十二年，中华书局2016年版，第430页。
④ （晋）杜预集解：《春秋经传集解》卷六《僖公中》，上海古籍出版社1978年版，第324页。
⑤ 杨伯峻编著：《春秋左传注》僖公二十七年，中华书局2016年版，第484页。
⑥ 田亚岐：《东周时期关中秦墓所见"戎狄"文化因素探讨》，《文博》2003年5月。
⑦ （汉）司马迁：《史记》卷五《秦本纪》，中华书局1982年版，第202页。
⑧ （汉）司马迁：《史记》卷六十八《商君列传》，中华书局1982年版，第2230页。
⑨ （汉）司马迁：《史记》卷六十八《商君列传》，中华书局1982年版，第2232页。
⑩ 参见曾宪礼《"民有二男以上不分异者倍其赋"意义辨》，《中山大学学报》（哲学社会科学版）1990年第4期。

另有目的。若言它们是针对"父子无别，同室而居"的状况而制定，①问题便迎刃而解。在秦人与兄弟、儿子同居已成积习的情况下，法令先是规定，有两个以上儿子的百姓可以留下一个儿子一同居住，将其他儿子分出去。在秦人逐渐习惯后，法令又规定秦人必须将儿子和兄弟都分出去。父子同室而居的问题就像这样得到彻底解决。加上诸如"营如鲁卫矣"之类举措，②商鞅变法在实现秦国由弱变强的同时，至少在表面上改变秦文化落后于中原文化的局面。

为了迅速改变秦国积贫积弱以及东方诸侯戎翟遇之的局面，甚而像秦穆公那样开创霸业，公孙鞅在制定大量驱使人们戮力耕战的法令之余还适时建议秦孝公采取"无宿治""官法明""百县之治一形"、以势术御奸以及"破胜党任"等措施，驱使秦国上下依法治理，防止官吏们以权谋私以及结党营私，变法因而大获成功。然而，公孙鞅本人势必因想方设法限制大小官吏的特权、妨碍其谋取非法利益而为他们所憎恨。在不得不严格执行与秦人长期以来的习惯以及常识相违背的法令的情况下，秦国上下官吏心生反感或不满在所难免。加之在相关法令实施后，"秦俗日败，故秦人家富子壮则出分，家贫子壮则出赘。借父耰鉏，虑有德色；母取箕帚，立而谇语。抱哺其子，与公并倨。妇姑不相说，则反唇而相稽。其慈子耆利，不同禽兽者亡几耳"③。这样的局面又会进一步增加官吏们的负面情绪。赵良预言秦孝公去世以后无人容纳商鞅，④这些也应该是重要原因。

二　秦法实施之艰难及其未败之道

在公孙鞅主持变法期间，秦国颁布以"宗室非有军功论，不得为属籍"为主要内容的法令。⑤《史记索隐》以为："谓宗室若无军功，则不得为属籍，谓除其籍，则虽无功不及爵秩也。"⑥在公孙鞅的大力推动

---

① （汉）司马迁：《史记》卷六十八《商君列传》，中华书局1982年版，第2234页。
② （汉）司马迁：《史记》卷六十八《商君列传》，中华书局1982年版，第2234页。
③ （汉）班固：《汉书》卷四十八《贾谊传》，中华书局1962年版，第2244页。
④ （汉）司马迁：《史记》卷六十八《商君列传》，中华书局1982年版，第2235页。
⑤ （汉）司马迁：《史记》卷六十八《商君列传》，中华书局1982年版，第2230页。
⑥ （汉）司马迁：《史记》卷六十八《商君列传》，中华书局1982年版，第2231页。其中，"虽"字疑衍。

下，秦国很可能还实施以"壹赏"以及"壹刑"为原则的法令。前者意味着即便身为宗室成员，官爵利禄也只能通过耕战之功而获取，此外别无他途。① 后者则意味着，秦国宗室成员如果不服从法令，违反了其中禁止性规定，也要依法惩处。② 人们难免因而产生这样一些问题：诸如此类法令的真实含义为何？在秦国宗室以及贵戚的强烈反对下法令何以能实施？在商鞅因而被陷害以后法令为什么没有遭到废除？

以往与秦国国君血缘关系较近的宗室成员均拥有继承国君之位的资格。例如，秦灵公去世后，他的儿子献公未能继位，悼子登上国君之位。③ 秦灵公乃庶长和大臣们迫使秦怀公自杀以后拥立的国君。作为秦怀公太子之子，他登上国君之位仍然符合秦国通常继统法。然悼子为秦怀公之子、秦灵公之季父，仍然可以成为国君。尽管他很可能采取各种不正当手段，然而，倘若他根本没有成为秦国国君的资格，在秦国势必引起强烈反对并为史书所记载。又如，在即位以后，秦献公因怨恨右主而拟对其严厉处罚，因感谢菌改而准备给予重赏。监突以为不可，其理由值得重视："秦公子之在外者众，若此则人臣争入亡公子矣。此不便主。"④ 秦献公并未否认监突的说法，甚至不得不采纳其建议，表明在外流亡的秦国公子确实均具有继承君位的资格。此外，以往秦国宗室成员还可能享有爵秩等方面特权。随着公孙鞅主持制定的法令的颁布和实施，不少宗室成员因未能为秦国建功立业而失去属籍，从而丧失继承君位的资格以及获得爵秩的可能性。更有甚者，他们还可能因违反法令而受到惩罚。总之，在没有获得任何补偿的情况下，不少秦国宗室成员因商鞅主持的变法而被剥夺以往长期享有的特权和利益。

行文至此，人们对于"宗室非有军功论，不得为属籍"的含义仍然不十分清楚。⑤ 有学者在对秦汉宗室进行考察后指出，凡是与君主有血缘关系的成员及其后裔均为宗室成员。不过，并非所有宗室成员均载入

---

① 蒋礼鸿：《商君书锥指》卷四《赏刑》，中华书局1986年版，第96页。
② 蒋礼鸿：《商君书锥指》卷四《赏刑》，中华书局1986年版，第100页。
③ （汉）司马迁：《史记》卷五《秦本纪》，中华书局1982年版，第200页。
④ 许维遹：《吕氏春秋集释》卷二十四《当赏》，中华书局2017年版，第651页。
⑤ （汉）司马迁：《史记》卷六十八《商君列传》，中华书局1982年版，第2230页。

属籍，只有"百世不迁"的大宗以及五世之内的小宗旁支才有属籍。①然在"宗室非有军功论，不得为属籍"这样的记载中，②"宗室"为全称判断，故而这位学者的说法难以成立。对此问题，人们可以通过实施法令后秦国/王朝君位/皇位继承所发生的变化来分析和解决。例如，秦惠文王之子秦武王娶魏国女子为后，在后者还没来得及为其生子的情况下去世。秦武王诸弟也就是秦惠文王的其他儿子纷纷争立，最终在燕国做人质的昭襄王回国即位。③又如，秦昭襄王太子安国君宠爱之华阳夫人无子，其庶妻所生之子子楚"毋几得与长子及诸子旦暮在前者争为太子矣"④。当然，此乃秦国国君嫡妻无子的特殊情况下出现的现象。秦始皇死后的情形或许更能够说明问题——胡亥奉遗诏继位，因担心"诸公子必与我争"而将他们诛杀殆尽。⑤这些现象有一个共同的特点，与变法前不同的是，有资格参与秦国/王朝国君/皇帝之位争夺的仅秦国君/皇帝之子而已。因此，太史公所谓"宗室非有军功论，不得为属籍"很可能指除秦国君/皇帝之子以外的其他宗室成员。⑥例如，在秦武王死后，诸弟也就是秦惠文王之子争立。作为秦惠文王之弟的樗里子却只能从右更爵位开始，逐渐因战功而获封丞相以及严君。⑦当然，这样的看法需要更多的资料来加以证实。

商鞅主持推行的诸如此类举措一方面迫使秦宗室成员积极建功立业，另一方面大大降低了君位/皇位纷争导致政局动荡的概率。然而，秦国宗室成员极少能在战场上建功立业。不少嬴姓之人很有可能因为变法法令的实施而失去宗室成员身份以及相应的特权和利益，更没有资格竞争君位/皇位。这对于习焉于诸多特权和利益的秦国宗室成员而言毫无疑问是赤裸裸的剥夺，势必引发他们的强烈不满甚至反抗。无论是在《史记·秦本纪》还是在《史记·商君列传》中，太史公均未言及涉及贵戚的法

---

① 刘敏：《秦汉户籍中的"宗室属籍"》，《河北学刊》2007年第6期。
② （汉）司马迁：《史记》卷六十八《商君列传》，中华书局1982年版，第2230页。
③ （汉）司马迁：《史记》卷七十二《穰侯列传》，中华书局1982年版，第2323页。
④ （汉）司马迁：《史记》卷八十五《吕不韦列传》，中华书局1982年版，第2506页。
⑤ （汉）司马迁：《史记》卷六《秦始皇本纪》，中华书局1982年版，第268页。
⑥ （汉）司马迁：《史记》卷六十八《商君列传》，中华书局1982年版，第2230页。
⑦ （汉）司马迁：《史记》卷七十一《樗里子列传》，中华书局1982年版，第2307—2308页。

令。贵戚与国君之间没有血缘关系，在当时的宗法制度下相对于宗室成员而言二者关系更为疏远，其特权和利益更有可能在变法期间遭到剥夺。因此，人们不难理解的是，公孙鞅主持的变法同样引发贵戚的强烈不满。太史公记载其事曰："商君相秦十年，宗室、贵戚多怨望者。"① 不少人难免因而作奸犯科，公孙鞅于是"日绳秦之贵公子"②。此外，前面在依据《商君书》相关记载而指出，商鞅为确保"官无邪"而提出以势、术御奸以及"破胜党任"等主张。倘若在秦国治理实践中从未出现奸、党问题，想必商鞅等人不会提出这样一些建议。只有实践中暴露出相关问题，商鞅等人才会建议采取有针对性的措施。这又意味着，在太子犯法导致其傅、师也被依法处置的法治环境中，一些存在相关问题的官吏也受到严厉惩罚。

在秦国毫无政治基础的公孙鞅，为了确保官吏们严格执法而对他们以术治之，为了挖掘秦国耕战潜力而迫使宗室成员在战场上建功立业。在因损害他们的权力和利益而不可能得到他们支持的情况下，公孙鞅仍然能够在秦国长期立足并完成变法，其中必有缘故。正如赵良所言："秦王一旦捐宾客而不立朝，秦国之所以收君者，岂其微哉？"③ 秦国国君称王乃秦惠文君时事，④ 因此，《史记·商君列传》所记载的赵良与商鞅之对话乃太史公依据最早在秦惠王时代产生的文献而撰写。不过，赵良对于商鞅处境的分析较为合理，具有较高的可信性。根据赵良上述言论可知，秦孝公乃商鞅最大以及不多的支持者之一。秦孝公之所以如此，是因为商鞅主持的变法在不长的时间内让秦国迅速强大，令其称霸天下、显名于世的愿望逐渐得以实现："天子致胙于孝公，诸侯毕贺。"⑤

即便在目前的资料条件下，人们也不难发现秦孝公对于商鞅变法予以大力支持的证据。在太子犯法以后，除非得到秦孝公的坚定支持，否则公孙鞅不大可能对太子傅公子虔、太子师公孙贾施刑。⑥ 在如前所述

---

① （汉）司马迁：《史记》卷六十八《商君列传》，中华书局1982年版，第2233页。
② （汉）司马迁：《史记》卷六十八《商君列传》，中华书局1982年版，第2234页。
③ （汉）司马迁：《史记》卷六十八《商君列传》，中华书局1982年版，第2235页。
④ （汉）司马迁：《史记》卷七十《张仪列传》，中华书局1982年版，第2284页。
⑤ （汉）司马迁：《史记》卷六十八《商君列传》，中华书局1982年版，第2232页。
⑥ （汉）司马迁：《史记》卷六十八《商君列传》，中华书局1982年版，第2231页。

第三章　秦法之治下朝廷官吏与秦国崛起

官吏们以权谋私乃至结党营私等问题逐渐在变法过程中暴露出来后，若无秦孝公大力支持，公孙鞅也势必难以依法处置。在公孙鞅主持变法十年后，"道不拾遗，山无盗贼，家给人足。民勇于公战，怯于私斗，乡邑大治"①。公孙鞅主张国家依据人们在农战过程中所建功勋而授予官爵，舍此以外别无他途。② 在相关内容很可能因而成为秦国法令后，秦孝公对于公孙鞅的封赏也是依法令而为。例如，在公孙鞅主持变法三年后，"百姓便之，乃拜鞅为左庶长"③；十年以后，变法获得空前成功，公孙鞅的爵位因而升为大良造；在魏国兵败马陵后，公孙鞅建议伐魏，建立帝王之业。秦孝公深以为然，命公孙鞅率领军队攻打魏国，一举打败公子卬统帅的魏军，迫使魏惠王献河西之地以求和，甚至迁都大梁。公孙鞅因而获封於、商十五邑，号商君。④

言及秦孝公对于商鞅的支持，《战国策》如次之记载或有必要略加分析："孝公行之八年，疾且不起，欲传商君，辞不受。"⑤ 人们应该不难同意的是，秦孝公即便在临终之际萌生此意也不具有任何现实可能性。作为嬴氏子孙，秦孝公此举无异将先君数百年浴血奋战而积攒的家业拱手让人。即便秦国百姓不会反对，嬴氏家族势必极力反对。在去世以后，秦孝公连商鞅的个人安危都无法保障，更难确保他顺利继位。即便确有其事，商鞅推辞而不接受之举表明，他对后孝公时代秦国政治局势看得非常清楚，颇有自知之明。这样的分析如果成立，个别学者在其相关论著中所持的部分理由就难以成立。⑥ 该学者所谓全盘规划云云，乃是商鞅向秦孝公所献秦国治国方略，并非为自己成为国君后治国理政所准备。在推翻姚宏本"孝公欲传商君"之说以及论证秦孝公传位商鞅不过是故作姿态、试探权臣的同时，有学者从禅让思潮的兴起和商鞅所拥有的权力欲以及威望的角度对秦孝公传位商鞅之记载予以释疑。⑦ 这样的分析

---

① （汉）司马迁：《史记》卷六十八《商君列传》，中华书局1982年版，第2231页。
② 蒋礼鸿：《商君书锥指》卷一《农战》，中华书局1986年版，第20—21页。
③ （汉）司马迁：《史记》卷五《秦本纪》，中华书局1982年版，第202页。
④ （汉）司马迁：《史记》卷六十八《商君列传》，中华书局1982年版，第2232—2233页。
⑤ （西汉）刘向集录：《战国策》卷三《秦一》，上海古籍出版社1998年版，第77页。
⑥ 晁福林：《商鞅史事考》，《中国史研究》1994年第3期。
⑦ 仝卫敏：《出土文献与〈商君书〉综合研究》，花木兰文化出版社2013年版，第38—45页。

同样值得推敲。在秦孝公发布求贤令以后，即便信奉后世归诸儒家、墨家、道家或者法家学说的人士纷纷进入秦国，禅让思潮因而传入秦国，也难言它们便能够对秦国政治产生什么影响。在商鞅主持变法期间，秦国焚烧诗、书而申明法令。利用诗、书等文献而阐述其思想主张的诸家之言一概在禁止之列。商鞅及其追随者的论著或许因商鞅深受秦孝公信赖之故而有可能幸免于难，然而，它们又从未言及禅让问题。至于商鞅南面而称寡人事表明其有僭越君权的举动云云亦须进一步探讨。秦孝公求贤令说得十分清楚："有能出奇计强秦者，吾且尊官，与之分土。"①在主持变法且率领军队夺回河西之地，实现秦孝公的强秦梦以后，商鞅理所当然地获得秦孝公兑现在求贤令中的承诺，南面而称寡人很可能乃题中之义。今人在对战国秦汉时期诸多制度难知其详的情况下非议时人也没有公开指责的行为危险。总之，秦孝公传位商鞅之类记载至多属于传闻，它们之所以能够流传开来甚至为人们记载下来，只有在秦孝公对于商鞅的支持不遗余力故而为其传播提供了社会土壤的情况下才属可能。

在法令或者制度允许的范围内，商鞅拥有类似后世所谓幕僚以及徒属。例如，尸"佼，鲁人，秦相商君师之"②。然而，人们很难设想他们成为誓死效忠商鞅的政治势力。恰好相反，为避免授人以柄，商鞅会竭力避免自己主持制定的法令所禁止的结党行为。在秦孝公去世以后，秦惠文君下令抓捕商鞅的时候，后者因而除了率邑兵攻打郑国以外，未能在秦国任何政治势力的支持下采取有效措施以改变其命运。赵良有关商鞅命运的预言很快成为现实。

关于秦惠文君下令抓捕商鞅事，《吕氏春秋》《史记》以及《战国策》相关记载之间存在不小的差别。据《吕氏春秋》记载，公孙鞅利用与公子卬的私人情谊，假意建议与公子卬分别劝说各自国君罢兵休战，在道别的时候却出其不意地设伏俘获公子卬，"秦孝公薨，惠王立，以此疑公孙鞅之行，欲加罪焉"③。《史记·商君列传》云，公子虔之徒告商鞅欲反，秦惠文君命令官吏抓捕商君。商鞅四处逃亡，后不得已与其

---

① （汉）司马迁：《史记》卷五《秦本纪》，中华书局1982年版，第202页。
② （汉）班固：《汉书》卷三十《艺文志》，中华书局1962年版，第1741页。
③ 许维遹：《吕氏春秋集释》卷二十四《当赏》，中华书局2017年版，第651页。

徒属一道攻打郑国。秦国发兵攻打商鞅，杀死他并车裂以徇，曰："莫如商鞅反者。"甚而灭商鞅之家。①《史记·秦本纪》之记载与此略有区别："太子立，宗室多怨鞅。鞅亡，因以为反，而卒车裂以徇秦国。"②《战国策》则提供与以上所述完全不同的记载："惠王代后，莅政有顷，商君告归。"③ 有人趁机进谗言，曰商鞅功高震主，且必为惠王仇雠。"商君归还，惠王车裂之……"④ 无论是秦惠文君对于商鞅会公子卬之事生疑也好，也无论是公子虔之徒挟私怨而诬告商鞅谋反也罢，抑或兼而有之，在目前的资料条件下均难以考知其详。人们目前所能比较确切地知道的事实是，秦惠文君派人抓捕商鞅乃是有人告发或者怀疑他有罪后采取的合乎法令的举措。商鞅四处逃亡乃至于发邑兵攻打郑国，并在秦国军队攻打他们的时候很可能进行反抗，为秦人"因以为反"提供合理合法的借口。⑤ 即便公子虔之徒所谓商鞅欲反纯属诬陷，商鞅的所作所为也坐实了他们指控的罪名，为秦惠文君依法处置提供了依据。如果上述分析成立，秦惠文君乃是在法令规定的范围内处置商鞅。

从秦惠文君继位后的种种表现来看，他也是位雄心勃勃、颇有作为的秦国国君。在目睹秦国自商鞅变法以来取得的巨大成就以后，他心里也应该十分清楚，只有继续实施商鞅主持制定的法令方能实现称霸乃至一统天下的目标。因此，"及孝公、商君死，惠王即位，秦法未败也"⑥。如果诸如此类的记载意味着秦惠文君并未打算废除商鞅主持制定的法令，在即位以后处理所谓商鞅谋反案的时候，他就不可能像《战国策》所说的那样无故屠戮功臣，而是严格依照商鞅主持制定的法令来办理。这让他继续实施商鞅主持制定的法令不存在任何道义方面的障碍，同时又不至于让东方诸侯国渴望到秦国建功立业的才能之士望而却步。

无论是从广度、深度而言，还是从对秦国既有权力以及利益格局的调整而言，秦国在商鞅主持下实施的变法都是前无古人，它所取得的成

---

① （汉）司马迁：《史记》卷六十八《商君列传》，中华书局1982年版，第2236页。
② （汉）司马迁：《史记》卷五《秦本纪》，中华书局1982年版，第205页。
③ （西汉）刘向集录：《战国策》卷三《秦一》，上海古籍出版社1998年版，第77页。
④ （西汉）刘向集录：《战国策》卷三《秦一》，上海古籍出版社1998年版，第77页。
⑤ （汉）司马迁：《史记》卷五《秦本纪》，中华书局1982年版，第205页。
⑥ （清）王先慎：《韩非子集解》卷十七《定法》，中华书局1998年版，第398页。

功也亘古未有，秦国在不长的时间内迅速崛起。随着变法法令的颁布和实施，秦国宗室以及贵戚的权力和利益基本上被剥夺，官吏们以权谋私甚至结党营私的问题也逐渐暴露。在秦孝公的大力支持下，作奸犯科的宗室、贵戚以及官吏依法受到惩罚，变法因而持续顺利地开展。令人不胜唏嘘的是，随着商鞅的最大支持者——秦孝公的离世，商鞅在政争中彻底失败。不过，商鞅主持制定的法令因其成效卓著而难以为秦人所废，确保了秦国在耕战强国的法治轨道继续前行。

第二节 秦惠文王时代的朝廷官吏与秦国崛起

在商鞅变法成功调动秦人耕战积极性，将秦国军队打造成为能够打败强大的魏国军队的力量以后，其他诸侯国的才能之士纷纷前往秦国建立功业，秦惠王时代的张仪就是如此。数十年后，李斯曾经像这样评价张仪为秦国所建立的功勋："惠王用张仪之计，拔三川之地，西并巴、蜀，北收上郡，南取汉中，包九夷，制鄢、郢，东据成皋之险，割膏腴之壤，遂散六国之从，使之西面事秦，功施到今。"[1]《史记索隐》案曰："惠王时张仪为相，请伐韩，下兵三川以临二周。司马错请伐蜀，惠王从之，果灭蜀。仪死后，武王欲通车三川，令甘茂拔宜阳。今并云张仪者，以仪为秦相，虽错灭蜀，茂通三川，皆归功于相，又三川是仪先请伐故也。"[2] 如果《史记索隐》之记载属实，则李斯上书所言张仪事与史实不尽相符。不过，《史记索隐》相关解释亦有必要进一步推敲，至少它将张仪死后秦人在一统天下方面获得的诸多进展归功于他不甚合理。李斯上书时距离张仪开始为秦国效力已达八十余年，他很可能根据流传于世的诸如《纵横家书》以及《秦记》之类文献而知张仪等秦客之事，未必非常准确。加之他为了阻止秦国驱逐来自东方各诸侯国之客，势必对包括张仪在内的秦人之客所建立之功勋极力夸张。因此，人们有必要对张仪在秦史事略加辨析，并考察这一历史阶段包括张仪在内的朝廷官吏对于秦国崛起所发挥的作用。

---

[1] （汉）司马迁：《史记》卷八十七《李斯列传》，中华书局1982年版，第2542页。
[2] （汉）司马迁：《史记》卷八十七《李斯列传》，中华书局1982年版，第2542—2543页。

一　张仪"散六国之从"

据《史记·张仪列传》记载，在苴、蜀相互攻击，二者都派人向秦国告急的时候，韩国入侵秦国。秦惠王对于先伐韩还是先伐蜀犹豫不决。张仪与司马错在秦惠王面前争论，分别陈述先伐韩或先伐蜀之理由。秦惠王采纳司马错的意见，起兵伐蜀。① 就秦伐蜀的时间而言，如果太史公在《史记·张仪列传》中是按照时间先后顺序介绍张仪之事迹，则此事发生在秦惠文君十年张仪获拜为秦相以前。如此一来它们就与《史记·秦本纪》所谓"（秦惠王）九年，司马错伐蜀，灭之"在时间方面相差至少十二年。② 在《史记·张仪列传》记载的张仪与司马错争论事与战国时人学习纵横术所利用的《战国策》相关记载基本相同的情况下，③ 人们恐怕应该认同《史记·秦本纪》之记载。这提醒人们，关于张仪在秦国政坛的沉浮，人们即便在利用《史记》相关记载进行考察以前都应该对相关史实略加辨析。

在秦惠文君即位以后，秦国继续向东扩张，取得系列战果。在犀首为大良造期间，魏国纳阴晋于秦国。次年，公子卬虏魏国将军龙贾，斩魏军首级八万，魏国纳河西之地于秦国。④ 在秦国以此证明了实力以及良好发展前景以后，渴望建功立业的张仪入秦。秦惠王派公子华与他一道率军围蒲阳，迫使其投降。张仪劝说秦惠王将蒲阳交还魏国，并让公子繇前往魏国为人质，以此说服魏国割让上郡、少梁等地给秦国。⑤《史记·秦本纪》的记载与此略有不同：张仪相秦后，魏国方纳上郡十五县，未言及少梁事。秦国归还魏国者为焦、曲沃，而不是蒲阳。⑥ 在归还焦、曲沃这件事情上，《史记·魏世家》与《史记·秦本纪》基本一致。⑦ 不

---

① （汉）司马迁：《史记》卷七十《张仪列传》，中华书局1982年版，第2280—2284页。
② （汉）司马迁：《史记》卷五《秦本纪》，中华书局1982年版，第207页。
③ （西汉）刘向集录：《战国策》卷三《秦一》，上海古籍出版社1998年版，第115—119页。
④ （汉）司马迁：《史记》卷五《秦本纪》，中华书局1982年版，第205—206页。
⑤ （汉）司马迁：《史记》卷七十《张仪列传》，中华书局1982年版，第2284页。
⑥ （汉）司马迁：《史记》卷五《秦本纪》，中华书局1982年版，第206页。
⑦ （汉）司马迁：《史记》卷四十四《魏世家》，中华书局1982年版，第1848页。

过,《史记·秦本纪》记载秦国更名少梁为夏阳事,① 基本上可以证实《史记·张仪列传》所谓魏国割让少梁之事属实。而且,魏国同意割让土地与具体实施之间可能需要时间。因此,魏国在张仪为相后将土地交给秦国也属可能。至于张仪劝说秦惠王交还魏国的土地,当以《史记·魏世家》以及《史记·秦本纪》的记载为准。

秦国获得魏国之上郡、少梁二地,乃是以归还从魏国夺取的焦、曲沃二地以及秦国公子繇前往魏国做人质为代价。秦人这样做必有其缘故。根据"魏有河西、上郡,以与戎界边"这样的记载可知,② 上郡乃魏国在三家分晋时获得。在秦国夺取上郡以前,魏国占据崤函,以西河郡和上郡为据点从东、北两个方向对秦国构成威胁。③ 从秦国的角度而言,上郡乃其向东、北方向出击的重大障碍。一旦夺取上郡,秦国就与赵国接壤,从而可以由此向赵国出击。如说客所言:"秦之上郡近挺关,至于榆中者千五百里,秦以三郡攻王之上党,羊肠之西,句注之南,非王有已。"④ 也正因为如此,秦国在获得上郡后,赵国主动攻打秦国。史书记载其事曰:"赵疵与秦战,败,秦杀疵河西,取我蔺、离石。"⑤ 有学者认为,赵国此次军事行动的目的就是从秦国手里夺取上郡,解除秦国对自己造成的威胁。⑥ 因此,上郡对于秦国而言具有相当重要的战略地位。

至于少梁,由"晋伐秦,取少梁"这样的记载可知,⑦ 少梁原为秦地,春秋时期为晋国所夺取。在三家分晋的时候,少梁为魏国所分得。魏文侯六年,魏国在少梁筑城。⑧ 秦献公即位后,一再为此地而攻击魏国:"十二年,秦攻魏少梁,赵救之。十三年,秦献公使庶长国伐魏少梁,虏其太子、痤。"⑨ 秦人对少梁如此重视,原因恐怕不仅是恢复失地

---

① (汉)司马迁:《史记》卷五《秦本纪》,中华书局1982年版,第206页。
② (汉)司马迁:《史记》卷一百十《匈奴列传》,中华书局1982年版,第2885页。
③ 黄苑野:《战国秦汉上郡军事地理研究》,硕士学位论文,首都师范大学,2011年,第29页。
④ (汉)司马迁:《史记》卷四十三《赵世家》,中华书局1982年版,第1818页。
⑤ (汉)司马迁:《史记》卷四十三《赵世家》,中华书局1982年版,第1803页。
⑥ 黄苑野:《战国秦汉上郡军事地理研究》,硕士学位论文,首都师范大学,2011年,第31页。
⑦ (汉)司马迁:《史记》卷五《秦本纪》,中华书局1982年版,第195页。
⑧ (汉)司马迁:《史记》卷四十四《魏世家》,中华书局1982年版,第1838页。
⑨ (汉)司马迁:《史记》卷四十三《赵世家》,中华书局1982年版,第1799页。

这么简单。"在韩城市境内的多道夯筑墙体，大多是为护卫少梁城的安全而修筑的。城南村南线长城从黄河西岸的二级台地上开始向西延伸，一直延伸到合阳县境内，应该是属于防御秦军势力北进的重要防线，北线则为了阻断重要的交通要道——司马坡而修筑的。"① 现代学者根据考古发掘报告而形成的学术观点告诉人们，少梁乃是秦国东伐的战略要地。秦人从魏人手里获得上郡、少梁二地，既可以向东继续攻打魏国，又可以向北攻打赵国。秦人让公子繇前往魏国做人质有利于打消魏人顾虑，让魏人以为秦国的主要目标是北方的赵国。以焦、曲沃交换上郡、少梁的交易就这样达成。

张仪逞口舌之利，让秦国不费一兵一卒而获得上郡、少梁等战略要地，故而秦惠文君拜张仪为相。四年后，张仪立秦惠文君为王。② 不过，秦惠王并未因而封赏张仪。依据官爵唯有通过耕战之功而获取这样的原则来看，秦惠王的做法可以理解。次年，张仪率领军队夺取陕地，筑上郡塞。③《史记·秦本纪》的相关记载是，"使张仪伐取陕，出其人与魏"④。大概此为秦魏易地协议的组成部分，秦国在已经为此拜张仪为相后没有必要再行封赏。

在此基础上，秦国试图令魏国事秦而诸侯效仿，进而称霸天下。为此，张仪前往相魏而劝说魏王于内，秦国军事进攻于外，先后夺取魏国曲沃、平周。⑤ 令秦人始料未及的是，秦国不仅未达成上述战略目标，它向东方的迅速扩张还让各诸侯国感受到威胁。在苏代的联络下，东方各诸侯国逐渐形成合纵抗秦的战略态势，韩、赵、魏、燕、楚等国甚至一度联合匈奴攻打秦国。⑥ 秦国在派军队与联军交战并取得为诸侯所震惊的斩首八万二千的战绩的同时，⑦ 张仪前往各诸侯国实施连横战略。

---

① 贺慧慧：《少梁城地望考》，《司马迁与史记论集》第九辑，陕西人民出版社2011年版，第444页。
② （汉）司马迁：《史记》卷七十《张仪列传》，中华书局1982年版，第2284页。
③ （汉）司马迁：《史记》卷七十《张仪列传》，中华书局1982年版，第2284页。
④ （汉）司马迁：《史记》卷五《秦本纪》，中华书局1982年版，第206页。
⑤ （汉）司马迁：《史记》卷七十《张仪列传》，中华书局1982年版，第2284—2285页。
⑥ （汉）司马迁：《史记》卷五《秦本纪》，中华书局1982年版，第207页；参见晁福林《五国攻秦与修鱼之战考》，《安徽史学》1996年第1期。
⑦ （汉）司马迁：《史记》卷五《秦本纪》，中华书局1982年版，第207页。

在秦国派遣军队夺取魏国之曲沃、平周以及楚国之丹阳、汉中等地的配合下，张仪先后说服魏国违背从约而请成于秦国，① 楚国闭关绝约于齐国，割让黔中地给秦国，② 韩国西面而事秦国。③ 为此，张仪获封五邑，号曰武信君。④

大体而言，张仪在东方诸侯国实施连横，成功瓦解合纵抗秦之势，并让秦国乘机夺取不少土地，对于秦国可谓功不可没。商鞅在获封大良造庶长后也不过率军打败魏军，夺取河西之地而已。因此，秦惠王对于张仪的封赏可谓合乎秦法论功行赏原则。不过，秦人对此也可以有不同看法。例如，攻城略地主要靠军队流血牺牲。而且，连横之成功也有赖秦军在战场上取得的胜利为后盾。在张仪徒逞口舌之利而获得的封赏远超过秦军将士通过流血牺牲而获封的官爵的情况下，秦国内部很有可能产生政治斗争，并且影响其下一步走向。

二 张仪何以失宠

在张仪破坏东方各诸侯国合纵的同时，若干秦国将领率军攻城略地。其中，功勋最为卓著的要数宗室成员樗里子。樗里子名疾，秦惠王之异母弟也。如果将《史记·秦本纪》"樗里疾、甘茂为左右丞相"⑤ 与《史记·樗里子列传》"太子武王立，逐张仪、魏章，而以樗里子、甘茂为左右丞相"⑥ 对照起来看，人们不难得出结论，樗里疾与樗里子为同一人。秦惠王七年，在韩、赵、魏、燕、楚等五国联合匈奴攻打秦国的时候，庶长疾率军与战，取得俘虏申差、斩首八万二千的战绩。⑦ 次年，与秦国派军队攻占魏国之地曲沃相呼应的是，秦惠王"爵樗里子右更，使将而伐曲沃，尽出其人，取其城，地入秦"⑧。如果将此记载与樗里子前述战绩结合起来，人们不难发现，秦惠王像这样做完全符合秦法奖励

---

① （汉）司马迁：《史记》卷七十《张仪列传》，中华书局1982年版，第2285—2287页。
② （汉）司马迁：《史记》卷七十《张仪列传》，中华书局1982年版，第2287—2292页。
③ （汉）司马迁：《史记》卷七十《张仪列传》，中华书局1982年版，第2293—2294页。
④ （汉）司马迁：《史记》卷七十《张仪列传》，中华书局1982年版，第2294页。
⑤ （汉）司马迁：《史记》卷五《秦本纪》，中华书局1982年版，第209页。
⑥ （汉）司马迁：《史记》卷七十一《樗里子列传》，中华书局1982年版，第2308页。
⑦ （汉）司马迁：《史记》卷五《秦本纪》，中华书局1982年版，第207页。
⑧ （汉）司马迁：《史记》卷七十一《樗里子列传》，中华书局1982年版，第2307页。

耕战的原则。樗里子的爵位乃是因俘虏申差、斩首八万二千而升为右更。太史公在其所能利用的文献中难以发现樗里子率领秦军与联军作战的持续时间以及率军伐曲沃的准确时间,更难以获悉秦军战胜联军后的详细信息,故而只能根据诸如《秦记》之类文献简要记载秦国发生的重大事件,形成一些看似毫无关联的记载。人们如果愿意依据秦法相关原则进行分析,往往能够形成更为合理的判断。

樗里子为秦国做出的贡献远不限于此,"秦惠王二十五年,使樗里子为将伐赵,虏赵将军庄豹,拔蔺。明年,助魏章攻楚,败楚将屈丐,取汉中地。秦封樗里子,号为严君"①。嬴驷卒于秦惠王十四年,② 所谓"秦惠王二十五年"只可能是在嬴驷称秦惠文君的十三年基础上加上十二年,与《史记·秦本纪》中的"秦惠王十二年"所指相同。与《史记·樗里子列传》上述记载基本一致的是,《史记·秦本纪》指出:"十二年,王与梁王会临晋。庶长疾攻赵,虏赵将庄……十三年,庶长章楚于丹阳,虏其将屈丐,斩首八万;又攻楚汉中,取地六百里,置汉中郡。"③ 在为秦国立下诸多汗马功劳后,樗里子获封侯爵,与秦法奖励耕战原则完全相符。依据《史记·秦本纪》相关记载可知,樗里子所立战功还包括"秦使庶长疾助韩而东攻齐,到满助魏攻燕。十四年,伐楚,取召陵"等等。④ 这样一些记载可以在一定程度上得到《史记·魏世家》的佐证:"七年,攻齐。与秦伐燕。"⑤ 秦武王即位后,樗里子进一步因功获封右丞相。⑥

与樗里子同时获封丞相的乃甘茂,此人系张仪、樗里子举荐。在与甘茂交谈后,秦惠王非常欣赏,拜其为将,辅佐魏章平定汉中地。在蜀侯煇与相壮一道谋反后,甘茂率领秦军平定蜀地。⑦ 甘茂虽然未像樗里子那样建立诸多战功,然而,平定蜀地事对于秦国非常重要:"秦以益

---

① (汉) 司马迁:《史记》卷七十一《樗里子列传》,中华书局1982年版,第2307—2308页。
② (汉) 司马迁:《史记》卷五《秦本纪》,中华书局1982年版,第209页。
③ (汉) 司马迁:《史记》卷五《秦本纪》,中华书局1982年版,第207页。
④ (汉) 司马迁:《史记》卷五《秦本纪》,中华书局1982年版,第207页。
⑤ (汉) 司马迁:《史记》卷四十四《魏世家》,中华书局1982年版,第1850页。
⑥ (汉) 司马迁:《史记》卷五《秦本纪》,中华书局1982年版,第209页。
⑦ (汉) 司马迁:《史记》卷七十一《甘茂列传》,中华书局1982年版,第2310—2311页。

强，富厚，轻诸侯。"① 甘茂此功因而在一定程度上可与张仪设法让秦国不费一兵一卒而获得上郡、少梁等战略要地相类，秦武王封其为左丞相亦合乎秦法论功行赏原则。②

此外，太史公还简要记载了司马错以及庶长魏章所取得的战绩。前者"伐蜀，灭之。伐取赵中都、西阳……伐取韩石章。伐败赵将泥。伐取义渠二十五城"③。后者"击楚于丹阳，虏其将屈匄，斩首八万。又攻楚汉中，取地六百里，置汉中郡"④。所谓"伐取赵中都、西阳"以及"伐取韩石章"云云，在《史记》中均无主语，表面上看来难以确定它们是谁的功劳。其实不然，在记载秦惠王执政期间所发生战事的时候，如果系列战事均为某某将军率军所为，则于首次战事明确指出统军将领，后面则直陈战事及其战绩。例如，"秦使庶长疾与战修鱼，虏其将申差，败赵公子渴、韩太子奂，斩首八万二千"⑤。如果后来战事改由其他将领指挥，像上面那样记载就容易让人产生误解，太史公因而在适当的地方指出统军将领。例如，"庶长疾攻赵，虏赵将庄……十三年，庶长章击楚于丹阳"⑥。人们因而有理由将"伐取赵中都、西阳""伐取韩石章""伐败赵将泥"以及"伐取义渠二十五城"等等归功司马错。当然，只有《史记》在他处之记载、其他文献相关记载乃至出土文献相关记载能够提供佐证的情况下，人们方能较为肯定地得出结论。根据以上分析来看，司马错同样战功彪炳。若从其平定或者夺取的土地的战略地位而言，义渠乃秦国心腹大患，伐取义渠二十五城的意义不应等闲视之。然而，人们在迄今为止能够发现的文献中并未发现司马错像甘茂那样获得重赏。庶长魏章与其相类，在楚地立下重大战功后，太史公也没有记载他获得何种封赏。一年多后，秦武王即位，魏章甚至与张仪一道被驱逐。⑦ 即便他从秦惠王那里得到封赏，也未能维系多久。

---

① （汉）司马迁：《史记》卷七十《张仪列传》，中华书局1982年版，第2284页。
② （汉）司马迁：《史记》卷七十一《甘茂列传》，中华书局1982年版，第2311页。
③ （汉）司马迁：《史记》卷五《秦本纪》，中华书局1982年版，第207页。
④ （汉）司马迁：《史记》卷五《秦本纪》，中华书局1982年版，第207页。
⑤ （汉）司马迁：《史记》卷五《秦本纪》，中华书局1982年版，第207页。
⑥ （汉）司马迁：《史记》卷五《秦本纪》，中华书局1982年版，第207页。
⑦ （汉）司马迁：《史记》卷七十一《甘茂列传》，中华书局1982年版，第2308页。

第三章 秦法之治下朝廷官吏与秦国崛起

与上述率领秦军攻城略地而建功立业的将领不同的是,张仪主要是靠游说,他所获得的封赏反而远远超过前者。好景不长的是,一向对张仪颇为不满的秦武王即位以后,群臣多向其进谗言,指责张仪毫无信义,为了获得荣华富贵而轮番出卖他国利益。秦国重用此人,一定会成为天下笑柄。① 这样的说法不无道理。张仪以商於之地六百里为诱饵劝说楚国闭关绝约于齐国,在楚王同意乃至于北骂齐王后,张仪却言献奉邑六里。② 他身为魏相,却为秦国利益服务,不断劝说魏王事秦。③ 不过,秦国为天下笑并不会令秦国群臣如其所言无颜立足于世。在秦国一统天下因而为天下仇视且虎狼之师的说法盛行的时代,亦未见秦国群臣因而对秦王进行谏阻。因此,所谓秦国成为天下笑柄的理由恐为天下笑。

倘若从商鞅变法所确定的政治传统的角度来分析秦国群臣的言行,人们不难发现它们具有一定合理性。依据《商君书·农战》篇相关记载可知,商鞅主张人主以官爵为诱饵驱使、劝助秦国上下积极从事农战。秦人必须在耕战中建功立业才可能获封官爵,除此以外没有任何其他可行办法。为此,商鞅对于"巧言虚道""辩说之人",以及"高言伪议"等等进行严厉抨击,指出它们乃是"国必削""上无使战守""贫国弱兵"等严重后果产生的根源。④ 随着商鞅主持的变法大获成功,秦国迅速崛起,这些意见甚至相关举措逐渐被秦国上下视为理所当然。张仪徒逞口舌之利而为秦国立下汗马功劳,颇有"巧言虚道""高言伪议"之嫌,受到抨击甚至可以说在所难免。秦人甚至还有可能认为,秦国在一统天下过程中所获得的进展,乃是秦国将士在战场上奋勇杀敌之结果。例如,如果没有秦国将士从魏国手里夺取雕阴、蒲阳等地,令上郡与魏国形成地理上的隔绝,⑤ 张仪也难以说服魏王将上郡交给秦国。张仪用来交换上郡的土地,也是秦国将士浴血奋战夺取而来。"诸侯闻张仪有却武王,皆畔衡,复合纵"之类事实表明,⑥ 张仪逞口舌之利难以取得

---

① (汉)司马迁:《史记》卷七十《张仪列传》,中华书局1982年版,第2298页。
② (汉)司马迁:《史记》卷七十《张仪列传》,中华书局1982年版,第2287—2288页。
③ (汉)司马迁:《史记》卷七十《张仪列传》,中华书局1982年版,第2284—2285页。
④ 蒋礼鸿:《商君书锥指》卷一《农战》,中华书局1986年版,第20—26页。
⑤ 黄苑野:《战国秦汉上郡军事地理研究》,硕士学位论文,首都师范大学,2011年。
⑥ (汉)司马迁:《史记》卷七十《张仪列传》,中华书局1982年版,第2298页。

较为稳固的战果。对于像张仪这样在不长的时间内获得丞相高位以及侯爵的外来者，已经逐渐习焉于依据耕战之功而封官授爵的秦国群臣势必非常不满和反感。

从秦武王的角度而言，所谓"寡人欲容车通三川，窥周室，死不恨矣"云云表明他野心极大。① 对于这样的战略目标，他试图通过武力而实现，也就是派甘茂、庶长封等将领率领军队攻占宜阳。② 在用人方面，秦武王较为偏好英勇善战者。例如，"武王有力好戏，力士任鄙、乌获、孟说皆至大官"③。因此，像他这样的秦国国君势必不悦张仪。在这样的政治环境中，张仪已经失去在秦国继续保有其爵禄的可能性，不得已设法逃离。即便张仪以前的确向秦惠王进献"下兵三川，塞什谷之口，当屯留之道"，进而"秦攻新城、宜阳，以临二周之郊"这样的策略，④ 它与秦武王"容车通三川，窥周室"之间也未必存在因果关系。人们因而没有充分的理由像《史记索隐》的解释那样将"甘茂拔宜阳"归功张仪。从秦武王为太子时便不悦张仪以及即位后便将其驱逐这些举动来看，他未必心甘情愿地执行张仪所制定的战略。春秋时期，楚庄王便有问鼎中原之举。战国时期，周王室甚至不得已分封韩、赵、魏等为诸侯，导致其为天下人轻视。秦国因为变法而有了轻诸侯之资本，作为国君的秦武王产生窥探周王室的野心合情合理。从地理方面来看，宜阳乃秦人前往周王室的必经之地。因此，秦武王派兵攻打宜阳势所必然，不宜视为执行张仪为秦国制定的方略。

总之，张仪通过游说而破坏诸侯国的合纵，有力地配合秦国军队在战场上取得胜利，秦惠王将其视为军事行动的重要组成部分很难说存在明显不当。在将张仪与商鞅所建功业进行比较以后人们不难发现，秦惠王对于张仪的封赏很难说超越了合理限度。至于对于宗室成员樗里子的封赏，秦惠王的决定大体上符合商鞅变法期间确定的秦国依据耕战之功授予官爵的原则。后秦国群臣与张仪产生矛盾，主要原因是前者嫉恨后者徒逞口舌之利而获封爵，从另外一个角度来看则是秦国根据耕战之功

---

① （汉）司马迁：《史记》卷五《秦本纪》，中华书局1982年版，第209页。
② （汉）司马迁：《史记》卷五《秦本纪》，中华书局1982年版，第209页。
③ （汉）司马迁：《史记》卷五《秦本纪》，中华书局1982年版，第209页。
④ （汉）司马迁：《史记》卷七十《张仪列传》，中华书局1982年版，第2282页。

授予官爵与授予辩说之人官爵两种原则的较量，前者最终胜出在一定程度上表明商鞅变法期间确定的官爵授予原则的深入人心，对于激励后来者积极从事耕战大有裨益。不过，在将司马错、魏章与甘茂等人分别建立的战功以及获得的封赏进行比较后，人们很难说秦惠王在官爵奖励方面绝对公平合理，血缘关系以及个人偏好等法令以外的因素难以彻底排除。不过，秦国将士杀敌立功的积极性并没有因而降低，其原因值得人们深思，后文将对此进行探讨。

第三节 秦昭襄王时代朝廷官吏与秦国崛起

秦惠王去世后，继承其位的是他的儿子秦武王。这位国君享国日浅，执政期间不过派甘茂率军攻占宜阳而已，很难让人们认为他为秦国一统天下的事业做出多少贡献，其在位期间的秦国政局也因而没有必要详加分析。不过，秦武王娶魏国女子为后，在尚未有子嗣的情况下撒手人寰，秦人为国君之位产生激烈的争夺，对秦国政局产生深远影响。因此，欲考察秦昭襄王时代朝廷官吏为秦国一统天下所做出的贡献，人们必须从秦武王的离世以及由此引发的争夺君位的政治斗争入手。李斯在列举昭襄王时代秦客的功劳的时候曾经指出："昭王得范雎，废穰侯，逐华阳，强公室，杜私门，蚕食诸侯，使秦成帝业。"① 这样的说法是否合理地概括了范雎对于秦国一统天下所做出的贡献？倘若情形并非如此，在秦昭襄王执政期间，他是否还倚重其他官吏，秦国政坛因而呈现什么面貌，对秦国一统天下发挥什么作用？这一节试图就这些问题略加考查。

一 围绕秦昭襄王继位而产生的政治斗争

从《史记·秦本纪》有关记载的字面意义看，秦武王在临终之际传位昭襄王。不过，所谓"立异母弟，是为昭襄王"②紧承"武王取魏女为后，无子"③之后。这两句话又紧承"八月，武王死，族孟说"这样

---

① （汉）司马迁：《史记》卷八十七《李斯列传》，中华书局1982年版，第2542页。
② （汉）司马迁：《史记》卷五《秦本纪》，中华书局1982年版，第209页。
③ （汉）司马迁：《史记》卷五《秦本纪》，中华书局1982年版，第209页。

的记载之后。① 秦武王既死，自然无从"族孟说"。他因尚武之故而非常欣赏力士任鄙、乌获以及孟说等人，而且委任他们以重要官职，不大可能仅因他们与自己比赛举鼎而下达该令。下达这一令者因而必然另有其人。从上下文来看，"武王取魏女为后，无子"乃是对秦武王子嗣情况的描述，系插叙而非按照时间先后顺序进行的叙述。"立异母弟"云云并非与其共主语，而是与"族孟说"共主语。这两件事均与秦武王死后秦国主持大局者有莫大关联。

秦昭襄王最终胜出之结果容易让人认为此人乃其最强而有力的支持者——魏冄。这样的推测恐怕难以成立，此人虽在秦惠王、武王时代已经任职用事，② 然在尚未担任咸阳将军前，他缺乏必要的权力和实力以帮助昭襄王与诸公子争立国君。在秦武王去世后"诸弟争立"的局面下，③ 若不获得强而有力之支持，单凭魏冄等人之力很难让昭襄王登上王位。为此，人们或许可以从"族孟说"事入手进行考察。根据前面一章关于秦国/王朝官吏权力的分析来看，在尚无国君/皇帝的情况下，只有丞相有权对于像孟说这样的先王宠臣施以族刑。④ 当时甘茂与樗里子分别为左、右丞相。樗里子不仅为秦国宗室成员，而且因战功彪炳而获封侯，且有"智囊"之称。⑤ 在诸公子争立有可能导致秦国政局动荡的关键时刻，樗里子出面主持大局，容易得到秦国上下的认同。倘若这样的分析成立，对樗里子而言，处死孟说固然是头等大事，更为重要的是为秦国确定新的国君以便尽快结束有可能失控的政治局面，避免数世不宁的悲剧再次重演。面对昭襄王与秦武王其余诸弟等争立者，樗里子等人的态度对于谁能成为未来秦国国君举足轻重。在无从获得秦武王关于传位的具体考量的可靠史料的情况下，在没有充分证据否认与《史记·秦本纪》较为一致的太史公"秦武王卒，无子，立其弟为昭王"⑥ 之类

---

① （汉）司马迁：《史记》卷五《秦本纪》，中华书局1982年版，第209页。
② （汉）司马迁：《史记》卷七十二《穰侯列传》，中华书局1982年版，第2323页。
③ （汉）司马迁：《史记》卷七十二《穰侯列传》，中华书局1982年版，第2323页。
④ 由秦国国君年幼继位时太后所享有的权力推测，太后也可能下达族孟说之令。不过，太后乃季君支持者，不可能帮助昭襄王即位。
⑤ （汉）司马迁：《史记》卷七十一《樗里子列传》，中华书局1982年版，第2307页。
⑥ （汉）司马迁：《史记》卷七十二《穰侯列传》，中华书局1982年版，第2323页。

记载的情况下，人们只能据以认为，除了族孟说以外，樗里子忠实地执行秦武王遗命。昭襄王当时远在燕国，在秦国国内政治根基较浅。在面临其他企图夺取国君之位的强大政治势力的竞争的情况下，樗里子的支持显得弥足珍贵。

昭襄王即位后，樗里子独自担任秦相，①"又益尊重"②。前者或有他故，后者恐怕就与他在昭襄王继位事上的大力支持相关。这一点可由其率军伐蒲一事而看得非常清楚。由"夫卫之所以为卫者，以蒲也"这样的言说可知，③蒲为卫地，并非昭襄王四年秦国攻取的魏国蒲阪。④由"蒲守恐"并请胡衍劝说樗里子释蒲而勿攻来看，⑤与春秋时期孟明视等人率领秦军伐郑有所不同的是，攻占蒲地乃秦国军队这次出征之使命。然而，樗里子听信胡衍所谓攻蒲"害秦而利魏，王必罪公"而擅自放弃攻打蒲地。⑥倘若樗里子率军攻打蒲地系出自秦王之命，⑦秦王绝无可能因樗里子成功达成战争目标而加罪于他。然在未达成战争目标的情况下擅自放弃，樗里子必然有所恃。盖其相信，在不久前为昭襄王继位提供极其重要的支持的情况下，宣太后、昭襄王等人不会因而加罪！

昭襄王已经继位，然心有不甘的季君在得到庶长壮、部分大臣、诸侯、公子以及惠王后、悼武王后的支持的情况下试图发动政变。《史记·秦本纪》记载其事云："二年，彗星见。庶长壮与大臣、诸侯、公子为逆，皆诛，及惠文后皆不得良死。悼武王后出归魏。"⑧《史记·穰侯列传》之记载与其相类："诛季君之乱，而逐武王后出之魏，昭王诸兄弟不善者皆灭之。"⑨《史记·六国年表》的记载则更为简要："彗星见，桑君为乱，诛。"⑩以上记载表明，在昭襄王与季君等人在君臣名分

---

① （汉）司马迁：《史记》卷五《秦本纪》，中华书局1982年版，第210页。
② （汉）司马迁：《史记》卷七十一《樗里子列传》，中华书局1982年版，第2309页。
③ （汉）司马迁：《史记》卷七十一《樗里子列传》，中华书局1982年版，第2309页。
④ （汉）司马迁：《史记》卷五《秦本纪》，中华书局1982年版，第210页。
⑤ （汉）司马迁：《史记》卷七十一《樗里子列传》，中华书局1982年版，第2309页。
⑥ （汉）司马迁：《史记》卷七十一《樗里子列传》，中华书局1982年版，第2309页。
⑦ 在昭襄王年少的情况下，做出决策者很可能为宣太后等人，然命令很可能以昭襄王的名义发出。
⑧ （汉）司马迁：《史记》卷五《秦本纪》，中华书局1982年版，第210页。
⑨ （汉）司马迁：《史记》卷七十二《穰侯列传》，中华书局1982年版，第2323页。
⑩ （汉）司马迁：《史记》卷十五《六国年表》，中华书局1982年版，第735页。

已定的情况下,诸如此类的行为有违反秦法之嫌——正因为如此,他们被以"为逆"之名载入史册。就这股政治势力的核心人物而言,《史记·穰侯列传》与《史记·六国年表》的记载有所不同:前者中为季君,后者中为桑君。依据《史记集解》记载的徐广所谓"年表曰季君为乱,诛"可知,①季君与桑君之别乃《史记》在辗转流传过程中产生。在徐广所处时代,《史记·六国年表》仍然与《史记·穰侯列传》相同——为逆者乃季君。在《史记·穰侯列传》叙述其人的时候,《史记索隐》加按语曰:"季君即公子壮,僭立而号曰季君。"② 这有可能是基于《竹书纪年》所谓"秦内乱,杀其太后及公子雍、公子壮"而形成的看法,③ 其中存在一些疑点。公子壮的确有可能获庶长爵位,因为樗里子亦曾以庶长身份率军与关东诸侯国联军作战。不过,这里的庶长即便是《汉书·百官公卿表》中所谓大庶长,亦在侯爵之下。如果公子壮已经获封侯,号季君,无论是记载其事的《秦记》还是以其为史料来源的《史记》均不大可能继续称其为庶长壮。而且,人们没有任何依据将公子壮与庶长壮等同视之。因此,《史记索隐》将季君与公子壮视为同一人缺乏令人信服的依据或者理由。在目前的资料条件下,人们只能认为,季君乃秦公子中某位已获封侯者。大概在国君权力的巨大诱惑下,季君等人不愿接受秦武王的临终安排。在得到庶长壮、部分大臣、诸侯以及公子支持的情况下,在惠文后以及悼武王后也站在他们一边后,季君等人试图通过发动政变来夺取王位。然昭襄王一方已经未雨绸缪,他们任命魏冄担任咸阳将军,令季君等人的行动很快失败,④ 一位政坛新星也因而升起。

二 魏冄在秦国政坛的崛起

在魏冄协助秦昭襄王巩固君位,剪除与其不能和谐相处的诸兄弟以后,"宣太后自治,任魏冄为政"⑤。这并不意味着魏冄立刻担任秦国

---

① (汉)司马迁:《史记》卷七十二《穰侯列传》,中华书局1982年版,第2324页。
② (汉)司马迁:《史记》卷七十二《穰侯列传》,中华书局1982年版,第2324页。
③ (汉)司马迁:《史记》卷七十二《穰侯列传》,中华书局1982年版,第2324页。
④ (汉)司马迁:《史记》卷七十二《穰侯列传》,中华书局1982年版,第2323页。
⑤ (汉)司马迁:《史记》卷七十二《穰侯列传》,中华书局1982年版,第2323页。

丞相。① 从秦法的角度而言，宣太后等人这样做也较为合适。魏冄固然对昭襄王继承和巩固君位有功，然并未在耕战方面为秦国建立寸功，任何封赏都显得于法不合。这种状态一直持续数年。在昭襄王行冠礼以后，秦国先后取得攻占魏国蒲阪、平定蜀地叛乱以及伐楚并斩首两万等重大胜利。② 根据"秦使向寿平宜阳，而使樗里子、甘茂伐魏皮氏"③，以及"茂惧，辍伐魏蒲阪，亡去。樗里子与魏讲，罢兵"④ 这些记载来看，率领秦军攻打蒲阪之将领为樗里子、甘茂等人。从《史记·秦本纪》的相关记载来看，率领秦军平定蜀地叛乱之将领乃司马错，而率领秦军攻打楚国并取得重大胜利者为庶长奂。魏冄至此时仍然寸功未立，尚不具备升任丞相的条件。

昭襄王七年（前300），樗里子卒。⑤《史记·六国年表》明确记载昭襄王任魏冄为秦相。⑥ 然依据《史记·秦本纪》《史记·孟尝君列传》相关记载可知，在樗里子死后，孟尝君前往秦国为相。前者曰："九年，孟尝君薛文来相秦。"⑦ 后者云："秦昭王闻其贤，乃先使泾阳君为质于齐，以求见孟尝君。"⑧ 起初薛文之行为苏代所谏阻，然"齐湣王二十五年，复卒使孟尝君入秦，昭王即以孟尝君为秦相"⑨。诸如此类记载与《史记·六国年表》相关记载基本吻合：昭襄王七年，秦国让泾阳君前往齐国为人质。次年，泾阳君返回秦国，薛文入相秦。⑩《史记·秦本纪》与《史记·六国年表》关于孟尝君入秦为相的时间有所不同，前者为昭襄王九年，后者为昭襄王八年。这并非不能合理解释。齐国与秦国之间相距遥远，在当时的交通条件下，孟尝君入秦大概需要耗费数月时

---

① （汉）司马迁：《史记》卷五《秦本纪》，中华书局1982年版，第210页。
② （汉）司马迁：《史记》卷五《秦本纪》，中华书局1982年版，第210页。
③ （汉）司马迁：《史记》卷七十一《甘茂列传》，中华书局1982年版，第2313页。
④ （汉）司马迁：《史记》卷七十一《甘茂列传》，中华书局1982年版，第2316页。
⑤ （汉）司马迁：《史记》卷五《秦本纪》，中华书局1982年版，第210页。
⑥ （汉）司马迁：《史记》卷十五《六国年表》，中华书局1982年版，第737页。
⑦ （汉）司马迁：《史记》卷五《秦本纪》，中华书局1982年版，第210页。
⑧ （汉）司马迁：《史记》卷七十五《孟尝君列传》，中华书局1982年版，第2354页。
⑨ （汉）司马迁：《史记》卷七十五《孟尝君列传》，中华书局1982年版，第2354页。
⑩ （汉）司马迁：《史记》卷十五《六国年表》，中华书局1982年版，第737页。

间。他于昭襄王八年末启程而在次年到达秦国不无可能。①《史记·穰侯列传》相关记载与此有所不同："昭王七年，樗里子死，而使泾阳君质于齐。赵人楼缓来相秦……"② 相较而言，《史记·孟尝君列传》之记载更加令人信服。秦国既然让泾阳君前往齐国做人质，自然是希望与齐国达成协议。如果说秦人希望赵国楼缓入秦并担任秦相的话，应该会让泾阳君前往赵国为质。昭襄王十年（前298），孟尝君设法逃回齐国。楼缓担任秦相，一年后获免，魏冄为秦相。③ 在与《史记·秦本纪》《史记·穰侯列传》以及《史记·孟尝君列传》相关记载均不一致的情况下，人们恐不能认同《史记·六国年表》所谓昭襄王在樗里子卒后任魏冄为相之记载。从官制的角度而言，在樗里子独相数年后，秦国长期没有恢复左右相之设置，故而没有必要让孟尝君入秦为相，楼缓亦如是。人们因而只能依据《史记·秦本纪》《史记·穰侯列传》以及《史记·孟尝君列传》相关记载而认为，在樗里子去世后，秦人先后试图让孟尝君以及楼缓等人入秦为相。

从情理的角度而言，在昭襄王即位八年且君位已经稳固以后，相位出现空缺，宣太后应该非常希望让其弟魏冄担任秦相。然而，揆诸情理往往容易让人们将自己的情感或者理解强加古人。以往商鞅、张仪等人入秦建功立业并封侯拜相，秦国政坛因而逐渐形成这样的故事：一是积极吸纳东方诸侯国贤士，委以重任；二是依据秦法在其建功立业后封侯拜相。宣太后不惜让亲弟前往齐国做人质而交换孟尝君入秦为相，人们没有理由怀疑她此举的诚意，故而从秦国故事的角度解释更能让人信服。孟尝君乃齐国甚至天下贤士，史书记载他"倾天下之士，食客数千人"，声誉已经著于各国。④ 事态的发展却超出宣太后等人的预料，孟尝君乃

---

① 在《史记》之《×本纪》、《×世家》以及《×列传》关于诸多同一事件的记载之间，在时间方面往往略有差异。这样的现象之造成很可能是由于史料来源不同造成的。各诸侯国采用的纪年或有所差别，抑或在当时交通条件下事件持续时间较长。就同一事件而言，它们在各诸侯国发生的时间不同，导致它们记载的时间有异。太史公无从换算以后予以较为准确地确定。如果这样的分析成立，则《史记》各处关于同一事件的记载中时间不同不足以影响人们对事件真实性的判断。它处亦遵循同样的原则对诸如此类事件进行处理，而不再另行分析。
② （汉）司马迁：《史记》卷七十二《穰侯列传》，中华书局1982年版，第2324页。
③ （汉）司马迁：《史记》卷五《秦本纪》，中华书局1982年版，第210页。
④ （汉）司马迁：《史记》卷七十五《孟尝君列传》，中华书局1982年版，第2354页。

齐国宗室成员，秦人难以相信他在担任秦相后完全服从和服务于秦国利益。孟尝君不惜使出鸡鸣狗盗的手段逃离秦国，进一步证实秦人之怀疑。① 在此以后，秦人又让赵人楼缓前来担任秦相。赵人认为此举不符合赵国利益，于是派遣仇液前往秦国劝说秦人以魏冉为秦相。仇液之客宋公的建议耐人寻味："秦不听公，楼缓必怨公。公不若谓楼缓曰'请为公毋急秦'。秦王见赵请相魏冉之不急，且不听公。公言而事不成，以德楼子；事成，魏冉故德公矣。"② 仇液前往秦国的主要目的是劝秦人以魏冉为相，倘若他直接提出这样的建议，秦人必然会拒绝。身为秦相的楼缓也势必对阻碍其仕途的仇液心生怨恨。如果反其道而行之，仇液表面上为楼缓的仕途考虑而不急于建议秦人任魏冉为相，秦人反而容易认为任魏冉为相对秦国更有利，从而拒绝采纳仇液的建议，让魏冉担任秦相。仇液采纳宋公的建议，秦人果然免除楼缓的丞相职务并任命魏冉为秦相。这样的记载透露出来的信息很多，对本书而言较为重要的是，在选任秦相的问题上，秦人并非任人唯亲。恰好相反，他们更多地考虑秦国长远利益、根本利益或曰秦法之治的根本目标。

与此相关因而需要略加考辨的是"秦卒相向寿"这样的记载。③ 据《史记·甘茂列传》记载，昭襄王即位后，秦人令向寿平宜阳，并让樗里子、甘茂攻打魏国皮氏。甘茂建议昭襄王将武遂归还韩国，引起宣太后外族向寿等人不满。在他们向昭襄王进谗言后，甘茂因为害怕遭到秦人迫害而停止攻打魏国蒲阪，擅自逃亡。④《史记·甘茂列传》未言事件发生的具体时间，不过，依据《史记·秦本纪》相关记载可知，甘茂逃亡魏国事在昭襄王元年。⑤ 其后，在苏代的周旋下，甘茂为齐国上卿，奉命出使楚国。秦人听闻此事以后让楚国将甘茂送往秦国为相。在楚怀王为此事询问范蜎的意见的时候，后者以为，甘茂乃真正的贤者，如果秦国拥有这样的贤相，对于楚国不利。因此，"王若欲置相于秦，则莫若向寿者可。夫向寿之于秦王，亲也。少与之同衣，长与之同车，

---

① （汉）司马迁：《史记》卷七十五《孟尝君列传》，中华书局1982年版，第2354—2355页。
② （汉）司马迁：《史记》卷七十二《穰侯列传》，中华书局1982年版，第2324页。
③ （汉）司马迁：《史记》卷七十一《甘茂列传》，中华书局1982年版，第2318页。
④ （汉）司马迁：《史记》卷七十一《甘茂列传》，中华书局1982年版，第2313—2316页。
⑤ （汉）司马迁：《史记》卷五《秦本纪》，中华书局1982年版，第210页。

以听事"①。楚怀王采纳范蜎之言，派使者前往秦国请昭襄王任向寿为相。②《史记·楚世家》则记载，在初立的时候，秦昭襄王为结楚国之欢而与楚国结婚姻之好，并约定在黄棘会盟。③ 这样的记载与《史记·秦本纪》相关记载能够相互印证，④ 具有很高的可信性。因此，《史记·甘茂列传》所谓楚怀王新与秦合婚而欢也很可能属实。⑤ 然而，这并不意味着楚怀王参与秦国像立相这样的大事。尽管《史记·甘茂列传》言之凿凿，《史记·楚世家》却无任何相关记载。对于像任秦相这样的大事，《史记·秦本纪》往往予以记载。例如，昭襄王元年，樗里子为秦相。⑥ 与此叙事方法完全不同的是，关于向寿为秦相事，《史记·秦本纪》并无只言片语提及！而且，《史记·甘茂列传》中所谓苏代为甘茂周旋令其任齐国上卿事与《战国策》相关记载几近相同。⑦ 这就难免让人怀疑，在撰写《史记·甘茂列传》的时候，太史公乃是以一些纵横家书乃至传闻为依据，诸多记载的可靠性因而存疑。

三 以魏冉为核心的政治势力的形成

就任秦相后，魏冉举荐任鄙为汉中守。⑧ 他还举荐对秦国一统天下而言非常重要的名将白起，让他代替向寿而率领秦军攻打韩、魏两国。在白起的指挥下，秦军在伊阙一战中斩首二十四万，俘虏魏国将军公孙喜。⑨ 次年，秦军又在白起的指挥下夺取魏国之垣地⑩和楚国之宛、叶二地。⑪ 就在这样的大好形势下，秦国发生人们乍看起来难以理喻之事：

---

① （汉）司马迁：《史记》卷七十一《樗里子甘茂列传》，中华书局1982年版，第2317—2318页。

② （汉）司马迁：《史记》卷七十一《樗里子甘茂列传》，中华书局1982年版，第2317—2318页。

③ （汉）司马迁：《史记》卷四十《楚世家》，中华书局1982年版，第1727页。

④ （汉）司马迁：《史记》卷五《秦本纪》，中华书局1982年版，第210页。

⑤ （汉）司马迁：《史记》卷七十一《樗里子甘茂列传》，中华书局1982年版，第2317页。

⑥ （汉）司马迁：《史记》卷五《秦本纪》，中华书局1982年版，第210页。

⑦ （西汉）刘向集录：《战国策》卷四《秦二》，上海古籍出版社1998年版，第158—160页。

⑧ （汉）司马迁：《史记》卷七十三《白起列传》，中华书局1982年版，第2331页。

⑨ （汉）司马迁：《史记》卷七十二《穰侯列传》，中华书局1982年版，第2325页。

⑩ （汉）司马迁：《史记》卷五《秦本纪》，中华书局1982年版，第212页。

⑪ （汉）司马迁：《史记》卷七十二《穰侯列传》，中华书局1982年版，第2325页。

"魏冄谢病免相,以客卿寿烛为相。"① 关于寿烛此人,在流传至今的可靠文献中没有其他记载,这在一定程度上表明他并非才能卓绝之士。否则,在列国争霸的大舞台中,寿烛应该能够像商鞅、张仪等人那样建功立业。此事令人心生疑窦,人们或许可从客卿之职以及有关秦国故事入手加以考查。客卿乃张仪入秦后获任之官职,自此以后,对于其他诸侯国入秦的才能之士,秦人起初往往委任以客卿之职。寿烛因而也很可能是来自其他诸侯国的才能之士,在秦国没有任何政治根基,也未建立寸功。他获任丞相之事难免让人觉得蹊跷,有必要予以探讨。

寿烛为相仅一年,难免让人怀疑相印不过暂时寄存其手而已。因为像魏冄这样的人夺回相位较为容易,政治风险较低。后来魏冄在未立寸功的情况下重新为相,又获封穰侯,且加封陶这块后来成为秦郡之地。②非常明显,魏冄在退一步后进了两步。这难免让人怀疑,在举荐白起取得前所未有的大捷后,魏冄称病免相乃是以退为进,试图以此迫使宣太后等人同意他获得未必符合秦法以及秦国故事的封赏。理由在于,以往商鞅乃是在率军夺回秦献公、秦孝公等秦人梦寐以求的河西之地后封侯,张仪也是在瓦解合纵从而有力配合秦军在战场上夺取不少土地后获封为侯。魏冄举荐白起为将虽然有功,然而他本人毕竟尚未率军征伐,建功立业,封侯于秦法以及秦国故事不合。因此,魏冄乃是成功地利用宣太后专制这种对他而言极其有利的政治局面来维持和扩大权力和利益。像魏冄这样的贵戚欲达成其政治目的都需要如此大费周章,一方面说明秦法之治已经深入人心,另一方面又表明秦国群臣尚未站在他这一边,更未与其一起形成比较稳固的政治势力。

在重新担任秦相四年后,魏冄担任秦国将军,率领军队攻打魏国。《史记·秦本纪》对此并未记载,不过,《史记·穰侯列传》所谓"魏献河东方四百里。拔魏之河内,取城大小六十余"③与《史记·魏世家》所记载的"六年,予秦河东地方四百里……七年,秦拔我城大小六十一"④基本吻合。令人颇为疑惑的是,魏冄在为秦国建此大功以后并没

---

① (汉)司马迁:《史记》卷七十二《穰侯列传》,中华书局1982年版,第2325页。
② (汉)司马迁:《史记》卷七十二《穰侯列传》,中华书局1982年版,第2325页。
③ (汉)司马迁:《史记》卷七十二《穰侯列传》,中华书局1982年版,第2325页。
④ (汉)司马迁:《史记》卷四十四《魏世家》,中华书局1982年版,第1853页。

有获得封赏，反而再次免相——否则其后便不会存在所谓"魏冄复相秦"之说。① 若言此与秦、齐两国国君分别称西帝和东帝事相关，然在齐国称东帝事方面，"秦使魏冄致帝"②，扮演较为重要的角色。根据《史记》相关记载来看，魏冄任免丞相与吕礼进退相继发生，难免让人怀疑二者之间存在因果关系。在任秦相后，魏冄"欲诛吕礼，礼出奔齐"③。然在齐国，吕礼获得重用，为齐国之相。④ 这在一定程度上表明，吕礼也是不可多得的人才。若魏冄因举白起有功而获封穰侯，那他就应该因同样的理由而为拟杀吕礼致使秦国丧失贤士承担责任。吕礼回到秦国后魏冄重新任秦相，这一事实可以在一定程度上为这样的分析提供佐证。⑤ 原因很简单，魏冄的过错已得到弥补，故而他不需要继续为此受到处罚。此乃在目前资料条件下所做出的推测，尚需要更多的史料予以证实。

此后六年，魏冄再次免相。⑥ 与之相关的记载有二：其一，"秦取魏安城，至大梁，燕、赵救之，秦军去。魏冄免相"⑦；其二，"十三年，秦拔我安城。兵到大梁，去"⑧。魏冄免相与秦军没有达成攻占大梁的战役目标之间存在时间先后关系。加之失利当罚与有功应赏乃一体之两面。在既有文献中，人们不难发现秦军将领为战争失败而受到惩罚的记载。例如，在秦、晋殽之役中，秦军全军覆没，孟明视等三人被俘。秦国大夫以及穆公左右皆言于秦伯曰："是败也，孟明之罪也，必杀之。"⑨ 又如，"（刘邦）西与秦将杨熊战白马，又战曲遇东，大破之。杨熊走之荥阳，二世使使者斩以徇"⑩。魏冄免相与秦军进攻大梁战役失利之间因而很可能存在因果关系。

---

① （汉）司马迁：《史记》卷七十二《穰侯列传》，中华书局1982年版，第2325页。
② （汉）司马迁：《史记》卷四十六《田敬仲完世家》，中华书局1982年版，第1898页。
③ （汉）司马迁：《史记》卷七十二《穰侯列传》，中华书局1982年版，第2325页。
④ （汉）司马迁：《史记》卷七十五《孟尝君列传》，中华书局1982年版，第2357页。
⑤ （汉）司马迁：《史记》卷七十二《穰侯列传》，中华书局1982年版，第2325页。
⑥ （汉）司马迁：《史记》卷七十二《穰侯列传》，中华书局1982年版，第2325页。
⑦ （汉）司马迁：《史记》卷五《秦本纪》，中华书局1982年版，第212—213页。
⑧ （汉）司马迁：《史记》卷四十四《魏世家》，中华书局1982年版，第1853页。
⑨ 杨伯峻编著：《春秋左传注》文公元年，中华书局2016年版，第565页。
⑩ （汉）司马迁：《史记》卷八《高祖本纪》，中华书局1982年版，第358页。

不过，人们也可以从其他角度对魏冄免相事加以解释。在免相后，"魏冄来相赵"①。无论是从魏冄与宣太后、昭襄王之间的血缘关系而言，还是从秦国傲视群雄的局面来看，魏冄都没有必要前往赵国发展。魏冄此举因而可能是希望效张仪故事"相魏以为秦"②。循着这样的思路进行分析不难发现，秦、赵两国之间的战争系在特定背景下发生：秦国在自立为西帝后建议齐国立为东帝而不果，不得已亦去帝号。在此以后，秦国与赵国数次联手攻打齐国。③ 在赵厉的劝说下，赵国停止了对于齐国的进攻，并且拒绝与秦国一道继续攻打齐国。④ 正因为如此，秦国对赵国心生怨恨，数次攻打赵国。⑤ 此外，赵国又与燕国联手救援魏国，导致秦国攻占大梁之愿望落空。秦国与赵国的关系因而基本上处于敌对状态，这对于秦国继续扩张极其不利。魏冄相赵，秦、赵之间关系为之一变：赵国在将伯阳还给魏国后连续发动两次针对齐国的战争，齐惠文王不得不与秦昭襄王相会。⑥ 赵国拒绝与秦国联合攻打齐国的局面从此改观。尽管其原因可能是多方面的，例如，秦国攻占赵国两座城池，⑦ 向赵国恰当地施加了压力。魏冄也很可能功不可没。或正因为如此，秦人将赦免的罪犯迁往穰地，魏冄重新担任秦相。⑧

实际情形可能兼而有之：魏冄因秦攻大梁役失利而免相，故效张仪故事前往赵国为相，以便在建功立业后依秦法重新担任丞相。此后，除让白起等人攻城略地，取得不俗战绩之外，魏冄也亲自率领秦军对外作战。据《史记·秦本纪》记载，秦昭襄王三十二年（前275），魏冄率领军队征伐魏国，到达大梁，大败暴鸢军队，斩首四万，魏国割三县请和。⑨ 与此颇不一致的是，据《史记·穰侯列传》记载，魏冄率领的秦军走芒卯，入北宅，围困大梁。在魏国大夫须贾的劝说下，魏冄同意魏

---

① （汉）司马迁：《史记》卷四十三《赵世家》，中华书局1982年版，第1820页。
② （汉）司马迁：《史记》卷七十《张仪列传》，中华书局1982年版，第2284页。
③ （汉）司马迁：《史记》卷四十三《赵世家》，中华书局1982年版，第1816页。
④ （汉）司马迁：《史记》卷四十三《赵世家》，中华书局1982年版，第1817—1820页。
⑤ （汉）司马迁：《史记》卷四十三《赵世家》，中华书局1982年版，第1820页。
⑥ （汉）司马迁：《史记》卷四十三《赵世家》，中华书局1982年版，第1820页。
⑦ （汉）司马迁：《史记》卷五《秦本纪》，中华书局1982年版，第213页。
⑧ （汉）司马迁：《史记》卷五《秦本纪》，中华书局1982年版，第213页。
⑨ （汉）司马迁：《史记》卷五《秦本纪》，中华书局1982年版，第213页。

国割让绛、安邑二地后撤大梁之围。① 至于斩首四万，迫使暴鸢逃走以及得魏三县事发生在昭襄王三十三年。② 两者之间不同之处颇有必要略加考查。在《史记·魏世家》中，"安釐王元年，秦拔我两城。二年，又拔我二城。军大梁下，韩来救，予秦温以和。三年，秦拔我四城，斩首四万"③。而据《史记·秦本纪》记载，昭襄王三十一年，白起攻打魏国，占领二城。④ 倘若此事与《史记·魏世家》所谓"安釐王元年，秦拔我两城"相对应，则"二年，又拔我二城。军大梁下"就与《史记·穰侯列传》所谓"走芒卯，入北宅，遂围大梁"相一致。《史记·穰侯列传》所谓"秦使穰侯伐魏，斩首四万，走魏将暴鸢，得魏三县"也大致与《史记·魏世家》所记载的"三年，秦拔我四城，斩首四万"相吻合。魏冄率领秦军攻打魏国，攻占二城并围困大梁耗时一年甚至更长时间比较合乎实际情况——即便秦军势如破竹，以当时的交通条件以及行军速度而言，秦军应不至于能在一年之内完成前述《史记·秦本纪》所记载之事。

在《史记·穰侯列传》中，须贾在游说魏冄的时候两度言及"战胜暴子，割八县"⑤。如果前面的分析成立，则须贾不大可能言及尚未发生之战事。而且，"割八县"云云也难以在《史记》等文献中得到印证。加之须贾所谓"魏必效绛、安邑"⑥ 与"魏入三县请和"也有所不同。查《史记·穰侯列传》中须贾言于魏王以及魏冄事，与《战国策》中《秦败魏于华走芒卯而围大梁》章基本相同，⑦ 很可能是太史公取材《战国策》而为之。须贾像这样设法解大梁之围在历史上是否实有其事已经不得而知，太史公像这样叙述难免会让人们认为，魏冄在率领秦国军队征伐的时候不乏个人利益之考量。魏国出动百县全部甲士三十余万戍守大梁，外加楚、赵两国军队有可能增援，魏冄担心一旦形成这样的局面，

---

① （汉）司马迁：《史记》卷七十二《穰侯列传》，中华书局1982年版，第2325—2326页。
② （汉）司马迁：《史记》卷七十二《穰侯列传》，中华书局1982年版，第2328页。
③ （汉）司马迁：《史记》卷四十四《魏世家》，中华书局1982年版，第1854页。
④ （汉）司马迁：《史记》卷五《秦本纪》，中华书局1982年版，第213页。
⑤ （汉）司马迁：《史记》卷七十二《穰侯列传》，中华书局1982年版，第2326页。
⑥ （汉）司马迁：《史记》卷七十二《穰侯列传》，中华书局1982年版，第2326页。
⑦ （西汉）刘向集录：《战国策》卷二十四《魏三》，上海古籍出版社1998年版，第854—858页。

秦军不仅不能攻占大梁，反而在秦军疲惫后连自己的封地定陶也要为魏国夺取。因此，他不如在此之前同意魏国割让绛、安邑等县，为其从秦国前往封地定陶开辟河西、河东两道。① 这难免让人认为，魏冉在秦国国内的政治地位已经较为稳固，开始利用秦国国家机器来为自己的利益服务。

《战国策》的成书及其性质难免让人认为，事实有可能并非如此。即便诸如此类质疑成立，人们也难以否认，不少试图在秦国建功立业者开始主动投靠魏冉。例如，据《史记·穰侯列传》记载，魏冉与白起之客卿胡阳攻打三晋，在华阳大败芒卯，斩首十万，夺取魏国之卷、蔡阳、长社三地以及赵国观津之地。②《史记·秦本纪》相关记载与此有所不同："客卿胡【阳】攻魏卷、蔡阳、长社，取之。击芒卯华阳，破之，斩首十五万。魏入南阳以和。"③ 二者关于率领秦军伐魏的将领的记载有所不同。即便忽略秦军夺取魏国之地与打败芒卯的时间顺序，二者有关秦军斩首数量之记载也有高达五万之区别。查《史记·魏世家》可知，"秦破我及韩、赵，杀十五万人，走我将芒卯。魏将段干子请予秦南阳以和"④。这样的记载与《史记·秦本纪》相关记载基本吻合，更容易为人们所接受。值得思考的是，为何《史记·穰侯世家》将秦军攻打韩、赵、魏等三国取得的大捷归功魏冉？盖《史记·秦本纪》与《史记·穰侯列传》的史料来源不同，太史公据以撰写《史记·穰侯列传》的文献不无夸大魏冉之功之嫌。人们不妨合理推测的是，如果当时不存在官吏们极力巴结魏冉的现象，诸如此类文献恐怕很难为人们所相信并且流传开来。

胡阳乃白起之客卿，流传至太史公时代的文献记载其与魏冉一道率兵征伐应该并非偶然。白起在秦国迅速崛起，固然是因他在指挥作战方面有过人之能，而魏冉刻意提携所发挥的作用也不容低估。"白起者，穰侯之所任举者，相善。"⑤ 在白起以左庶长之身份率领军队攻打韩国新

---

① （汉）司马迁：《史记》卷七十二《穰侯列传》，中华书局1982年版，第2325—2326页。
② （汉）司马迁：《史记》卷七十二《穰侯列传》，中华书局1982年版，第2328页。
③ （汉）司马迁：《史记》卷五《秦本纪》，中华书局1982年版，第213页。
④ （汉）司马迁：《史记》卷四十四《魏世家》，中华书局1982年版，第1854页。
⑤ （汉）司马迁：《史记》卷七十二《穰侯列传》，中华书局1982年版，第2325页。

城的时候,① 魏冄已经担任秦相。在因功升为左更以后,白起又率领秦军攻打韩、魏两国军队于伊阙,取得斩首二十四万、虏其将领公孙喜以及夺取五城这样重大战绩。关此战事,史书明确记载,此乃魏冄所举,让白起替代向寿而指挥秦军作战。② 白起因此战功而升迁为国尉,③ 其后他又因率军渡过黄河攻占韩国安邑以东直至乾河而获封大良造。④ 在宣太后自治、魏冄为政这样的政治格局中,诸如此类征伐都有可能系魏冄建议昭襄王下令,为白起提供建功立业之机会。昭襄王二十九年,大良造白起率领秦军攻打楚国,夺取郢并建立南郡。白起本人因而获封武安君。⑤ 与此相关的记载是,魏冄复相秦后,"四岁,而使白起拔楚之郢,秦置南郡。乃封白起为武安君"⑥。秦人出于什么样的考虑而决定攻占楚国国都以及南郡之设置在秦一统天下的进程中发挥何种作用,如今已经难以确切得知。不过,此举固未能令楚国灭亡,然至少极具象征性和威慑性。白起因而获封武安君固然乃是因为其战功,然而,如果没有魏冄支持而获得率军出征楚郢之机会,武安君这样的爵位亦有可能可望而不可即。正是在这样的背景下,作为白起之客卿,胡阳与魏冄一道征伐韩、赵、魏等国,且爵位迅速升为中更。⑦

相较于白起等人而言,错以及司马错等将领就显得不那么幸运。昭襄王十五年(前292),时任客卿的错与大良造白起一道攻打魏国垣城,拔之。⑧ 他的爵位因而升迁为左更。依据在于,次年也就是昭襄王十六年,"左更错取轵及邓"⑨。在取得这样的战绩以后,与白起等人因战功而爵位不断跨越式上升不同的是,《史记·秦本纪》再未言及错的爵位。例如,"十八年,错攻垣、河雍,决桥取之"⑩。又如,"二十一年,错攻

---

① (汉)司马迁:《史记》卷七十三《白起列传》,中华书局1982年版,第2331页。
② (汉)司马迁:《史记》卷七十二《穰侯列传》,中华书局1982年版,第2325页。
③ (汉)司马迁:《史记》卷七十三《白起列传》,中华书局1982年版,第2331页。
④ (汉)司马迁:《史记》卷七十三《白起列传》,中华书局1982年版,第2331页。
⑤ (汉)司马迁:《史记》卷五《秦本纪》,中华书局1982年版,第213页。
⑥ (汉)司马迁:《史记》卷七十二《穰侯列传》,中华书局1982年版,第2325页。
⑦ (汉)司马迁:《史记》卷五《秦本纪》,中华书局1982年版,第213页。
⑧ (汉)司马迁:《史记》卷七十三《白起列传》,中华书局1982年版,第2331页。
⑨ (汉)司马迁:《史记》卷五《秦本纪》,中华书局1982年版,第212页。
⑩ (汉)司马迁:《史记》卷五《秦本纪》,中华书局1982年版,第212页。

魏河内。魏献安邑……"①。再如,"二十七年,错攻楚"②。《史记·秦本纪》一般在秦人爵位升迁后明确记载他们以新的身份率领军队所从事的战事。例如,"左更白起……","大良造白起……",以及"武安君白起……"等等。这样的叙事方法在一定程度上表明,错的爵位自从升为左更后很可能未能继续升迁。司马错的命运与其相类。昭襄王六年,蜀侯煇反,司马错平定了蜀地。③依照前面所言叙事方法来看,司马错未能与率军平定蜀地的甘茂一样升为左丞相。依据在于,昭襄王二十七年(前280),"司马错发陇西,因蜀攻楚黔中,拔之"④。

错以及司马错未能因功升迁的原因不详。不过,时人可以确知的是,如果像白起那样与魏冉相善,就可能获得更多的机会率领秦军对外征战,建功立业。人们因而不难理解如次之记载:"客卿竈欲伐齐取刚、寿,以广其陶邑。"⑤与之完全一致的是,"客卿竈攻齐,取刚、寿,予穰侯"⑥。客卿竈率领秦军攻城略地,死伤的是秦国士兵,消耗的是秦国物资,照理应该将夺取的土地交给秦国。然而,客卿竈很可能知道,只有像这样取悦魏冉,获得其青睐,才有可能继续获得率军对外征战并建功立业的机会。在魏冉任秦相期间,据《史记》记载,还有蒙武、尉斯离以及蜀守若等人率军攻城略地。⑦蒙武当为蒙骜之误。蒙骜来自齐国,在为昭襄王效力期间"官至上卿"⑧,他的重大战功大都在庄襄王以及秦王嬴政执政期间建立。⑨蒙武为其子,在秦始皇二十三年(前224)才作为裨将军攻楚,不大可能早在昭襄王二十二年(前285)率军伐齐。⑩如果这样的分析成立,则蒙骜等人可能是因功而获得升迁。

在正常情况下,决定对外战事以及任命将领的权力属于国君,然而,

---

① (汉)司马迁:《史记》卷五《秦本纪》,中华书局1982年版,第212页。
② (汉)司马迁:《史记》卷五《秦本纪》,中华书局1982年版,第213页。
③ (汉)司马迁:《史记》卷五《秦本纪》,中华书局1982年版,第210页。
④ (汉)司马迁:《史记》卷五《秦本纪》,中华书局1982年版,第213页。
⑤ (汉)司马迁:《史记》卷七十二《穰侯列传》,中华书局1982年版,第2329页。
⑥ (汉)司马迁:《史记》卷五《秦本纪》,中华书局1982年版,第213页。
⑦ (汉)司马迁:《史记》卷五《秦本纪》,中华书局1982年版,第212—213页。
⑧ (汉)司马迁:《史记》卷八十八《蒙恬列传》,中华书局1982年版,第2565页。
⑨ (汉)司马迁:《史记》卷八十八《蒙恬列传》,中华书局1982年版,第2565页。
⑩ (汉)司马迁:《史记》卷五《秦本纪》,中华书局1982年版,第212页;参见缪文远《战国史系年辑证》,巴蜀书社1997年版,第175页。

在"太后擅行不顾,穰侯出使不报,华阳、泾阳等击断无讳,高陵进退不请"的政治环境中,①诸将领为建功立业计,很可能不得不主动投靠魏冉,乃至于以穰侯为核心形成较为强大的政治势力。范雎所谓"今自有秩以上至诸大吏,下及王左右,无非相国之人者"或有所夸张,②然大体如此也实属可能。

四 范雎在秦国政坛的浮沉

就在以穰侯为核心的政治势力在秦国不断膨胀时,秦国发生一桩重大事件,这就是昭襄王四十二年(前265)"十月,宣太后薨,葬芷阳郦山。九月,穰侯出之陶"③。在秦汉时期的历法中,纪年在十月发生变化。在昭襄王四十二年十月后为昭襄王四十二年十一月、十二月。其后为昭襄王四十二年正月……直至昭襄王四十二年九月后,进入昭襄王四十三年十月。④ 因此,上述记载表明,在宣太后去世十一个月后,穰侯魏冉才离开咸阳。《史记·范雎列传》的记载与此有所不同:在逐渐获得昭襄王信任后,范雎设法陷害穰侯等人。昭襄王"于是废太后,逐穰侯、高陵、华阳、泾阳君于关外"⑤。无论哪种情况更加接近历史真实,它们都表明,范雎开始登上秦国政治舞台并扮演重要角色。

在目前的资料条件下,人们还是能够确定,前者更加接近历史真实,理由至少有四:其一,《史记·秦本纪》的记载较为简要,很可能系太史公根据《秦记》之类史书撰写。对于像宣太后去世以及穰侯免相并前往封地这样的大事,《秦记》当不至于出现明显谬误。其二,范雎乃是在穰侯准备越过韩、魏两国而攻打齐国,夺取纲、寿之地以扩大其封地的时候上书。⑥ 在《史记·秦本纪》中,秦国军队在客卿的率领下夺取纲、寿之地事在昭襄王三十六年(前271)。这与《史记·穰侯列传》之相关记载也相符。昭襄王读范雎之信大悦,召其商谈数次,乃拜范雎为

---

① (汉)司马迁:《史记》卷七十九《范雎列传》,中华书局1982年版,第2411页。
② (汉)司马迁:《史记》卷七十九《范雎列传》,中华书局1982年版,第2412页。
③ (汉)司马迁:《史记》卷五《秦本纪》,中华书局1982年版,第213页。
④ 参见宁全红《李斯卒年再辨》,《中华文化论坛》2015年第8期。
⑤ (汉)司马迁:《史记》卷七十九《范雎列传》,中华书局1982年版,第2412页。
⑥ (汉)司马迁:《史记》卷七十九《范雎列传》,中华书局1982年版,第2404页。

客卿，共议军国大事。在采纳范雎之谋而派五大夫伐魏并夺取怀地后两年，秦国攻占邢丘。① 依据《史记·秦本纪》之记载，秦国攻占邢丘乃是在四十一年夏季也就是四月至六月期间。② 在"复说用数年矣"后，范雎方献上奸说，让昭襄王在大惧之余驱逐魏冉等人。③ "数年"至少长达三年。因此，昭襄王必须在四十四年（前263）四月至六月期间采取行动，这样的说法方能成立。然而，穰侯免相并前往其封地陶乃四十二年九月之事。因此，《史记·穰侯列传》之记载从时间方面而言亦不甚可靠。其三，查《史记·穰侯列传》中范雎成功导致昭襄王驱逐穰侯等人之奸说，与《战国策》相关记载基本相同。④ 太史公乃是以《战国策》相关记载为史料来源而撰写《史记·穰侯列传》上述内容。随着学术界对《战国策》的研究走向深入，不少以往被视为可靠史料的篇章，已经或者必将被证实为虚拟之作，其史料价值因而大打折扣。⑤ 因此，《史记·范雎列传》中作为其直接后果的"废太后"云云恐难令人相信。其四，《史记·范雎列传》中昭襄王罢免太后、魏冉的记载如果属实，便与范雎对昭襄王所谓"足下上畏太后之严，下惑于奸臣之态；居深宫中，不离阿保之手；终身迷惑，无与昭奸"发生冲突。⑥ 在昭襄王已经习焉于宣太后之专制且并未因而导致王权旁落的情况下，他应该不至于在太后行将去世的时候将其废黜。昭襄王即位三年方行冠礼，这表明他在即位之时已经十余岁。如果宣太后是在成人后生育昭襄王，则她在昭襄王即位之时已经三十岁左右。在昭襄王四十二年（前265），宣太后已经七十来岁。在明知其时日无多的情况下，昭襄王没有必要急于一时，更无必要因而招致不孝的骂名。

在宣太后去世以后，昭襄王按照自己的意志行使国君权力。不难设想的是，秦廷官吏会迅速转而向昭襄王示忠。在长期权倾朝野的穰侯尚

---

① （汉）司马迁：《史记》卷七十九《范雎列传》，中华书局1982年版，第2410页。
② （汉）司马迁：《史记》卷五《秦本纪》，中华书局1982年版，第213页。
③ （汉）司马迁：《史记》卷七十九《范雎列传》，中华书局1982年版，第2411—2412页。
④ （西汉）刘向集录：《战国策》卷五《秦三》，上海古籍出版社1998年版，第193—194页。
⑤ 马振方：《〈战国策〉之小说辨析》，《中国典籍与文化》2009年第3期。
⑥ （汉）司马迁：《史记》卷七十九《范雎列传》，中华书局1982年版，第2407页。

且不得不离开咸阳并前往封国的政治局面下，官吏们应该明白继续支持穰侯所面临的后果。在身为国君的昭襄王掌控军队且获得官吏们支持的情况下，前述以势、术御奸以及任法为治等为防范和解决官吏们结党营私而制定的法令就能有效发挥作用。以魏冄为核心的政治势力因而在不到一年之内瓦解。在这件事情上，范雎发挥了比较重要的作用。此人原本是魏人，根据"游说诸侯，欲事魏王"这样的记载可知，① 范雎一开始就准备仿效张仪故事，通过获得国君的赏识而获得卿相之位。然而，在因家贫而事魏国中大夫须贾后，范雎不仅未能崛起，反而因须贾的误解和魏齐的轻信而在折胁折齿后受尽侮辱。② 对此奇耻大辱，报复心极强的范雎的解决办法是"急持魏齐头来，不然者，我且屠大梁"③。然魏齐乃魏国之相，范雎欲达成这样的目标，必须掌握国力明显强于魏国的诸侯国之大权才有可能。在濒临死亡绝境之际，范雎逃亡秦国并非偶然。当此之时，秦国威震诸侯，"南拔楚之鄢郢，楚怀王幽死于秦。秦东破齐。湣王尝称帝，后去之。数困三晋"④。而且，秦人为完成称霸天下之大业，屡次委任来自关东诸侯国的才能之士为相。倘若能像商鞅以及张仪等人那样获得秦国国君赏识并执掌秦国大权，范雎就有可能报仇雪恨。在魏人郑安平以及秦国前往魏国之使者王稽等人的帮助下，范雎进入秦国，成功说服昭襄王摧毁以魏冄为核心的政治势力。

对于范雎上述行为，人们也应从报私仇的角度来理解。经过长期经营，魏冄在秦国的地位比较稳固，势力比较庞大。秦国唯一能够对其权位构成威胁的乃昭襄王。然而，这位秦国国君已经习焉于宣太后专制以及魏冄为政，支持甚至依附魏冄的官吏遍布秦国朝野。因此，或许只有东方游说之士能够令昭襄王梦醒，从而改变秦国政局。人们因而不难理解魏冄何以"恶内诸侯客"⑤。在范雎入秦后，他便不大可能投靠魏冄。从其必须掌秦柄并且令秦国国君言听计从方能报仇雪恨从这一角度而言，他也不能投靠魏冄，反而必须摧毁以其为核心的政治势力。这样就不难

---

① （汉）司马迁：《史记》卷七十九《范雎列传》，中华书局1982年版，第2401页。
② （汉）司马迁：《史记》卷七十九《范雎列传》，中华书局1982年版，第2401—2402页。
③ （汉）司马迁：《史记》卷七十九《范雎列传》，中华书局1982年版，第2414页。
④ （汉）司马迁：《史记》卷七十九《范雎列传》，中华书局1982年版，第2404页。
⑤ （汉）司马迁：《史记》卷七十九《范雎列传》，中华书局1982年版，第2403页。

第三章　秦法之治下朝廷官吏与秦国崛起

理解的是，在穰侯准备率领秦军越过韩、魏两国进攻齐国纲、寿的时候，范雎上书昭襄王，获得昭襄王赏识和召见。在献上"王不如远交而近攻，得寸则王之寸也，得尺亦王之尺也"之策后，范雎获昭襄王任用为客卿，谋兵事。① 数年后时机成熟，范雎向昭襄王进谗言，免魏冄之相，并将穰侯、高陵、华阳、泾阳君等人逐出关外，解除所谓"万世后，有秦国者非王子孙也"之威胁，范雎因而获封丞相以及应地，号称应侯。②

　　如前所述，在魏冄炙手可热的时候，客卿将秦军攻取的齐国纲、寿等地交予魏冄。倘若秦国将士流血牺牲所获得的战果都像这样为权臣所攫取，秦国统一天下的大业必然面临更多波折。范雎成功地阻止这样的苗头或者倾向性，客观上有助于秦国的持续崛起。而在秦王的功业欲随着秦军在战场上的节节胜利而逐渐扩大，秦国强大的军事机器在向东攻城略地的轨道上运行而难以停顿下来的时候，范雎势必服从和服务于这样的局面，继续为秦国建功立业。在秦、赵两国因秦国进攻的韩国上党降赵而发生长平之战期间，"昭王用应侯谋，纵反间卖赵，赵以其故，令马服子代廉颇将"③。据《史记·白起列传》记载，白起指挥的秦军因而取得前后斩首四十五万人之大捷，④ 再次平定上党郡，然后分兵为二：一路由王龁率领，攻占皮牢；一路由司马梗率领，平定太原。⑤

　　就在这样的战争态势下，昭襄王采纳范雎之建议，同意韩国割让垣雍、赵国割让六城后罢兵。⑥《史记·秦本纪》之记载与此略有不同："四十八年十月，韩献垣雍。秦军分为三军。武安君归。王龁将伐赵皮牢，拔之。司马梗北定太原，尽有韩上党。正月，兵罢，复守上党。"⑦ 二者在某些细节方面有所不同，然有一点可以肯定的是，秦国在长平之战后并没有一鼓作气地灭赵。昭襄王让军事指挥才能卓绝的白起返回秦国，而命以前尚未取得显赫战绩的王龁、司马梗等将领分别指挥两路秦军。从

---

① （汉）司马迁：《史记》卷七十九《范雎列传》，中华书局1982年版，第2404—2410页。
② （汉）司马迁：《史记》卷七十九《范雎列传》，中华书局1982年版，第2411—2412页。
③ （汉）司马迁：《史记》卷七十九《范雎列传》，中华书局1982年版，第2417页。
④ （汉）司马迁：《史记》卷七十三《白起列传》，中华书局1982年版，第2335页。
⑤ （汉）司马迁：《史记》卷七十三《白起列传》，中华书局1982年版，第2335页。
⑥ （汉）司马迁：《史记》卷七十三《白起列传》，中华书局1982年版，第2335—2336页。
⑦ （汉）司马迁：《史记》卷五《秦本纪》，中华书局1982年版，第213—214页。

秦军实际动向来看，这两路秦军在达成一定战略目标后即停止进攻，并未迅速发起进攻邯郸之战。从《史记》相关记载来看，此乃范雎基于所谓"今赵亡，秦王王，则武安君必为三公，君能为之下乎"而请昭襄王放弃一举亡赵愿望的结果。① 不过，秦国将士在长平之战后确实已经非常疲劳，迫切需要休整，昭襄王不得已而为之也属可能，故而有必要略加探讨。所谓苏代厚币说服范雎云云乃太史公依据《战国策》而撰写，② 系他对秦国在长平之战大捷后未一举灭赵的解释。苏代前往秦国见范雎之事固然有可能为史官所记载，也有可能为某人所目睹。不过，像苏代所言的那样阻止白起建功立业、妨碍秦国一统大业之类的隐秘事，范雎等人无论如何也不会让人有机会得知。而且，事关秦国统一天下之大业，范雎的建议即便是出于《战国策》所云动机也必须令昭襄王信服方可。"秦军劳"之说因而值得高度重视，连白起后来也承认，"今秦虽破长平军，而秦卒死者过半"③。昭襄王也有可能因而认为，在鏖战一年有余、河内十五岁以上秦民悉数从军且秦国将士伤亡过半后能否一举灭亡赵国属未知之数。反之，若不战而获得韩国垣雍、赵国六城，且秦国将士因而获得休整的机会，对于秦国灭赵大业而言未尝不是较为合理的决策。

《战国策》记载的所谓苏代劝说范雎之言能够流传开来，表明它并非空穴来风，至少有可能是有人基于特定目的而散布的流言。在穰侯因范雎进谗言而罢相并前往封国后，白起难免因自己与魏冄相善而对范雎产生戒备以及不信任心理，对于诸如范雎因担心自己升任三公而阻止秦军在长平之战后一举亡赵之类传言容易信以为真。"（武安君）由是与应侯有隙"因而具有较高的可信性。④ 人们由是比较容易理解白起此后之遭遇以及命运。在长平之战结束数月后，昭襄王让五大夫王陵率领秦军攻打邯郸。在战事并未如秦人预期的那样顺利后，昭襄王将原因归诸将领。在武安君病愈后，昭襄王希望白起代王陵率领秦军灭赵。在对秦、赵两国双方的战略态势产生较为准确的判断后，白起不愿接受这样的使

---

① （汉）司马迁：《史记》卷七十三《白起列传》，中华书局1982年版，第2335页。
② 参见（西汉）刘向集录《战国策》卷五《秦三》，上海古籍出版社1998年版，第204—205页。
③ （汉）司马迁：《史记》卷七十三《白起列传》，中华书局1982年版，第2336—2337页。
④ （汉）司马迁：《史记》卷七十三《白起列传》，中华书局1982年版，第2335页。

命。昭襄王于是派遣范雎前往说服白起，在已经与其心生嫌隙之余，白起自然不可能同意，以生病为由坚决推辞。昭襄王不得已让王龁代王陵为将攻打邯郸，战事亦不顺利。在魏、楚两国率领数十万军队前往救赵并攻击秦军以后，秦军大败。白起仍然以病笃为由不肯前往率领秦军扭转战局，应侯范雎前往请之甚至不起，人们不难合理想象范雎会如何回复昭襄王。在白起因而被贬为士伍甚至不能继续留在咸阳后，昭襄王等人认为，白起对于其际遇心怀不满，以至于出言不逊。因此，昭襄王赐白起剑，令其自杀。① 司马迁以"秦昭王与应侯群臣议曰"这样的言说表明范雎在秦昭王赐死白起事方面所发挥的推波助澜的作用。② 作为国君比较青睐的丞相，范雎在依法当收三族的情况下都因昭襄王的庇护而安然无恙。如果他选择保护白起，后者的命运必然与此截然相反。然而，在已然与白起生隙的情况下，具有睚眦必报个性的范雎选择了落井下石，③ 在置白起于死地方面助纣为虐。太史公在《史记》中谓"（范雎）已而与武安君白起有隙，言而杀之"④。诚哉斯言！如前所述，以往秦国将领多依附魏冄。范雎此举在秦国造成"今武安君既死，而郑安平等畔，内无良将而外多敌国……"的局面也在所难免。⑤

郑安平乃魏人，在魏中大夫须贾以及魏相魏齐等人几乎置范雎于死地的时候，郑安平设法予以保护，并与秦国使者王稽一道将其送往秦国。在担任秦相以后，范雎应王稽之请而向昭襄王荐举。因此，"昭王召王稽，拜为河东守，三岁不上计。又任郑安平，昭王以为将军"⑥。然令范雎始料未及的是，后郑安平攻打赵国，为赵国所围困，与两万余士兵一道投降。依据秦法"任人而所任不善者，各以其罪罪之"这样的规定，⑦ 范雎当收三族。昭襄王不仅没有依法处置，反而因担心范雎不安而下令"有敢言郑安平事者，各以其罪罪之"⑧。与西方近现代法治国家中君主

---

① （汉）司马迁：《史记》卷七十三《白起列传》，中华书局1982年版，第2336—2337页。
② （汉）司马迁：《史记》卷七十三《白起列传》，中华书局1982年版，第2337页。
③ （汉）司马迁：《史记》卷七十九《范雎列传》，中华书局1982年版，第2413—2416页。
④ （汉）司马迁：《史记》卷七十九《范雎列传》，中华书局1982年版，第2417页。
⑤ （汉）司马迁：《史记》卷七十九《范雎列传》，中华书局1982年版，第2418页。
⑥ （汉）司马迁：《史记》卷七十九《范雎列传》，中华书局1982年版，第2415页。
⑦ （汉）司马迁：《史记》卷七十九《范雎列传》，中华书局1982年版，第2417页。
⑧ （汉）司马迁：《史记》卷七十九《范雎列传》，中华书局1982年版，第2417页。

亦在法令之下因而必须遵守法令不同的是，秦国法令系为吏民而设，乃国君治民之具，不可能对国君形成有效的约束。昭襄王像这样在具体案件中以令的方式而改变秦法令之实施就是具体表现之一。

两年后，王稽私下与诸侯勾结，坐法诛。然据《史记》之记载，范雎因而日益不安，轻易为蔡泽之言所动，谢病而归相印。① 云梦睡虎地秦简记载的《语书》有关内容与此有所不同："（五十二）年，王稽、张禄死"②。依据"范雎亡，伏匿，更名姓曰张禄"这样的记载可知，③ 张禄乃范雎逃出魏国以后所用姓名，秦人因而像这样记载其事。睡虎地秦简乃秦人书写秦国事，对于像丞相去世这样的大事之记载不大可能出现明显失误。因此，在太史公依据《秦记》之类文献书写的秦史并未提供反证的情况下，《语书》的记载应当可信。比较《史记·蔡泽列传》与《战国策·蔡泽见逐于赵》篇不难发现，太史公为蔡泽所立之传完全取材于后者。④ 在《史记》采信《战国策》而形成的记载多与秦法以及《史记》与其他可靠文献为依据形成的记载相冲突的情况下，人们难免怀疑《史记·蔡泽列传》的可信性。即便人们认同《史记·蔡泽列传》的可信性，蔡泽之获进用也表明，相对于统一天下的大业而言，昭襄王对于范雎个人的情感退居第二位。而且，昭襄王以坚持秦法之治而闻名于世，直至战国末期仍然流传这样的传闻：其一，昭襄王生病后，百姓们纷纷买牛而在家里为其祈祷。昭襄王却下令罚每人二甲，其理由是，"夫非令而擅祷者，是爱寡人也。夫爱寡人，寡人亦且改法而心与之相循者，是法不立。法不立，乱亡之道也。不如人罚二甲而复与为治"⑤；其二，在秦国出现大范围饥荒后，应侯建议用五苑之蔬果来救济。昭襄王拒绝予以采纳，其理由是，"吾秦法，使民有功而受赏，有罪而受诛。今发五苑之蔬果者，使民有功与

---

① （汉）司马迁：《史记》卷七十九《范雎列传》，中华书局1982年版，第2417—2424页。
② 陈伟主编：《秦简牍合集·释文注释修订本（壹）》，武汉大学出版社2016年版，第11页。
③ （汉）司马迁：《史记》卷七十九《范雎列传》，中华书局1982年版，第2402页。
④ （西汉）刘向集录：《战国策》卷五《秦三》，上海古籍出版社1998年版，第211—220页。
⑤ （清）王先慎：《韩非子集解》卷十四《外储说右下》，中华书局1998年版，第335—336页。

无功俱赏也。夫使民有功与无功俱赏者，此乱之道也。夫发五苑而乱，不如弃枣蔬而治"①。郑安平投降，昭襄王袒护依法当收三族的范雎已属不妥。在王稽又与诸侯勾结以后，他不大可能再次袒护范雎。这应该是范雎之死的最为合理的缘故。

总之，在昭襄王执政期间，由于宣太后专制之故，秦国一度形成以其弟魏冄为核心的政治势力，执秦国之政长达三十余年。客观地说，魏冄因举白起等人为将领，为秦国向关东扩张做出非常大的贡献。太史公所谓"秦所以东益地，弱诸侯，尝称帝于天下，天下皆西乡稽首者，穰侯之功也"②并非虚言。然而，随着权力和地位的日益稳固，魏冄开始利用秦国军政大权为其自身利益服务。好在宣太后去世以后，在范雎的建议下，昭襄王醒悟过来。在国君独揽大权的政治格局中，即便以魏冄为核心的政治势力也只能迅速瓦解。不过，就秦国一统天下所取得的进展而言，李斯将"蚕食诸侯，使秦成帝业"③之功归诸范雎未必合理。昭襄王行远交近攻之策不过夺取魏国之怀地以及邢丘而已。④在白起之死乃至秦国出现内无良将的局面方面，范雎负有不可推卸的责任。魏冄获封秦相很难说符合相关规定，而依秦法应当承担连坐责任的范雎也一度逃脱法令之制裁。不过，其他官吏应不至于奢望像上述俩人那样在犯法以后有机会逃脱惩罚，因为他们未必与国君存在比较近的血缘关系，也未必能够获得国君的极端宠幸。而且，他们还因与昭襄王或者魏冄关系较为疏远之故而难以像白起等人那样实现官爵的跨越式升迁。不过，这未必会影响他们建功立业的积极性。为满足功业欲，他们欲一统天下势必要做出更大的贡献。

第四节 秦王嬴政时代的朝廷官吏与秦国崛起

作为昭襄王执政时代一个重大事件而载入史册的是，西周君与诸侯约从攻秦，昭襄王为此派军队攻打西周。西周君尽献其邑，"其器九鼎

---

① （清）王先慎：《韩非子集解》卷十四《外储说右下》，中华书局1998年版，第336页。
② （汉）司马迁：《史记》卷七十二《穰侯列传》，中华书局1982年版，第2330页。
③ （汉）司马迁：《史记》卷八十七《李斯列传》，中华书局1982年版，第2542页。
④ （汉）司马迁：《史记》卷七十九《范雎列传》，中华书局1982年版，第2410页。

入秦，周初亡"①。在昭襄王去世以后，先后继承国君之位的秦孝文王、庄襄王等享国日浅，秦王嬴政在尚年幼的时候继位。秦国政坛因而呈现较为诡谲的局面，一度形成对君权构成严重威胁的政治势力。在这股政治势力执秦国之政期间，秦国一统天下大业的进展如何？亲政后的秦王嬴政何以能够迅速力挽狂澜，他又如何在官吏集团的支持下顺利完成一统天下之大业？这一部分试就这些问题进行探讨。

一　吕不韦史事考

吕不韦本为赵国富商，他与在赵国做人质的秦国公子子楚达成协议：自己协助子楚成为昭襄王太子安国君之嫡嗣，子楚则承诺"必如君策，请得分秦国与君共之"②。在吕不韦的大力运作下，③秦公子子楚最终成为庄襄王。这位秦国国君兑现承诺，以吕不韦为丞相，封文信侯，食河南洛阳十万户税赋。④吕不韦以往对于庄襄王所作所为属于私劳，并非在耕战方面为秦国建立功勋。秦庄襄王像这样封赏未必符合商鞅变法期间确定的依法论功行赏原则。不过，就任命相国或者丞相事而言，在惠文王以及昭襄王执政数十年后，任贤似乎逐渐成为秦国政治故事乃至政治传统，而贤与否取决于国君的认定。因此，人们没有必要过多纠结于此。不过，各类文献关于吕不韦的记载令人疑窦丛生，后世分析和评论又进一步导致相关史实隐晦不彰的情况下，人们理应厘清相关史事，进而考察吕不韦在秦国崛起过程中发挥何种作用。

关于这位赵国富商，《史记》有如次之记载："吕不韦取邯郸诸姬绝好善舞者与居，知有身。子楚从不韦饮，见而说之。因起为寿，请之。吕不韦怒，念业已破家为子楚，欲以钓奇，乃遂献其姬。姬自匿有身，至大期时，生子政。子楚遂立姬为夫人。"⑤一些士大夫据而认为秦国早已亡于秦王政即位之时，另外一些人则以太史公编写故事泄愤为由予以反驳。有学者专门撰文指出："吕不韦既没有作案的动机，

---

① （汉）司马迁：《史记》卷五《秦本纪》，中华书局1982年版，第218页。
② （汉）司马迁：《史记》卷八十五《吕不韦列传》，中华书局1982年版，第2505—2506页。
③ （汉）司马迁：《史记》卷八十五《吕不韦列传》，中华书局1982年版，第2507—2508页。
④ （汉）司马迁：《史记》卷八十五《吕不韦列传》，中华书局1982年版，第2509页。
⑤ （汉）司马迁：《史记》卷八十五《吕不韦列传》，中华书局1982年版，第2508页。

也没有作案的条件。"① 其理由有四：其一，秦汉时期继承制度非常严格，爵位之类必须由嫡子继承。以他人假冒嫡子的法律后果非常严重；其二，子楚立赵姬为夫人，嬴政为继承人，有较为正式的文书；其三，赵姬若有身孕，在吕不韦将她献给子楚的时候无法通过"谨室"这一关。而且，赵姬乃是在大期的时候生产，必然引起子楚及其下人的怀疑；其四，《史记·秦始皇本纪》明确记载庄襄王生始皇帝。② 诸如此类看法及分析都存在进一步探讨的空间。该学者所谓"作案"云云，是指吕不韦试图让自己的儿子经子楚之手而成为秦国王位继承人，进而让秦国为吕氏子孙所有。这样的说法不大可能成立，太史公之记载非常清楚，子楚请求吕不韦将赵姬让给自己。在协助子楚成为嫡嗣已经耗费千金后，为避免功亏一篑，吕不韦才不得已答应。人们没有理由认为吕不韦此时已经对秦国抱有野心。而且，吕不韦将所谓目标建立在完全不可控的因素上实属不智，因为他没有办法确保赵姬所生为男子。在吕不韦没有"作案"动机以及除了献姬以外并未实施任何将秦国据为己有的行为的情况下，所谓继承制度以及文书云云对于证实或者证伪吕不韦所谓"作案"没有太大意义。

前述学者引用《史记·秦始皇本纪》相关记载对于解决秦始皇是否吕不韦之子这一重大问题其实没有太大意义。嬴政在名义上是子楚娶赵姬以后所生，人们必然视其为子楚之子，史家因而只能形成诸如庄襄王生嬴政之类记载。所谓医学鉴定因而几乎是解决秦王嬴政生父问题唯一有效之办法。然而，前述学者所谓"谨室"云云没有较为可靠的文献依据，对于解决问题没有多少帮助。赵姬固然是在大期的时候生产，然而，子楚等人完全可能视其为早产。在早产至今也难以避免的情况下，在人们的生育知识未必十分健全的时代，子楚等秦人应该不会怀疑赵姬所生之子并非己出。更何况赵姬既然在子楚娶她的时候隐瞒有孕在身，她会一直隐瞒下去，吕不韦也是如此。否则，在较为重视血脉的早期中国，他们很难在大放厥词以后继续维持嬴政储君身份并且顺利继承秦王之位。而在嬴政君位巩固后，他们又很难说服

---

① 李开元：《秦谜：重新发现秦始皇》，北京联合出版公司2015年版，第25页。
② 李开元：《秦谜：重新发现秦始皇》，北京联合出版公司2015年版，第25—38页。

这位秦王相信吕不韦是自己的亲生父亲。因此，太史公根本无从获得所谓吕不韦献姬谋国之事的可靠依据。载入《史记·吕不韦列传》的有关故事因而很有可能系太史公依据广为流传的传闻或者文献记载编撰而成。至于历史上是否实有其事，如今已经不得而知。诸如此类传闻是否属实并不重要。作为子楚之子以及后来的秦王，嬴政比较忠实地扮演其既定角色。与秦国先君先王一样，他积极开疆拓土，直至完成统一天下之大业。在《史记·秦始皇本纪》末尾，太史公仍然将嬴政视为秦国/王朝君王序列中的一员。

吕不韦对于子楚继承国君之位做出重大贡献，理所当然地成为庄襄王倚重之人。不过，与张仪相类的是，在担任秦相后，除"东周君与诸侯谋秦，秦使相国吕不韦诛之，尽入其国"以外，[①] 吕不韦再未率领秦军对外作战。在庄襄王执政期间，秦国征伐韩、赵、魏等国之战，置三川、太原等郡均由蒙骜率领军队而为。在抗击魏公子无忌率领的五国联军攻击秦国的时候，统兵将领亦为蒙骜。[②] 在秦王嬴政即位以后，吕不韦获封"相国"。因秦王年少之故，秦人委国事大臣。[③] 在秦王嬴政行冠礼并正式行使国君权力以前，秦国主动或者被动卷入系列战争。[④] 然而，吕不韦很可能并未参与战事的谋划以及指挥，理由有二：其一，在《史记·秦始皇本纪》依次记载秦国在一统之战取得的重大斩获以后，"嫪毐封为长信侯，予之山阳地，令毐居之。宫室、车马、衣服、苑囿、驰猎恣毐"[⑤]。这样的叙述难免让人认为二者之间存在因果关系。换言之，是嫪毐而非吕不韦因为这些功劳而获封侯；其二，对于秦相在秦国对外征伐过程中所发挥的作用，太史公往往在《史记·秦本纪》中记载秦国对外战事的同时在有关列传中予以记载。例如，关于商鞅的对外征战，《史记·秦本纪》载："二十二年，卫鞅击魏，虏魏公子卬。封鞅为列侯，号商君。"[⑥] 与此相呼应的

[①] （汉）司马迁：《史记》卷五《秦本纪》，中华书局1982年版，第219页。
[②] （汉）司马迁：《史记》卷五《秦本纪》，中华书局1982年版，第219页。
[③] （汉）司马迁：《史记》卷六《秦始皇本纪》，中华书局1982年版，第223页。
[④] （汉）司马迁：《史记》卷六《秦始皇本纪》，中华书局1982年版，第224—225页。
[⑤] （汉）司马迁：《史记》卷六《秦始皇本纪》，中华书局1982年版，第227页。
[⑥] （汉）司马迁：《史记》卷五《秦本纪》，中华书局1982年版，第204页。

是，在《史记·商君列传》中，在齐国于马陵之战大败魏军后，卫鞅建议趁机伐魏。在得到秦孝公同意后，卫鞅设计虏公子卬、破其军。①关于张仪的对外征战，《史记·秦本纪》载："使张仪伐取陕，出其人与魏。"②与之相呼应的是，《史记·张仪列传》记载："居一岁，为秦将，取陕。"③关于甘茂的对外征战，《史记·秦本纪》记载："使甘茂、庶长封伐宜阳。四年，拔宜阳，斩首六万。"④与此相呼应的是，《史记·甘茂列传》较为详细记载秦武王基于"车通三川以窥周室"的目标而令甘茂伐宜阳以及秦军在甘茂的率领下攻占宜阳的经过。⑤当然，《史记·秦本纪》与记载秦相之事的《史记·XX列传》也存在不一致的地方。例如，《史记·甘茂列传》记载甘茂定蜀之事而《史记·秦本纪》未予记载。⑥不过，就秦相参与军国大事而言，《史记》之《列传》往往比相关《本纪》之记载更为详尽。因此，在《史记·秦始皇本纪》未予记载而《史记·吕不韦列传》仅记载身为相国的吕不韦主要致力于延揽食客，撰写《吕氏春秋》的情况下，⑦人们难免据而认为，吕不韦在秦王嬴政即位后并没有在一统天下方面发挥重要作用。⑧或许有人以商鞅、张仪以及甘茂等人为相后仅率军对外一战为由对上述分析及其结论进行反驳。然而，秦相率领军队对外出征一次并非惯例，穰侯为相后就两度率军对外出征。

总之，在帮助沦落赵国的秦公子子楚成为安国君太子并且继位为秦王后，吕不韦在秦国地位尊崇，俸禄优厚。不过，他并未经常率领秦军对外征伐，也没有过多攫取权力。因此，张唐所谓"应侯不如文信侯专"在目前的资料条件下不具多大可信性。⑨在太史公有关甘罗劝说张唐前往燕国

---

① （汉）司马迁：《史记》卷六十八《商君列传》，中华书局1982年版，第2232—2233页。
② （汉）司马迁：《史记》卷五《秦本纪》，中华书局1982年版，第206页。
③ （汉）司马迁：《史记》卷七十《张仪列传》，中华书局1982年版，第2284页。
④ （汉）司马迁：《史记》卷五《秦本纪》，中华书局1982年版，第209页。
⑤ （汉）司马迁：《史记》卷七十一《甘茂列传》，中华书局1982年版，第2311—2312页。
⑥ （汉）司马迁：《史记》卷七十一《甘茂列传》，中华书局1982年版，第2311页。
⑦ （汉）司马迁：《史记》卷八十五《吕不韦列传》，中华书局2014年版，第3046页。
⑧ 日本学者西嶋定生也认为："吕不韦作为执政者，没有留下任何积极为政的功业。"参见［日］西嶋定生《秦汉帝国：中国古代帝国之兴亡》，顾姗姗译，社会科学文献出版社2017年版，第27页。
⑨ （汉）司马迁：《史记》卷七十一《甘茂列传》，中华书局1982年版，第2319页。

为相之记载非常明显乃是以《战国策》相关记载为史料来源的情况下,①人们不能轻易认同诸如此类说法。吕不韦出身商贾,经商牟利乃其所长。然而,军国大事毕竟与经商不同,吕不韦未必胜任谋划以及指挥之责。

二 以嫪毐为核心的政治势力的形成与覆灭

人们难免因而产生疑问,在秦王嬴政亲政以前,秦国由何人主持军国大事,命令蒙骜、王龁以及麃公等将军对外攻城略地并建立郡县?为解决这些问题,嫪毐不能不纳入考查的范围。在秦王嬴政逐渐长大以后,吕不韦日益担心其与太后之间的暧昧关系为秦王获悉,遂指使他人以嫪毐身犯腐罪为由向官府告发。生理欲望非常强烈且对嫪毐早有所闻的太后则暗中以丰厚的财物贿赂主腐者吏,让其假装对嫪毐依法论处,拔掉其胡须和眉毛后充任宦者。嫪毐从此就长期服侍太后,进而登上秦国政治舞台并扮演重要角色。② 人们也因而能够理解秦王嬴政亲政以前的政治局势以及一些重要官吏在秦国一统天下大业过程中所发挥的作用。

在秦王嬴政即将亲政的时候,嫪毐"矫王御玺及太后玺以发县卒及卫卒、官骑、戎翟君公、舍人……"③ 这样的记载表明,在秦王因年少而尚未亲政的时候,调动秦国军队必须同时加盖秦王御玺以及太后玺。这表明太后对于秦国军国大事拥有决定权甚至否决权。为此人们对"事皆决于嫪毐"应该有更为深切的认识。④ 年幼的秦王通常会听命于母亲,而太后对秦国政事未必十分擅长且乐意为之操劳。嫪毐因而能够以太后的名义决定秦国军国大事。在昭襄王因年幼而未亲政的时候,宣太后很可能因有机会掌控军国大事而得以专制,而宣太后之事又可以为嫪毐主持秦国军政事务提供佐证。人们因而不难理解秦王嬴政亲政前后两类现象:其一,秦国对韩、赵、魏等国发动进攻,夺取不少土地。⑤ 特别值得一提的是秦国设置东郡,"成功与中立国齐国连接,将河北燕、赵与

---

① 参见(西汉)刘向集录《战国策》卷七《秦五》,上海古籍出版社1998年版,第282页。
② (汉)司马迁:《史记》卷八十五《吕不韦列传》,中华书局2014年版,第3047页。
③ (汉)司马迁:《史记》卷六《秦始皇本纪》,中华书局1982年版,第227页。
④ (汉)司马迁:《史记》卷八十五《吕不韦列传》,中华书局2014年版,第3047页。
⑤ (汉)司马迁:《史记》卷六《秦始皇本纪》,中华书局1982年版,第224—225页。

第三章　秦法之治下朝廷官吏与秦国崛起

河南魏、楚隔绝，完成了以往东向连横未能达到的目标"，"为秦灭六国奠定了重要基础"①。嫪毐因诸如此类大功而获封长信侯，乃至以河西太原郡为毐国显得理所当然，②特别是在太后对其较为宠信的情况下。

嫪毐之所以能够为秦国在一统天下方面取得不小进展做出贡献，是因为他基本沿用在庄襄王时代逐渐崛起的蒙骜、王龁以及麃公等将领。他们在四处扩张的时候基本上未有败绩。与《史记·秦本纪》不同的是，在《史记·秦始皇本纪》中，太史公并没有明确记载上述将领在立下战功后官爵的变化，《史记·蒙恬列传》也未提供相关信息。人们因而难以得知他们是否因战功而获得封赏。不过，依据《史记·秦本纪》相关记载可知，在严重违反秦法以及损害秦国利益后，秦军将领均受到严厉惩罚。例如，"王弟长安君成蟜将军击赵，反，死屯留，军吏皆斩死，迁其民于临洮"③。又如，"将军壁死，卒屯留、蒲鹖反，戮其尸"④。徐广认为："壁于此地时，士卒死者皆戮其尸。"⑤《史记索隐》相关解释与此有所不同："谓成蟜为将军而反，秦兵击之，而蟜壁于屯留而死。屯留、蒲鹖二邑之反卒虽死，犹皆戮其尸。"⑥《史记集解》和《史记索隐》的解释很难称得上合理。它们均将"壁"解释为蟜之活动，视其为动词。实则不然，此处之"壁"乃秦国将军之名，与"将军骜"并无不同。人们依据这些记载可知，在以太后的名义主持秦政期间，嫪毐对于谋反的处罚异常严厉。在他的主持下，秦国依法对于建功立业的将士们的封赏较为丰厚的可能性不能排除。将军蒙骜以及王龁等人一再率军征伐，死而后已。如果人们愿意承认他们也有功业欲的话，封赏应该是驱使他们不断建功立业的重要原因。

其二，嫪毐能够以太后的名义决定对外战事并任命将领，一些试图通过在战场上建功立业而获得封赏进而满足自己的功业欲的人就有可能

---

① 孙闻博：《东郡之置与秦灭六国——以权力结构与郡制推行为中心》，《史学月刊》2017年第9期。
② （汉）司马迁：《史记》卷六《秦始皇本纪》，中华书局1982年版，第227页。
③ （汉）司马迁：《史记》卷六《秦始皇本纪》，中华书局1982年版，第224—225页。
④ （汉）司马迁：《史记》卷六《秦始皇本纪》，中华书局1982年版，第225页。
⑤ （汉）司马迁：《史记》卷六《秦始皇本纪》，中华书局1982年版，第226页。
⑥ （汉）司马迁：《史记》卷六《秦始皇本纪》，中华书局1982年版，第226页。

攀附嫪毐。对此，《史记》有较为明确之记载："诸客求宦为嫪毐舍人千余人。"① 在嫪毐事败后，"卫尉竭、内史肆、佐弋竭、中大夫令齐等二十人皆枭首。车裂以徇，灭其宗。及其舍人，轻者为鬼薪。及夺爵迁蜀四千余家，家房陵"②。卫尉竭、内史肆、佐弋竭、中大夫令齐等二十人不大可能不知道嫪毐攻打蕲年宫的真正目的所在，他们积极投身其中原因不外乎二：一是他们认为嫪毐有机会成功，一旦这样的可能性变成现实他们势必一步登天；二是在嫪毐以太后的名义决定秦国大小事务的政治环境中，他们所获得的官爵很可能与嫪毐提供的机会或者大力相助有关。因此，他们以嫪毐为核心形成较为稳定的政治势力。

嫪毐的野心不断膨胀。然在秦王嬴政即将亲政的时候，有人向其告发嫪毐实际上并不是宦者，常常与太后暗中淫乱并且生下两个儿子。更有甚者，嫪毐与太后商议，在秦王嬴政去世后，让他们的儿子继承秦国王位。秦王嬴政下令官吏调查，一切隐情因而为其所知。③ 嫪毐因担心受到严惩而先下手为强，咸阳因而发生大规模叛乱。秦史官在涉及宫闱秽乱事件的时候必然讳莫如深，此乃人们在《史记·秦始皇本纪》中难以发现任何蛛丝马迹的原因。然而，像这样重大的事件难免流传开来，太史公有可能通过传闻或者秦汉之际相关记载而获悉事件详细经过并予以记载。在《史记·吕不韦列传》能够较为合理地解释嫪毐作乱的原因且在目前资料条件下不能发现有力反证的情况下，人们应当认同其真实性。

对于以嫪毐为核心、不少秦国重要官吏附逆的政治势力，秦王嬴政先后采取两方面措施：一是"令相国昌平君、昌文君发卒攻毐"④，对于斩首立功者皆依法拜爵；二是在嫪毐等战败并逃亡后下令国中"有生得毐，赐钱百万；杀之，五十万"⑤。就前者而言，从断句到昌平君其人等等都引起学者们的热烈讨论。有学者指出，秦王嬴政下令率领军队平叛

---

① （汉）司马迁：《史记》卷六十八《吕不韦列传》，中华书局1982年版，第2511页。
② （汉）司马迁：《史记》卷六《秦始皇本纪》，中华书局1982年版，第227页。
③ （汉）司马迁：《史记》卷六十八《吕不韦列传》，中华书局1982年版，第2512页。
④ （汉）司马迁：《史记》卷六《秦始皇本纪》，中华书局1982年版，第227页。
⑤ （汉）司马迁：《史记》卷六《秦始皇本纪》，中华书局1982年版，第227页。

的将领乃相国吕不韦、昌平君以及昌文君等三人。① 这样的说法是不能成立的，理由有二：其一，在《史记》中，除因纯属记载官制而不可能指出担任相国或者丞相之人外，太史公在所有"相国"或者"丞相"二字后面均提供担任该官职之人。例如，"东周君与诸侯谋秦，秦使相国吕不韦诛之"②。与此相类的是，人们能够依据上下文而确知"今自有秩以上至诸大吏，下及王左右，无非相国之人者"这段话中"相国"所指。③ 因此，一些学者所谓"相国吕不韦、昌平君与昌文君"这样的表述有增字为训之嫌。④ 其二，依据《史记》"秦王下吏治，俱得情实，事连相国吕不韦"这样的记载可知，⑤ 吕不韦涉案，秦王嬴政在嫪毐事败后一度拟诛之。⑥ 这个"悾而不信人"的秦王不太可能在生死攸关的时刻将军队交由其统率。⑦

关于昌平君，一些学者认为，此人乃楚国考烈王在秦国做人质期间与昭襄王之女所生，与华阳夫人较为亲密。在子异成为华阳夫人养子后，昌平君又与子异亲密。在子异继位成为庄襄王以后，昌平君以至亲的身份入仕。⑧ 尽管这些说法能合理解释何以昌平君大力支持秦王嬴政，然而，它们难以获得充分可靠的证据支持。人们只能依据昌平君返回楚国以及项燕立其为楚王事⑨而知其乃楚国宗室成员而已。人们依据睡虎地秦简记载的秦国攻打楚国而昌文君死之事能知道他也是楚国宗室成员。⑩ 至于他们是否因为华阳夫人乃楚人之故而获封侯并且与秦王嬴政较为亲密诸事均不得而知。在剔除后世附加的主观臆断成分以后，人们难免会问，为什么昌平君、昌文君在对秦王嬴政而言最为关键的平叛时刻予以大力支持？答案十分简单，秦国国君享有一切军政大权，一旦秦王嬴政

---

① 参见李开元《末代楚王史迹钩沉》，《史学集刊》2010年第1期。
② （汉）司马迁：《史记》卷五《秦本纪》，中华书局1982年版，第219页。
③ （汉）司马迁：《史记》卷七十九《范雎列传》，中华书局1982年版，第2412页。
④ 李开元：《末代楚王史迹钩沉》，《史学集刊》2010年第1期。
⑤ （汉）司马迁：《史记》卷八十五《吕不韦列传》，中华书局1982年版，第2512页。
⑥ （汉）司马迁：《史记》卷八十五《吕不韦列传》，中华书局1982年版，第2512页。
⑦ （汉）司马迁：《史记》卷七十三《王翦列传》，中华书局1982年版，第2340页。
⑧ 参见李开元《末代楚王史迹钩沉》，《史学集刊》2010年第1期。
⑨ （汉）司马迁：《史记》卷六《秦始皇本纪》，中华书局1982年版，第233—234页。
⑩ 陈伟等编：《秦简牍合集·释文注释修订本（壹）》，武汉大学出版社2016年版，第12页。

因加冠、带剑而亲政，他就能任一己之意而行使各项权力，秦法为此提供强而有力的保障。在习焉于秦法之治后，除少数与嫪毐结成利益共同体的官吏以外，大多数官吏会依据秦法而效忠秦王，服从其号令。决定了以嫪毐为核心的政治势力迅速覆灭。

总之，在获得太后宠信并且因而掌秦国权柄后，嫪毐以秦法为依据驱使将士们在战场上建功立业，并因而获封为侯。秦国一度形成以其为核心的政治势力。在权力没有制约的情况下，嫪毐等人的野心不断膨胀，甚至对秦国王权构成不小的威胁。不过，长期的秦法之治让秦人习焉于服从秦国国君的权威和法令，决定了以嫪毐为核心的政治势力在秦王嬴政亲政以后迅速覆灭。

三　李斯等人在秦国政坛的崛起

在秦王嬴政依法处置嫪毐以及吕不韦等人后，李斯逐渐成为嬴政最为倚重的官吏之一。此人初为吕不韦舍人，后者认为李斯颇有才能，故而任命他为郎。李斯后来成功获得秦王嬴政的赏识和任用，为秦国一统天下的大业做出重要贡献，他也因功逐渐升迁至廷尉。关于李斯其人其事，《史记》不乏含糊其词的记载，故而这里略加辨析，进而分析有关人等对于秦国崛起所做出的贡献。

据《史记·李斯列传》记载，李斯向秦王嬴政进言"灭诸侯，成帝业，为天下一统"[1]。秦王任命李斯为长史，采纳其计谋，"阴遣谋士赍持金玉以游说诸侯。诸侯名士可下以财者，厚遗结之；不肯者，利剑刺之。离其君臣之计，秦王乃使其良将随其后"[2]。然在《史记·秦始皇本纪》中，与其相关之记载颇为不同：大梁人尉缭前往秦国，建议秦王嬴政"毋爱财物，赂其豪臣，以乱其谋，不过亡三十万金，则诸侯可尽"[3]。这样的计策在秦国一统天下过程中发挥重要作用。例如秦国成功反间赵王与李牧、司马尚之关系。秦国军队攻打赵国赤丽、宜安，李牧率领赵国军队与秦军战于肥之下，打退秦国军队。次年，秦国军队攻打

---

[1] （汉）司马迁：《史记》卷八十七《李斯列传》，中华书局1982年版，第2540—2541页。
[2] （汉）司马迁：《史记》卷八十七《李斯列传》，中华书局1982年版，第2540—2541页。
[3] （汉）司马迁：《史记》卷六《秦始皇本纪》，中华书局1982年版，第230页。

番吾，武安君李牧又率军打退秦军。① 秦人因而"多与赵王宠臣郭开金，为反间，言李牧、司马尚欲反"②。赵王委派他人为赵军将领，李牧不愿受命，赵人设法斩之，废黜司马尚。王翦趁机率领秦军大破赵国军队，灭亡赵国。③ 又如秦国成功反间齐国与诸国之关系。后胜为齐国之相，多次收受秦国贿赂之金，又多次派宾客出使秦国。秦人亦以金赂之，这些宾客因而行反间于齐，劝齐王拒绝合纵而与秦国修好，不准备攻战之具，不帮助其他五国抗秦。在其他诸侯国灭亡后，秦国军队占领临淄。④

人们难免产生这样的疑问，离间诸侯国君臣之计究竟为尉缭抑或李斯所献？从其内容来看，它与孙武所谓"凡兴师十万，出征千里……爱爵禄百金，不知敌之情者，不仁之至也。非民之将也，非主之佐也，非胜之主也"云云一脉相承，⑤ 属于兵家权谋的组成部分，而尉缭有兵法传世。秦王政在尉缭试图逃走的时候"固止，以为秦国尉，卒用其计策"⑥。这样的记载又可以表明，秦王政服膺其军事才能。反观李斯，其师荀子倡导仁义之兵，反对临武君"权谋势利也"以及"攻夺变诈也"⑦。在为秦王效力的时候，李斯未必赞成荀子仁义相关言说。例如，李斯认为："秦四世有胜，兵强海内，威行诸侯，非以仁义为之也，以便从事而已。"⑧ 然而，李斯也很难从荀子那里学习以"攻夺变诈"为基本特点以及以"权谋势利"为主要内容的兵家权谋。在它们不符合仁义之道的情况下，荀子不大可能向自己的学生传授。在离开荀子以后，李斯即前往秦国，并未向他人学习兵法。因此，向秦王献上述计策者很可能为尉缭。在《史记·秦始皇本纪》中，尉缭之言说系直接引用。至少在战国时期，国君言行常常为史官记载。例如，在渑池之会期间，秦王要求赵王鼓瑟。赵王不得已而为之，秦国御史对此予以记载。⑨ 诸如君

---

① （汉）司马迁：《史记》卷四十三《赵世家》，中华书局1982年版，第1832页。
② （汉）司马迁：《史记》卷四十三《赵世家》，中华书局1982年版，第1832页。
③ （汉）司马迁：《史记》卷四十三《赵世家》，中华书局1982年版，第1832页。
④ （汉）司马迁：《史记》卷四十六《齐世家》，中华书局1982年版，第1903页。
⑤ 李零：《吴孙子发微》，中华书局1997年版，第125页。
⑥ （汉）司马迁：《史记》卷六《秦始皇本纪》，中华书局1982年版，第230页。
⑦ （清）王先谦：《荀子集解》卷十《议兵》，中华书局2013年版，第314—315页。
⑧ （清）王先谦：《荀子集解》卷十《议兵》，中华书局2013年版，第330页。
⑨ （汉）司马迁：《史记》卷八十一《蔺相如列传》，中华书局1982年版，第2442页。

臣之间商讨一统天下之方略这样的大事，秦国御史之类的职官很有可能予以记载。太史公有可能依据相关记载而以直接引用的方式载于《史记》。反观太史公在《史记·李斯列传》中的相关记载，它们乃太史公对于秦国灭亡山东六国之方略的总结。在李斯对秦王朝建立以及巩固做出重要贡献的情况下，太史公不经意间将他人的功劳归于李斯实属可能。

在得出诸如此类结论之前，人们必须对《史记》中所谓"李斯用事"①以及"官至廷尉"②做出合理解释。秦国军队动辄斩首数万，有时斩首数量甚至高达十余万和数十万。俗话说"杀敌一万，自损三千"，秦军自身伤亡也很可能经常高达上万甚至更多。参加战斗的秦军将士数量因而经常高达数万甚至数十万。春秋时期已然"驰车千驷，革车千乘，带甲十万，千里馈粮。则内外之费，宾客之用，胶漆之材，车甲之奉，日费千金，然后十万之师举矣"③。参照这样的标准来看，秦国各级官府必须高速运转以适应日益频繁且规模日益扩大的战争需要。而且，商鞅变法期间制定的法令也经常需要根据形势的变化而进行修订。例如，秦武王二年（前310）己酉，朔日，秦王命丞相戊、内史匽修《为田律》。④至少在以上两个方面，曾经向荀子学习帝王之术的李斯均有机会发挥其才能，这很可能就是《史记·秦始皇本纪》记载的所谓李斯"用事"之处。他因在这些方面做出重大贡献而逐渐升迁至廷尉也合乎秦法。

在统一天下过程中，军事将领在战场上的攻城略地更为重要，其中以王氏和蒙氏为最。王氏乃是指王翦及其子王贲等人，蒙氏系指蒙武及其子蒙恬等人。与李斯乃是秦王嬴政从文信侯之郎的位置上启用相类的是，王翦"少而好兵，事秦始皇"这样的记载表明，⑤此人亦为秦王嬴政所启用。至于蒙武，他乃是在秦王嬴政亲政后从裨将军开始，因功逐渐获得升迁。⑥其子蒙恬则在秦始皇二十六年（前221）始为秦将。⑦其

---

① （汉）司马迁：《史记》卷六《秦始皇本纪》，中华书局1982年版，第230页。
② （汉）司马迁：《史记》卷八十七《李斯列传》，中华书局1982年版，第2546页。
③ 李零：《吴孙子发微》，中华书局1997年版，第36页。
④ 于豪亮：《释青川秦墓木牍》，《文物》1982年第1期。
⑤ （汉）司马迁：《史记》卷七十三《王翦列传》，中华书局1982年版，第2338页。
⑥ （汉）司马迁：《史记》卷八十八《蒙恬列传》，中华书局2014年版，第3113页。
⑦ （汉）司马迁：《史记》卷八十八《蒙恬列传》，中华书局2014年版，第3113页。

他知名将军如李信者亦如是。在他刚登上历史舞台的时候,太史公称其"年少壮勇,尝以兵数千逐燕太子丹至于衍水中,卒破得丹,始皇以为贤勇"①。与其相关的记载是,"二十一年……遂破燕太子军,取燕蓟城,得太子丹之首"②。当此之时,秦王嬴政已经亲政十二年矣。人们或许可以依据上述记载而得出这样的结论:秦王嬴政在亲政后基本上没有重用功臣宿将,而是不断地拔擢年轻将领。在回顾一下秦孝公以迄庄襄王等在位期间的重要官吏后,人们同样会发现,除樗里子以及司马错等极少数将领以外,其他绝大多数重要官吏通常主要为某位国君效力,在新任国君继位以后事迹不彰。

王翦及其子王贲等人先后平定赵、燕、魏、楚以及齐等国,蒙武则与王氏一道攻楚,虏楚王。其子蒙恬后又率军攻齐,大破之。③ 此外,将军桓齮攻打赵国,为王翦最终灭赵打下比较好的基础。④ 内史腾率军攻打韩国,俘获韩王安。后者向秦国奉上韩国所有土地,秦人因而建颍川郡。⑤ 不过,《史记·秦始皇本纪》未能像《史记·秦本纪》那样明确记载将军们建功后官爵发生的变化,人们因而无从得知他们在建功立业后官爵升迁的情形。大概与秦孝公、惠文王时代商鞅、张仪等人获得一次军事胜利并攻占一块土地就可以封爵拜相不同的是,在秦王政时代,斩首数万乃至灭亡诸侯国已属寻常。如果按照秦孝公、惠文王时代的标准予以封赏,则秦国侯爵势必太多。"为大王将,有功终不得封侯"的现象很可能正是秦国政治军事形势像这样发生重大变化之结果。⑥ 在此情形下,将军们在其爵位仅次于侯爵后再次立功,秦王政的赏赐很可能改为以美田、良宅、园池为主。⑦ 其中,王氏以及蒙氏对秦国一统天下所建功勋最为卓著。相对于其他将领而言,他们所获得的封赏远为丰厚。王离获封武城侯,王贲获封通武侯。⑧ 蒙氏甚获尊崇,"虽诸将相莫敢与

---

① (汉)司马迁:《史记》卷七十三《王翦列传》,中华书局2014年版,第2840页。
② (汉)司马迁:《史记》卷六《秦始皇本纪》,中华书局1982年版,第301页。
③ (汉)司马迁:《史记》卷八十八《蒙恬列传》,中华书局2014年版,第3113页。
④ (汉)司马迁:《史记》卷六《秦始皇本纪》,中华书局1982年版,第232页。
⑤ (汉)司马迁:《史记》卷六《秦始皇本纪》,中华书局1982年版,第232页。
⑥ (汉)司马迁:《史记》卷七十三《王翦列传》,中华书局1982年版,第2340页。
⑦ (汉)司马迁:《史记》卷七十三《王翦列传》,中华书局1982年版,第2340页。
⑧ (汉)司马迁:《史记》卷六《秦始皇本纪》,中华书局1982年版,第246页。

之争焉"①。

总之，在年幼的秦王嬴政继位之初，太后在秦军国大事上具有相当的发言权，为其男宠嫪毐染指秦国最高权力提供了机会与可能。随着嫪毐为秦国一统天下的大业做出贡献和封侯，以他为核心的政治势力日渐形成和膨胀，一度对王权造成威胁。在亲政以后，秦王嬴政迅速镇压以嫪毐为核心的政治势力的叛乱，真正掌握秦国一切军政大权。这位秦国国君不拘一格地任用尉缭和李斯等才能之士，大胆启用王氏和蒙氏年轻将领，率由己意地行使赏罚。在这样的治理环境中，为满足其功业欲，才能之士以及官吏们必须积极主动地赢得其青睐和信任，才有机会在一统天下的最后阶段建功立业。秦国因而再未形成以某某权臣为核心的政治势力，确保了秦国政局稳定和一统天下的战争的顺利进行。

第五节　本章小结

因痛心于河西之地为魏国所夺取以及中原诸侯国卑秦之故，秦孝公改弦更张，大力支持商鞅大刀阔斧地实施变法，驱使秦国上下积极致力于耕战。这场历经十余年的变法，实现以往盛行的任人唯亲向依法论功劳而授予官爵转变。才能之士因而获得机会通过耕战之功而满足功业欲。正是在秦法之治下，商鞅这位以往的卫国庶蘖公子有机会成为南面称寡人的列侯，为天下才能之士树立成功之典范。在秦孝公去世以后，商鞅因在变法过程中极大损害秦国宗室、贵戚以及官吏的特权和利益而遭诬陷。继位的秦惠文君在法治框架内对商鞅予以处置。不过，他继续实施实践证明大获成功的秦法，人亡政息的局面并未因而发生。

自秦惠文君开始，直至秦王嬴政为止，历代秦国国君无不致力于蚕食和侵吞东方诸侯国土地，推进和完成统一天下的大业。这为天下有志之士施展其才能提供了舞台。秦军经过商鞅变法而成为令天下望而生畏的力量，为才能之士建功立业创造比较优越的条件。不过，秦国的军事以及官爵等资源毕竟有限，才能之士必须努力获得秦国国君的赏识和信任，方有可能参与治国理政或者率领军队出征。为此，他们必须积极主

---

① （汉）司马迁：《史记》卷八十八《蒙恬列传》，中华书局1982年版，第2566页。

动地向国君显示才能以及表示忠诚，甚至与秦王形成程度不等的人身依附关系。即便秦国国君因为血缘关系以及偏好等缘故而赏罚不公，也不至于令其不满甚至反叛。秦国国家机器因而一直在统一天下的轨道上稳定而高效地运转。

不过，在国君继位后年纪尚幼等特殊情况下，太后在秦军国大事上具有较大发言权。由于她们往往不具备相应能力或者偏好，国君权力往往由她们的亲信代为行使，才能之士必须获得其青睐和信任，方能获得建功立业的机会。秦国或迟或早会形成以他们为核心的政治势力。在权力因而巩固且没有任何限制的情况下，像这样形成的政治势力的核心或首脑人物难免利用秦国国家机器为个人利益服务，从而危害秦国一统天下的大业，有时候甚至对秦王人身安全构成严重威胁。不过，因长期实行秦法之治故，在亲政以后，其权力获得法令保障的秦王容易获得全国绝大多数官吏和百姓的支持。那些政治势力往往迅速土崩瓦解，秦国因而步入秦法之治的正常轨道，继续实施一统天下的大业。

第四章　秦法之治下郡县官吏与秦国崛起

历史是人民群众创造的。不过，在中国古代，郡县官吏的施政通常对人民群众的利益和生活产生不小影响，进而影响人心向背以及由此决定的王朝兴亡，间接地影响历史进程。在从官吏的角度探讨秦王朝兴亡的时候，关于秦郡县官吏的治理行为的考查理应成为重要组成部分。已经或即将公诸于世的云梦睡虎地秦简、岳麓书院藏秦简以及里耶秦简等记载的法律文书为诸如此类研究提供了可能。① 对于多数乃至绝大多数秦汉法律制度而言，"汉承秦制"这个命题大体成立，张家山汉简所记载的法律文书因而也具有重要的参考价值。在这些秦汉简牍问世后，学者们耗费大量时间和精力对其进行整理和释读，为人们研究秦郡县官吏的日常治理提供极大便利。在已有学者对岳麓书院藏秦简记载的法律文书的史料价值进行研究的情况下，② 这一部分主要探讨睡虎地秦简记载的法律文书的形成，并利用它们来考察秦国郡县官吏日常治理的法治环境。里耶秦简记载的文书乃官府日常行政记录，然而，它们与人们已经确切知道的秦法令之间没有交集，人们难以据而考查官吏们如何实施法令。在目前史料条件下，本章不得不将《史记》《汉书》等传世文献相关记载与已经公布的秦汉墓发掘报告以及出土简牍结合起来，考查焚书令实施情况，让人们窥一斑而知全貌，尽可能理解秦郡县官吏的依法治理情况及其对秦国崛起以及一统天下所发挥的重要作用。

---

① 对于秦墓竹简中律令以及狱讼相关记载，学术界以往称之为法律文书。为便利起见，本书一概称之为"法律文书"。

② 陈伟：《论岳麓秦简法律文献的史料价值》，《武汉大学学报》（哲学社会科学版）2019年第1期。

第四章　秦法之治下郡县官吏与秦国崛起

第一节　睡虎地秦简法律文书的形成

睡虎地秦墓竹简整理者（以下简称"整理者"）指出："这座墓以大批法律、文书殉葬，正是墓主生平经历的一种反映。"① 不过，他们并未撰文阐述何以持这样的看法。这就容易让人们认为整理者并非在全面深入地分析和研究的基础上形成比较成熟的看法，因而有必要进一步探讨。这本来应该是学术界对于秦简的研究逐渐走向深入的正常现象，然而，一些质疑者提出的解释同样为人质疑。迄今为止，学术界远未就睡虎地秦简记载的法律文书的性质达成一致看法。人们如果不能确知它们是秦国/王朝法律文书的真实再现还是人们基于其他目的而制作，利用它们来研究郡县官府依法治理情形就难免让人于心不安。这一节因而尝试结合墓主的生平探讨随葬的法律文书的形成，希望能为考察秦郡县官吏日常治理状况奠定较为坚实的基础。

与整理者相类的是，少数就睡虎地秦简记载的法律文书的性质较早发表见解的学者提出同样未经详细论证的初步看法。例如，富谷至认为，律令系为镇墓、辟邪而随葬的。他进而提出这样的疑问："如果古墓出土的法律是面向冥界的东西的话，将其无条件地视为现实世界的资料，或者将其作为与埋葬的时代相同时期的资料来利用，是不是有问题呢？"② 或许他心里清楚将法律文书作为陪葬品以达到除魔、辟邪的目的之说并无有力证据予以支持，富谷至又转而申明："我并没有把出土的法律资料极端地论证为是虚构的、非现实的拟制文书的意思。本来，它们在现实世界中被执行、被运用的概率就极高。"③ 除魔、辟邪之说实属荒诞不经。律令不会自动自发地发挥作用，而是需要官吏们实施。然从

---

① 睡虎地秦墓竹简整理小组：《睡虎地秦墓竹简》之《出版说明》，文物出版社1978年版，第3页。

② ［日］富谷至：《论出土法律资料对〈汉书〉、〈晋书〉、〈魏书〉"刑法志"研究的几点启示：〈译注中国历代刑法志·解说〉》，薛夷风译，周东平校，载韩延龙主编《法律史论集》（第六卷），法律出版社2006年版，第365—366页。

③ ［日］富谷至：《论出土法律资料对〈汉书〉、〈晋书〉、〈魏书〉"刑法志"研究的几点启示：〈译注中国历代刑法志·解说〉》，薛夷风译，周东平校，载韩延龙主编《法律史论集》（第六卷），法律出版社2006年版，第365—366页。

理论上而言，"鬼神一旦害人，重则要人性命，轻则破坏人的财产，干扰人的正常生活"①。官吏们却根本不可能对鬼神实施法令规定的制裁。因此，即便是以死刑、肉刑等较为残酷的刑罚为手段的律令对鬼神也未必具有威慑作用，况且睡虎地秦墓竹简记载的诸律多是官吏据以处理各方面政务之依据。即便其中部分律令规定了处罚措施，也以斥责、罚款、免官以及笞等为主，它们也根本不可能对鬼神形成有效威慑。在睡虎地秦简《日书》记载的人们对付鬼神的方法并不包含这些措施的情况下，人们很难相信记载律令的睡虎地秦简乃是基于除魔、辟邪的目的而随葬。②

又如，有学者认为，秦墓出土的法律文书，性质基本上为"明器"。不过，"它们又比较像是据墓主生前所用、真实的文书抄录或摘节而成"③。对于所谓"明器"之说，有学者撰文予以反驳：岳麓书院藏秦简上的校雠痕迹十分明显，表明简册无更改痕迹乃"明器"的依据之一的说法难以成立；里耶秦简、额济纳汉简以及居延汉简记载的文书中的讹误比比皆是，超出墓葬出土秦汉律令简册中类似现象，故而所谓讹误乃"明器"的重要标志的理由亦难以成立；诸多墓葬出土秦汉律令可以与遗址出土律令相互印证，表明它们在实践中得到实施，所谓非实用性乃"明器"的重要依据的说法同样站不住脚。④ 考察睡虎地秦简记载的法律文书的性质应该另寻他途。

一 《秦律十八种》的形成

在探讨睡虎地秦简记载的法律文书的性质的时候，人们既应该像上述学者一样注意到它们出自墓葬，同时也应该注意到它们作为随葬品应该与墓主之间存在极为密切的关联。睡虎地秦简整理者所谓法律文书乃墓主"生平经历的一种反映"应该引起足够的重视。这样的看法至少可以包括两个方面的含义：一，法律文书乃墓主生前使用或者处理过的官

---

① 刘乐贤：《睡虎地秦简日书〈诘咎篇〉研究》，《考古学报》1993 年第 4 期。
② 刘乐贤：《睡虎地秦简日书〈诘咎篇〉研究》，《考古学报》1993 年第 4 期。
③ 邢义田：《从出土资料看秦汉聚落形态和乡里行政》，载黄宽重主编《中国史新论·基层社会分册》，联经出版公司 2009 年版，第 85 页。
④ 周海锋：《秦律令之流布及随葬律令性质问题》，《华东政法大学学报》2016 年第 4 期。

府文书；二，法律文书乃墓主生前抄录的律令或者获得的他人抄录的律令。人们应该在综合分析相关史料的基础上做出令人信服的抉择。如果答案是后者，人们还应该就何以抄录律令做出合理解释。从墓主经历入手，结合其所处时代的律令环境进行分析，应该是在目前资料条件下较为可行的办法。

睡虎地秦简所载《编年记》的重要性因而凸显出来。在比较《编年记》与《史记》就有关事件进行的记载后不难发现，很多记载是一致的。① 二者在有些事件发生时间方面相差一年甚至更长的时间，可能是因为所采用的历法不同造成的。② 在记载秦与东方各国战事的时候，《史记·秦本纪》与相关《世家》之记载亦存在类似现象。因此，时间方面的不一致不能成为否认《编年记》或者《史记》相关记载可靠性的理由。《编年记》与《史记》关于有些事件的记载存在一些差别，亦能得到合理解释。③ 至于《编年记》记载而《史记》未予记载的事件也不难理解。④ 作为所处时代事件的亲历者以及听闻者，与太史公相比，《编年记》的作者对于相关事件的了解无疑更为可靠。因此，《编年记》关于秦国/王朝重大事件之记载具有较高的可信性。在《编年记》关于"喜"的生平经历的记载纯属平铺直叙，完全看不出颂扬以及讳饰的成分的情形下，人们恐怕只能认为它也具有较高的可信性。关于《编年记》所记载的"喜"与墓主之间的关系，以往学术界曾予以考查。墓主经人骨鉴定乃40—45岁之男性，而在《编年记》中，"喜"在46岁时去世。随葬大量法律文书与《编年记》中"喜"的身份经历颇为相符。整理者因而认为，墓主很可能就是"喜"⑤，学术界亦无人对此提出异议。个别学者甚至在此基础上结合相关文献而较为完整地考察出喜的仕宦履历。⑥ 毋庸讳言，其中不乏值得商榷之处。出于为探讨睡虎地秦墓竹简法律文

---

① 睡虎地秦墓竹简整理小组：《睡虎地秦墓竹简》之《编年记》，文物出版社1978年版，第1页。
② 黄盛璋：《云梦秦简〈编年记〉初步研究》，《考古学报》1977年第1期。
③ 黄盛璋：《云梦秦简〈编年记〉初步研究》，《考古学报》1977年第1期。
④ 黄盛璋：《云梦秦简〈编年记〉初步研究》，《考古学报》1977年第1期。
⑤ 睡虎地秦墓竹简整理小组：《睡虎地秦墓竹简》之《编年记》，文物出版社1978年版，第2页。
⑥ 陈侃理：《睡虎地秦简〈编年记〉中"喜"的宦历》，《国学学刊》2015年第4期。

书的性质奠定更为坚实的基础这方面的考虑，这里拟进一步考察墓主喜的仕宦经历。

秦王政元年，"喜傅"①。整理者就此指出："傅，傅籍，男子成年时的登记手续。《汉书·高帝纪》注：'傅，著也。'言著名籍，给公家徭役也。"② 这里的"傅"为动词，故而应当依据《汉书·高帝纪》之注而将其解释为"著名籍"，并依据其后"给公家徭役也"而进一步解释为喜开始服役。秦王政三年，喜"卷军"③，就是参加在卷地之战役。④ 同年八月，喜进用为史。⑤ 依据"斩一首者爵一级，欲为官者为五十石之官；斩二首者爵二级，欲为官者为百石之官"这样的"商君之法"可知，⑥ 喜很可能在攻卷之战中斩首立功，因希望为官而获任用为史。结合紧接其后"（四年），□军。十一月，喜□安陆□史"这样的记载来看，⑦ 喜在获得担任史的资格后很可能并未立刻离开秦国军队：如果"□军"的原本记载是离开军队之类文字，则这样的记载意味着喜在任史后并未立刻离开所在秦军；如果"□军"原本记载的是与"卷军"相类的喜与所在军队一道进攻某地的文字，则喜在获任为史以后仍然为军中成员；如果"□军"原本记载的是"从军"，则喜在获任为史以后离开军队，前往官府任职。不久再次从军，嗣后任安陆□史。这样的角色转换在短短的两三个月之内完成，显然不大可能发生。⑧ 因此，这两条简文记载的内容很可能是，在秦王政三年至四年期间，在依法论功行赏

---

① 睡虎地秦墓竹简整理小组：《睡虎地秦墓竹简》之《编年记》，文物出版社1978年版，第6页。
② 睡虎地秦墓竹简整理小组：《睡虎地秦墓竹简》之《编年记》，文物出版社1978年版，第11页。
③ 睡虎地秦墓竹简整理小组：《睡虎地秦墓竹简》之《编年记》，文物出版社1978年版，第6页。
④ 睡虎地秦墓竹简整理小组：《睡虎地秦墓竹简》之《编年记》，文物出版社1978年版，第11—12页。
⑤ 睡虎地秦墓竹简整理小组：《睡虎地秦墓竹简》之《编年记》，文物出版社1978年版，第6页。
⑥ （清）王先慎：《韩非子集解》卷十七《定法》，中华书局1998年版，第399页。
⑦ 睡虎地秦墓竹简整理小组：《睡虎地秦墓竹简》之《编年记》，文物出版社1978年版，第6页。
⑧ 秦汉之际历法，纪年在十月发生变化。在三年八月两个月后进入四年十月，随后为四年十一月。

第四章 秦法之治下郡县官吏与秦国崛起

而获得进用为史后,喜并没有立刻离开秦军,而是在三个月以后才前往安陆官府任□史。

对此"□史",有学者在指出以往一些学者所持"御史"之说难以成立后,参考里耶秦简相关记载推测喜在安陆所任职务为乡史。① 对此,人们难免提出疑问:乡史是否一个人升任令史的必经之职位? 人们能否经由其他史而升迁至令史? 在《史记·秦本纪》以及相关《世家》中,人们不难发现白起等将军因军功而在爵位方面实现跨越式提升的情形。在喜从军立功以后进入官府任职的情况下,前述所谓乡史之推测成立的可能性不大。对于喜在安陆所任之史因而应该从其他途径予以考查,随葬律文应该是目前资料条件下最为有用的资料。与睡虎地秦简载有《效律》相类的是,王家台秦简亦仅记载《效律》。整理者指出,二者在排列顺序方面存在不小差异,然而,在内容方面基本相同。② 王家台秦简记载《效律》的竹简达九十六枚之多,睡虎地秦简中与其内容基本相同的很可能是耗费竹简数量达六十枚之多且单独成篇的《效律》,而不是作为《秦律十八种》之一部分的《效律》。与它们相类的是,云梦龙岗秦墓出土一批记载秦律的竹简。在残断严重、没有完整律文的情况下,整理者为叙述方便而暂时将其分为禁苑、驰道、马牛羊、田赢以及其他等五类。③ 这样的做法受到再整理者批评。在他们看来,龙岗秦简记载的律文以禁苑为中心。④ 再整理者的看法更为合理,禁苑律确可能涉及驰道、马牛羊、田赢以及其他事务。例如,禁苑有可能与驰道发生关联,围绕二者有可能产生需要依法处理的事项。马牛羊同样如此,例如,马牛羊能否进入禁苑,在什么条件下可以进入以及在它们违反法令进入以后其主人应该如何处罚。等等。作为县府成员,职司效计事务的官吏理应获得《效律》全文,而作为禁苑治理者的吏理应通晓禁苑相关律文。依据睡虎地秦墓竹简记载的《内史杂律》"县各告都官在其县者,写其

---

① 陈侃理:《睡虎地秦简〈编年记〉中"喜"的宦历》,《国学学刊》2015 年第 4 期。
② 王明钦:《王家台秦墓竹简概述》,艾兰、邢文编:《新出简帛研究》,文物出版社 2004 年版,第 39 页。
③ 刘信芳、梁柱:《云梦龙岗秦简综述》,《江汉考古》1990 年第 5 期。
④ 中国文物研究所、湖北省文物考古研究所编:《龙岗秦简》,中华书局 2001 年版,第 4—7 页。

官之用律"之规定,① 县府官吏们能够依法从都官那里获得日常治理所需律文。在其子孙未必担任同样的官职而其继任者能依法从都官那里获得新的律文的情况下,亲友以其生前所用律文随葬显得合情合理。

从墓葬以及随葬物品的角度而言,与王家台秦墓以及龙岗秦墓相比,睡虎地十一号秦墓在墓葬规模以及随葬品的数量、种类以及规格高出很多。② 而在比较王家台秦墓与龙岗秦墓的墓葬规模及其随葬物品以后不难发现,二者差不多属于同一层级。遵循前述思路,人们对这样的现象不难给予合理解释:王家台秦墓墓主以及云梦龙岗秦墓墓主生前仅为负责一方面事务的小吏,而睡虎地十一号秦墓墓主喜因很快升为令史且在六年后再次升为治狱者,在他再次从军以后还可能因军功而成为郡府官吏。人们因而能够在相当程度上依据随葬秦简所记载的律文而将云梦秦岗墓主壁视为有一定财产和地位,负责治理禁苑之吏。③ 王家台秦墓墓主以及睡虎地秦墓墓主喜曾任负责效计事务的小吏。

秦王政六年,喜开始担任"令史"。关于该职位,睡虎地秦墓竹简整理小组的专家们认为:"县令的属吏,职掌文书等事。"④ 在《吕氏春秋》《史记》以及《汉书》等传世文献中,虽然少数令史的事迹得以记载,然而人们无从获悉其职掌方面的有效信息。在部分里耶秦简公布后,有学者对"令史"相关简文进行考察,认为令史"职掌文书"的职责可以进一步明确为校雠以及解释文书。此外,令史还职司监督官府交易、物资贷禀、巡视庙堤、举劾不法官吏以及管理户籍等等。⑤ 里耶秦简记载的文书并非里耶官府全部文书,因此,令史的职责或许不限于此。依据前述《内史杂律》,身为令史的喜依法可以获得的日常治理所需秦律种类较多。《秦律十八种》以及《秦律杂抄》等等可从这一角度获得合

---

① 睡虎地秦墓竹简整理小组:《睡虎地秦墓竹简》之《秦律十八种》,文物出版社1978年版,第104页。
② 黄爱梅:《睡虎地秦简与龙岗秦简的比较》,《华东师范大学学报》(哲学社会科学版)1997年第4期。
③ 黄爱梅:《睡虎地秦简与龙岗秦简的比较》,《华东师范大学学报》(哲学社会科学版)1997年第4期。
④ 睡虎地秦墓竹简整理小组:《睡虎地秦墓竹简》之《编年记》,文物出版社1978年版,第12页。
⑤ 汤志彪:《略论里耶秦简中令史的职掌与升迁》,《史学集刊》2017年第2期。

第四章 秦法之治下郡县官吏与秦国崛起

理解释。就记载的秦律种类而言,龙岗秦简远不及睡虎地秦简。不过,就二者记载的禁苑相关法律而言,龙岗秦简之记载远为详细和具体。①相似的现象存在于睡虎地秦简记载的单独成篇的《效律》与属于《秦律十八种》之一的《效律》之间。在将二者进行比较以后,整理者发现,前者不过摘抄后者之部分而已,甚至进而形成如次之判断:"《(秦律)十八种》的每一种大约都不是该律的全文。抄写人只是按其需要摘录了十八种秦律的一部分。"② 令人非常不解的是,即便不考虑字迹方面的因素,墓主在较为详细地抄录《效律》以后有何必要再次摘抄?何以单独成篇的《效律》与属于《秦律十八种》之一的《效律》并存于同一墓葬?对于诸如此类问题,人们可以结合喜的经历以及《内史杂律》予以合理解释。喜在先后担任安陆□史以及令史期间,都官根据喜所任职官的日常治理需要而分别详细或者摘抄《效律》——令史与专门职司效计的吏不同,需要据以进行日常治理的律文更多,同时又因并非专门职司某类事务而不需要相关秦律全文。前者意味着墓主喜依法获得比较完整的《效律》,后者意味着墓主喜依法获得包括摘抄的《效律》在内的《秦律十八种》。

秦郡县官吏的职责乃严格依照律令进行治理。如果遇到律令需要进一步解释以及严格执行律令会给百姓生产、生活造成严重不便之类情形,郡守必须向朝廷请示解决办法,而不能擅作主张,更不能在执行律令的时候予以变通。摘抄律令至少意味着未予抄录的律令在实践中没有机会得到实施,这似乎与郡县官吏们所处的律令环境不尽相符——变通执行律令尚不可行,更何况不予执行。因此,官吏们不大可能在费时劳神地摘抄律令后让自己陷入困境。他们像这样做一定有其理由,而且一定不会违反律令之规定。在前面已经排除辟邪、镇墓以及明器说的合理性后,人们应该从其他方面考虑如何解释这样的现象。就律令所涉及的治理者而言,有些律令之规定由朝廷官吏负责执行,有些则需要郡县官吏实施,有些则由专门小吏负责。在记载律令的秦简中人们不难发现相关例证。

---

① 黄爱梅:《睡虎地秦简与龙岗秦简的比较》,《华东师范大学学报》(哲学社会科学版) 1997 年第 4 期。

② 睡虎地秦墓竹简整理小组:《睡虎地秦墓竹简》之《秦律十八种》,文物出版社 1978 年版,第 23 页。

例如，"自今以来，治狱以所治之故。受人财及有买卖焉而故少及多其贾（价）"云云对于诸如王家台秦墓墓主以及龙岗秦墓墓主而言，他们因不职司治狱，诸如此类律文与其无关，不会予以抄录。① 依据前述《内史杂律》相关规定，县府各官吏只能获得日常治理所需的部分而非全部律令。比较睡虎地秦简单独成篇的《效律》与作为《秦律十八种》之一的《效律》不难发现，后者没有诸如"有赢、不备。物直（值）之，以其贾（价）多者罪之，勿赢（累）"之类总则性规定，② 也没有关于度量衡器误差限度方面的规定，二者共同之处多在仓禾粟方面的规定。这或许意味着，在担任令史期间，喜的主要职责之一乃是仓禾粟方面的核验。

不过，包括《秦律十八种》在内的法律文书也有可能出于其他考虑或者目的而制作。在法、律、令为良吏、恶吏的重要区分标准的情况下，③ 秦官府将律令作为官吏升迁时考试内容是有可能的。考试之说并非毫无依据，在记载秦汉之际人物事迹的时候，太史公无意间为后人留下一些蛛丝马迹。例如，"及壮，试为吏，为泗水亭长"④。"试"毫无疑问应解释为"考试"。刘邦正是经由考试而成为泗水亭长。又如，"婴已而试补县吏，与高祖相爱"⑤。不能不承认的是，在《史记》《汉书》等传世文献中，诸如此类"试"通常发生在布衣为官府录用，成为官吏的时候，而不是发生在官吏升迁的时候。不过，由官吏录用之试推测他们升迁之试不能算是不合理。特别是治狱者必须具备必要的律令知识以及将律令适用于具体案件的技能。在选拔治狱者之类官吏的时候，官府不可能不考虑候任者的相关知识和技能。这些固然可以通过候选者们日常言行以及制作的法律文书来了解，也可以通过考试而知晓。相对于日常了解而言，考试这种方式更为便捷，更为可靠。在候选之吏数量众多而

---

① 陈松长主编：《岳麓书院藏秦简（伍）》，上海辞书出版社2017年版，第144—151页。
② 睡虎地秦墓竹简整理小组：《睡虎地秦墓竹简》之《效律》，文物出版社1978年版，第113页。
③ 睡虎地秦墓竹简整理小组：《睡虎地秦墓竹简》之《语书》，文物出版社1978年版，第19—20页。
④ （汉）司马迁：《史记》卷八《高祖本纪》，中华书局1982年版，第342页。
⑤ （汉）司马迁：《史记》卷九十五《樊郦滕灌列传》，中华书局1982年版，第2664页。

治狱者职位有限的情况下，考试也更容易服众。倘若秦郡县官府曾经对所属官吏进行考试，则官吏们必然为此进行必要的准备。[①] 在律令乃考试的重要内容的情况下，他们摘录律令以便用来记诵显得顺理成章。墓主"喜"乃是经由令史而升为治狱者。他为此将不熟悉或者以往常用来考试的律令抄录下来，以便时时记诵。此乃"喜"制作的文书，故而他可以将其携带回家。家人在其去世后用以陪葬。一切显得合情合理。令人遗憾的是，单纯依据《秦律十八种》本身难以确定以上两种推测中哪一种更接近历史事实，必须结合其他相关史料方能形成较为可靠的判断。

二 《法律答问》的形成

考察睡虎地秦简记载的《法律答问》如何形成因而显得较为重要。自睡虎地秦简记载的《法律答问》公布后，诸多学者对其性质进行探讨，提出一些较为初步的看法。例如，整理者认为：《法律答问》"多采用问答形式，对秦律某些条文、术语以及律文的意图做出明确解释"[②]。在整理者看来，"本篇绝不会是私人对法律的任意解释，在当时应具有法律效力"[③]。倘若如此，则所谓法律解释必然由朝廷做出，如此才可能"具有法律效力"。整理者的说法语焉不详，给人留下太多解释空间，有学者在其基础上进一步提出："《答问》中对当时法律的诠释，乃出于具有权威的法制机构或执法人员（例如廷尉），用答问的形式，对律文中一些细节进行解释，以便执法官吏有所遵循。"[④] 对此，人们不免产生疑问：诸如廷尉之类对于律令所进行的解释，何以出现在像喜这样的基层官吏之墓中？该学者对此也提出看上去合理的解释，这就是《法律答

[①] 邢义田的相关论述在一定程度上可以充当佐证。他曾经指出："汉代任命隧长，原或不必然以识字、知书、能算为条件。但为应付职务上的需要，为了升迁，恐怕不得不去学习，学习的结果经过考核，并会记录下来成为人事资料的一部分。"（邢义田：《汉代边塞吏卒的军中教育》，载李学勤等主编《简帛研究》第二辑，法律出版社1996年版，第274页）

[②] 睡虎地秦墓竹简整理小组：《睡虎地秦墓竹简》之《法律答问》，文物出版社1978年版，第149页。

[③] 睡虎地秦墓竹简整理小组：《睡虎地秦墓竹简》之《法律答问》，文物出版社1978年版，第150页。

[④] 陈公柔：《云梦秦墓出土〈法律答问〉简册考述》，《先秦两汉考古学论丛》，文物出版社2005年版，第178页。

问》乃墓主人喜在生前担任县级司法官吏的时候摘抄备查之物。① 又有学者怀疑《法律答问》乃是"吏在执行事务时碰见的案例以及根据秦律做出的处理决定"②。不过，他又结合《商君书》之《定分》篇指出："吏的职责之一是对其他官吏以及民提出的有关法令的问题给予明确回答"③，而《法律答问》的形式正好与其相符，而且答问比较简单、基本。因此，《法律答问》"显然是不明法令内容的其他官吏或民询问熟悉法令内容的吏，吏据实作答时所记"④。吏做出处理决定与对其他吏民就法令问题做出答复显然是两回事，这样的表达难免让人认为，该学者对《法律答问》的看法犹豫不决，不过倾向于后者而已。还有学者认为，《法律答问》的来源包括"法律解释""吏议"以及"军法"等等，乃是"墓主喜在学习治狱、实际治狱、从军等活动中的法律知识笔记"⑤。诸如此类说法都不乏合理性成分，同时又存在进一步探讨的空间，有必要在澄清似是而非的认识的基础下提供较为合理之说。

就"法律解释"说而言，《法律答问》大多数记载的乃是对于在办理具体案件过程中遇见适用律令方面的疑难问题后的回答——其中，有的是提出问题以后予以回答，有的是直接进行回答——少数乃是关于律令之字、词以及句的解释。就前者而言，在律令适用出现疑难问题后予以解答，很难称得上是法律解释；后者的确可谓法律解释，然而，人们难以在各类文献中发现有关律令解释方面的秦律相关规定。而且，在《史记》《汉书》等文献也难以发现与法律解释相关史实。在中国古代史上，律令解释在汉魏时代才出现，起初乃一些士大夫私人所为，后来获得朝廷认可。"法律解释"说因而难以获得传世文献以及其他出土秦简相关记载的佐证。从法学理论的角度而言，法律解释乃是由有权机关就已经颁布实施的法律条文所进行的进一步明确其含义或增加、减少其适用对象、范围等等而做出的规定。在已经公开出版的秦简中，人们不难

---

① 陈公柔：《云梦秦墓出土〈法律答问〉简册考述》，《先秦两汉考古学论丛》，文物出版社2005年版，第179页。
② 夏利亚：《秦简文字集释》，博士学位论文，华东师范大学，2011年。
③ 夏利亚：《秦简文字集释》，博士学位论文，华东师范大学，2011年。
④ 夏利亚：《秦简文字集释》，博士学位论文，华东师范大学，2011年。
⑤ 王伟：《睡虎地秦简文本复原二题》，《中国矿业大学学报》（社会科学版）2016年第6期。

发现相关记载。例如,"自今以来,诸吏及都大夫行往来者,(不)得。有不当舍而舍焉及舍者,皆以大犯令律论之"①。以往《令律》显然并未针对"不当舍而舍焉及舍者"这样的人和事做出规定。在实践中出现诸如此类人和事后,朝廷以令的形式将其纳入《令律》调整的范围,从而事实上对《令律》相关规定做出扩大解释。又如,"自今以来,有诲传言以不反为反者,则以行诉律论之……"② 以往"诲传言以不反为反者"不能纳入《行诉律》管辖范围。在《行诉律》中存在相关规定可以用来处理"诲传言以不反为反者"的情况下,朝廷对其进行扩大解释以便将这样的行为纳入治理范围。它们表明,秦廷的确在秦律未做出规定而实践需要的情况下进行法律解释,然而,它们多以令的形式发布,这就与《法律答问》之记载完全不同。

就"法律答疑"说而言,《法律答问》之产生有两种可能性:一是"以吏为师"之结果,一是上级官府或者同级官府的官吏答复下级官府或者同僚在法律适用出现疑难问题之产物。《史记》确曾明确记载,李斯向秦始皇建议并得到肯定的答复:"若欲有学法令,以吏为师。"③ 然而,此事发生在秦始皇三十三年(前214),在《法律答问》产生年代的下限——墓主喜之葬期(秦始皇三十年)后。而且,倘若提出疑问者为百姓,则答疑者乃墓主喜。在职司效计事务两三年后,喜开始担任令史,或许逐渐对十八种秦律以及包含于《秦律杂抄》中的秦律逐渐变得熟悉,然而,他能否如《法律答问》记载的那样熟练地适用非常类似后世刑律的秦律以解决相关疑难问题非常值得怀疑。再者,从常理的角度而言,记录者应该为提出法律方面的疑难问题并获得解答之人,答疑者应该没有必要予以记载。至于其中包含的"廷行事"云云亦非"法律答疑"说所能解释,该问题在后面详加论述。

倘若提出法律适用方面的疑难问题者为喜,这样便可以解释喜何以记录法律答疑之问题。在人们难以确定《法律答问》乃是喜担任令史期间制作还是他在任治狱者的时候产生的情况下,喜在治狱的时候产生疑

---

① 陈松长主编:《岳麓书院藏秦简(伍)》,上海辞书出版社2017年版,第138—139页。
② 陈松长主编:《岳麓书院藏秦简(伍)》,上海辞书出版社2017年版,第42页。
③ (汉)司马迁:《史记》卷六《秦始皇本纪》,中华书局1982年版,第255页。

难问题并获得答复的可能性也不能排除。不过，若言《法律答问》乃是喜在治狱期间逐渐完成，这样一些问题就难以解决：其一为"或曰"。例如，"甲告乙盗牛，今乙贼伤人，非盗牛殹（也），问甲当论不当？不当论，亦不当购；或曰为告不审"①。"或曰"明显乃也有人说的意思。在断狱讼的时候遇到疑难问题，然不得不予以论断的情况下，倘若喜向上级官府请教并像这样获得答复，他作为治狱者仍然不知如何对案件进行论断。其二为"廷行事"。治狱者在具体案件中遇法律方面的疑难问题，向同僚或上官请示。在多人在场的情况下的确可能出现"议"的情形。例如，"或斗，啮断人鼻若耳若指若唇，论各可（何）殹（也）？议皆当耐"②。如若这样的话，"廷行事"就难以合理解释。例如，"甲告乙盗直□□，问乙盗卅，甲诬驾（加）乙五十，其卅不审，问甲当论不论？廷行事赀二甲"③。"廷行事"显然不宜同样解释为同僚或者上官等多人在场商议之产物。其三，《岳麓书院藏秦简（叁）》以及《张家山汉简（二四七号墓）》记载的奏谳案件均表明，在案件论断出现疑难问题，官吏们的看法不一致后，官府以奏谳的方式将案件向上级官府呈送（有时候报到廷尉处），由上级官府进行审理后提出论断办法（最终由廷尉论断的称为"廷行事"）。例如，"多与儿邦亡荆，年十二岁，小未能谋。今年廿二岁，巳（已）削爵为士五（伍），得，审，疑多罪"。案件因而奏谳。④ 在疑难案件可以像这样解决的情况下，像喜这样的基层治狱者显然没有必要寻求上级官府就法律适用问题答疑。而且，在担任治狱者一年左右时间内，喜便向上级官府或同僚就187个疑难问题寻求帮助，明显超出人们能够接受的程度。

因此，在分析《法律答问》的性质的时候，"法律解释"说以及"吏议以答疑"说等存在诸多困难，如果将其都视为《法律答问》的来

---

① 睡虎地秦墓竹简整理小组：《睡虎地秦墓竹简》之《法律答问》，文物出版社1978年版，第171—172页。

② 睡虎地秦墓竹简整理小组：《睡虎地秦墓竹简》之《法律答问》，文物出版社1978年版，第186—187页。

③ 睡虎地秦墓竹简整理小组：《睡虎地秦墓竹简》之《法律答问》，文物出版社1978年版，第168—169页。

④ 陈松长主编：《岳麓书院藏秦简（壹—叁）》（释文修订本），上海辞书出版社2018年版，第148—149页。

第四章　秦法之治下郡县官吏与秦国崛起

源不仅不能增加解释的有效性,① 反而令解释变得更加困难。要想提出关于《法律答问》性质的更令人信服之看法，人们必须另寻他途。从墓主喜担任六年之久的令史以及一年左右的治狱者的经历入手应该是目前条件下可行的途径。在担任职掌文书的令史期间，喜如果希望职务继续获得提升，有可能根据他所希望担任的官职——例如治狱者——的要求而不断学习治狱相关知识和技能，而担任职司文书事务的令史为他提供非常便利的条件。在对《法律答问》中"A，或曰 B"这样一问二答现象进行探讨的时候，有学者指出，它们并非在秦律令没有任何规定的情况下朝廷以法律解释的方式提供两种解决方案，而是官吏们根据已有秦律令而对案件提出两种不同的论断方案。在张家山汉简记载的《奏谳书》中，类似的表达方式比较常见。② 如果喜对于类似案件比较感兴趣，而且，他也不能提出更好的论断办法，他就可能对诸如此类案件进行抄录。循着这样的思路来分析《法律答问》中记载的一问一答现象，人们便可以豁然开朗。例如，在发现"人臣甲谋遣人妾乙盗主牛，买（卖），把钱偕邦亡"相关法律文书后，喜也不知在面临这样的案件后如何论断，故而产生"论各可（何）殹（也）"这样的疑问。③ 文书记载治狱者最终以"城旦黥之，各畀主"这样的办法结案，④ 喜便简要予以抄录，形成《法律答问》中一问一答的记载。从出土秦简记载的案件来看，从案发一直到结案，官吏们记载得较为详细。喜没有必要全文抄录，只需要以较为简要的文字记载疑难案件的事由以及论断结果就可以达到学习和参考的目的。例如，对于琐相移谋购案，喜不知如何论断。在获得相关法律文书后，喜可以像这样简要记载：群盗盗杀人，甲等巳（已）捕。乙等智（知）利得群盗盗杀人购，甲等利得死皋（罪）购，听请相移。乙等券付死皋（罪）购，未致购，得。问甲、乙可（何）论？"受人货材（财）以枉律令，其所枉当赀以上。受者、货者皆坐臧（赃）为

---

① 王伟：《睡虎地秦简文本复原二题》，《中国矿业大学学报》（社会科学版）2016年第6期。
② 王伟：《睡虎地秦简文本复原二题》，《中国矿业大学学报》（社会科学版）2016年第6期。
③ 睡虎地秦墓竹简整理小组：《睡虎地秦墓竹简》之《法律答问》，文物出版社1978年版，第152页。
④ 睡虎地秦墓竹简整理小组：《睡虎地秦墓竹简》之《法律答问》，文物出版社1978年版，第152页。

盗，有律。"① 又如，如果让喜来论断芮盗卖公列地案，他也不知如何办理。在查阅相关法律文书后，喜可以像这样简要记载：公卒甲与大夫乙共盖受棺列，吏后弗鼠（予）。甲买（卖）其分肆士五（伍）丙，地直（值）千，盖二百六十九钱。问甲可（何）论？黥芮为城旦。② 在张家山汉简记载的《奏谳书》中，汉中、北地、蜀以及河东诸郡郡守的奏谳文书均较为简捷，与其他详细记录案情的奏谳文书不类，明显系摘抄的产物，在一定程度上可以为此说提供佐证。③

若像这样看待《法律答问》之形成，喜同样可以从狱讼文书中获得他所不理解的律令字、词以及条文之比较可靠的解释并予以记载。例如，喜不明"疠"所指为何，故而根据爰书而制作这样的答问：可（何）为"疠"？"毋（无）麋（眉），艮本绝，鼻腔坏，刺其鼻不疐（嚏），肘膝□□□到□两足下奇（踦），溃一所，其手毋胅，令号，其音气败。"④ 在秦汉律多存在继承关系的情况下，人们可以依据张家山汉简记载的《奏谳书》中相关案例来为这样的说法提供佐证。例如，在南郡卒史盖廬、挚田以及叚（假）卒史等狱簿中有这样的记载："所取荆新地多群盗，吏所兴与群盗遇，去北，以儋乏不斗律论。律：儋乏不斗，斩……"⑤ 喜如果在安陆县法律文书中发现类似案例，他不明白"儋乏不斗"何意，就可依据类似狱簿制作如次之答问："可（何）谓儋乏不斗？吏所兴与群盗遇，去北。"

或有人指出，目前尚不能排除喜在治狱鄢期间摘抄狱讼案件的可能性，依据有三：其一，相对处理文书的令史而言，作为治狱者的喜摘抄案件更为便利；其二，《编年记》表明墓主简要有记载要事、大事的习

---

① 朱汉民、陈松长主编：《岳麓书院藏秦简（叁）》，上海辞书出版社2013年版，第95—104页。

② 朱汉民、陈松长主编：《岳麓书院藏秦简（叁）》，上海辞书出版社2013年版，第129—137页。

③ 张家山二四七号汉墓竹简整理小组：《张家山汉墓竹简（二四七号墓）》，文物出版社2006年版，第95—97页。

④ 睡虎地秦墓竹简整理小组：《睡虎地秦墓竹简》之《封诊式》，文物出版社1978年版，第263—264页。

⑤ 张家山二四七号汉墓竹简整理小组：《张家山汉墓竹简（二四七号墓）》，文物出版社2006年版，第104页。

惯，喜根据同样的习惯记载自己参与办理的狱讼案件因而不让人觉得奇怪；其三，作为治狱者，他每两天办理一个以上疑难案件实属可能。这样的推测是难以成立的。诸如"父盗子，不为盗。今叚（假）父盗叚（假）子，可（何）论？当为盗"之类记载表明，①摘抄者应该不知如何处理《法律答问》所记载的疑难案件，律文中疑难字词的答问同样表明如此。果真如此的话，在一年左右便产生《法律答问》中记载的众多疑难问题，在很大程度上表明摘抄者并不胜任断狱讼之职。在秦法对于断狱不直的处罚异常严厉的情况下，喜恐怕一没有意愿、二没有机会出任断狱者。如果他是在担任令史期间摘抄，便不存在这样的问题。而且，若摘抄者系断狱者，则"甲贼伤人，吏论以为斗伤人，吏当论不当？当谇"这样的记载也难以解释。② 在从鄢令史升为治狱者后，喜应该还不具备论断其他断狱者的可能性。然而，如果他负责处理文书，诸如此类记载便不难理解。

在20世纪70年代睡虎地秦简刚出土的时候，整理者既没有传世文献也无其他出土文献可以参考，不得已完全根据简文本身对其形成做出推测。而在岳麓书院藏秦简以及张家山汉简公开出版以后，人们理应在前人整理和研究的基础上继续前行，对以往初步看法进行更为深入的分析，进一步确定睡虎地秦简记载的法律文书的性质，以便为其他研究工作奠定比较坚实的基础。上述分析正是在目前资料条件下做出的更为合理的推断。为慎重起见，人们还有必要就"廷行事"做出更为合理的解释。

三 "廷行事"的形成

如果将《法律答问》视为睡虎地秦墓墓主喜利用处理法律文书的职务便利而简要摘抄对他而言较为疑难的狱讼案件以及法律术语，人们对以往比较关注的"廷行事"云云也必须能够提供合理解释。关于"廷行事"，目前同样人言人殊，尚未出现令学术界公认为合理的说法。在从

---

① 陈伟主编：《秦简牍合集·释文注释修订本（壹）》，武汉大学出版社2016年版，第189—190页。
② 陈伟主编：《秦简牍合集·释文注释修订本（壹）》，武汉大学出版社2016年版，第229页。

喜的仕宦经历入手能够为《秦律十八种》以及《法律答问》等法律文书的形成提供较为合理的解释的情况下，人们不妨仍然从此角度入手，结合秦汉时期的狱讼案例及其反映的相关制度对其含义予以考查。

睡虎地秦简整理者云："《法律答问》中很多地方以'廷行事'，即判案成例，作为依据，反映出执法者根据以往判处的成例审理案件，当时已经成为一种制度。这种制度表明，封建统治者绝不让法律束缚自己的手脚。当法律中没有明文规定，或虽有规定，但有某种需要时，执法者可以不依规定，而以判例办案。"① 统治者决不让法律束缚自己的手脚云云，在史书中不乏依据。例如，"秦王之邯郸，诸尝与王生赵时母家有仇怨，皆阬之"②。曾经与嬴政母子有仇者，在赵国刚刚灭亡的时候不大可能都违反秦法，然而，这并不妨碍秦王嬴政将他们阬杀。又如，"有坠星下东郡，至地为石。黔首或刻其石曰：'始皇帝死而地分'。始皇闻之，遣御史逐问，莫服，尽取石旁居人诛之"③。刻其石者一人或者数人而已，且未必为石旁居人。秦始皇将他们全部处死显然是为了泄愤，在他像这样做的时候完全无视秦法。秦王嬴政可以超越法律规定为所欲为，并不意味着郡县官府同样可以如此。其所属官吏的职责乃是严格依照法律处理大小事务。如果在具体案件中严格执法势将出现无辜百姓生活乃至生命受到严重威胁之类问题，郡守必须上报朝廷，而不得擅自变通甚至不予执行法令。更有甚者，秦始皇曾"适治狱吏不直者，筑长城及南越地"④。这种往往会导致他们极其困苦甚至死亡的举措表明，秦始皇对于治狱吏不直者非常痛恨，处罚异常严厉。"罪当重而端轻之，当轻而端重之，是谓不直。"⑤ 罪之轻重乃是以法令为依据加以判断，所谓"治狱吏不直者"因而是指不严格依照律令论断者。睡虎地秦简记载的乃是县府法律文书，所谓"绝不让法律束缚自己的手脚"云云对于郡县

---

① 睡虎地秦墓竹简整理小组：《睡虎地秦墓竹简》之《法律答问》，文物出版社1978年版，第149—150页。
② （汉）司马迁：《史记》卷六《秦始皇本纪》，中华书局1982年版，第233页。
③ （汉）司马迁：《史记》卷六《秦始皇本纪》，中华书局1982年版，第259页。
④ （汉）司马迁：《史记》卷六《秦始皇本纪》，中华书局1982年版，第253页。
⑤ 睡虎地秦墓竹简整理小组：《睡虎地秦墓竹简》之《法律答问》，文物出版社1978年版，第191页。

官吏而言因而基本上不可能，除非他们受制于各种因素而甘冒事情败露以后承受律令规定的惩罚乃至于去修长城的风险。

至于整理者所谓"根据以往判处的成例审理案件"云云，也是难以成立的。在睡虎地秦简记载的《法律答问》中，与"廷行事"相关记载达十余处。它们通常以两种方式出现：其一，"廷行事"位于段尾，系对某某案件的最终处置办法。例如，"告人盗百一十，问盗百，告者可（何）论？当赀二甲。盗百，即端盗驾（加）十钱，问告者可（何）论？当赀一盾。赀一盾应律，虽然，廷行事以不审论，赀二甲"①。在《法律答问》记载的这一案件中，有人告他人盗百一十，其中十钱乃是告者为了加重盗者刑罚而有意违背事实而增加。治狱者依律赀告者一盾。这在案件抄录者看来符合法律规定，然而，"廷行事"却认为治狱者的论断与律令不符，应当赀二甲。此乃对案件做出最终论断，而非依据"廷行事"来判案。其二，"廷行事"位于段首。例如，"廷行事：吏为诅伪，赀盾以上。行其论，有（又）废之"②。人们无从据以认为其后文字乃是治狱者依据"廷行事"而形成的论断，而只会参照记载比较详细的案件而认为它们同样是"廷行事"的最终论断。迄今为止，在出土秦汉简牍以及《史记》《汉书》等两类文献记载的狱讼案件中均难以发现"廷行事"充任成例或者判例的例证。在记载汉代史事的典籍中，人们可以发现"故事"相关记载。"除了'旧事'之义，'故事'的主要意思'先例'、'典章制度'等"③，或与"廷行事"相关，有必要提出来略加辨析。"故事"的确有时候在断狱讼案件中发挥作用。例如，"故事：诸侯王获罪京师，罪恶轻重，纵不伏诛，必蒙迁削贬黜之罪，未有但已者也"④。与"廷行事"通常意味着案件最终结论不同的是，汉代"故事"通常基于传统或者惯性的力量而对后世治理者具有道义上的约束力。负

---

① 睡虎地秦墓竹简整理小组：《睡虎地秦墓竹简》之《法律答问》，文物出版社 1978 年版，第 167 页。

② 睡虎地秦墓竹简整理小组：《睡虎地秦墓竹简》之《法律答问》，文物出版社 1978 年版，第 176 页。

③ 孙少华：《史书"故事"的文体衍化与秦汉子书的叙事传统》，《中南民族大学学报》（人文社会科学版）2014 年第 2 期。

④ 班固：《汉书》卷八十《宣元六王传》，中华书局 1962 年版，第 3317 页。

责审理案件的官吏们完全可以不遵循，甚至可以根据需要废旧而立新。而且，如果将"故事"等同于"廷行事"，人们便难以解释"廷"。如果二者是一回事，汉代又不大可能出现两种不同的说法。① 顺便指出的是，《封诊式》也没有可能成为所谓"成例"或者"判例"。诸如"有鞫""封守""覆"以及"盗自告"等均未记载论断意见，与"廷行事"通常乃案件的最终论断有非常显著的区别。

与整理者相类的是，有学者认为"廷行事"乃法庭判例之义，并以《周礼·士师》《礼记·王制》之注乃至《周礼·大司寇》孔疏等为依据对此说进行论证。② 诸如此类看法以及分析也是难以成立的。《周礼》和《礼记》等先秦文献的注疏乃数百年后学者们的意见，人们在依据它们分析秦律术语的时候应该保持必要的审慎。而且，这位学者的论证过程存在若干令人疑惑之处。例如，"八成者，行事有八篇，若今时决事比"并不意味着"行事"与"决事比"同，人们只能依据它得出"八成"与"决事比"相类的看法。该学者进而将《礼记·王制》相关注疏"已行故事曰比"与孔疏"其无条，取比类以决之，故云决事比"结合起来，将"故事"与"决事比"相等同，皆视为判例。③ 这样的论证很难算得上是严谨。"行事"并非"故事"。而且，"行事"未必意味着系在"无条"条件下的产物。在分析"行事"的过程中，该学者似乎完全忽视"廷"之存在。在将"廷"解释为"廷尉"后，他并没有将"廷"和"行事"结合起来进行分析。而且，他也不得不承认，"行事"在汉代未必与刑法狱讼相关。像这样便难以让人信服其说。

与一些学者就"廷行事"提出基本上没有充分依据以及合理分析的说法不同的是，④ 一些学者在依据先秦、秦汉时期传世文献相关记载对"行事"的含义进行全面而深入地分析的基础上指出，"行事"不是旧例成法，整理者仅依据《汉书》中两则材料而形成之说法难以成立。而且，"廷行事"也不是判例法。在辨析过程中，这些学者认为，廷行事

---

① 参见刘笃才、杨一凡《秦简廷行事考辨》，《法学研究》2007年第3期。
② 于豪亮：《秦律丛考》，载《于豪亮学术文存》，中华书局1985年版，第131—132页。
③ 于豪亮：《秦律丛考》，载《于豪亮学术文存》，中华书局1985年版，第131—132页。
④ 例如陈公柔：《云梦秦墓出土〈法律答问〉简册考述》，《先秦两汉考古学论丛》，文物出版社1985年版。

乃官府的实际做法。与法律是如何规定的有所不同的是，廷行事表明法律实际上如何运行的。① 在形成这样的判断的时候，他们提供如次之理由："官府往往不顾法律明文规定而任意行事，这是从古到今人们司空见惯的社会现象。"② 这样的说法也难以成立。前面已证明，郡县官吏必须依法处理各种事务。以所谓从古到今司空见惯的现象为依据来分析发生在特定时间和地点的历史现象的时候可能存在很大的危险性。原因非常简单：有一般就会有个别，以一般来理解和解释个别就有可能在个别问题上犯错误。而且，如果像这些学者那样将"廷行事"视为官府实际断狱讼之结果，睡虎地秦简《法律答问》中"甲告乙盗直（值）□□，问乙盗卅，甲诬驾（加）乙五十，其卅不审，问甲当论不论？廷行事赀二甲"这样的记载便难以解释。③ 从简文记载本身而言并不能表明官府论断游离于法令之外。"盗封啬夫可（何）论？廷行事以伪写印"云云等八处直接云"廷行事"的记载亦如是。④

为形成关于"廷行事"性质的合理解释，人们还是应该从墓主喜的仕宦经历入手。在秦汉法律之间多存在继承关系的情况下，人们或许可以《张家山汉简》记载的相关案件来对此予以说明。在毋忧去亡案中，"告为都尉屯，已受致书，行未到，去亡"⑤。对于毋忧应当如何处置，断案官吏存在争议："吏当：毋忧当要斩，或曰不当论。"⑥ 案件因而奏谳后，"廷报：当要斩。"⑦ 在阑诱汉民之齐国案中，"临菑（淄）狱史阑令女子南冠缴（缟）冠，详（佯）病卧车中，袭大夫虞传，以阑出关"⑧。

---

① 刘笃才、杨一凡：《秦简廷行事考辨》，《法学研究》2007年第3期。
② 刘笃才、杨一凡：《秦简廷行事考辨》，《法学研究》2007年第3期。
③ 睡虎地秦墓竹简整理小组：《睡虎地秦墓竹简》之《法律答问》，文物出版社1978年版，第168—169页。
④ 睡虎地秦墓竹简整理小组：《睡虎地秦墓竹简》之《法律答问》，文物出版社1978年版，第175页。
⑤ 张家山二四七号汉墓竹简整理小组：《张家山汉墓竹简（二四七号墓）》，文物出版社2006年版，第91页。
⑥ 张家山二四七号汉墓竹简整理小组：《张家山汉墓竹简（二四七号墓）》，文物出版社2006年版，第91页。
⑦ 张家山二四七号汉墓竹简整理小组：《张家山汉墓竹简（二四七号墓）》，文物出版社2006年版，第91页。
⑧ 张家山二四七号汉墓竹简整理小组：《张家山汉墓竹简（二四七号墓）》，文物出版社2006年版，第93页。

案发后，官吏们对此存在争议："阑与清同类，当以从诸侯来诱论。或曰：当以奸及匿黥舂罪论。"① 在官府将案件奏谳后，"大（太）仆不害行廷尉事，谓胡啬夫谳狱史阑，谳固有审，廷以闻，阑当黥为城旦，它如律令"②。睡虎地秦简记载的案件较为简要，常常出现"A，或 B"这样一问二答现象，或者出现"廷行事"这样的记载。在张家山汉简记载的上述案件中，两者则同时出现，案件审理经过也较为详细，人们由此可以较为确切地知道"廷行事"乃廷尉对于疑难案件的最终论断。人们可以进而合理推断的是，倘若发现女子符亡一案经奏谳后，"廷报曰：取（娶）亡人为妻论之"③。喜就可以简要抄录曰："廷行事，取（娶）亡人为妻论之。"

当然，如果认为睡虎地秦简"廷行事"相关记载是像这样形成的，应该对诸如"赀一盾应律，虽然，廷行事以不审论，赀二甲"之类记载做出合理解释。④ 从字面上看，"应律"意为符合法律规定，而"廷行事"却并未如此。这样的问题其实不难解决："应律"云云乃抄录者的见解，而廷尉却持不同看法。包括廷尉在内的朝臣可以就制定或者修改律令以及法律适用进行商议，并报请国君/皇帝同意。即便抄录者所谓"应律"的看法正确，"廷行事"也未必错误，因为朝廷在相关法律适用方面做出新的决断。就律令知识以及适用律令方面的技能而言，郡县官吏不能与廷尉等人相提并论，这样的记载也有可能表明抄录者做出了错误的判断。"可（何）如为犯令、法（废）令？律所谓者，令曰勿为，而为之，是谓'犯令'；令曰为之，弗为，是谓法（废）令殹（也）。廷行事皆以犯令论"这样的记载也可以进行类似分析。⑤ 抄录者对"犯令""废令"有自己的理解，在断狱讼实践中，"廷行事"对犯令、法（废）

---

① 张家山二四七号汉墓竹简整理小组：《张家山汉墓竹简（二四七号墓）》，文物出版社2006年版，第93页。
② 张家山二四七号汉墓竹简整理小组：《张家山汉墓竹简（二四七号墓）》，文物出版社2006年版，第93页。
③ 张家山二四七号汉墓竹简整理小组：《张家山汉墓竹简（二四七号墓）》，文物出版社2006年版，第94页。
④ 陈伟主编：《秦简牍合集·释文注释修订本（壹）》，武汉大学出版社2016年版，第196页。
⑤ 睡虎地秦墓竹简整理小组：《睡虎地秦墓竹简》之《法律答问》，文物出版社1978年版，第211—212页。

令等同视之。或许二者均为对律令的违反，没有必要做进一步区分。

如果上面关于"廷行事"的分析成立，则包含八条之多"廷行事"的《法律答问》就不可能是朝廷发布的具有法律效力的解释。在各种文献记载的秦汉狱讼案件中，人们根本无从发现既有论断对后来相关判决具有影响或者制约作用的现象。倘有学者以事例的方式提供解释的辩解也不可能成立。"法律答疑"说也是如此，在疑难案件论断后奏谳，廷尉因而对相关案件做出最终裁决，这就与一些学者所谓发生在郡县官府论断前的解答法律适用方面的疑难问题存在根本区别。《法律答问》包含八条之多"廷行事"相关记载，足以令"法律答疑"说难以称得上是合理解释。

四 关于《封诊式》等法律文书形成的探讨

整理者认为，《封诊式》中的《治狱》和《讯狱》乃是"对官吏审理案件的要求"，其余则是"对案件进行调查、检验、审讯等程序的文书程式"，它们的作用主要是供官吏学习以及处理案件时参考。[1] 这样的说法略显模糊，没有明确指出谁是提出要求者以及文书程式发布者之类问题。参与整理的一位学者后来撰文指出："国家对治狱、讯狱的一般原则和法律公文程式的规定，其中附有某些典型事例，如《封诊式》。"[2] 或许正因为如此，有学者将其上升至"具有法律效用"的地步，认为《封诊式》是比律更为具体直观的"式"，"补充完善了秦法体系"[3]。对于诸如此类说法，人们同样可以从喜的仕宦经历入手，并结合秦国/王朝法律制度探讨其合理性。倘若认为既有说法难以成立，人们就应该在此基础上提出更为合理的解释。

必须指出的是，"国家发布"说目前没有任何证据予以支持。睡虎地秦简记载的《内史杂律》规定，都官要为所在县官书写所用之律，[4]然《封诊式》的所有内容与秦律存在明显的区别——它们不像秦律那样

---

[1] 睡虎地秦墓竹简整理小组：《睡虎地秦墓竹简》之《封诊式》，文物出版社1978年版，第244页。

[2] 刘海年：《云梦秦简的发现与秦律研究》，《法学研究》1982年第1期。

[3] 张孝蕾：《睡虎地秦简〈封诊式〉研究》，硕士学位论文，湖南大学，2013年。

[4] 睡虎地秦墓竹简整理小组：《睡虎地秦墓竹简》之《秦律十八种》，文物出版社1978年版，第104页。

明确规定违反后应当加以处罚。若言"式"为秦法律体系的组成部分，同样也没有任何证据予以支持。在目前已经公开出版的秦简中记载了大量律令以及狱讼案例，唯独没有"式"相关记载。所谓"凡法、律、令者，以教道（导）民，去其淫避（僻），除其恶俗，而使之之于为善殹（也）"这样的记载很可能表明，① 秦法律体系由法、律以及令等三种法律形式组成。律、令在出土秦简中较为多见，这里不必赘言。"法"在《史记》等传世文献中也有数见。例如，"今王不用，久留而归之，此自遗患也，不如以过法诛之"②。在所有记载秦汉史事的可靠文献中却均难以发现可以证明"式"为法律的记载。"式"，《说文·工部》："法也。"③ 不过，此"法"未必与彼"秦法"同，反倒是与早期文献中常见的意为"范式"的"法"同。例如，"文王之行，至今为法，可谓象之"④。如果《封诊式》记载的乃断狱讼过程中常用文书之范式，人们称其为《封诊式》就显得比较合适。倘若实际情况果真如此，官府选拔胜任相关文书撰写之人即可，完全没有必要专门为官吏提供文书范式。

比较《封诊式》与《法律答问》所记载的案例，人们不难发现它们至少具有两个方面的共同点：其一，就案例而言，它们所记载的很可能是实践中发生的具体（从另一个角度而言特殊）案件。例如，"人臣甲谋遣人妾乙盗主牛，买（卖），把钱偕邦亡，出徼，得，论各可（何）殹（也）？当城旦黥之，各畀主"⑤。在此案件中，无论是盗者、所盗之物以及捕获方式等等均较为具体，换言之比较特殊，远非人们可以在官署中想象出来的案件。又如，"士五（伍）甲毋（无）子，其弟子以为后，与同居，而擅杀之，当弃市"⑥。在此案件中，士五（伍）甲所杀之子亦较具特殊性。推而广之，人们在一定程度上甚至可以这么认为，

---

① 睡虎地秦墓竹简整理小组：《睡虎地秦墓竹简》之《语书》，文物出版社1978年版，第15页。
② （汉）司马迁：《史记》卷六十三《韩非列传》，中华书局1982年版，第2155页。
③ （汉）许慎：《说文解字》，中华书局2013年版，第95页。
④ 杨伯峻编著：《春秋左传注》襄公三十一年，中华书局2016年版，第1322页。
⑤ 睡虎地秦墓竹简整理小组：《睡虎地秦墓竹简》之《法律答问》，文物出版社1978年版，第152页。
⑥ 睡虎地秦墓竹简整理小组：《睡虎地秦墓竹简》之《法律答问》，文物出版社1978年版，第181—182页。

《法律答问》所记载的皆是在时间、地点、人物或者事件等方面极具特殊性从而导致官吏在适用秦律令过程中出现疑难问题的案例。《封诊式》亦大体如此。除整理者题为《有鞫》《覆》《告子》以及《奸》等等的案例之范式颇具一般性而外，① 诸如题为《封守》之类记载的绝大多数案例皆因为时间、地点、人物以及事件经过等方面的原因而颇具特殊性。人们未必能够在办理实践中发生的具体案件时适用《封诊式》提供的范式。既然《封诊式》绝大部分案例如此，则人们难免因而考虑诸如题为《有鞫》《覆》《告子》以及《奸》等等的案例同样是根据具体案件而制作的可能性。

其二，它们都用"甲""乙"以及"丙"等等替代案件中的具体名字。前者如，"甲、乙交与女子丙奸，甲、乙以其故相刺伤，丙弗智（知），丙论可（何）殹（也）？毋论"②。后者如，"□□□爰书：某里公士甲自告曰：'以五月晦与同里士五（伍）丙盗某里士五（伍）丁千钱，毋（无）它坐，来自告，告丙。'即令【令】史某往执丙。"③ 与《法律答问》相关记载不同的是，《封诊式》还使用"某"来替代人名或者地名。前引案例中的"某里公士"以及"【令】史某"就是如此。在两者具有上述两方面共同特征而《法律答问》已经证明系根据具体案件制作的情况下，人们难免认为《封诊式》同样如此，并且进而认定，在任令史期间，喜因为希望升迁至治狱者，遂利用处理文书的便利条件学习治狱者必须胜任的各类文书制作。至于就利用"某"来替代人名、地名而言，《封诊式》与《法律答问》有所不同，这一点也不难解释：喜非生而知之者，他也有可能从他人那里获得能够帮助自己增进法律知识、提升断狱讼技能的法律文书范式。在记载真实历史的史料异常有限的情况下，人们只能依据史料进行令人信服的分析，形成诸如此类看法。

---

① 换言之，在不同的时间、地点以及人物身上也可能发生相同或相类的案件，官吏们在记载的时候可以简单套用《封诊式》所提供的范式。
② 睡虎地秦墓竹简整理小组：《睡虎地秦墓竹简》之《法律答问》，文物出版社1978年版，第225页。
③ 睡虎地秦墓竹简整理小组：《睡虎地秦墓竹简》之《封诊式》，文物出版社1978年版，第251页。

如果像这样看待《封诊式》的形成以及性质，则《封诊式》包含的《治狱》《讯狱》等也必须能够予以合理解释。朝廷对于官吏审理案件的要求，往往用律令表达出来。它们往往仅仅规定治狱者若有"不直"或"纵囚"行为应当如何处罚，不大可能就治狱者应当利用什么样的断狱讼经验或知识做出规定。例如，"自今以来，治狱以所治之故，受人财及有卖买焉而故少及多其贾（价），虽毋枉殿（也），以所受财及其贵贱贾（价），与【盗】【同】灋（法）……"①《封诊式》记载的《治狱》《讯狱》等在形式上与规定"吏民应当如何，违者如何处罚"的律令存在明显区别，人们视其为官吏总结的断狱讼经验或知识更为合理。诸如"罪当重而端轻之，当轻而端重之，是谓不直。当论而端弗论，及伤其狱，端令不致，论出之，是谓纵囚"②云云乃墓主根据文书制作，记载的是官吏对于律令所规定的"不直"以及"纵囚"的看法。

当然，这样的看法要想成立，人们还必须为其指出总结或者形成诸如此类断狱讼经验或知识之依据。在包括狱讼制度在内的秦汉法律制度多存在继承关系的情况下，人们或许可以以秦简和张家山汉简记载的少量狱讼案件为例加以说明。例如，乐人讲未曾与士伍毛谋盗牛，该案发生后，史铫在初讯的时候，"磔治（笞）讲北（背）可十余伐"③。数日后，"铫有（又）磔讲地，以水渍（渍）讲北（背）"④。在这样的酷刑折磨下，"讲恐复治（笞），即自诬曰：与毛谋盗牛，如毛言"⑤。事实上，"毛盗牛时，讲在咸阳，安道与毛盗牛"⑥？在翻阅若干诸如此类案件后，《封诊式》制作者逐渐形成"（治狱，）毋治（笞）谅（掠）而得人请（情）为上，治（笞）谅（掠）为下，有恐为败"这样的断狱讼

---

① 陈松长主编：《岳麓书院藏秦简（伍）》，上海辞书出版社2017年版，第144—151页。
② 睡虎地秦墓竹简整理小组：《睡虎地秦墓竹简》之《法律答问》，文物出版社1978年版，第191页。
③ 张家山二四七号汉墓竹简整理小组：《张家山汉墓竹简（二四七号墓）》，文物出版社2006年版，第100—102页。
④ 张家山二四七号汉墓竹简整理小组：《张家山汉墓竹简（二四七号墓）》，文物出版社2006年版，第100—102页。
⑤ 张家山二四七号汉墓竹简整理小组：《张家山汉墓竹简（二四七号墓）》，文物出版社2006年版，第100—102页。
⑥ 张家山二四七号汉墓竹简整理小组：《张家山汉墓竹简（二四七号墓）》，文物出版社2006年版，第100—102页。

经验或知识显得合情合理。① 这样的经验或知识，既有可能系其他官吏总结和传承，也有可能系墓主喜依据狱讼案例而制作。

《讯狱》很可能也是这样形成的。在已经公开出版的秦简中，人们可以发现官吏诘人犯或证人的情形。例如，在得之强与弃妻奸一案中，在当阳县耐得之为隶臣后，得之乞鞫，廷覆之，系得之城旦。得之再次乞鞫，官府经过调查发现，得之强奸弃妻未遂事属实，因而诘得之：得之强行与弃妻奸，未遂，何故乞鞫？得之回答，幸吏不得得之之请（情）……② 在田与市和奸一案中，在田乞鞫后，在抓捕者毋智、主治者相、证人𪏮、路等以及人犯田等人言各不同的情况下，官府分别诘主治者相以及人犯田，逐渐获得实情。③ 与这些秦简记载的案件相类的是，在张家山汉简《奏谳书》记载的案件中，官府在诘问一次后往往获得实情，未出现官府数次诘问人犯才能获得实情的情形。不过，与《刑讯》之记载不同的是，在前面已经提到的讲盗牛一案中，史铫在讲不承认盗牛后立即实施刑讯。毛的命运同样如此，在讲畏惧刑讯不得已自诬与毛谋盗牛后，毛供称独自盗牛，立即遭腾磔治（笞），不得已诬指讲。在讲声称毛盗牛时自己身在咸阳后，史铫以为毛言可疑，治（笞）毛北（背）不审伐数。在讲乞鞫后，廷尉署对此案进行审理，两次诘问毛。在诊毛身体后，廷尉认为其所言属实，而审理者腾、铫等人所言与毛的供称能够相互印证，该案未进入所谓"治（笞）谅（掠）"以及制作爰书之阶段。④ 在秦汉法律制度通常存在继承关系以及未有证据表明秦汉狱讼制度发生根本变化的情况下，这样的案例表明，如果刑讯之实施需要满足《刑讯》所记载的条件，腾、铫等人应该不会一开始就实施刑讯。而从廷尉的判决来看，腾、铫等人也未因刑讯受到任何处罚。因此，刑讯未必为朝廷所鼓励，然也未必为法令所禁止。在赵高治李斯之狱的

---

① 陈伟主编：《秦简牍合集·释文注释修订本（壹）》，武汉大学出版社2016年版，第264页。
② 陈松长主编：《岳麓书院藏秦简（壹—叁）》（释文修订本），上海辞书出版社2018年版，第161—162页。
③ 陈松长主编：《岳麓书院藏秦简（壹—叁）》（释文修订本），上海辞书出版社2018年版，第162—164页。
④ 张家山二四七号汉墓竹简整理小组：《张家山汉墓竹简（二四七号墓）》，文物出版社2006年版，第100—102页。

过程中，"搒掠千余，不胜痛，自诬服"①。如果《刑讯》之记载的内容乃秦律令之组成部分，赵高当不至于像这样公然违反秦法。秦汉法令禁止的是"不直"或"纵囚"，治狱讼者倘若有足够的把握不会因而承担法律责任，他们就可以放心大胆地实施刑讯。不过，很少人能够忍受刑讯，古今中外均如此。这一不少官吏喜欢使用的断狱讼手段因而容易造成冤案。在秦法对造成这类后果的官吏规定较为严重的法律后果的情况下，《刑讯》很可能是秦吏为避免承担"不直"或"纵囚"的法律责任而在断狱讼实践中总结出来的断狱讼经验或知识。它们既有可能为墓主同僚所总结和传授，也有可能为墓主在处理文书过程中有意识地总结的结果。

《商君书·赏刑》作者曾经提议："守法守职之吏有不行王法者，罪死不赦，刑及三族。"② 与此颇为一致的是，秦律令为郡县官吏断狱讼不直等行为规定较为严厉的法律责任。在这样的法律环境中，人们很难设想有人愿意在断狱讼相关知识以及技能较为欠缺的情况下担任治狱者。官府也未必愿意让不具备必要知识和技能的人担任断狱讼官吏。人们因而难免怀疑数量达187条之多的《法律答问》系上级官府答下级官府治狱者之疑问的说法。③ 倘若所谓《法律答问》乃喜在治狱讼期间制作，则意味着喜在一年之内大约每两天就会遇到一起他难以处理的疑难案件。这未免让人觉得匪夷所思，一个如此缺乏必要断狱讼技能的人竟然在"不直"或"纵囚"的法律后果极其严重的情况下堂而皇之地成为治狱者。因此，《法律答问》以及《封诊式》的大部分内容乃是喜在担任令史期间完成或者获得的可能性更大。至于《秦律十八种》，前面提出两种可能性：一是都官依法为担任令史的喜提供，一是喜为了胜任治狱者以及相关考核而利用处理文书的便利条件制作。在《法律答问》以及《封诊式》等等乃其担任令史期间制作或者获得的情况下，《秦律十八种》也很有可能如此。作为治狱者，喜必然需要完整的秦律令。摘抄有可能让喜不行王法，为此承担因断狱不直等而产生的法律责任。即便担

---

① （汉）司马迁：《史记》卷八十七《李斯列传》，中华书局1982年版，第2561页。
② 蒋礼鸿：《商君书锥指》卷四《赏刑》，中华书局1986年版，第101页。
③ 睡虎地秦墓竹简整理小组：《睡虎地秦墓竹简》之《法律答问》，文物出版社1978年版，第149页。

第四章 秦法之治下郡县官吏与秦国崛起

任令史的喜在效计方面的职责有限,他还有"监督官府买卖""监督物品的出贷和授予""巡守'庙'及堤坝""举报官吏违法行为"以及"户籍管理"等等职责,①《秦律十八种》以及《秦律杂钞》等包含的律令显然不能满足需要。因此,喜为应付升迁为治狱者所需要历经的考核而摘抄或者获取摘抄的部分秦律而成《秦律十八种》以及《秦律杂钞》的可能性相对而言较大。

《为吏之道》也是喜曾经拥有的重要文献,整理者"推测是供学习做吏的人使用的识字课本",理由是"这种四字一句的格式,和秦代的字书《仓颉篇》《爰历篇》《博学篇》相似"②。这样的说法值得进一步推敲。官吏们使用的文字与《仓颉篇》《爰历篇》《博学篇》中的文字不会有何不同,故而人们没有必要另行制作《为吏之道》以满足学习为吏的需要。在考察《为吏之道》的性质的时候,人们应该将相关文献结合起来考虑。在北京大学藏秦简记载的文献中,人们可以发现与《为吏之道》相类的《从政之经》。这篇文献在内容的整体构成及多数文句方面均与《为吏之道》相近,二者应该来自同一文本,抄写年代也比较接近。③ 在岳麓书院藏秦简记载的文献中,人们可以发现与《为吏之道》非常相类的《为吏治官及黔首》。有学者从来源、形制和内容两方面对这两篇文献进行比较以后发现:"从形制上看,两者非常相似。从内容上看,《为吏》与《吏道》的第一部分有很大的相同性或相似性,二者显然是源自同一类母本。除了两条魏律,其他的部分为《吏道》有而《为吏》没有,其实仔细分析这些内容的内涵,会发现它们之间有着内在的联系。"④ 有学者将《为吏之道》与《为吏治官及黔首》进行对读以后发现:"《为吏》'治官'的内容相对来说比《吏道》要详细得多,并且这些'治官'的内容也是成组出现的,这与拥有者所担任的职务有关。相比较而言,《吏道》的内容要显得凌乱些,内容明显取自《为吏》一类的文献的可能性非常大。最后,《吏道》的抄写《为吏》一类文献

---

① 汤志彪:《略论里耶秦简中令史的职掌与升迁》,《史学集刊》2017年第2期。
② 睡虎地秦墓竹简整理小组:《睡虎地秦墓竹简》之《为吏之道》,文物出版社1978年版,第280页。
③ 朱凤瀚:《北大藏秦简〈从政之经〉述要》,《文物》2012年第6期。
④ 廖继红:《〈为吏治官及黔首〉与〈为吏之道〉比较》,http://www.bsm.org.cn/show_article.php?id=1408。访问时间:2019年8月2日11时39分。

的内容也仅限于其中的前两个部分内容。"① 1993年王家台5号秦墓出土的秦简记载了一篇暂名之为《政事之常》的文献。这篇文献第二圈书写的内容与《为吏之道》中"处如资，言如盟……不时怒，民将姚去"一段相同。② 不过，二者文字略有差异，排列次序不尽相同。对于《为吏之道》的部分内容，《政事之常》进行颇为详细的解释和进一步阐述。③ 以上秦简出土地点不一，然记载的有关为吏之道的文献的内容却有很大相关性。不过，以上四种文献也存在明显不同。例如，除了若干字句不同以外，专司效计事务的小吏拥有解释《为吏之道》部分内容的《政事之常》，而《为吏治官及黔首》"治官"方面的内容较为详细。

《为吏之道》《从政之经》《为吏治官及黔首》以及《政事之常》等文献在纷繁复杂的律令规定之外又为官吏们进一步设置思想观念以及行为准则方面的约束。"竹简第五栏有韵文八首，由其格式可以判定是'相'，即当时劳动人民舂米时歌唱的一种曲调。"④ 它们表明，有人希望用这种方式让官吏们更容易记住《为吏之道》之内容，从而潜移默化地影响他们的思想以及行为。由此可知，这类文献很可能出自郡县甚至中央政府。对于有些学者已经指出的担任不同职务的官吏拥有内容略有不同的文献的现象，人们既可以解释为官府根据官吏们所担任的不同职务而要求他们有不同的思想观念和行为准则，为此提供相应内容的文献，也可以解释为不同文献拥有者为了升任不同职务而抄录相应文献。不过，《政事之常》中"有严不治敬王事矣，与民有期告之不再矣，安殹而步登于山矣，毋事民溥游于□矣"乃是对于《为吏之道》所谓"有严不治，与民有期，安骀而步，毋使民惧"的解释。⑤ 为更清楚地表达其意，《政事之常》进一步指出："弗临以严则民不敬，与民无期则□几不正，

---

① 于洪涛：《秦简〈为吏治官及黔首〉与〈为吏之道〉对读（一）》，http：//www.bsm.org.cn/show_article.php? id=1517，访问时间：2019年8月2日11时45分。
② 王明钦：《王家台秦墓竹简概述》，艾兰、邢文编：《新出简帛研究》，文物出版社2004年版，第40—41页。
③ 王明钦：《王家台秦墓竹简概述》，艾兰、邢文编：《新出简帛研究》，文物出版社2004年版，第40—41页。
④ 睡虎地秦墓竹简整理小组：《睡虎地秦墓竹简》之《为吏之道》，文物出版社1978年版，第280页。
⑤ 王明钦：《王家台秦墓竹简概述》，艾兰、邢文编：《新出简帛研究》，文物出版社2004年版，第40—41页。

第四章 秦法之治下郡县官吏与秦国崛起

安殹而步埶智（知）吾请。"① 官府确有可能根据官吏们的职务不同而提供内容有所区别的文献。然而，要说官府还要提供针对它们所含疑难字句进行解释的文献，这恐怕会超出人们所能接受的范围。《政事之常》因而更可能是王家台十五号秦墓墓主制作或者从其他途径获取。推而广之，官吏们为了升迁之类需要而从各种途径抄录前述文献的可能性更大。这样也可以解释为什么这类文献在内容方面具有较大相关性。文献在传抄的过程中不可避免地因抄写者不同需求、偏好以及文化水平的缘故而在字句甚至内容方面出现若干差异。这就可以解释为什么内容大体相关的文献存在程度不等的差异。

在记载《为吏之道》的秦简第五栏末尾附有名为《魏户律》以及《魏奔命律》的两条法律，整理者将其视为魏律。② 依据整理者所谓"第四、五两栏后面字迹较草的部分，有可能是补写上去的"可知，它们可能与《为吏之道》之间没有实质上的关联。③ 对此，人们应该从秦律令有关规定以及相关史实入手进行分析。如果南郡所辖之地原为魏地，魏人曾经颁布诸如《户律》以及《奔命律》之类律令，因魏人习焉之故，秦人在占领其地并设置郡县进行治理后不得不予以考量，人们将《户律》和《奔命律》视为魏律理所当然。然而，这些条件无一成立或者能够得以证实。南郡所辖之地原为楚地，根本没有实施魏国《户律》以及《奔命律》的可能性。前面业已指出，早在商鞅变法期间，秦国就已经确定"百县之治一形"的原则。在备警期间，南郡仍然下令案行各县，除其恶俗，因而不太可能在日常治理的时候参考魏律。

如果能够抛弃将秦国/秦王朝法律视为秦律的习惯，并且考虑郡县官吏必须严格执行秦国君/皇帝意志之体现的律令的法律环境，人们就应该能够想到，《魏户律》以及《魏奔命律》乃是秦国/秦王朝制定的

---

① 王明钦：《王家台秦墓竹简概述》，艾兰、邢文编：《新出简帛研究》，文物出版社2004年版，第41页。

② 睡虎地秦墓竹简整理小组：《睡虎地秦墓竹简》之《为吏之道》，文物出版社1978年版，第281页。

③ 睡虎地秦墓竹简整理小组：《睡虎地秦墓竹简》之《为吏之道》，文物出版社1978年版，第280页。

法律。秦庄襄王封吕不韦为相国事表明，①秦人已将秦武王时期设置的丞相改称相国，重新设置丞相乃秦并天下后之事。②《史记》之所以称秦人这一重要职位为相国乃是避汉高祖刘邦之讳。实际上，秦人当时的称呼应该是相邦。这样就能解释《魏户律》中何以有相邦这样的说法。至于秦国何以制定《魏户律》以及《魏奔命律》这两条法律，结合《史记》相关记载不难予以合理解释。秦王政使李信为将，率军二十万伐楚，在取得一些战果后失利。因此，秦王政再次征召王翦，命其率军六十万攻楚，并"空秦国甲士而专委于我（王翦）"③。这支军队灭楚后转征东南和西南。两年后，秦国又"大兴兵，使王贲将，攻燕辽东"④。在即将一统天下，需要投送大量兵员进入战场的时候，有人如果以入赘的方式"弃邑居野"，自然不可能为秦廷所容忍。⑤《魏户律》以及《魏奔命律》很可能因而制定出来。如果将其解释为魏国法律，人们无论如何也难以解释秦人何以抄录这样的问题。当然，在像这样解释《魏户律》以及《魏奔命律》的形成的时候，"魏"字必须能够得到合理解释。"魏"常用为阙名，然亦有克捷行军之义。例如，《建元以来侯者年表》载："魏侯苏元年。"司马贞《史记索隐》引《谥法》曰："克捷行军曰魏。"⑥在伐楚已经投入六十万兵力后，秦国又大兴兵攻燕的时候，秦王政对相邦和将军发布旨在克捷行军的法律并因而称之为《魏户律》以及《魏奔命律》更具说服力。

此外，《语书》记载的乃是南郡郡守腾对所辖各县、道啬夫下达的通告，郡府将派遣人员前往各地案行，举劾不从令者。⑦在《编年记》中，秦始皇二十八年有"今过安陆"这样的记载，⑧与《史记》有关秦

---

① （汉）司马迁：《史记》卷五《秦本纪》，中华书局1982年版，第219页。
② （汉）司马迁：《史记》卷六《秦始皇本纪》，中华书局1982年版，第235页。
③ （汉）司马迁：《史记》卷七十三《王翦列传》，中华书局1982年版，第2340页。
④ （汉）司马迁：《史记》卷六《秦始皇本纪》，中华书局1982年版，第234页。
⑤ 张继海：《睡虎地秦简魏户律的再研究》，《中国史研究》2005年第2期。
⑥ （汉）司马迁：《史记》卷二十《建元以来侯者年表》，中华书局1982年版，第1041页。
⑦ 陈伟主编：《秦简牍合集·释文注释修订本（壹）》，武汉大学出版社2016年版，第29页。
⑧ 陈伟主编：《秦简牍合集·释文注释修订本（壹）》，武汉大学出版社2016年版，第12页。

始皇第二次南巡之记载相符。① 这样的记载很可能表明，喜此时已经在安陆担任官吏，而且很可能是安陆啬夫。只有担任该职官，喜才有可能接受以县、道啬夫为对象的《语书》。此乃郡府根据治理需要而采取的临时措施，故而随喜进入坟墓。鉴于其内容与后面的分析无关，此处从略。依据《为吏之道》《语书》相关记载以及《史记》等传世文献记载的秦法可知，秦人对担任县府属吏有劳（也就是以往功劳）、年（也就是必须达到一定年龄）、能，以及熟知法、律、令等方面的基本要求。而且，秦人在选任县府属吏方面有较为严格的程序，这就是县令或县丞向郡府推荐后由郡尉予以任命。② 在这样的环境下，喜在由令史升迁为治狱者的时候，很可能要历经较为严格的选拔和考核。喜为达此目的，利用处理法律文书的便利条件，认真学习秦律令以及断狱讼知识和技能，从而为后人留下了珍贵的记录。在有关专家尚未就睡虎地秦简记载文书的笔迹发表其研究成果的时候，人们暂时不能排除喜从故吏或者同僚处直接获得上述法律文书的可能性。不论如何，睡虎地秦简所载《秦律十八种》《秦律杂抄》《法律答问》以及《封诊式》等文献为喜或者其他官吏为学习律令以及断狱讼技能而摘抄律令以及疑难案件的产物，对于人们据以研究秦律令以及狱讼制度具有不可或缺的重要价值。

  至于岳麓书院藏秦简等非经科学考古发掘而获得的秦简所记载的法律文书的史料价值，有学者专门撰文指出，"《奔警律》《尉卒律》等首次出现的法律篇章，在经发掘所得、新近公布的睡虎地汉简律典中得到验证；其中一些律令内容，可以用来订正以前对秦律的误解，或者与里耶秦简所见的行政制度相互印证，因而这些简册真实可靠"③。这里略加补充的是，有学者曾经撰文指出："经过岳麓秦简《为狱等状四种》与张家山汉简《奏谳书》的比较，发现《奏谳书》与《状四种》这两个案例集有很多相同的法律术语，而且刑罚等级及据此确定的加刑、减刑原则及诉讼程序基本一致。《奏谳书》中的三类案例也见于岳麓秦简《状

---

① 陈伟主编：《秦简牍合集·释文注释修订本（壹）》，武汉大学出版社2016年版，第27页。
② 沈刚：《简牍所见秦代地方职官选任》，《历史研究》2017年第4期。
③ 陈伟：《论岳麓秦简法律文献的史料价值》，《武汉大学学报》（哲学社会科学版）2019年第2期。

四种》中：'疑罪'类；'乞鞫'类以及'上得微难狱者'类。"① 张家山汉简系经科学考古发掘而得，该文从又一个方面证实岳麓书院秦简记载的法律文书确为秦人制作无疑。不过，这并不意味着岳麓书院秦简所有法律相关记载都如实记载秦国（王朝）律令。与秦汉律的名与实往往一致不类的是，岳麓书院秦简记载的"贼律曰"以及"具律曰"的内容与《贼律》以及《具律》之名不相关。这样的现象提示人们，在利用"××律曰"开始的秦律的时候应该慎重，至少在其内容能够得到其他可靠文献的佐证的情况下，人们才能认定相关律令的存在。②

第二节 秦郡县官吏日常治理的法律环境

根据前面的分析可知，包括喜在内的郡县官吏，长期学习法、律、令，不断积累断狱讼经验，逐渐具备治狱者所必需的知识和技能。自从成为县府属吏之日起，他们又不断接受诸如《为吏之道》之类教育。然而，这并不意味着他们必然依法治理。人人都有自身的利益和愿望、情感和偏好等等，并非自动自发地执行法令的机器。秦国早已有人意识到这一问题，为此提出这样的建议："守法守职之吏有不行王法者，罪死不赦，刑及三族。"③ 又曰："故有明主忠臣产于今世而散领其国者，不可以须臾忘于法。破胜党任，节去言谈，任法而治矣。使吏非法无以守，则虽巧不得为奸；使民非战无以效其能，则虽险不得为诈。"④ 它们在一定程度上表明，秦国高层一直比较重视官吏们在法令规定的范围内处理政务问题，为此不断采取措施。不过，人们不知它们在多大程度上转化为法令以及它们在实践中的实施情况。人们或许可以依据睡虎地秦简以及岳麓书院藏秦简等记载的法律文书来考察相关举措及其构成的法律环境。在此过程中，人们应该注意的是，它们记载的乃秦王朝建立前后的

---

① ［德］劳武利：《张家山汉简〈奏谳书〉与岳麓书院秦简〈为狱等状四种〉的初步比较》，李婧嵘译，《湖南大学学报》（社会科学版）2013年第3期。
② 宁全红：《〈岳麓书院藏秦简（肆）〉所载〈贼律〉、〈具律〉析论》，《简帛研究》2018年春夏卷，广西师范大学出版社2018年版，第77—88页。
③ 蒋礼鸿：《商君书锥指》卷四《赏刑》，中华书局1986年版，第101页。
④ 蒋礼鸿：《商君书锥指》卷五《定分》，中华书局1986年版，第137页。

法律制度，在秦国历史上应该有一个产生和不断完善的过程。

一 较为严密的防范官吏违法的制度

依据《商君书》相关记载可知，在主持变法期间，商鞅向秦孝公建议采取"无宿治""百县之治一形""官法明，故不任知虑"以及以势、术御奸等方面的举措约束官吏，确保他们依法治理。商鞅的建议很可能得到秦孝公的大力支持，不过，人们也不能否认的是，在进行类似后世朝议的程序后，它们也有可能被修改和完善。因此，人们不能简单地将其视为秦法的内容，而是应依据两类文献中的相关记载来考察秦人制定的旨在防范官吏违法的制度。

上计以及核验制度或许与"以术御奸"相关。在《韩非子·奸劫弑臣》篇作者看来，"人主诚明于圣人之术，而不苟于世俗之言，循名实而定是非，因参验而审言辞"，乃商鞅能够强秦的原因所在。① 而依据《史记》所记载的"昭王召王稽，拜为河东守，三岁不上计"可知，② 秦人在昭襄王时代就已经对郡府进行上计，其内容很可能与"循名实而定是非，因参验而审言辞"相关，这一制度的颁布时间应该更早。秦《效律》主要规定核验都官以及县物资账目以及相关法律责任，③ 表明秦国制定并逐渐完善审查都官以及县府官吏经济问题的法律制度。此外，秦王朝建立后设置监御史，负责监察一郡事务。这类职官以及相应制度很有可能并非在秦王朝建立后横空出世，而是有其产生、发展和逐渐完善的过程。

在秦人日常治理实践中，防范官吏违法的制度应该非常完善，对于郡县官吏的约束较为有效。人们依据出土秦简之记载可以发现，官吏们实施在今人看来无足轻重之行为也会受到查处。例如，根据"郡县除佐，事它郡县而不视其事者，可（何）论？以小犯令论"这样的记载可知，④ 某郡县官吏协助其他郡县进行治理，不能"不视其事"，否则"以

---

① （清）王先慎：《韩非子集解》卷四《奸劫弑臣》，中华书局1998年版，第99—100页。
② （汉）司马迁：《史记》卷七十九《范睢列传》，中华书局1982年版，第2415页。
③ 睡虎地秦墓竹简整理小组：《睡虎地秦墓竹简》之《效律》，文物出版社1978年版，第112页。
④ 睡虎地秦墓竹简整理小组：《睡虎地秦墓竹简》之《法律答问》，文物出版社1978年版，第212页。

小犯令论"。在这类官吏的履职行为具有暂时性且其他郡县未必为他们提供薪俸的情况下,今人通常不会对其工作积极性期望过高。然而,秦国竟然为这类人规定处罚办法,在相当程度上表明秦人试图防范乃至杜绝任何有可能妨碍法、律、令实施的人和事。出土秦简记载的案例还表明,即便因缺乏足够的责任心甚至于无心之过而轻微违犯法令,官吏都应为此受到处罚。官吏因未尽责而受到处罚之例如,"今咸阳发伪传,弗智(知),即复封传它县。它县亦传其县次,到关而得"①。大概秦国曾为关制定核验类制度,咸阳传发伪造文书事最终败露。"今当独咸阳坐以赀,且它县当尽赀?咸阳及它县发弗智(知)者当皆赀"这样的记载表明,②相关官吏一概依法论处。③官吏因无心之过而受处罚之例如,邦尉下令对暨所为"公士豕田橘将阳,未庨(斥)自出,当复田橘,官令戍,掾(录)弗得"④、"走偃未当傅,官傅弗得"以及"与从事廿一年库计,劾缪(谬)弩百"等八事以赢(累)论,暨以"不幸过误失,非敢端犯法令,赴隧以成私殴(也)"⑤为由指出"赢(累)论重",并得到不少官吏支持。⑥有学者据以指出:"对于秦的基层吏员而言,日常事务繁杂,加之律令变动、修改频繁,基层官吏在日常行政中未能快速适应、无意间触法犯禁的可能性大增,因此,他们受到职务弹劾及处罚的机会很多。"⑦换言之,在秦人编织的防范官吏违法的制度较为严密的情况下,官吏们固然谈不上动辄得咎,然而,他们在不经意间因违反法、律、令而受到处罚之事时常发生。

---

① 睡虎地秦墓竹简整理小组:《睡虎地秦墓竹简》之《法律答问》,文物出版社 1978 年版,第 176 页。
② 睡虎地秦墓竹简整理小组:《睡虎地秦墓竹简》之《法律答问》,文物出版社 1978 年版,第 176 页。
③ 睡虎地秦墓竹简整理小组:《睡虎地秦墓竹简》之《法律答问》,文物出版社 1978 年版,第 176 页。
④ 陈松长主编:《岳麓书院藏秦简(壹—叁)》(释文修订本),上海辞书出版社 2018 年版,第 149—151 页。
⑤ 陈松长主编:《岳麓书院藏秦简(壹—叁)》(释文修订本),上海辞书出版社 2018 年版,第 149—151 页。
⑥ 陈松长主编:《岳麓书院藏秦简(壹—叁)》(释文修订本),上海辞书出版社 2018 年版,第 149—151 页。
⑦ 苏俊林:《岳麓秦简〈暨过误失坐官案〉的议罪与量刑》,《史学月刊》2019 年第 8 期。

第四章　秦法之治下郡县官吏与秦国崛起

实事求是地说，在《史记》等文献中，人们也可以发现有人违反秦法却逃脱制裁的事例。例如，吕不韦让人向官府告发嫪毐犯应当处以腐刑之罪，太后暗中赏赐主腐者吏大量丰厚的财物，令其假装依法予以处罚，在拔除其胡须和眉毛后充任宦者。① 在这一案件中，无论论断还是执行均严重违反法令。然在吕不韦以及太后的运作下，嫪毐逃脱原本应该受到的处罚。不过，在秦王嬴政尚未亲政的时候，太后是秦实际上的最高统治者，秦法令对这样的人原本就没有约束力。他人不具备相关身份，很难在狱讼案件中实施类似行为。人们不能因而将个别事件一般化，以为诸如以权谋私、贪赃枉法之类违反行为较为常见。无论是在《史记》《汉书》等传世文献中，还是在出土秦汉简牍中，人们很难发现秦官以权谋私、贪赃枉法等违法事件相关记载，甚至也难以发现秦汉时人对于秦官吏存在相关指责。这应该能够在相当程度上支持上述看法。

二　较为严密的防范官吏枉法的狱讼制度

秦吏民在违反法令以后往往会历经审理和论断，狱讼类案件因而能够比较直接地反映郡县官吏实施法令的情形。然而，包括岳麓书院藏秦简在内的简牍记载的案件数量过少，且不能较为全面地反映某某时代某某郡县官吏断狱讼状况。人们在这样的资料条件下只能通过它们了解郡县官吏所处法律环境，从一个侧面了解他们在断狱讼过程中实施法令的情形。《史记》有"适治狱吏不直者，筑长城及南越地"这样的记载，② 它在一定程度上表明，即便设计较为严密的秦法也难以彻底解决官吏断狱讼不直问题。不过，结合秦狱讼制度来看，它们不应该被过分夸大。理由如下：

（一）治狱者通常为守、丞以及史等多人

在癸瑣相移谋购一案中，治狱者为州陵守绾、丞越以及史获等人；③ 在尸等捕盗疑购案中，文书未像前面一案那样明言治狱者，然由"州陵守

---

① （汉）司马迁：《史记》卷八十五《吕不韦列传》，中华书局1982年版，第2511页。
② （汉）司马迁：《史记》卷六《秦始皇本纪》，中华书局1982年版，第253页。
③ 陈松长主编：《岳麓书院藏秦简（壹—叁）》（释文修订本），上海辞书出版社2018年版，第140页。

绾、丞越敢谳之"以及"南郡假守贾报州陵守绾、丞越"这样的文字可知,① 该案至少由州陵守绾、丞越负责审理;在猩、敞知盗分赃一案中,案件虽由江陵丞一人奏谳,然"江陵守感、丞暨、史同论"云云表明,② 负责治该狱者至少有江陵守感、丞暨、史等人;在学为伪书一案中,尽管奏谳者为胡阳丞唐,然由"吏议:耐学隶臣,或令赎耐"这样的记载可知,③ 治狱者至少为两人,否则不会出现"吏议"这样的记载……这些案件涉及南郡下辖州陵、江陵以及胡阳等县,在一定程度上表明南郡下辖各县大率如此。依据商鞅变法以来实行的"百县之治一形"原则,人们可进一步将其推而广之,视为全国性制度。不过,在睡虎地秦简记载南郡郡守腾曾经采取"案行"的方式"举劾不从令者"的情况下,④ 在像这样得出结论前最好能进一步予以证明。

在秦汉狱讼制度之间继承的成分远大于扬弃的成分的情况下,如果汉初其他郡县狱讼制度亦复如是,人们就不能将其视为南郡所采取的颇具地方特色的举措。在临淄狱史阑娶诸侯国之人为妻一案中,奏谳者为胡状、丞憙,奏谳是因为断狱者对阑应定何罪以及如何论断存在两种不同意见而发生。⑤ 治狱者因而至少为两人。其中,阑为临淄狱史,由"实诱汉民之齐国"云云可知,临淄乃齐国所辖之地。⑥ 而由"徙处长安"以及"汉民"云云可知,事发之地为长安。⑦ 因此,该案无论如何也不可能由南郡官吏负责审理。人们不免据而认为,秦汉时期,县级官府至少由两人负责治狱讼乃通行的制度。

---

① 陈松长主编:《岳麓书院藏秦简(壹—叁)》(释文修订本),上海辞书出版社2018年版,第142—143页。
② 陈松长主编:《岳麓书院藏秦简(壹—叁)》(释文修订本),上海辞书出版社2018年版,第145页。
③ 陈松长主编:《岳麓书院藏秦简(壹—叁)》(释文修订本),上海辞书出版社2018年版,第164—167页。
④ 睡虎地秦墓竹简整理小组:《睡虎地秦墓竹简》之《语书》,文物出版社1978年版,第15—16页。
⑤ 张家山二四七号墓汉墓竹简整理小组:《张家山汉墓竹简【二四七号墓】》(释文修订本),文物出版社2006年版,第93页。
⑥ 张家山二四七号墓汉墓竹简整理小组:《张家山汉墓竹简【二四七号墓】》(释文修订本),文物出版社2006年版,第93页。
⑦ 张家山二四七号墓汉墓竹简整理小组:《张家山汉墓竹简【二四七号墓】》(释文修订本),文物出版社2006年版,第93页。

在依据出土秦简记载的案例难以了解秦郡是否同样由多人参与治狱的情况下，人们或许可以通过张家山汉简记载的案例来对相关制度进行分析。在安陆丞忠刻（劾）狱史平舍匿无名数大男子种一案中，治狱者为南郡守强、守丞吉、卒史建舍等三人。① 而在醴阳令恢盗县官米一案中，治狱者同样为南郡守强、守丞吉、卒史建舍等三人。② 人们倘若接受南郡依秦王朝狱讼制度而以郡守、守丞以及卒史等三人治狱以及秦汉狱讼制度之间存在继承关系等等比较合理的判断，就不难同意秦郡亦如是，特别是在较为可靠的史料表明秦县如此的情况下。秦郡县以两人以上审断狱讼案件的制度，一方面有利于主持其事者商议并提出最为符合法、律、令的断狱讼方案。在存在争议而不能达成一致意见的情况下，案件以奏谳的方式呈报上级官府乃至廷尉，确保案件依法论断；一方面有利于避免治狱者徇私枉法。记载狱讼案件的官府文书中"或曰"以及"吏议"之类记载表明，郡县之守并不能就狱讼案件的论断方案一锤定音。如果其他参与治狱者提出异议，案件就会因为存在争议而向上级官府甚至廷尉提请奏谳。这就增加了违反法、律、令者通过行贿等方式达成于己最为有利的论断结果的成本。因为他们必须同时对所有参与治狱者行贿，让他们都同意方有此可能。在秦法对于贪赃枉法规定较为严厉的处罚，③ 实践中秦始皇让断狱不直者筑长城或者戍守南越地的情况下，因徇私枉法而付出的代价太过沉重，难免令参与治狱者犹豫再三。一旦参与治狱者提出异议，案件就要向上级官府奏谳，行贿者的愿望就会落空。而且，案件的初步论断意见均记录在案，如果明显违反法、律、令，上级官府比较容易发现问题并追查枉法裁判者，治狱者在枉法裁判以前难免因而犹豫再三。

（二）治狱者依法采取远较现代为严格的方式查明和认定案件事实

如前所述，睡虎地秦简记载的《封诊式》中的《治狱》以及《讯狱》的要义在于，治狱者要尽量避免以"治（笞）谅（掠）"等方式取

---

① 张家山二四七号墓汉墓竹简整理小组：《张家山汉墓竹简【二四七号墓】》（释文修订本），文物出版社 2006 年版，第 97 页。
② 张家山二四七号墓汉墓竹简整理小组：《张家山汉墓竹简【二四七号墓】》（释文修订本），文物出版社 2006 年版，第 98 页。
③ 陈松长主编：《岳麓书院藏秦简（伍）》，上海辞书出版社 2017 年版，第 144—151 页。

得嫌犯口供。此乃秦官吏在断狱讼实践中总结出来的经验,在相当程度上表明秦法、律、令约束官吏们裁断狱讼行为取得显著成效。在人犯口供对于查明案件事实非常重要的年代,在秦国/王朝法、律、令的制约下,官吏们通常致力于最大限度地还原事实真相。例如,在人犯之供词牵涉他人的时候,他/她(他们/她们)也必须做出供述,且人们的供词必须相互印证和吻合,如此治狱者方认定案件事实。例如,在癸、琐相移谋购一案中,癸供称,治等十人群盗盗杀人,州陵守绾令癸、行率领柳等前往追捕。到达沙羡后,琐等已将治等八人、女子二人捕获。琐告知癸等治等四人邦亡(偷越国境)罪,不知他人何罪。癸、行等于是与琐等商议,让琐等将人犯交给癸等,得死罪购,癸等试图因而得群盗盗杀人购。在得到后者同意后,癸等券付死罪购,且先垫付二千。在尚未得到购钱的时候,事情败露,癸等一干人等被抓获。癸的供词牵扯到州陵县行、柳、轿以及沃等人,他们因而出庭并做出与癸相同的供述。癸的供词牵涉到的沙羡县琐、渠以及乐等人则供称,他们与士伍得、潘、沛戍守,共同捕获治等。治等四人称邦亡,其他人不知何罪。得、潘、沛让琐将治等送往沙羡,约定一起分购钱。在确实不知治等身犯何罪,且不知群盗购钱更多的情况下,他们答应癸等券付死罪购的建议,且先收钱二千。在尚未得到公购钱的时候,事情败露,一干人等被官府抓获。对此,沛并不知情。琐、渠以及乐等人供词涉及沛、得、潘等人,三人提供与其相同的供词。① 癸、行等人的供词与琐、渠以及乐等人的供词相吻合,且分别得到参与者行、柳、轿、沃等人以及沛、得、潘等人供词的印证,州陵守绾、丞越、史获等因而认定案件事实并做出论断。就治狱者查明以及认定案件事实而言,岳麓书院秦简以及张家山汉简记载的绝大多数狱讼案件与此相类,表明此乃秦汉时期治狱者查明以及认定案件事实的基本方式和制度。

岳麓秦简记载的一些狱讼案件表明,在治狱过程中,无论人们是否参与违反法、律、令之事,也无论其是否目睹违反法、律、令之人和事,只要人犯或者人证言及,官府往往要求其前往作证。例如,在识劫婉一

---

① 陈松长主编:《岳麓书院藏秦简(壹—叁)》(释文修订本),上海辞书出版社2018年版,第139—140页。

第四章 秦法之治下郡县官吏与秦国崛起

案中,娫在向官府自告为其子义申报财产的时候隐匿大夫建、公卒昌、士伍稷、喜等人欠付义之钱六万八千三百之事后,控告识以此胁迫她交出义继承乃父的肆、室。为此,娫向官府详细供称:自己为沛生育义、娏、必、若四个子女。在沛的妻子死后,沛让自己成为庶人,并且要求宗人、里人、大夫快、臣、走马拳、上造嘉、颉等人同意自己入宗。后来,沛在为识娶妻、置办房屋和田产后与其分家。在沛死后,识以沛曾经许诺为由要求娫将布肆、舍客室交给他。识为此向官府辩称:自小为沛之隶,沛令上造狗为其娶上造羽之女为妻且承诺将布肆、舍客室分给他。后来,沛为其买室并置办马、田等等。然而,娫拒绝向其交付布肆、舍客室。在识看来,自己乃是根据沛的承诺而要求获得布肆、舍客室等等,不明白娫为何告他劫。建、昌、稷、喜等人向官府证实他们何以欠沛六万八千三百钱以及因识欲告之故娫折券而不要求他们偿还的事实。娏、快、臣、拳、嘉、颉等人证实娫所谓生子女以及入宗之说。上造狗、羽以及识之妻证实识之供词。"义、若小,不讯,必死。"乡唐、佐更则证实沛免娫为庶人,不知其妻娫之事。① 在该案中,官府查明事实的做法值得习焉于现代司法制度的学者们重视。乡唐、佐更之言可以证实娫已经为庶人的事实,大夫建、公卒昌、士伍稷、喜等人的证词能够证实娫自告的时候所谓在申报财产的时候隐匿部分财产不报和因识胁迫娫不得已折券的事实,上造狗、羽以及识之妻的证词可以证明沛以前的确承诺给识布肆、舍客室等事实,这些均与本案有直接关系,乃官府认定识是否构成劫罪的重要依据。然与以上所述不同的是,快、臣、拳、嘉、颉等人证实娫曾经入宗以及娏证实其为娫之女对于官府认定娫自告之罪以及识是否构成劫罪并没有多少关联。"义、若小,不讯,必死"这样的记载表明,义、若如果不是年幼的话也要前往官府作证,而且在作证的时候可能历经刑讯。义、若等人如果前往官府作证的话,充其量如娏一样证实娫生育以及入宗之事,对于官府认定其母或者识之罪刑并没有多大意义。然而,官府仍然大费周章,让他们前往官府作证。从岳麓书院秦简记载的狱讼案件来看,治狱者这样的做法并非个案。在田与市和奸一案中,官府亦如此。文书记载的"爨等言如故狱"以及诏所谓"它如爨

---

① 陈松长主编:《岳麓书院藏秦简(壹—叁)》(释文修订本),上海辞书出版社2018年版,第151—154页。

等"较令人费解。尽管简文残缺不全,人们难以得知䕻等在案件中扮演什么角色,然而,无论是在对人犯以及执法者进行诘问的时候,还是在"鞫""覆"过程中,治狱者均再未言及䕻等人。① 因此,䕻等很可能仅仅与涉案人不期而遇而已,并未参与违反法、律、令之事。人犯或者证人在供述或者作证的时候牵扯到他们,他们因而不得不前往官府作证。在前面总结的治狱者查明以及认定案件事实的基本特点的基础上,人们可依据这些案件进一步认为,治狱者尽最大努力通过上述办法较为完整地复原整个案件事实。为此,即便一些人犯或者人证所言某些人和事与案件无关,这样的人和事也最好得到证实。官府像这样做有利于最大限度地确保案件事实真实完整。

当然,即便从岳麓书院秦简记载的案例来看,并非在所有案件中,治狱者都像这样查明和认定案件事实。例如,在猩、敲知盗分赃一案中,狱史窣以载铜为由将士伍去疾、号等押送官府。去疾、号供称,号乘韬前往醴阳,与去疾一道买铜锡。在各处求购之余,号、去疾等人发现一男子所载欲卖之铜,遂与其洽谈并达成协议。他们在进行交易的时候为官府捕获。该男子名猩,在被官府抓获后供称,为人雇佣而在草中取铜,被官府抓获。屖陵狱史民将士伍达押往官府,治狱者将其与猩并案处理。达的供词的主要内容为:达与仆跟随莳盗墓,猩未参与。在墓挖开后,莳等拒分所盗铜器给猩,达独自将铜器给猩一些。猩因而不得不承认参与分所盗铜器,证实达所言。醴阳丞悝令上造敲如实供述,上造敲遂供称,达言家中还有器物,可以卖给自己,莳则要求达将剩余器物分给自己一些。在到达湘江之水旁后,达才同意将剩余器物分给自己,不过,"前者为二面,敲为一面"。在到达墓地后,敲在分得一些锡器后又买了一些。敲的供词表明达还参与分盗墓所得剩余器物,达不得已再次证实敲的供词。在该案主要人犯的供词相互吻合的情况下,官府认定案件事实并做出论断。② 人们不难发现,与以上所述案件有所不同的是,在该案中,部分人犯不知何故未到案供述。例如,猩供称为乐所雇,在草中

---

① 陈松长主编:《岳麓书院藏秦简(壹—叁)》(释文修订本),上海辞书出版社2018年版,第162—164页。
② 陈松长主编:《岳麓书院藏秦简(壹—叁)》(释文修订本),上海辞书出版社2018年版,第143—144页。

第四章　秦法之治下郡县官吏与秦国崛起

取铜。若猩因而构成犯罪的话，则乐作为载铜案之主犯，所犯罪行当更为严重，不知何故文书未记载乐之供词。又如，在该案引发的知盗分赃案中，据达供称，达、仆等二人跟随苛策划以及实施盗墓，后者主持分盗墓所获之赃物。敝亦供称，在挖掘并瓜分墓中剩余器物的时候，苛再次发表瓜分方案。① 对于这样一位堪称主犯之人，令人疑惑的是，文书也未记载苛之供词。人们恐怕只能认为，在已经到案之人犯之供词能够相互印证和吻合，足以认定案件事实的情况下，治狱者在其他人犯因故未到案的情况下仍然可以做出论断。

岳麓书院藏秦简记载的案件基本上未涉及物证。睡虎地秦简所载《封诊式》中《贼死》《经死》《穴盗》以及《出子》诸篇较为详细地记载令史等吏现场勘验记录，《争牛》有令史齿牛之记载，②《夺首》有"诊首，已诊丁"这样的记载，③《疠》篇亦有"令医丁诊之"并据而认定士伍丙"疠也"之内容……④据此，人们很难相信秦郡县官府治狱者不结合勘验记录以及人犯或证人口供来查明案件事实。在张家山汉简记载的讲乞鞫一案中，讲乞鞫至廷尉署，声称治狱者史铫在初讯的时候"磔治（笞）讲北（背）"以及"磔讲地，以水责（渍）讲北（背）"云云，廷尉署则"诊讲北（背）……"⑤ 在同案毛声称治狱者腾"磔治（笞）毛北（背）殿（臀）股，不审伐数，血下污池（地）"后，廷尉署亦有"诊毛北（背）"之行为。⑥ 在秦汉狱讼制度多存在继承关系的情况下，这样的案例在一定程度上可以为前面的看法提供佐证。

在审理狱讼案件的时候，官吏们阻止法、律、令实施的途径主要有

---

① 陈松长主编：《岳麓书院藏秦简（壹—叁）》（释文修订本），上海辞书出版社2018年版，第143—144页。
② 睡虎地秦墓竹简整理小组：《睡虎地秦墓竹简》之《封诊式》，文物出版社1978年版，第254页。
③ 睡虎地秦墓竹简整理小组：《睡虎地秦墓竹简》之《封诊式》，文物出版社1978年版，第258—259页。
④ 睡虎地秦墓竹简整理小组：《睡虎地秦墓竹简》之《封诊式》，文物出版社1978年版，第263—264页。
⑤ 张家山二四七号墓汉墓竹简整理小组：《张家山汉墓竹简【二四七号墓】》（释文修订本），文物出版社2006年版，第100—101页。
⑥ 张家山二四七号墓汉墓竹简整理小组：《张家山汉墓竹简【二四七号墓】》（释文修订本），文物出版社2006年版，第100—101页。

二：一是在案件事实清楚的情况下枉法裁判，一是更改或者剪裁案件事实。秦人对治狱不直者的惩罚较为严厉，且包括多名官吏参与治狱在内的狱讼制度让枉法裁判行为容易暴露。少数利令智昏的治狱者因而企图更改或者裁剪案件事实，在此基础上适用法、律、令，以达到出入人罪的目的。秦人查明案件事实的制度很可能因而逐渐形成和完善。它们要求治狱者详细地询问并记载案件所涉及一切人等，让他们/她们的供词以及证言形成相互印证以及吻合的关系，在必要的情况下与勘验报告等相一致。治狱者欲更改或者剪裁案件事实因而难免牵一发而动全身，不得不更改或者剪裁所有人犯、人证以及勘验报告等等，这就大大降低了更改或者剪裁案件事实的可行性。

（三）监御史以及上级官府对于治狱者实施有效监督

岳麓书院藏秦简以及张家山汉简的记载均表明，在不能就案件如何论断达成一致的情况下，治狱者应该将案件向上级官府乃至廷尉奏谳，由它们对疑难案件如何论断做出决定。依据岳麓书院秦简记载的一些案例，人们可以发现，上级官府还能利用奏谳制度对下级官府正在审理的案件发挥监督制约作用。例如，芮盗卖公列地一案与其他奏谳案件有所不同："敢谳之。江陵言：公卒芮与大夫材共盖受棺列，吏后弗鼠（予）。芮买（卖）其分肆土五（伍）朵，地直（值）千，盖二百六十九钱。以论芮。二月辛未，大（太）守令曰：问芮买（卖）与朵别贾（价）地，且吏自别直（值），别直（值）以论状何如，勿庸报。鞠审，谳。●视狱（案件审理及事实认定略）狱已（已）断，令黥芮为城旦，未□□□□，敢谳之。"① 其他案件往往因疑某某之罪或者"吏议曰：……或曰：……"而发生，这起案件未出现类似字眼，很可能是因为县府治狱官吏认为案件的审理以及论断并未出现疑难问题，且未出现争议。然而，太守下令江陵询问"芮买（卖）与朵别贾（价）地，且吏自别直（值），别直（值）以论状何如"这些问题，且要求县府官吏不就此案进行汇报，而是直接将案件向郡府奏谳。② 江陵县在汇报案情及论断结果的时候并未言及"吏自别直（值）"事，

---

① 陈松长主编：《岳麓书院藏秦简（壹—叁）》（释文修订本），上海辞书出版社2018年版，第145—148页。

② 陈松长主编：《岳麓书院藏秦简（壹—叁）》（释文修订本），上海辞书出版社2018年版，第145—148页。

而郡守之言表明他对该案非常关注，甚至有可能已经查阅相关法律文书，并对案件进行初步研判。廷尉或者郡府对于奏谳案件如何办理做出的决定通常不容置疑和拒绝。前者如，在临淄御史阑娶诸侯国人妻案中，"廷以闻，阑当黥为城旦，它如律令"①。后者如，在尸等捕盗疑购一案中，"尸等当购金三两。它有令"②。郡守所谓"勿庸报，鞫审，瀸（谳）"因而值得进一步深究。如果江陵县仅仅向郡守汇报所提出的问题，后者可能进一步提出其他要求或者做出其他决定，然案件仍然由江陵县办理。郡守要求江陵将案件奏谳事表明，郡府不希望江陵县继续审理此案，而是改由郡府对案件如何论断做出决定。

岳麓书院秦简记载的猩、敔知盗分赃案与芮盗卖公列地案存在一些相似之处。猩、敔知盗分赃案同样未出现"疑××罪"以及"吏议曰：……或曰：……"等字样，江陵守感、丞诸、暨、史同等人已经就该案做出判决：赦猩、敔为庶人，达等令别论。③江陵之所以将该案奏谳是因为，"廿三年九月庚子，令下，劾：捒（录）江陵狱：上造敔、士五（伍）猩智（知）人盗叔冢，分臧（赃），得。敔当耐鬼薪，猩黥城旦。逯戊午赦为庶人。鞫审，瀸（谳）。"④ "捒（录）"应该予以重视。西汉王朝有"录囚徒"之法，皇帝或有关官吏通过查阅案卷或询问囚犯而发现并平反冤狱。例如，"每行县录囚徒还，其母辄问不疑'有所平反，活几何人？'"⑤倘若存在冤狱，"录囚徒"便能发现官吏断狱讼过程中的不法行为，从而起到监察官吏的作用。例如，编撰《礼记》的九江太守戴圣，在治狱的时候多为不法之事。何武担任刺史，巡行所辖区域"录囚徒"，在有所发现以后嘱咐戴圣解决。这位大儒轻蔑地称其为后进生，

---

① 张家山二四七号墓汉墓竹简整理小组：《张家山汉墓竹简【二四七号墓】》（释文修订本），文物出版社2006年版，第93页。
② 陈松长主编：《岳麓书院藏秦简（壹—叁）》（释文修订本），上海辞书出版社2018年版，第143页。
③ 陈松长主编：《岳麓书院藏秦简（壹—叁）》（释文修订本），上海辞书出版社2018年版，第145页。
④ 陈松长主编：《岳麓书院藏秦简（壹—叁）》（释文修订本），上海辞书出版社2018年版，第143—144页。
⑤ （汉）班固：《汉书》卷七十一《隽疏于薛平彭传》，中华书局1962年版，第3036—3037页。

以其无知却想乱人治为由置之不理。刺史何武派遣从事查实其罪。① 人们或可据以在一定程度上推测,南郡"掾(录)江陵狱"兼具这两方面的目的。猩、敞知盗分赃案乃廿一年五月丁未开始审理,而"掾(录)江陵狱"发生在廿三年九月庚子。这表明,狱讼案件在结案两年多后,上级官府仍然可能依据录囚徒之类制度而对它们进行审核,这显然会对治狱讼的官吏们造成无形的压力。

此外,监御史对郡县官吏断狱讼有权实施监督。在癸、琐相移谋购一案中,在查明案件事实后,州陵守绾、丞越、史获对癸、琐以及行等人做出判决,不论沛等。"监御史康劾以为不当,钱不处,当更论;更论及论失者言夬(决)。"② 绾等因而接受审理,在简要陈述癸、琐相移谋购案事实后,绾等供称,"以盗未有取吏赀法戍律令论癸、琐等,口令琐等环(还)癸等钱。它如癸等及劾"③。在对其进行诊、问并认定案件事实后,治狱者疑癸、琐以及绾等人之罪,向郡府奏谳,附"吏议曰:癸、琐等论当殹(也);沛、绾等不当论。或曰:癸、琐等当耐为侯,令琐等环(还)癸等钱;绾等"④,南郡段(假)守贾报州陵守绾、丞越,在认定案件事实后指出:"受人货材(财)以枉律令,其所枉当赀以上,受者、货者皆坐臧(赃)为盗,有律,不当谳。获手,其赀绾、越、获各一盾。它有律令。"⑤ 在这起因癸、琐相移谋购案而引发的案件中,绾、越以及获等人因监御史康之劾而成为人犯,治狱者从理论上而言应当另有其人,简文未提供详细信息。在州陵县负责治狱的主要官吏州陵守绾、丞越等人均成为被告后,其时州陵职级较高之官员唯有康,故而很可能为该案治狱者。由"南郡段(假)守贾报州陵守绾、丞越"这样的记载可知,在就如何论绾、越以及获等人不能达成一致因而

---

① (汉)班固:《汉书》卷八十六《何武王嘉师丹传》,中华书局1962年版,第3482页。
② 陈松长主编:《岳麓书院藏秦简(壹—叁)》(释文修订本),上海辞书出版社2018年版,第139—142页。
③ 陈松长主编:《岳麓书院藏秦简(壹—叁)》(释文修订本),上海辞书出版社2018年版,第139—142页。
④ 陈松长主编:《岳麓书院藏秦简(壹—叁)》(释文修订本),上海辞书出版社2018年版,第139—142页。
⑤ 陈松长主编:《岳麓书院藏秦简(壹—叁)》(释文修订本),上海辞书出版社2018年版,第139—142页。

需要奏谳后,治狱者不能以自己的名义而是必须以州陵守绾、丞越等人的名义奏谳。这就表明,绾、越以及获等人之案治狱者并非县级官府主要官吏。秦王朝分天下为三十六郡,郡设守、尉、监等主要官吏。① 与此相关的是,"监御史,秦官,掌监郡"②。监御史乃监督一郡治理事务的官吏,并非县府官吏。州陵县狱讼案件自然不能以监御史的名义向郡府奏谳。不过,这并不妨碍他们审理县府官吏。假设康等人能够就如何论断绾、越以及获等人达成一致意见,则此奏谳恐怕不会发生。因此,以往有学者将监御史之介入视为奏谳原因之一的说法恐难成立。③ 此乃监御史依法行使其监察权而发生的案件,它并非案件奏谳之原因,反倒是奏谳制度的存在让监御史不得不在出现疑难案件后有所遵循。

(四)吏民通过乞鞫而对治狱者形成约束

在人们违反法、律、令并进入审理阶段后,他们的人身或财产因而与官吏们如何治狱讼息息相关,"锥刀之末,将尽争之"④,违法者势必像这样尽最大努力为自己开脱罪责。倘若官吏们在断狱讼过程中实施违反法、律、令的行为,犯法者必然为减免罪、刑而充分加以利用,乞鞫制度为他们达成目的提供了可能。例如,在田与市和奸一案中,重泉隶臣田与姑姊之子市和奸,被毋智抓获。在未刑讯的情况下,田与市承认其罪行。市之弟大夫骊、亲走马路向毋智行贿钱四千,要求其改称并未当场抓获正在和奸的田与市。毋智起初接受贿赂,后来因担心事情败露而退还他们行贿之钱款。在案件因而不大可能出现任何转机的情况下,田要求县丞裪重新审理该案。在遭到拒绝后,田负斧质气(乞)鞫。⑤ "田气(乞)鞫不审"这样的记载表明,⑥ 上级官府最终认定田有罪。田用负斧质这样显得比较极端的方式气(乞)鞫,表明他试图洗刷罪行的坚定决心。如果治狱者相以及县丞裪在断该狱过程中未依法治(答)谅

---

① (汉)司马迁:《史记》卷六《秦始皇本纪》,中华书局1982年版,第239页。
② (汉)班固:《汉书》卷十九上《百官公卿表》,中华书局1962年版,第741页。
③ 宁全红:《周秦时代狱讼制度的演变》,人民出版社2015年版,第245页。
④ 杨伯峻编著:《春秋左传注》昭公六年,中华书局2016年版,第1413页。
⑤ 陈松长主编:《岳麓书院藏秦简(壹—叁)》(释文修订本),上海辞书出版社2018年版,第162—164页。
⑥ 陈松长主编:《岳麓书院藏秦简(壹—叁)》(释文修订本),上海辞书出版社2018年版,第164页。

（掠）或者存在其他影响论断结果的不法行为，其后果不难想象。而在得之强与弃妻奸一案中，得之捽偃弃妻夌，欲与夌奸，未遂。得之显然最清楚实情，然以"和与夌卧，不奸"等为由两次乞鞫。① 在官府诘问的时候，得之承认："幸吏不得得之请（情）。"② 人们同样不难设想的是，若官吏在治得之之狱的过程中存在不法行为致使得之的人身或财产受到损害，像得之这样心存侥幸乃至试图通过乞鞫脱罪的人不大可能会对此缄默不言。因此，虽然乞鞫制度的本意乃是为冤屈者提供合法申述途径，然而，人犯往往汲汲于为自己洗脱罪行，它又成为上级官府发现断狱不直问题的重要途径。

不过，如果上级官府的官吏们出于种种考虑而有意袒护下级官府治狱者，则乞鞫者的利益难免因而牺牲。倘若发现乞鞫总是难以改变治狱者的论断，人们就会逐渐丧失乞鞫的积极性，该制度原本具有的约束治狱者的作用便难以发挥。这在实践中并非无此可能。在田和奸案中，田始终未承认与市奸。市让弟大夫驪、亲走马路后贿赂毋智，让他更改证言的行为存在两种可能性：一是她曾经与田和奸，试图通过这样的方式脱罪；一是她未曾与田和奸，然而，在证人证言对其均不利的情况下，为避免本来不应承担的法律后果而不得不像这样做。上级官府乃是以"田虽不服，而毋（无）以解驪、路、毋智、市言"为由认定他乞鞫不审，并非田心服口服地认罪。③ 因此，官吏们在审理田和奸案的时候相互勾结，在乞鞫后官官相护的可能性难以完全排除。不过，即便在目前所见数量非常有限的秦汉狱讼案件中，人们也不难发现为官府冤屈之人通过乞鞫而改变命运的案件。例如，在张家山汉简记载的黥城旦讲气（乞）鞫案中，毛遭治狱者笞谅（掠），不能忍受治（笞）痛，乃诬指讲。然讲践更咸阳，十一月已行，不与毛盗牛。在史铫磔治（笞）讲北（背）两次后，讲不得已诬服。冤狱因而形成，官府论黥讲为城旦。在讲气（乞）鞫后，廷尉审理该案，查明讲不与毛谋盗牛，昭、铫、敢、

---

① 陈松长主编：《岳麓书院藏秦简（壹—叁）》（释文修订本），上海辞书出版社2018年版，第160—162页。
② 陈松长主编：《岳麓书院藏秦简（壹—叁）》（释文修订本），上海辞书出版社2018年版，第160—162页。
③ 陈松长主编：《岳麓书院藏秦简（壹—叁）》（释文修订本），上海辞书出版社2018年版，第164页。

赐论失之，更改以往判决。① 该案为人们提供这样一些重要信息：其一，在讲乞鞫以后，廷尉署覆视故狱，不仅诘问人犯和人证，而且讯问治该狱之官吏。不仅如此，廷尉署还让人犯、人证以及治狱者的供词相互印证和吻合，而且通过诊以核实人犯和人证供述的真实性；其二，该案事发雍廷。雍，秦代属内史，② 初治该狱者乃雍廷官吏无疑。讲乞鞫至廷尉，在一定程度上表明，秦汉时期对于乞鞫次数并没有限制。这非常有利于乞鞫者获得公正审理。不过，昭、铫、敢以及赐等人断狱不直，文书并未记载廷尉如何处置这些官吏。而毛供称与讲合谋盗牛，很可能也受到处罚，文书也未记载毛的命运如何。大概此乃讲乞鞫案，文书对于讲以外的人如何处置不予记载。如果这样的推测成立，人们不能据以认为昭、铫、敢以及赐等人治狱不直却未承担任何责任，甚至于否认乞鞫制度对于治狱者的约束作用。

即便不加区分地将里耶秦简所记载的案例视为合乎法、律、令之治理的产物也并非毫无说服力，人们很难想象官府在征收赋税徭役等日常事务方面常常违反法、律、令且公然载于文书。不过，像这样做无助于人们就秦国郡县官吏执法形成较为客观和理性的认识。为此人们只能通过考察郡县官吏们所处的法律环境，从一个侧面了解其治理行为。如果郡县官吏们极其轻微地违反法、律、令的行为也将受到处罚，则大体而言，他们的日常治理很可能在法、律、令的轨道上运行。在各类秦汉文献中，人们均难以发现如后世一般重大且层出不穷的贪赃枉法事件，这样的现象绝非偶然。如果作为治理重要组成部分的断狱讼面临治狱者人数众多、事实认定异常严格、奏谳制度以及乞鞫制度为上级官府、监御史以及人犯对狱讼案件实行有效监督提供制度途径，则郡县官吏在治狱的时候严格依据法、律、令办理的可能性较大。汉人以为，"秦有十失，其一尚存，治狱之吏是也"③，可以在一定程度上为这样的看法提供佐证。

---

① 张家山二四七号墓汉墓竹简整理小组：《张家山汉墓竹简【二四七号墓】》（释文修订本），文物出版社2006年版，第100—102页。
② 张家山二四七号墓汉墓竹简整理小组：《张家山汉墓竹简【二四七号墓】》（释文修订本），文物出版社2006年版，第102页。
③ （汉）班固：《汉书》卷二十三《刑法志》，中华书局1962年版，第1102页。

第三节　秦郡县官吏治理的个案分析
——以焚书令和挟书律的实施为例*

在商鞅主持制定的法令颁行以后，前往国都栎阳言其不便者达数千人之多，私下反对法令者更多。在商鞅为此刑太子傅公子虔，黥其师公孙贾后，秦人不敢不遵守法令，甚至也不敢议论法令。十年以后，秦人大悦。① 不过，人们如果因而简单地以为秦法令得到全面而彻底地实施，甚至以秦法令为依据而评判其施政，恐怕就忽视了它们在实施过程中所产生的问题的复杂性。例如，依据湖北云梦出土的睡虎地秦简《语书》的记载可知，在南郡归属秦治数十年后，百姓仍然不守秦法而遵从乡俗。郡守腾为此派遣官吏前往各县巡视，举劾不服从法令者。② 在秦法严厉而官府又像郡守腾这样采取有效措施以确保法令实施以后，秦法实施情况如何，对其崛起乃至一统天下发挥何种作用？无论是基于历史研究还是现实借鉴的目的，诸如此类问题均值得学者们认真思考。

关于秦法，《商君书》《韩非子》《吕氏春秋》以及《史记》等传世文献仅有少量记载。睡虎地秦简、龙岗秦简、岳麓书院藏秦简以及里耶秦简等记载的秦律令虽多，然非常散乱。而且，它们与出土秦简关于郡县官府日常治理情况的记载缺乏必要的相关性，人们根本无从据以研究秦法实施情况。不过，《史记》等文献记载秦焚书令的制定经过，又零星记载秦汉时期书籍流传情况。加之秦汉时人有以死者生前珍视物品随葬的习俗，人们能够依据焚书令和挟书律颁布以后秦墓是否随葬违反法令的书籍来考察它们的实施情况。像这样以焚书令和挟书律的制定和实施为个案进行研究，在此基础上结合史书相关记载进行考察，人们也许

---

* 根据《史记》、《汉书》以及一些出土秦简相关记载来看，秦汉时期的皇帝继位以后，王朝要在其主持下对既有律令进行整理。一些令不再适用，一些令则转化成为律，继续在治国理政过程中发挥作用。挟书律的内容如今已经不得而知，从其律名来看，当与"藏诗、书、百家语"存在较大相关性。人们因而有理由相信它是在焚书令的基础上发展而来。由于这一转化过程的时间难以确定，所以予以并称。

① （汉）司马迁：《史记》卷六十八《商君列传》，中华书局1982年版，第2231页。

② 陈伟主编：《秦简牍合集·释文注释修订本（壹）》，武汉大学出版社2016年版，第29页。

能够在一定程度上获得上述问题的答案。

一　焚书令之制定新探

对于秦人焚书，西汉贾谊认为，其目的在于"愚民"①。而从钱穆开始，近现代学者多将其理解为秦王朝试图钳制或者统一思想："意在荟萃群言，牢笼众说，借政治之势力，定学术于一是。"② 这些均非基于史实而产生的看法。对于中国历史上的这一重大事件，学者们无论情感上能否接受，都应从较为可靠的史料出发，在对秦始皇等人怀有"同情地理解"的情况下进行考察，才有可能就焚书令何以问世产生接近历史真相的看法。在史实尚未明辨的情况下就大肆挞伐，不仅没有立论基础，而且很可能有失公允。

由李斯所谓"臣请史官非秦记皆烧之。非博士官所职，天下敢有藏《诗》《书》、'百家语'者，悉诣守、尉杂烧之"观之，③ 焚书令所针对的对象乃史官所掌除秦记以外的史书以及天下非博士官所拥有的"《诗》《书》、'百家语'"等。关于"百家语"之所指，东汉王充曾指出："秦虽无道，不燔诸子。诸子尺书，文篇具在，可观读以正说，可采掇以示后人。"因此，人们可以依据存留于世的诸子典籍而知《诗》《书》《礼》《易》以及《春秋》等因秦焚书而毁损甚至亡佚的五经之谬误。④ 这样的说法还得到后世赵岐以及刘勰等人支持。这一问题因而仍有略加讨论之必要。人们可以在传承于世的《史记》中发现"诸子百家之书"相关记载。例如，"廷尉乃言贾生年少，颇通诸子百家之书。文帝召以为博士"⑤。关于其中"诸子百家"，比较合理的解释是诸子可根据其学说的不同而划分为百家。太史公所谓六家之要指在一定程度上可以作为佐证。其中，儒者以六艺为法。不过，"若夫列君臣父子之礼，序夫妇

---

① （汉）司马迁：《史记》卷六《秦始皇本纪》，中华书局2014年版，第353页。
② 钱穆：《国学概论》，载《钱宾四先生全集》第1部，联经出版公司1957年版，第74页。
③ （汉）司马迁：《史记》卷六《秦始皇本纪》，中华书局2014年版，第325—326页。
④ 黄晖：《论衡校释》卷二十八《书解》，中华书局1990年版，第1159页。
⑤ （汉）司马迁：《史记》卷八十四《屈原贾生列传》，中华书局2014年版，第3020页。

长幼之别,虽百家弗能易也"①。太史公的意思是,儒者高度重视六艺,然不能言"君臣父子之礼"以及"夫妇长幼之别"为儒者专利,包括阴阳、墨、名、法以及道德等在内的百家都奉为圭臬。与其相类的是《荀子》中"复慎、墨、季、惠,百家之说诚不详"这样的记载。② 其中"百家"显然是在慎、墨、季以及惠等代表的诸子基础上推而广之,泛指诸子因学说的不同而划分的各种学派。至此,人们应该能够同意的是,所谓"百家语"乃是指记载诸子百家言说的书籍。

  后世所谓秦焚书系为钳制或者统一思想(学术)之说因而存在进一步探讨的空间。根据李斯的建议来看,除医药、种树以及卜筮之书以外,其他书均在焚烧之列,包括法家著述在内的诸子百家书均不例外。所谓秦王朝企图统一思想于法家思想或者钳制其他诸家的思想之说因而难以成立。倘若秦始皇与李斯等人焚书的目的果真如此,他们就应该保留法家著作。非但如此,他们还应该大力倡导和支持人们对于它们的书写以及传播。像这样做才更有利于达到目的。然而,事实并非如此,在焚烧《诗》《书》以及"百家语"后,秦始皇与李斯等人希望天下人所能学习的就是法令。所谓"若欲有学法令,以吏为师"就是为此而采取的举措。③ 根据上下文来看,秦始皇与李斯等人希望人们知悉并且服从法令,不要受诸子百家学说的影响而对它们产生怀疑甚至非议,甚而影响法令的实施。与钳制或者统一思想之说相类的是,所谓秦人焚书系为愚民而采取的举措之说也难以获得有力证据之支持。焚烧天下书籍确实可能导致愚民的后果,然而,这未必就是秦王朝制定焚书令的原因或者欲达成的目标。在人类历史上,人类行为之结果偏离人们起初目标之事多矣。

  为避免主观臆断地得出结论,在分析李斯等人何以制定焚书令的时候,人们应该从史料而不是负面情绪所带来的先入之见出发。《史记》明确记载,李斯坚决反对博士淳于越依据三代史事而提议分封诸侯事,然后竭力向秦始皇以及朝臣陈述诸生妄议朝政之危害:诸子百家系在诸侯争霸时代形成,他们从各自立场和学说出发,对于治国理政举措发表

---

① (汉)司马迁:《史记》卷一百三十《太史公自序》,中华书局2014年版,第3995页。
② (清)王先谦:《荀子集解》卷十八《成相篇》,中华书局2013年版,第544页。
③ (汉)司马迁:《史记》卷六《秦始皇本纪》,中华书局2014年版,第326页。

评论。在此过程中，他们常常自以为是，以古非今。百姓缺乏判断力，容易受其蛊惑，对于君上举措也说三道四，妄加非议，像这样就有可能导致国家治理举措无法落到实处。在秦始皇一统天下，定于一尊以后，诸生仍然与过去一样崇尚私学而对王朝法令和政策妄加论断。在法令下达以后，他们常常根据其所信奉的学说进行非议。世异时移，治国理政举措就应该发生相应变化。诸生信奉的却一直是基于五帝三代事而生的经验或者学说。在秦王朝一统天下以后，皇帝所开创的功业以及所采取的举措远非这些人所能理解。然而，他们不仅意识不到自身存在的局限性，反而常常自认为以见识超越皇帝而闻名，又争相以别出心裁而视为高论。如果不予以禁止的话，皇帝的权势逐渐荡然无存，而诸生将成群结党而威胁秦朝统治。① 人们因而不难理解李斯为何建议秦始皇制定以"有敢偶语《诗》《书》者弃市，以古非今者族"为主要内容的法令。② 简而言之，它们记载的史事以及学说乃诸生议论朝政的主要依据，如果将其全部焚毁，随着时间的推移，它们就会逐渐失传。在人们关于三代分封的历史记忆彻底消除以后，后世诸生不仅难以据以主张分封制、非议郡县制，甚至可能无从妄议朝政。像这样就可以确保秦王朝"二世三世至于万世，传之无穷"③。

后世之人容易受贾谊所谓"世非无深虑知化之士也，然所以不敢尽忠拂过者，秦俗多忌讳之禁，忠言未卒于口而身为戮没矣。故使天下之士，倾耳而听，重足而立，拑口而不言"的影响而怀疑李斯上述言论的真实性，④ 误以为秦王朝建立以后天下士人就噤若寒蝉，李斯不过危言耸听而已。事实上，至少秦王朝建立之初并非如此。例如，丞相王绾等人建议秦始皇立诸子为王。廷尉李斯认为，此举将导致秦王朝重蹈周人覆辙。嬴政采纳其建议，实施郡县制。⑤ 对于像这样由秦始皇乾纲独断形成的重大决策，在并未出现足以令人怀疑其正当性或者合理性的重大事变的情况下，数年之后博士淳于越又公开提出不同看法。人们并未发

---

① （汉）司马迁：《史记》卷六《秦始皇本纪》，中华书局2014年版，第326页。
② （汉）司马迁：《史记》卷六《秦始皇本纪》，中华书局2014年版，第326页。
③ （汉）司马迁：《史记》卷六《秦始皇本纪》，中华书局2014年版，第304页。
④ （汉）司马迁：《史记》卷六《秦始皇本纪》，中华书局2014年版，第350—351页。
⑤ （汉）司马迁：《史记》卷六《秦始皇本纪》，中华书局2014年版，第307页。

现任何文献记载他因而受到严惩。考虑到在此前后秦始皇下令制定的优待博士的相关法令，人们不能因文献未予记载而认为不能排除相关可能性："制诏丞相斯：所招博士得与议者，節（即）有逮告劾，吏治者辄请之，尽如宦显大夫逮。斯言：罢博士者，请辄除其令。"① 在目前资料条件下，人们尚难以考察宦显大夫在违反法令以后将获得何种优待。不过，人们可以从该法令中获取的信息是，参与朝议的博士即便犯罪，有关官吏也不得擅自采取强制措施，而是必须上请。他们有可能因而获得法外施仁的机会。博士犯罪尚且如此，更何况他们在朝议的过程中发表见解未必构成犯罪？当然，朝廷优待博士未必意味着没有机会身处朝堂的诸生也会受到如此礼遇。不过，从博士就在诸生中间产生这点来推断，他们也未必动辄得咎。在历经数个世纪的百家争鸣以后，诸生议论朝政的传统不会因秦王朝的建立戛然而止。甚至在秦王朝颁布焚书令，严厉禁止相关行径以后仍然如此。例如，在侯生、庐生耗费巨万而不能炼出奇药，乃至私下逃亡以后，秦始皇立刻想到咸阳诸生很可能对此予以非议："诸生在咸阳者，吾使人廉问，或为妖言以乱黔首。"御史案问之下果然如此。② 倘若不是对诸生言行倾向知之甚深，秦始皇在无法严惩已经逃走的术士的情况下不可能立刻想到诸生会有什么言行，并且对他们痛下杀手。

或许有人对秦始皇等人颁布焚书令之举措大肆挞伐：难道诸生热衷于议论朝政就会造成李斯所述严重问题，有必要制定在今人看来异常严厉的法令予以禁止？以往常常为人们所忽略的是，焚书令的制定乃是因博士淳于越分封诸王的建议而起。早在秦王朝建立之初，包括丞相王绾在内的大臣便有此提议。李斯对此表示坚决反对，原因有二：一是周王朝留下来的教训不远。周武王和周成王在其执政期间分封不少子弟和同姓为诸侯。在血缘关系疏远以后，姬姓诸侯及其亲戚如同仇人一般相互攻击，酿诸侯争霸之祸，周天子也无力制止；二是郡县制才是王朝安宁之本。在天下一统已经形成后，诸子以及功臣赐以赋税重赏。在没有军

---

① 陈松长主编：《岳麓书院藏秦简（伍）》，上海辞书出版社2107年版，第68页。
② （汉）司马迁：《史记》卷六《秦始皇本纪》，中华书局2014年版，第329页。

第四章　秦法之治下郡县官吏与秦国崛起

队可以仰仗的情况下，他们即便生二心也容易控制。① 秦始皇对李斯的意见深表赞同，指出以往战祸连连，为天下人所苦，归根结底乃是由于封建诸侯所致。在天下初定以后又行分封，是为将来的纷争埋下祸根，届时平定起来非常困难。② 依据今人后见之明来看，秦始皇、李斯等人的考虑颇具先见之明。后世例如汉王朝、晋王朝以及明王朝分封诸侯导致天下大乱的事实也证明秦始皇、李斯等人相关举措非常正确。然而，就分封诸子为王事而言，根据丞相绾建议立诸子以后"始皇下其议于群臣，群臣皆以为便"这样的记载可知，③ 朝中大臣赞成分封者居多。倘若诸生又对分封诸王事议论纷纷，令秦始皇等人成为大家争相抨击的对象，对于秦王朝统治的稳固以及此后政令之实施极其不利。

秦王朝虽已完成天下一统，然被征服地区的吏民未必心悦诚服于其统治。例如，秦王朝不得不制定"新地吏"相关法令，让犯有过失的故秦吏以官吏身份到更偏远的"新地"行戍，戍期最多为四年，期满后免官返回原籍。这样的做法显然与秦人一向奉行的吏治相关举措不符。若非"新地"官吏缺乏以及统治尚未稳固，厉行法治的秦始皇怎么可能采取这样的特殊措施？④ 在此局面下，若秦始皇将分封诸子为王的问题提上议事日程，或有可能导致诸公子为封地大小和好坏而明争暗斗。如果他们再与朝臣勾结，势必造成政局动荡。对于意识到诸如此类言行对秦王朝可能造成的威胁的李斯等人而言，必须采取断然措施以避免局势恶化。

对此事关秦王朝安危的重大问题，秦始皇、李斯等人所拥有的思想资源限制了他们做出其他选择的可能性。就李斯而言，他曾经受教于荀子。众所周知，荀子曾撰《非十二子》，指责诸子"饰邪说，交奸言，以枭乱天下"⑤，主张"务息十二子之说"，认为"如是则天下之害

---

① （汉）司马迁：《史记》卷六《秦始皇本纪》，中华书局2014年版，第307页。
② （汉）司马迁：《史记》卷六《秦始皇本纪》，中华书局2014年版，第307页。
③ （汉）司马迁：《史记》卷六《秦始皇本纪》，中华书局2014年版，第307页。
④ 朱锦程：《秦对新征服地的特殊统治政策——以"新地吏"的选用为例》，《湖南师范大学社会科学学报》2017年第2期。
⑤ （清）王先谦：《荀子集解》卷三《非十二子》，中华书局2013年版，第106页。

除"①。对于奉行以法治国方针的秦王朝而言，如何才能达此目的不言而喻。就秦始皇而言，其先祖秦孝公早有类似做法："商君教秦孝公以连什伍，设告坐之过，燔《诗》《书》而明法令，塞私门之请而遂公家之劳，禁游宦之民而显耕战之士。孝公行之，主以尊安，国以富强。"② 由于什伍连坐，明法令以及奖励耕战等为《史记》等文献明确记载，确凿可信，人们难免因而认定"（秦孝公）燔《诗》《书》而明法令"云云可信度较高。即便事实并非如此，在韩非指出"燔《诗》《书》而明法令"导致秦国迅速富强以后，曾经读其书而说"寡人得见此人与之游，死不恨矣"的嬴政，③ 理所当然地赞同李斯提出焚书相关建议，焚书令的问世因而不可避免。

总之，在秦王朝完成天下一统然统治尚不稳固的情况下，对于封建与郡县之争以及由此可能引发严重统治危机的舆论态势，秦始皇与李斯等人洞若观火。在有秦国先例可供遵循而名噪一时的荀子也对十二子大肆挞伐的情况下，他们做出焚烧天下《诗》《书》以及"百家语"的政治决断。在试图以此令天下人动无非法的同时，身为立法者的秦始皇与李斯等人仍然希望以后能从历史以及诸子思想中汲取治国理政智慧，故而允许博士官可以继续持有相关书籍，导致《诗》《书》以及"百家语"只能在博士官群体中间合法传播的局面。对于秦王朝采取的这一重大举措，人们可以从多个角度进行评判，考查焚书相关法令的实施效果并在此基础上进行相关讨论应该更为公允，也更容易让后人从中汲取经验或者教训。

二　从秦墓随葬物看焚书相关法令之实施

正如法律社会史学家所指出的，法律的规定是一回事，其实施可能是另外一回事。因此，除了分析法律条文以外，人们还应该考察其实效。④ 只有全面深入地研究法律实施情况，才有可能知道立法者的意图是否以及在多大程度上得以实现，造成什么样的后果。在尚未发现记载

---

① （清）王先谦：《荀子集解》卷三《非十二子》，中华书局2013年版，第114页。
② （清）王先谦：《韩非子集解》卷四《何氏》，中华书局1998年版，第97页。
③ （汉）司马迁：《史记》卷六十三《老子韩非列传》，中华书局2014年版，第2621页。
④ 瞿同祖：《中国法律与中国社会》，中华书局2003年版，第2页。

第四章　秦法之治下郡县官吏与秦国崛起

焚书令实施情况的相关文献的情况下，人们或许可以根据事死如事生、事亡如事存的秦汉习俗，利用秦墓随葬物而对相关法令的实施情况进行探讨。因为敢于违反法令而挟违禁书籍者，往往是最为珍视《诗》《书》以及"百家语"者。如果大量秦墓中包含违禁书籍，则意味着焚书相关法令遭到不少人公然违反。倘与此相反，秦墓随葬物品中通常无《诗》《书》以及"百家语"，则表明墓主生前即便喜爱书籍也没有达到敢于违反法令的程度，抑或其亲友不愿意公然违抗法令而将死者生前所喜好的书籍下葬。因此，焚书相关法令颁行天下以后随葬物能在一定程度上反映该令的实施情况。

20世纪70年代以来，考古工作者陆续发掘一批秦墓。其中，下葬年代大体上可以确定为焚书令发布后的秦墓有二：其一为周家台30号秦墓，其二为云梦龙岗6号秦墓。周家台30号秦墓墓主生前可能做过佐史之类的小吏，下葬年代的上限为秦二世元年。[①] 该墓出土三组竹简，其中，甲组简文的内容为二十八宿占、五时段占、戎磨日占、五行占以及秦始皇三十六年（前211）、三十七年月朔日干支及月大小等；乙组简文的内容为秦始皇三十四年日干支；丙组简文的内容为医药病方、祝由术、择吉避凶占卜以及农事等。此外，该墓还出土一批木牍，上面记载的内容为秦二世元年历谱。[②] 云梦龙岗6号秦墓墓主生前为参与治狱讼的低级小吏，下葬年代为秦始皇二十七年至秦二世三年间。该墓出土239枚竹简，简文内容为禁苑律以及奏谳书。[③]

此外，一些秦墓的下葬年代难以相对准确地予以确定，不过，它们也有可能在焚书令发布之后。例如江陵扬家山135号秦墓。该墓墓主为中小贵族，下葬年代在秦攻占郢后，西汉以前。该墓出土75枚竹简，内容为遣册。[④] 依据随葬器物可以发现，该墓"有一般秦墓所共同的一些特点，同时又保留了楚墓的一些文化因素"[⑤]。江陵王家台15号秦墓墓

---

① 湖北省荆州市周梁玉桥遗址博物馆：《关沮秦汉墓清理简报》，《文物》1999年第6期。
② 湖北省荆州市周梁玉桥遗址博物馆：《关沮秦汉墓清理简报》，《文物》1999年第6期。
③ 陈伟主编：《龙岗秦墓简牍》，《秦简牍合集（贰）》，武汉大学出版社2015年版，第3—5页。
④ 湖北省荆州地区博物馆：《江陵扬家山135号秦墓发掘简报》，《文物》1993年第8期。
⑤ 湖北省荆州地区博物馆：《江陵扬家山135号秦墓发掘简报》，《文物》1993年第8期。

主大概曾经担任负责效计事务的小吏，下葬年代在"白起拔郢"与秦王朝灭亡之间。该墓出土竹简800余枚，简文内容为《效律》《政事之常》《日书》《归藏》以及《灾异占》等五类。① 从出土器物来看，该墓随葬一些以往仅见于秦墓的物品。不过，它又保留楚墓的一些特点。② 最为重要的是，上述秦墓随葬简牍记载的内容无疑符合焚书相关法令之规定。

在据以认定墓主及其亲友严格遵守焚书相关法令以前，人们还应该对其他可能性予以探讨。例如，墓主生前最为珍视之物恰好在焚书相关法令允许的范围之内。云梦睡虎地11号秦墓随葬竹简1200枚左右，内容包括《大事记》《语书》、部分秦律律文、《法律答问》《封诊式》《为吏之道》以及《日书》等等。作为一名依靠军功以及勤于学习治狱相关知识和技能而逐渐获得升迁之人，墓主喜对《诗》《书》以及"百家语"等不甚感兴趣也并非不可能。在墓主喜下葬的时候，焚书令尚未颁行。他的亲友们选择用来随葬的物品因而并非出于遵守焚书令方面的考虑，而它们又恰好并非焚书相关法令禁止私人携带之物。又如，出土简牍多在原楚地墓葬中发现。墓主亲友在为墓主选择随葬物品的时候也有可能受到楚俗的影响。江陵扬家山135号秦墓随葬物以及王家台15号秦墓的随葬物表明，不管墓主原籍何地，亲友们在将他们葬于原楚国所辖之地的时候无可避免地受到当地风俗的影响。这是否表明，随葬竹简内容符合焚书相关法令之规定乃受到楚国风俗影响之结果？

个人喜好的确具有强烈的个人色彩，然而，它们也通常受到人们身处的社会环境特别是风俗的约束，甚至可以说是它们允许范围内的个人选择。而且，有些人即便愿意承受因个人喜好与社会环境格格不入以及违反风俗而来的代价，也难以确保其珍视之物在死后随葬——他们的亲友未必愿意在帮助他们完成心愿以后为社会所疏离。因此，对于秦墓随葬物，人们不仅要从个人喜好的角度考虑，也要从相关秦俗的角度来考虑。20世纪80年代，甘肃省天水市放马滩一号秦墓出土竹简460余枚。简文内容可以分为《日书》和"纪年文书"两类。③ 由于整理者所谓纪

---

① 荆州地区博物馆：《江陵王家台15号秦墓》，《文物》1995年第1期。
② 荆州地区博物馆：《江陵王家台15号秦墓》，《文物》1995年第1期。
③ 何双全：《天水放马滩秦简综述》，《文物》1989年第2期。

第四章　秦法之治下郡县官吏与秦国崛起

年文书包含"丹"死而复生等离奇故事,有学者认为其乃乙种《日书》的组成部分。① 与睡虎地秦简《日书》大部分内容与鬼神相关不同的是,放马滩秦简《日书》所记载的大多乃百姓日常生活需要解决的实际问题。② 此外,放马滩一号秦墓还出土秦始皇八年绘制的 7 幅秦邽县所辖区域地形和经济概况地图。③ 与云梦睡虎地 11 号秦墓随葬物相类的是,该墓的随葬物同样不在焚书相关法令针对的《诗》《书》以及"百家语"的范围之内。

迄今为止,人们尚未在其他秦墓中发现简牍随葬物。单凭上述两座秦墓随葬物似乎难以证实秦俗不允许随葬《诗》《书》以及"百家语"等。不过,如果考虑到前述秦国在孝公时代燔烧《诗》《书》事,情形应该有所不同。正如某知名社会学者所言:"知晓了法律,了解了法律的规则,也便成为一种使既有习俗发生改变的开始。因为人们在此种法律的觉知之上会使得近乎无意识的实践层面的习俗添加或减少一些要素,期待着使之在新的场景下发挥新的引领行为的作用,使一个人的行为能够去适应新的环境。而这种经过修改了的法律,是一定要以一种习俗本身的面貌才能够真正回到人们的社会生活中的……"④ 秦国在孝公时代颁布相关法令并据以燔烧《诗》《书》后数十年间,秦人随葬物品不得包含《诗》《书》等很可能逐渐成为风俗。人们在放马滩秦墓以及睡虎地秦墓中不约而同地未能发现《诗》《书》以及"百家语"随葬物因而很可能并非偶然。

为避免过于轻率地得出结论,人们还应该通过原楚国所辖区域墓葬随葬物而了解相关楚俗,据而分析前述秦墓不含焚书相关法令所禁止的书籍是否受到楚俗的影响。与出土战国秦墓随葬物相类的是,出土战国楚墓竹简多有卜筮以及遣册等方面的内容。不过,它们与鬼神的关联度更大。更为重要的是,不少楚墓包含书籍以及史书等等。例如,20 世纪 50 年代,信阳楚墓出土竹简 148 枚,简文内容为歌颂墓主生前事迹的竹

---

① 孙占宇:《放马滩秦简乙 360—366 号"墓主记"说商榷》,《西北师大学报》(社会科学版)2010 年第 5 期。
② 林剑鸣:《〈睡〉简与〈放〉简〈日书〉比较研究》,《文博》1993 年第 5 期。
③ 何双全:《天水放马滩秦墓出土地图初探》,《文物》1989 年第 2 期。
④ 赵旭东:《习俗作为法律与法律的习俗研究》,《学术月刊》2019 年第 6 期。

书以及遣册，下葬年代为战国早期稍晚。① 又如，20世纪90年代，慈利县石坂村36号墓出土竹简4371枚，简文内容可以分为两类：一类是记载楚国与吴越等国历史事件的文书；一类是《管子》《宁越子》等书的佚文或古佚书。墓主为士一级贵族，下葬年代为战国中期前段。② 又如，20世纪80年代，包山二号楚墓出土大量楚简，简文内容包括记载若干事件以及狱讼类案件的文书、卜筮祭祷记录以及遣册等等。墓主生前曾经官居楚国左尹，下葬年代为战国中晚期。③ 又如，20世纪90年代，郭店一号楚墓出土竹简804枚。其中，部分简文内容与今本《老子》相似，部分内容与今本《礼记》的部分篇章相似。④ 目前学术界大都认为，墓主为"东宫之师"。不过，在其具体所指方面。学术界目前还存在争议。下葬年代为战国中期后段。⑤ 又如，20世纪80年代，慈利县石板村战国墓出土残简4371件，简文内容为记事性史书。墓葬的年代为战国晚期后段。⑥ 从楚墓出土竹简记载的内容与墓主的关系的角度来看，它们很可能是墓主生前最为珍视之物。例如，左尹墓随葬大量文书而东宫之师墓随葬大量书籍。而从出土楚墓竹简记载的内容来看，它们包含史书以及儒家、道家书籍。以上楚墓随葬物表明，与秦俗存在极为不同的是，楚国葬俗允许人们以史书以及"百家语"随葬。

人们因而有理由相信，在原楚地发掘的秦墓的随葬物品不含《诗》《书》以及"百家语"等并非受到楚俗的影响。而且，就像南郡郡守腾强制推行法令而改变乡俗一样，在秦郡县官吏采取有效措施强制推行法令后，人们不得不摒弃有关楚俗而遵守法令。关于秦焚书的相关法令，人们有必要注意的是，秦孝公时期颁行的焚烧《诗》《书》的法令有可

---

① 裴明相：《信阳楚墓的主要遗存及其特点》，《中原文物》1989年第1期。
② 张春龙：《慈利楚简概述》，艾兰、邢文编：《新出简帛研究》，文物出版社2004年版，第4—11页。
③ 湖北省荆沙铁路考古队编：《包山二号楚墓简牍概述》，《包山楚墓》，文物出版社1991年版，第3—15页。
④ 湖北省荆门市博物馆：《荆门郭店一号楚墓》，《文物》1997年第7期。
⑤ 参见罗运环《论郭店一号楚墓所出漆耳杯文及墓主和竹简的年代》，《考古》2000年第1期；李裕民：《郭店楚墓的年代与墓主新探》，《陕西师范大学学报》（哲学社会科学版）2000年第3期，等等。
⑥ 湖南省文物考古研究所、慈利县文物保护管理研究所：《湖南慈利县石板村战国墓》，《考古学报》1995年第2期。

能在某一时期取消——倘非如此，人们很难解释李斯何以建议秦始皇再次颁行焚书令。尽管人们难以在各类文献中发现相关记载，然而它与秦始皇"悉召文学方术士甚众，欲以兴太平"的做法相适应。① 之所以像这样说是因为，秦王嬴政在坚持实施燔烧《诗》《书》相关法令的同时不大可能吸引大量文学之士前往咸阳。不过，作为"一种潜在意义上的或者伪装起来的法律的表达，它深度嵌入在文化中，并有别于过于抽象的法律规则本身"的新的习俗一旦形成，② 必然保持较强的惯性，很难在较短的时间内消失，更何况若干年后李斯建议秦始皇颁行焚书令予以强化！

在秦俗得到焚书相关法令强化的同时，楚俗为秦法令所改造，逐渐向新的习俗演变，如此便能合理解释在原楚国所辖之地下葬的死者随葬物何以没有违反相关秦法令。这在一定程度上表明，焚书相关法令为秦王朝各级官府所严格实施。原因不难理解，在安葬亲友的时候，人们依据乡俗通常邀请其他亲友以及乡邻参加，而且在安葬前后要向官府报告，随葬物因而容易广为人知。在秦法较为严厉的情况下，人们不敢公然违反。不过，这并不意味着相关法令得以彻底实施。在可以通过非常隐秘的方式藏匿《诗》《书》以及"百家语"而有效规避法律风险的情况下，人们未必肯将亲友生前珍视的违禁书籍随葬。人们可依据《史记》《汉书》等文献关于秦汉之际书籍传承情况之记载而考察是否存在此类现象。

三　从传世文献之记载看焚书相关法令之实施

《诗》《书》以及"百家语"流传至今，并未因焚书令的颁布实施而消亡。而且，逐渐为学术界所公认的是，尽管它们在一定程度上因汉人编撰而失去本来面目，然而，流传于世的《诗》《书》以及"百家语"并非汉人所伪造。人们难免因而产生的疑问是，在秦法严酷而且各级官府严格执法的环境中，书籍如何流传下来？人们对于秦王朝各级官府焚书相关法令实施情况又应作如何评判？考虑到秦汉时期博士可以合法拥

---

① （汉）司马迁：《史记》卷六《秦始皇本纪》，中华书局2014年版，第329页。
② 赵旭东：《习俗作为法律与法律的习俗研究》，《学术月刊》2019年第6期。

有书籍以及项羽焚烧咸阳事，诸如此类问题的探讨其实并非易事。好在包括太史公在内的史家以及其他士大夫在记载秦汉史事的时候无意间为人们留下一些《诗》《书》以及"百家语"在秦汉时期传承情况之记载，人们可据以探讨上述问题之答案。

《汉书》诸如"汉兴，改秦之败，大收篇籍，广开献书之路"① 之类记载容易让人们产生误解，以为此乃西汉朝廷所采取的举措。在汉惠帝废除挟书律以前，刘邦从未下诏搜求民间书籍，百姓因而不大可能献书以表明曾经违反法令。在挟书律废除以后，无论《史记》和《汉书》，还是其他传世文献，均未记载西汉朝廷在汉惠帝废除挟书律后向民间广为收集书籍事。人们因而没有任何理由相信，汉惠帝以迄汉景帝曾经在全天下广为收集书籍。倘若事实并非如此，他们也曾在此方面有所作为，《汉书·艺文志》势必如"迄孝武世，书缺简脱，礼坏乐崩，圣上喟然而称曰'朕甚闵焉！'于是建藏书之策，置写书之官，下及诸子传说，皆充秘府"一样记载汉惠帝、汉文帝以及汉景帝在收集书籍方面的作为。②《汉书·艺文志》记载的实际上是河间献王刘德以及淮南王刘安在传承先秦文化方面所做出的贡献："河间献王德以孝景前二年立，修学好古，实事求是。从民得善书，必为好写与之，留其真，加金帛赐以招之。由是四方道术之人不远千里，或有先祖旧书，多奉以奏献王者，故得书多，与汉朝等。"③ 又曰："淮南王安亦好书，所招致率多浮辩。"④ 对于他们广泛收集天下书籍、传承先秦文化的举动，人们在赞扬之余又难免产生西汉朝廷与河间献王、淮南王多方搜求才与其等之书从何而来这样的问题。

或有学者依据"沛公至咸阳，诸将皆争走金、帛、财物之府分之，何独先入收秦丞相、御史律令图书藏之。沛公具知天下厄塞、户口多少、强弱处、民所疾苦者，以何得秦图书也"这样的记载而指出，⑤ 汉朝之书籍主要来源于萧何所收藏的秦王朝图书。这样的看法未必合理，

---

① （汉）班固：《汉书》卷三十《艺文志》，中华书局1962年版，第1701页。
② （汉）班固：《汉书》卷三十《艺文志》，中华书局1962年版，第1701页。
③ （汉）班固：《汉书》卷五十三《河间献王传》，中华书局1962年版，第2410页。
④ （汉）班固：《汉书》卷五十三《河间献王传》，中华书局1962年版，第2410页。
⑤ （汉）班固：《汉书》卷三十九《萧何传》，中华书局1962年版，第2006页。

为秦王朝丞相、御史收藏的图书所记载故而为沛公所详知的乃"天下厄塞、户口多少、强弱处、民所疾苦"等方面的内容。而且,丞相以及御史等并非博士官,依焚书相关法令也不得收藏《诗》《书》以及"百家语"等等。如果"与汉朝等"乃是仅从书籍的数量而言,这样的解释尚具有一定说服力。然而,"与汉朝等"也有可能是从书籍的种类的角度而言。因此,关于汉王朝如何拥有大量书籍这个问题,人们需要从其他途径进行考察。前引焚书令所谓"非博士官所职"乃很有价值的线索。

根据侯生、卢生所谓"博士虽七十人,特备员弗用"① 这样的记载来看,秦王朝在建立后设置博士七十人。与其他官吏一样,并非所有博士都能为秦王朝或者百姓做出重大贡献,在历史上产生重大影响,从而有机会为史书所记载。事实上,除叔孙通以及伏生等二人以外,秦王朝绝大多数博士姓名、事迹如今已经无从得知。依据"秦时以文学征,待诏博士。数岁,陈胜起山东"云云可知,② 叔孙通在秦始皇时代尚未成为正式博士。根据"文学"在秦汉时期特有的含义,叔孙通乃是"以经学名家者"③。根据"(二世)乃赐叔孙通帛二十匹,衣一袭,拜为博士"这样的记载可知,④ 秦二世时,叔孙通方因面谀而成为博士。降汉后,叔孙通为汉朝制定仪法,"采古礼与秦仪杂就之"⑤。后来,叔孙通担任太子太傅数年。⑥ 伏生为故秦王朝博士,治《尚书》。汉文帝时代,天下治《尚书》之人较为罕见。伏生已年届九十,难以应朝廷之征召而行。于是孝文帝诏太常派人前往受之,太常命晁错前往伏生住所"受《尚书》"⑦。考虑到叔孙通降汉的时候"从儒生弟子百余人"⑧,人们有理由相信,包括他在内的故秦王朝博士可能为西汉王朝获得大量书籍做出贡献。因为儒生弟子百余人需要大量书籍,而他们本人依据焚书相关

---

① (汉)司马迁:《史记》卷六《秦始皇本纪》,中华书局2014年版,第329页。
② (汉)司马迁:《史记》卷九十九《叔孙通传》,中华书局2014年版,第3294页。
③ 武黎嵩:《战国秦汉间的文学之士》,《南京大学学报》2012年第2期。
④ (汉)司马迁:《史记》卷九十九《叔孙通传》,中华书局2014年版,第3295页。
⑤ (汉)司马迁:《史记》卷九十九《叔孙通传》,中华书局2014年版,第3296页。
⑥ (汉)司马迁:《史记》卷九十九《叔孙通传》,中华书局2014年版,第3299页。
⑦ (汉)司马迁:《史记》卷一百一《晁错传》,中华书局2014年版,第3324页。
⑧ (汉)司马迁:《史记》卷九十九《叔孙通传》,中华书局2014年版,第3295页。

法令不能合法拥有书籍，故而叔孙通很可能设法获取满足需要的《诗》《书》以及"百家语"等等。秦王朝其他博士也有可能招收为数众多的弟子，为此同样获得不少书籍。正如他们未能在秦王朝留下姓名、事迹一样，博士们在降汉后也未能为新的王朝做出重大贡献，从而不为《史记》《汉书》等史书所记载。他们将合法拥有的书籍移转以满足新生汉王朝之需要，像这样就能合理解释西汉朝廷何以坐拥与河间献王德大费周章收集而来相等的书籍之类问题。秦始皇等人制定焚书令是为了禁止诸生以古非今，影响皇帝及其颁行的法令的权威，并非完全否认《诗》《书》以及"百家语"对于治国理政的价值。为此，秦始皇等人在颁行焚书令的同时为它们的传承开辟了专门通道。诸如此类书籍的传承乃其颁行焚书相关法令的题中应有之义，只不过令其始料未及的是，《诗》《书》以及"百家语"并非在秦王朝内部代代相传而是在秦汉王朝之间移转。

  人们还可以根据博士以外的人拥有和传承违禁书籍的流传而了解焚书相关法令在民间实施的情况。太史公以及班固等无意间留下的相关记载对于解决该问题而言就显得弥足珍贵。据《汉书·河间献王传》记载："献王所得书皆古文先秦旧书，《周官》《尚书》《礼》《礼记》《孟子》《老子》之属，皆经传说记，七十子之徒所论。"[①] 依据学术界公认的战国时期秦用籀文而东方六国用古文说，包括《周官》《尚书》等在内的书籍在东方六国流传，最晚也在秦王朝统一文字前撰写。而从前述李斯之建议的内容来看，它们显然应该在焚毁的范围之列。因此，上述书籍留存于世意味着相关法令并未得到彻底有效的实施。在秦始皇"事皆决于法"[②] 以及睡虎地秦简诸多记载表明官府中人即便轻微违法也往往为人发现并受到严厉处罚的情况下，[③] 其原因无非两方面：其一为有人公然违抗法令；其二为有人通过各种途径规避法令的实施。秦王朝以严刑酷法著称于世，在秦始皇统治时期，尚未有任何文献记载表明有人公然与官府和朝廷抗衡。比较合理的解释因而是，

---

  ① （汉）班固：《汉书》卷五十三《河间献王传》，中华书局1962年版，第2410页。
  ② （汉）司马迁：《史记》卷六《秦始皇本纪》，中华书局2014年版，第306页。
  ③ 陈伟主编：《秦简牍合集·释文注释修订本（壹）》，武汉大学出版社2016年版，第204页。

第四章 秦法之治下郡县官吏与秦国崛起

包括《周官》《尚书》等在内的书籍拥有者冒着极大风险藏匿书籍，并未为官府所发现。这在史书中不难发现例证："武帝末，鲁共王坏孔子宅，欲以广其宫。而得古文《尚书》及《礼记》《论语》《孝经》凡数十篇，皆古字也。"①

人们还可以依据《史记》以及《汉书》等相关记载从《诗》《书》以及"百家语"在秦汉时期的传承情况来分析焚书相关法令的实施情况，以利于进一步深化相关认识。即便史料极为匮乏，人们也能在博士官之外发现秦汉之际据《诗》《书》言事者。例如，汉五年，齐人娄敬与刘邦言都秦地事，其所谓"周先祖后稷，尧封之于邰""公刘避桀居豳""太王……居岐"以及"文王为西伯，断虞芮之讼，始受命"云云，②均可以在《诗经》中发现相关记载。③至于"武王伐纣，不期而会孟津之上八百诸侯"④以及"成王即位，周公之属傅相焉，乃营成周洛邑"云云，⑤也可见之于《尚书》之《牧誓》以及《洛诰》。娄敬为秦王朝博士乃至于从其学习的可能性都非常小。在他与叔孙通、伏生一样载入史册乃至于太史公、班固专门为他们立传的情况下，娄敬如果与伏生一样为秦王朝博士或者从其学习，不至于为太史公、班固等人出于各种考虑而失记。

与其相类的是陆贾，《史记》记载并为《汉书》沿袭的是，"贾时时前说称《诗》《书》"，并应刘邦之诏命"著秦所以失天下，吾所以得之者何，及古成败之国"⑥。陆贾在汉王朝之地位及其对汉王朝之贡献远高于伏生，如果其为故秦博士或者他们的弟子，距其生活时代未远的太史公当不至于不知，也不至于出于其他考虑而失记。李斯建议秦始皇下令焚烧《诗》《书》以及"百家语"的目的是杜绝人们以古非今之言行，这在一定程度上表明秦汉时期人们了解历史的主要途径乃是阅读上述书籍。对于娄敬引经据典地建议刘邦定都关中以及陆贾据《诗》《书》以

---

① （汉）班固：《汉书》卷三十《艺文志》，中华书局1962年版，第1706页。
② （汉）司马迁：《史记》卷九十九《刘敬传》，中华书局2014年版，第3289—3290页。
③ 潘秀玲：《〈诗经〉存古史考辨》，花木兰出版社2006年版，第36—49页。
④ （汉）司马迁：《史记》卷九十九《刘敬传》，中华书局2014年版，第3290页。
⑤ （汉）司马迁：《史记》卷九十九《刘敬传》，中华书局2014年版，第3290页。
⑥ （汉）班固：《汉书》卷四十三《陆贾传》，中华书局1962年版，第2113页。

探讨古国成败事，在他们并非故秦博士的情况下，比较合理的解释是，秦汉之际一些人通过各种途径传播或者获取法令所禁止的《诗》《书》，在天下大乱的时候予以利用。

关于"百家语"在秦汉时期的传承情况，这里试以《老子》为例来进行探讨。在汉初特定政治、经济以及军事等方面条件的制约下，黄、老之术一度为不少汉朝高层人士所青睐，《史记》《汉书》中留下不少相关记载。在焚书相关法令尚未废除的时候，人们能在《史记》《汉书》中发现一些与《老子》相关的记载：其一，"（田）叔好剑，学黄、老术于乐钜公"①。《史记》《汉书》均未提供关于乐钜公生平、事迹的任何记载。大概是因为他不过曾经教授田叔黄、老之术而已，此外别无堪为史书所记载的言行流传。其二，"（陈平）少时家贫，好读书，治黄帝、老子之术"②。倘若陈平曾经向秦王朝博士学习黄帝、老子之术，《史记》《汉书》不至于不予记载。由于教授陈平黄帝、老子之术者甚至未像乐钜公那样在史书上留下姓名，人们有理由相信他（们）的声名更为隐秘不彰。这样的记载因而表明，在焚书相关法令颁布以后，民间以黄老之术为主要内容的书籍也未遭全部焚毁。大概少数人通过各种途径保留和传播违禁典籍并成功躲避官府的追查，因而能够据以学习黄帝、老子之术。

总之，在焚书令相关法令颁布以后，仍然有不少《诗》《书》以及"百家语"通过合法或者不合法的途径流传下来。秦法令乃是基于"民勇，则赏之以其所欲；民怯，则杀之以其所恶。故怯民使之以刑，则勇；勇民使之以赏，则死。怯民勇，勇民死，国无敌者必王"③，以及"民之所欲万，而利之所出一。民非一则无以致欲，故作一。作一则力抟，力抟则强"之类对于人性的深刻洞察而制定出来。④ 然而，如果有人对《诗》《书》以及"百家语"格外珍视甚至超越对于自身安危的顾虑——例如舍生取义之类，或者如果人们能够通过口耳相传或者藏于墙壁之内等方式逃避法令制裁，违反焚书相关法令之事便难以避免。民间《诗》

---

① （汉）班固：《汉书》卷三十七《田叔传》，中华书局1962年版，第1708页。
② （汉）班固：《汉书》卷四十《陈平传》，中华书局1962年版，第2038页。
③ 蒋礼鸿：《商君书锥指》卷二《说民》，中华书局1986年版，第38页。
④ 蒋礼鸿：《商君书锥指》卷二《说民》，中华书局1986年版，第39页。

《书》以及"百家语"因而继续流传于世。

在法律颁布实施以后，人们基于各自利益和偏好往往会有三种反应：敬畏法律、利用法律以及对抗法律。① 在现有资料条件下人们不难发现，在焚书相关法令颁行以后，秦王朝吏民通常并不公然以法令禁止的书籍随葬，表明他们对于法令的敬畏。然而，一些人又以各种方式藏匿和传播违禁书籍，表现出反抗法律的倾向。尽管秦法令规定的处罚非常严厉，秦又为法令的有效实施而采取什伍连坐以及鼓励告奸等措施，各级官府也难以确保所有人完全遵守焚书令。这或许是因为，焚书令所针对的对象具有特殊性。例如，官府难以对所辖区域内违禁书籍进行全面而彻底搜查，书籍易于藏匿且对不少人具有超过生命的价值。一些人挟带书籍因而能逃脱惩罚，这就有可能导致更多的人仿效。总而言之，尽管秦王朝各级官府严格执法，其制定的焚书令也未能彻底实现其目标。这或许在一定程度上意味着，即便思想文化领域出现的不利于治国理政的舆论，统治者也不应采取焚毁书籍这样过于极端的举措，即便他们像这样做也不可能达成目的。汉王朝后来采取表章六经等颇具引导性质的举措，或许正是因为吸取相关教训。

不过，人们不能误以为秦法总是像这样沦为"纸面上的法"——也就是在秦法实施过程中吏民总是以各种方式违反。至少前面的分析表明，秦人并不敢公然以违禁书籍随葬。流传至今的各种文献基本上未记载秦人在一统天下过程中因粮草或兵源不足而不得已中止战争的事例，在相当程度上表明，秦法令在大多数甚至绝大多数情况下得以有效实施。商鞅在主持变法期间制定的法令最为重要的特征是利用刑赏二柄驱使人们从事耕战，收富国强兵之效。既然它们大率而言得到有效实施，秦国迅速崛起并一统天下有其必然性，而百代皆行秦政治也不是没有原因的。

第四节　本章小结

为提高秦人征战以及农耕等两方面积极性，秦法"刑赏而已矣。使

---

① ［美］帕特里夏·尤伊克、苏珊·S. 西尔贝：《法律的公共空间》，陆益龙译，商务印书馆2005年版。

刑赏必行,行而必得所求,定分明法而已矣"①。这些道理言之甚易,实行实难。如果法令规定的刑赏不能落到实处,秦人行而不能得其所求,则法令不大可能继续发挥立法者预期的作用。秦人能否获得法令所规定刑赏主要取决于郡县官吏依法治理情形。因此,郡县官吏的日常治理对于秦国崛起以及一统天下的大业非常重要。关于郡县官吏的依法治理情形,传世以及出土文献相关记载异常零散,它们之间又缺乏必要的关联性,让人难以据以进行分析和评估。幸而出土睡虎地秦简为后人留下一位秦国基层官吏的成长历程及其努力学习治狱业务的相关记载。人们由是可知,在从掌管文书的令史成长为治狱者的过程中,包括他在内的秦国基层官吏不仅需要掌握大量法令方面知识,而且需要通过各种途径学习治狱相关技能。在成为治狱者后,他们又身处秦廷设置的多官众吏共同治狱制度、监御史劾不法制度、奏谳制度以及乞鞫制度等构成的制度环境之中,日常治理行为要接受多方位、多层次的规范、约束和监督,断狱不直问题很难发生或者发生以后容易暴露。就郡县官府其他方面的治理而言,人们难以在各类文献中发现后世常见重大乃至触目惊心的郡县官吏违反法令事件。一些出土文献之记载表明,秦国郡县官吏的轻微违法案件也会受到查处。

《荀子》以及《韩非子》等文献记载了战国晚期人们对于秦国郡县官吏治理状况之议论。这里以《荀子》相关记载为例予以说明:"秦人,其生民也陿阸,其使民也酷烈,劫之以埶,隐之以陿,忸之以庆赏,鰌之以刑罚,使天下之民所以要利于上者,非斗无由也。陿而用之,得而后功之,功赏相长也,五甲首而隶五家,是最为众强长久,多地以正,故四世有胜,非幸也,数也。"②"忸之以庆赏,鰌之以刑罚,使天下之民所以要利于上者,非斗无由也。"③ 与前述《商君书》之《农战》篇相关论述较为一致。不过,人们不能因而以为它们乃针对《商君书·农战》篇而发。《商君书·农战》篇相关设想大多或者绝大多数成为秦法令,而郡县官府又将以刑赏为主要手段的法令变成天下之民通过耕战而

---

① 蒋礼鸿:《商君书锥指》卷一《农战》,中华书局1986年版,第19页。
② (清)王先谦:《荀子集解》卷十《议兵》,中华书局2013年版,第322—323页。
③ (清)王先谦:《荀子集解》卷十《议兵》,中华书局2013年版,第322—323页。

要利于上的实际行动。因此，以上论述乃人们对于秦国郡县官府依法治理的总评价。如果将出土秦简透露出来的上述信息与《荀子》之《议兵》篇、《强国》篇以及《韩非子》之《初见秦》篇结合起来，人们应该能够得出郡县官吏基本上严格执法的看法。《荀子》之《议兵》篇以及《强国》篇将秦"四世有胜"视为势所必然，在相当程度上表明秦国奖励耕战的法令得以有效实施，进而能有力地证明郡县官吏依法治理对于秦国富强乃至于一统天下所发挥的不可或缺的作用。

第五章　官吏集团与秦王朝的灭亡

在四代国君和大小官吏的共同努力下，秦国迅速崛起并不断蚕食和侵吞山东诸侯国土地，最终于秦始皇二十六年（前221）统一天下。为巩固新建立的秦王朝，秦始皇实施若干重大举措：其一，统一法度、衡石以及丈尺，推行车同轨和书同文字；其二，拆毁人们可能据以反抗的城池，杀死可能聚众谋反的豪杰之士，销毁天下之兵器，彻底消灭天下反抗潜力；其三，占据险要之地，派遣良将信臣守卫；其四，焚烧《诗》《书》以及百家语等等，以吏为师，杜绝吏民不满甚至反抗的思想文化根源；其五，北征匈奴而南伐陆梁地，并修建长城和直道以巩固边防。等等。从此以后，秦始皇自以为江山永固，可以传给子孙万代。①令其万万没有想到的是，这个有史以来空前强大的秦王朝，在十数年后便迅速灭亡。

就秦王朝何以二世而亡这个问题，汉代士大夫从"仁义不施"、法令残酷以及横征暴敛等等方面发表不少见解。后人较为重视秦亡汉兴之经验教训，在传世文献屡遭浩劫而史料匮乏的情况下，汉代士大夫相关言说对后世影响甚大。今人有必要反思的是，在秦、汉王朝治理者之间存在敌对关系的情况下，汉代士大夫相关言说究竟有多大合理性？在从官吏集团的角度可以有效解释秦法之治下的秦国为什么能迅速崛起的情况下，人们或许可以考虑，从秦王朝官吏的角度能否更为合理地解释二世而亡之类问题？倘若秦王朝因官吏集团崩坏之故而令国家机器不能像以往那样有效运转，人们还能合理解释力量相对弱小的反秦者何以能够亡秦之类问题。汉王朝在建立后制定的与秦法内容基本相同的法令又何

---

① （汉）司马迁：《史记》卷六《秦始皇本纪》，中华书局1982年版，第236页。

以令王朝迅速兴盛之类问题，人们也能够予以合理解释。基于这些考虑，这一部分拟先从两类文献记载出发重新审视汉代士大夫有关秦王朝施政的言说，然后从官吏集团的角度分析秦王朝灭亡的原因、过程以及逻辑。

第一节 汉人秦亡诸说商榷

随着秦国军队不断蚕食侵吞东方土地，秦人成为关东诸侯国士大夫们纷纷鞭挞的对象。秦亡汉兴以来，诸如"伐无道，诛暴秦"① 之类言说成为一切有关叙事政治正确之标准。② 诸如《史记》《汉书》之类史籍也难以例外。人们没有必要怀疑司马迁以及班固等人努力秉承至少春秋时期以来在史家中间逐渐盛行的据实直书的传统。不过，人们又应清醒地认识到，这两位史家也有可能受到时代有意无意的影响，他们撰写史书所能利用的史料也是权力程度不等地干预或影响下的产物。在《秦记》亡佚而包括《史记》《汉书》在内的汉代典籍长期以来系人们了解秦王朝史事的主要依据的情况下，人们对秦王朝的认识必然深深打上汉代士大夫言说的印记，对于秦王朝速亡的认识因而难免出现偏差。因此，在探讨秦王朝何以速亡之类问题的时候，人们有必要深入解读《史记》《汉书》以及《淮南子》等文献关于秦王朝历史之记载，并将其与秦汉简牍相关记载以及考古发掘报告结合起来，对其中汉代士大夫有关秦王朝言说进行实事求是的分析和评判，像这样才能更为深入而客观地探讨秦王朝速亡等人们较为关注的问题。

一 "仁义不施"说商榷

汉代士大夫贾谊认为，秦王朝建立伊始就未步入正道，所谓秦王"废王道，立私权，禁文书而酷刑法，先诈力而后仁义，以暴虐为天下始"是也。③ 此乃秦王朝不能长治久安的根源所在。三代先王与其不同，

---

① （汉）司马迁：《史记》卷四十八《陈涉世家》，中华书局1982年版，第2368页。

② 日本学者西嶋定生认为："汉朝在赢得秦朝天下后，为了使汉朝政权正当化，必然需要宣传和夸大前朝的政治过失。"参见［日］西嶋定生《秦汉帝国：中国古代帝国之兴亡》，顾姗姗译，社会科学文献出版社2017年版，第38—39页。

③ （汉）司马迁：《史记》卷六《秦始皇本纪》，中华书局1982年版，第283页。

王朝命运也很不一样:"故三王之建天下,名号显美,功业长久。"① 由于秦始皇所作所为恰好与此相反,秦王朝必然不能像夏、商、周三代那样国祚绵长。不过,"仁义""暴虐"云云乃较为主观的概念,缺乏客观的评判标准,往往人言人殊,贾谊上述说法因而很难在士大夫中间达成共识。加之贾谊不免站在汉王朝立场上发表见解,故而其说有进一步推敲的必要。

贾谊所谓"废王道,立私权"云云与"借使秦王计上世之事,并殷周之迹,以制御其政"相关,② 乃是指秦王朝采取与殷周截然相反的政制——废除封建制、实行郡县制。倘若愿意对汉代士大夫有关秦亡汉兴的言说进行批判性思考,人们难免提出殷、周国祚长久与其封建诸侯之间是否存在因果关系之类疑问。在学术发展日益走向深入的今天,为回答诸如此类问题,人们必须从史料出发构建从封建诸侯到王朝兴亡之间的机制和逻辑,方能令人信服。人们愿意恪守价值中立的原则,努力让探索出来的机制和逻辑具备客观必然性特征,然而,由于史料往往难以满足需要,加之解读起来不无困难,其间难免存在程度不等的主观成分。生活在汉代的贾谊不可能如此深入地考虑问题,他不过基于非常有限的知识而非常勉强地在分封制、郡县制与王朝兴亡之间建立联系而已。他或许还没有考虑到这样一些问题:秦王朝倘若分封诸侯,是否会重演周初武庚联合三监发动叛乱或汉初七国之乱的悲剧?在发生类似叛乱后,秦王朝能否像周王朝和汉王朝那样幸免于难?贾谊对于秦王朝所谓"废王道,立私权"的指责因而没有多大意义。至于贾谊所谓"禁文书"云云乃是指秦始皇接受李斯的建议颁行焚书令事。这与其所谓"崛起什伯中,率罢散之卒,将数百之众,而转攻秦。斩木为兵,揭竿为旗,天下云集响应,赢粮而景从,山东豪俊遂并起而亡秦族矣"之间同样不存在因果关系。③ 亡秦首事者、响应者以及山东豪俊并非焚书令受害者——《诗》《书》以及百家语拥有者。无论是陈胜、吴广还是先入关中之刘邦,还是消灭秦军主力之将领项羽等人均非极其重视《诗》《书》者,

---

① (汉)司马迁:《史记》卷六《秦始皇本纪》,中华书局1982年版,第283页。
② (汉)司马迁:《史记》卷六《秦始皇本纪》,中华书局1982年版,第283页。
③ (汉)司马迁:《史记》卷六《秦始皇本纪》,中华书局1982年版,第281—282页。

第五章　官吏集团与秦王朝的灭亡

跟随其起事之人亦罕见痛恨秦王朝焚书者。贾谊因而没有足够的理由让人们同意"禁文书"之类法令的制定和实施导致大泽乡之类事起。

秦王朝"酷刑法"以及"以暴虐为天下"乃汉代士大夫通常看法，所谓"（秦始皇）兼吞战国，遂毁先王之法，灭礼谊之官，专任刑罚，躬操文墨，昼断狱，夜理书，自程决事，日县石之一。而奸邪并生，赭衣塞路，囹圄成市，天下愁怨，溃而叛之"进一步从"专任刑罚"这一角度较为清晰地展示秦王朝迅速灭亡的逻辑。① 太史公诸如"事皆决于法"以及"于是急法，久者不赦"之类记载表明，② 所谓秦王朝"酷刑法"以及"专任刑罚"云云与事实基本相符。例如，秦王朝采取"一法度衡石丈尺，车同轨，书同文字"等巩固一统天下之举措，③ 改变人们习焉已久的生活方式，很可能如焚书令一样通过严刑峻法来确保实施。又如，在侯生、卢生事发以后，秦始皇命御史案问咸阳诸生是否发表妖言以扰乱人心，犯禁者高达四百六十余人，"皆阬之咸阳"④。诸如此类在今人看来较为暴虐的举措确实有可能令不少百姓深受其害。在刘邦进入咸阳，与秦父老豪杰约法三章后，"秦人大喜"不可能无缘无故。⑤ 不过，汉代士大夫所谓秦王朝"酷刑法"以及"以暴虐为天下"即便并非与事实多有不符，也不必然造成"天下愁怨，溃而叛之"的结果，因为生活在华夏大地上的百姓一向特别能忍耐。更何况，汉代士大夫上述言说不乏言过其实的成分。例如，所谓"灭礼谊之官"之说就值得商榷。根据"悉召文学方术士甚众，欲以兴太平"⑥ 以及"至秦有天下，悉内六国礼仪，采择其善"⑦ 这些记载可知，秦始皇在一统天下后对于礼仪以及文学之士较为重视，甚至给予博士官在法律方面之优待。所谓"赭衣塞路，囹圄成市"也让人难以置信：秦汉时期人口有多少？多少人成为所谓"酷刑法"的牺牲品后才能造成这种局面？如果愿意进行批判性

---

① （汉）班固：《汉书》卷二十三《刑法志》，中华书局1962年版，第1096页。
② （汉）司马迁：《史记》卷六《秦始皇本纪》，中华书局1982年版，第238页。
③ （汉）司马迁：《史记》卷六《秦始皇本纪》，中华书局1982年版，第239页。
④ （汉）司马迁：《史记》卷六《秦始皇本纪》，中华书局1982年版，第258页。
⑤ （汉）司马迁：《史记》卷八《高祖本纪》，中华书局1982年版，第362页。
⑥ （汉）司马迁：《史记》卷六《秦始皇本纪》，中华书局1982年版，第258页。
⑦ （汉）司马迁：《史记》卷二十三《礼书》，中华书局1982年版，第1159页。

思考而不是不加思索地接受汉代士大夫的言说，人们不难同意的是，此乃极尽夸张之能事的说法。在考虑诸如此类现象以及汉武帝所采取的相对于秦始皇而言未必逊色的举措却并未导致汉王朝速亡的事实后，人们应该对汉代士大夫所谓秦王朝"酷刑法"导致天下"溃而叛之"之说进行必要的反思。

从秦法与关东诸侯国法之间关系的角度而言，由"是时承用秦汉旧律，其文起自魏文侯师李悝。悝撰次诸国法，著《法经》……是故所著六篇而已，然皆罪名之制也。商君受之以相秦"这样的记载可知，① 商鞅在秦国主持变法的时候制定的刑法与关东诸国法之间存在借鉴关系。若言秦法规定的刑罚异常残酷的话，关东诸国法也不遑多让。有学者早已指出："考诸当时史实，许多酷刑，未必为商鞅所创始，亦未必秦所独有，或早有之，或同时列国亦有。"② 在对诸如夷三族、车裂以及烹等刑罚进行考察后，该学者指出："春秋战国之时，秦之用刑固然残酷，东方列国亦复相似，此盖当时风气使然。"③ 由是观之，关东之人很可能对秦王朝所谓酷刑法似曾相识，未必因而不堪忍受。

或有学者不同意上述分析，提出商鞅在借鉴关东诸国法而制定秦法的时候结合秦国国情有所创新，不复为关东之人所能忍受的可能性。实际上，"卒用鞅法，百姓苦之；居三年，百姓便之"这样的记载表明，④ 秦人起初亦不适应鞅法，然而，仅三年后他们就很快适应，甚至觉得非常便利。秦人如此，关东诸国之人同样也能如此。或有人以睡虎地秦简记载的《语书》为例指出数十年后原楚国吏民尚不愿意遵守秦国法、律、令，表明他们一直不堪忍受。诸如此类记载固然无从否认，然而，在郡守腾采取案行等措施后，没有任何证据表明南郡人民奋起反抗。或有人以一二十年后楚人在陈胜、吴广的率领下起事为依据而给出肯定的答案。然而，正如后面的分析所表明的，楚人之反抗与所谓秦法残酷之间基本上没有直接关联。即便由贾谊本人所谓"故秦之盛也，繁法严刑而天下振；及其衰也，百姓怨望而海内畔矣"而观之，海内百姓反抗与

---

① （唐）房玄龄等：《晋书》卷三十《刑法志》，中华书局1974年版，第922页。
② 韩国磐：《酷法非秦所独有》，《中国古代法制史研究》，人民出版社1993年版，第135页。
③ 韩国磐：《酷法非秦所独有》，《中国古代法制史研究》，人民出版社1993年版，第140页。
④ （汉）司马迁：《史记》卷五《秦本纪》，中华书局1982年版，第203页。

第五章 官吏集团与秦王朝的灭亡

"繁法严刑"之间没有必然联系。

诸如"三章之法不足以御奸，于是相国萧何攗摭秦法，取其宜于时者，作律九章"之类记载表明，① 秦汉法律在很大程度上存在继承关系，如果从秦法残酷的角度解释人们起而反秦的原因，人们便难以解释汉王朝实施与其相类的法令后汉代吏民数十年并未大规模反抗的事实。因此，人们没有足够的理由在秦末大规模反抗与残酷刑法之间建立因果关系。换言之，人们视所谓"诛暴秦"乃"酷刑法"之产物在很大程度上乃想当然的结果。

二 秦王朝"祸北构于胡"说商榷

汉代士大夫主父偃云，秦始皇在王朝建立后不恤民力，穷兵黩武，在北方"使蒙恬将兵攻胡，辟地千里，以河为境"②，为此"发天下丁男以守北河，暴兵露师十有余年"③，而且"又使天下蜚刍挽粟，起于黄、腄、琅邪负海之郡，转输北河"④，致使"男子疾耕不足于粮饷，女子纺绩不足于帷幕。百姓靡敝，孤寡老弱不能相养，道路死者相望，盖天下始畔秦也"⑤。在南方，秦始皇"又使尉屠睢将楼船之士南攻百越，使监禄凿渠运粮，深入越，越人遁逃。旷日持久，粮食绝乏。越人击之，秦兵大败。秦乃使尉佗将卒以戍越"⑥。秦王朝像这样"祸北构于胡，南挂于越"十余年之结果是，"丁男被甲，丁女转输，苦不聊生。自经于道树，死者相望。及秦皇帝崩，天下大叛"⑦。主父偃所言与"伐无道，诛

---

① （汉）班固：《汉书》卷二十三《刑法志》，中华书局1962年版，第1096页。
② （汉）司马迁：《史记》卷一百一十二《平津侯主父列传》，中华书局1982年版，第2954页。
③ （汉）司马迁：《史记》卷一百一十二《平津侯主父列传》，中华书局1982年版，第2954页。
④ （汉）司马迁：《史记》卷一百一十二《平津侯主父列传》，中华书局1982年版，第2954页。
⑤ （汉）司马迁：《史记》卷一百一十二《平津侯主父列传》，中华书局1982年版，第2954页。
⑥ （汉）司马迁：《史记》卷一百一十二《平津侯主父列传》，中华书局1982年版，第2958页。
⑦ （汉）司马迁：《史记》卷一百一十二《平津侯主父列传》，中华书局1982年版，第2958页。

暴秦"相一致，适应汉王朝正当化自身的需求，故而为《汉书》所认同，成为官方正统叙事：秦始皇"内兴功作，外攘夷狄，收泰半之赋，发闾左之戍。男子力耕不足粮饷，女子纺绩不足衣服。竭天下之资财以奉其政，犹未足以澹其欲也。海内愁怨，遂用溃畔"①。根据这样的记载可知，汉代士大夫对于秦始皇建立王朝后的治国理政举措及其影响的基本看法是，秦始皇北伐匈奴，南攻百越，迫使天下之人持续不断地为其南征北战提供人力和物力支持，长达十余年，超越了百姓所能承受的限度。百姓们怨声载道，迫切希望有所改变，天下逐渐形成土崩之势。因此，一旦陈胜、吴广起，秦王朝便轰然坍塌。在利用历史论证其主张的时候，人们屈史实而就其说的现象较为常见。因此，在信服其说前，人们应该对上述说法进行实事求是的分析和评判。

以往秦、赵以及燕等国与匈奴接壤，它们经常与匈奴发生战争，于是修筑长城以拒之。②在秦王朝建立后，秦始皇派名将蒙恬北伐匈奴。仅在夺取河南地后，蒙恬就奉命修建西起临洮而东至辽东的万里长城，表明秦王朝对于匈奴的战略意图和态势乃是以防御为主。之后蒙恬虽有像"度河据阳山北假中"这样的进攻性军事行动，③然而，他毕竟没有率领军队长驱直入匈奴地盘，像以往那样蚕食和侵吞土地。"度河据阳山北假中"因而很有可能是为进一步稳固防线需要而采取的军事行动。主父偃所谓秦始皇"务胜不休"之说是不能成立的。④至于主父偃所谓李斯劝谏秦始皇之说至少未能全面准确地表达李斯相关言行的意思。⑤在专门为李斯所撰传记中，太史公并未言及李斯劝秦始皇勿伐匈奴事，与其相关的记载仅为"外攘四夷，斯皆有力焉"⑥。人们尽管难以据此否认李斯曾就伐匈奴事向秦始皇进谏，但至少可以认为，李斯在秦始皇做出相关决策后恪尽职守甚至做出了不小贡献。

---

① （汉）班固：《汉书》卷二十四上《食货志上》，中华书局1962年版，第1126页。
② （汉）司马迁：《史记》卷一百十《匈奴列传》，中华书局1982年版，第2885—2886页。
③ （汉）司马迁：《史记》卷一百十《匈奴列传》，中华书局1982年版，第2886页。
④ （汉）司马迁：《史记》卷一百一十二《平津侯主父列传》，中华书局1982年版，第2954页。
⑤ （汉）司马迁：《史记》卷一百一十二《平津侯主父列传》，中华书局1982年版，第2954页。
⑥ （汉）司马迁：《史记》卷八十七《李斯列传》，中华书局1982年版，第2546页。

第五章 官吏集团与秦王朝的灭亡

人们难免因而怀疑主父偃其他言说也可能像上面所分析的那样似是而非或者言过其实。史书很少记载百姓事，主父偃也不可能在查阅秦王朝各级官府档案基础上根据较为全面而且可靠的事实和数据形成其说，他不过是依据从各种途径流传至汉武帝时代的与事实未必相符的文献之记载乃至传闻而发表见解而已。包括他在内的秦汉时人看到个别或者少数"孤寡老弱不能相养，道路死者相望"现象就可发表诸如此类看法。实际上，它们未必具有普遍性，也未必与秦王朝北伐匈奴战事相关。在诸如此类现象有利于证成其说的时候，主父偃不会思考它们具有多大程度的普遍性之类问题，也不会尽最大努力令其言说与秦王朝实际情况相符。而且，主父偃之言说极具片面性。依据"匈奴单于曰头曼，头曼不胜秦，北徙。十余年而蒙恬死，诸侯畔秦，中国扰乱，诸秦所徙谪戍边者皆复去，于是匈奴得宽，复稍度河南与中国界于故塞"①，以及冒顿"悉复收秦所使蒙恬所夺匈奴地者，与汉关故河南塞……遂侵燕、代"②这样的记载可知，蒙恬北伐匈奴，为燕、代等地赢得十数年的安宁，至少符合居住于这些地区百姓的利益和愿望。一旦秦王朝建立的要塞失守，燕、代等地重新燃起战火，百姓们的生命财产势将遭受重大损失。主父偃之言说至少忽略燕、代等地百姓对于秦王朝北伐匈奴战事可能给予的大力支持。因此，在分析和评判蒙恬北伐匈奴战事对于秦王朝所造成的影响的时候，人们对于诸如主父偃之类人言说的应该持较为冷静和审慎的态度，不能仅因其生活时代距秦王朝存续期间较近而全盘接受。

与主父偃仅言蒙恬北伐匈奴事有所不同的是，伍被在劝谏淮南王不要谋反的时候指出，秦始皇"遣蒙恬筑长城，东西数千里，暴兵露师常数十万，死者不可胜数，僵尸千里，流血顷亩，百姓力竭，欲为乱者十家而五"③。与其颇为一致的是，太史公在《史记》之中明确记载："（秦始皇）乃使蒙恬将三十万众北逐戎狄，收河南，筑长城，因地形，用制险塞，起临洮，至辽东，延袤万余里。于是渡河，据阳山，逶蛇而北。暴师于外十余年。"④ 蒙恬在被迫自杀前也有所谓"起临洮属之辽

---

① （汉）司马迁：《史记》卷一百十《匈奴列传》，中华书局1982年版，第2887—2888页。
② （汉）司马迁：《史记》卷一百十《匈奴列传》，中华书局1982年版，第2890页。
③ （汉）司马迁：《史记》卷一百一十八《淮南衡山列传》，中华书局1982年版，第3086页。
④ （汉）司马迁：《史记》卷八十八《蒙恬列传》，中华书局1982年版，第2565—2566页。

东，城堑万余里，此其中不能无绝地脉哉"的说法，① 看起来能为他从无到有地修筑万里长城事提供佐证。不过，《史记·匈奴列传》有"通直道，自九原至云阳，因边山、险堑、谿谷可缮者治之，起临洮至辽东万余里"这样的记载，② 非常容易让人以为"因边山、险堑、谿谷可缮者治之，起临洮至辽东万余里"与"自九原至云阳"一样，乃是"通直道"而已。人们难免因而产生这样的疑问：蒙恬率领军队所修建的是长城还是直道？如果答案是长城的话，他是否从无到有地修建？

在探讨这样一些问题的时候，人们不应该利用近现代学者野外考察或者考古发掘所获得的资料作为依据。正如一位现代资深学者所指出的："要想复原秦朝的直道，首先必须以可靠的早期文献记载为基础。脱离文献记载，单纯依赖野外考查，根本无法确定秦直道遗迹，并且也无从复原直道所经行的地点……准确理解《史记》《汉书》相关记载的含义，乃是直道研究最重要的基础。"③ 关于蒙恬所修筑的万里长城的研究也应如此——随着时间的推移，沧海变桑田，秦始皇时代修建的长城早已坍塌和风化，人们实难断定野外考察所看到的遗迹是长城、直道抑或其他建筑物。④ 因此，人们必须利用记载秦王朝长城的第一手资料来解决问题。《史记》这样一些记载因而值得引起重视：其一，"宣太后诈而杀义渠戎王于甘泉，遂起兵伐残义渠。于是秦有陇西、北地、上郡，筑长城以拒胡"⑤。其二，"赵武灵王亦变俗胡服，习骑射，北破林胡、楼烦。筑长城，自代并阴山下，至高阙为塞，而置云中、雁门、代郡"⑥。其三，"燕亦筑长城，自造阳至襄平。置上谷、渔阳、右北平、辽西、辽东郡以拒胡"⑦。

以往秦国所设置的陇西、北地、上郡等三郡与赵国设置的云中、雁门、代郡等三郡以及燕国设置的上谷、渔阳、右北平、辽西、辽东郡等

---

① （汉）司马迁：《史记》卷八十八《蒙恬列传》，中华书局1982年版，第2565—2566页。
② （汉）司马迁：《史记》卷一百十《匈奴列传》，中华书局2014年版，第3491页。
③ 辛德勇：《秦汉政区与边界地理研究》，中华书局2009年版，第287页。
④ 张维华：《中国长城建置考》，中华书局1979年版，第129页。
⑤ （汉）司马迁：《史记》卷一百十《匈奴列传》，中华书局1982年版，第2885页。
⑥ （汉）司马迁：《史记》卷一百十《匈奴列传》，中华书局1982年版，第2885页。
⑦ （汉）司马迁：《史记》卷一百十《匈奴列传》，中华书局1982年版，第2886页。

五郡基本上接壤，形成一道中国防范匈奴入侵的防线。① 在面临北方匈奴入侵的时候，倘若秦、赵、燕等三国不能建筑比较完整的防线，匈奴突破其中任何一国防线，其他两国修建的防线就失去应有的作用。人们或许可以合理推测的是，秦、赵、燕等三国修建的长城有可能接壤。即便实际情况并非如此，也存在秦、赵、燕等三国在边山、险堑以及溪谷等处将它们连接起来的可能性。倘若实际情形果真如此，人们对于"因边山、险堑、豁谷可缮者治之"可以有新的理解，这就是蒙恬所率领的军队乃是根据防御需要以及地势对原来秦、赵、燕三国长城进行必要的修缮。像这样形成的长城在西汉时期仍然存在，一些重大事件的发生与其相关，为后人留下堪为前面分析佐证的记载。例如，"燕王卢绾反，勃以相国代樊哙将……追至长城，定上谷十二县，右北平十六县，辽西、辽东二十九县，渔阳二十二县"②。上谷、右北平以及辽西、辽东等等，依据前引《史记·匈奴列传》之记载可知，其境内均曾修建长城。又如，"于是单于入汉长城武州塞"这样的记载表明武州塞段长城的存在。③ 再如，"匈奴右方居盐泽以东，至陇西长城，南接羌，鬲汉道焉"这样的记载可以证实陇西长城的存在。④

以上文献所记载的武州塞段长城以及陇西长城也有可能是以往秦国、赵国或者燕国修建的。人们不能仅仅依据它们而承认蒙恬率领十万大军修建长城事。或许有学者因而指出，蒙恬所修建的乃是直道。其理由是，在《史记·匈奴列传》中，"因边山、险堑、溪谷可缮者治之，起临洮至辽东万余里"紧承"通直道，自九原至云阳"之后，看起来能够证明起临洮至辽东者乃直道。对于这样的推测，人们可以提出诸多质疑：在直道不可能用来抵御匈奴入侵的情况下，秦王朝耗费大量人力和物力修建它们的必要性何在？倘若蒙恬率领大军所修建的是直道，《史记·蒙恬列传》所记载的蒙恬修筑长城事又该如何解释？由于诸如此类问题难以解决，人们不妨改变思路，寻找其他解决问题的办法。倘若将《史

---

① 谭其骧主编：《中国历史地图集（秦·西汉·东汉时期）》，中国地图出版社1982年版，第3—4页。
② （汉）司马迁：《史记》卷五十七《绛侯周勃世家》，中华书局1982年版，第2070页。
③ （汉）司马迁：《史记》卷一百八《韩长孺列传》，中华书局1982年版，第2862页。
④ （汉）司马迁：《史记》卷一百二十三《大宛列传》，中华书局1982年版，第3160页。

记·蒙恬列传》所谓"（秦始皇）乃使蒙恬将三十万众北逐戎狄，收河南，筑长城，因地形，用制险塞，起临洮，至辽东，延袤万余里。于是渡河，据阳山，逶蛇而北"与《史记·秦始皇本纪》所谓"（秦始皇）三十三年……西北斥逐匈奴。自榆中并河以东，属之阴山，以为【四】十四县，城河上为塞。又使蒙恬渡河取高阙、（陶）【阳】山、北假中"结合起来，人们便可以发现，"始皇帝使蒙恬将数十万之众北击胡，悉收河南地。因河为塞，筑四十四县城临河，徙谪戍以充之……因边山、险堑、溪谷，可缮者治之，起临洮至辽东万余里。又度河据阳山北假中"事发生在秦始皇三十三年（前214）。①而依据"三十五年，除道，道九原抵云阳，堑山堙谷，直通之"这样的记载可知，②蒙恬奉命通直道事始于秦始皇三十五年（前212）。至此人们便能发现，发生在秦始皇三十五年的"通直道，自九原至云阳"事被人错误地插入发生在秦始皇三十三年的蒙恬收河南而筑长城事中。倘若将其忽略，关于蒙恬修长城事，《史记·匈奴列传》就与《史记·蒙恬列传》以及《史记·秦始皇本纪》相关记载基本吻合。当然，人们又可以提出新的疑问：《史记》有"（秦始皇）三十四年，谪治狱吏不直者，筑长城及南越地"这样的记载，③它们表明长城之修缮并非秦始皇三十三年已然完成，次年工程仍然在进行之中。秦始皇三十五年，蒙恬仍然为修缮长城事操劳亦属可能。"通直道"因而仍然有可能是指"起临洮至辽东万余里"相关事。而且，蒙恬率领军队攻打匈奴以及筑四十四临河之县城都需要时间，在接获命令两年以后开始修建直道也属合情合理。这些质疑并非难以解决，在翻开秦汉时期地图后，人们可以发现，"通直道"的起始地点乃九原至云阳，大体上而言属南北向，与大体上而言西南—东北向的长城路线完全不同。人们因而没有理由将蒙恬率领军队所修建的"起临洮至辽东万余里"的长城与"自九原至云阳"的直道发生混淆。

对于蒙恬自杀以前所谓"起临洮属之辽东，城堑万余里，此其中不能无绝地脉哉"云云，④人们有必要进行理性地重新审视。在使者前往

---

① （汉）司马迁：《史记》卷一百十《匈奴列传》，中华书局2014年版，第3490—3491页。
② （汉）司马迁：《史记》卷六《秦始皇本纪》，中华书局1982年版，第256页。
③ （汉）司马迁：《史记》卷六《秦始皇本纪》，中华书局2014年版，第323页。
④ （汉）司马迁：《史记》卷八十八《蒙恬列传》，中华书局1982年版，第2565—2566页。

第五章 官吏集团与秦王朝的灭亡

阳周传达秦二世"法及内史"之命的时候，蒙恬引三代史事如"夫成王失而复振则卒昌；桀杀关龙逄，纣杀王子比干而不悔，身死则国亡"而指出，"非以求免于咎也，将以谏而死，愿陛下为万民思从道也"①。这段话看起来较为符合秦汉时期士大夫常见的言说方式，然而，如果将其置于秦法之治语境中，就显得非常可疑。李斯在建议秦始皇焚烧《诗》《书》以及百家语的时候曾经言及"以古非今者族"并得到秦始皇同意而成为法令。在赵高千方百计置蒙氏于死地的时候，蒙恬像这样以古非今势将连累全族。倘若蒙恬并非如后世方孝孺那样因意气之言而遭诛十族的常人，他完全没有必要像《史记·蒙恬列传》所记载的那样慷慨激昂。因此，在讨论秦王朝修建长城事的时候，《史记·蒙恬列传》相关记载不能视为比较可靠的史料。当然，它们也不可能动摇前面的分析。

在像上面那样合理分析秦王朝万里长城之修建以后，回过头来重新审视汉代士大夫所谓"南戍五岭，北筑长城以备胡、越。堑山填谷，西起临洮，东至辽东，径数千里。故大人见于临洮，明祸乱之起。后十四年而秦亡"云云，②人们可以有新的发现。尽管西汉时期秦王朝万里长城犹存，然而，一些士大夫的言说表明，汉代流传的相关知识已经失真。例如，上述言论难免让人认为，秦王朝乃是从无到有地修建万里长城。唯有如此，所谓"故大人见于临洮，明祸乱之起"才显得合情合理。"伐无道，诛暴秦"也才能因而成为顺天应人的举动，获得正当性。在天下为皇帝产业的时代，它们很方便地成为政治正确的论述，无人敢于公开发表与其不同的言论，编撰与其不符的著述。久而久之，它们就成为汉代士大夫有关秦王朝修筑万里长城的主流看法。现代学者不受上述权力关系之制约，也不像汉代士大夫那样深受通说以及舆论的影响。在与大多数汉代士大夫一样难以前往秦长城游历的情况下，今人有可以综合分析相关史料记载的优势，有可能形成相对汉代士大夫而言更为接近秦王朝筑长城真相的看法。

总之，在一些汉代士大夫所谓秦王朝从无到有地修筑万里长城说不尽可信的情况下，所谓"僵尸千里，流血顷亩，百姓力竭"等秦王朝修

---

① （汉）司马迁：《史记》卷八十八《蒙恬列传》，中华书局1982年版，第2569—2570页。
② （汉）班固：《汉书》卷二十七下之上《五行志》，中华书局1962年版，第1472页。

建长城所造成的后果自然难以让人继续深信不疑。所谓"欲为乱者十家而五"等也根本不可能是伍被之类人在全面深入调查后得出的结论。诸如此类说法乃汉代士大夫援引以证明他们某些观点,难免与事实真相相差甚远。现代学者在进行相关研究时不应以言说者所处时代距离秦王朝灭亡时较近而盲目信从。

三 秦王朝"南挂于越"诸说商榷

与主父偃抨击秦征南越之事相类的是,汉武帝时齐人严安上书指出:"使尉屠睢将楼船之士南攻百越,使监禄凿渠运粮,深入越,越人遁逃。旷日持久,粮食绝乏,越人击之,秦兵大败。秦乃使尉佗将卒以戍越。"① 刘安主持编撰的《淮南子》亦与主父偃、严安等人持基本相同的立场,认为这场战争给百姓乃至大夫造成异常沉重的负担,严重危及百姓生活乃至生存,以至于在陈胜起事以后天下云集响应。概而言之,秦始皇"使尉屠睢发卒五十万"攻打南越。这支军队分为五军,三年连续不断地作战。监禄难以保障粮饷供应,秦始皇于是派军队开凿渠道运送粮草。在讨伐南越的战争中,秦军杀死西呕君译吁宋。越人难以抵抗,于是遁入山林,宁肯与禽兽相处,也不肯成为秦人俘虏。他们推举桀骏为统帅,趁夜偷袭秦军,杀死尉屠睢以及数十万秦军将士。秦王朝不得已征发谪戍。② 《淮南子》与严安、主父偃等人在秦军征百越统帅以及戍越将领方面的记载较为一致,对于这场战争的结果的记载亦较为一致,表明不少汉代士大夫对此持相同或相近的看法。不过,其中存在若干疑点,有必要指出来进行探讨。

关于率领军队征发百越之秦王朝将领,一位秦汉史学界资深学者曾提出异议:尉不大可能率领数量达数十万的军队南征百越。③ 这样的说法纯属主观臆断。王翦统率的伐楚大军堪与白起在长平之战期间所统领

---

① (汉)司马迁:《史记》卷一百一十二《平津侯主父列传》,中华书局1982年版,第2958页。
② 张双棣:《淮南子校释(增订本)》卷十八《人间训》,北京大学出版社2013年版,第1949页。
③ 辛德勇:《王翦南征百越战事钩沉》,《旧史舆地文录》,中华书局2013年版,第81—82页。

的秦军相提并论。既然白起大军曾设尉裨将,① 王翦所部同样可能设置职位与其相类之将领。在身为尉裨将的王龁可以独当一面,率领秦军攻皮牢的情况下,② 人们没有理由怀疑尉屠睢率领秦军出征岭南的可能性。值得进一步探讨的是《淮南子》"发卒五十万"之记载。秦军对于南越的征伐始于王翦平楚地为郡县以后,《史记》与此相关的记载有二:其一,"王翦遂定荆江南地,降越君,置会稽郡"③。其二,"平荆地为郡县,因南征百越之君"④。在没有证据表明太史公记载有误以及不能将会稽与百越视为一地的情况下,人们不能不承认的是,王翦统帅的伐楚大军,在完成灭楚使命后至少一分为二——一部由王翦率领征服东越,一部则由尉屠睢率领南征百越。考虑到冷兵器时代"杀敌一万,自损三千"之规律,六十万秦军在大败楚军主力、杀死其统帅昌平君以及项燕以后能否幸存五十万都尚在未知之数。以往秦军在长平之战中先后斩首四十五万(其中四十万乃降卒)的情况下自身死者过半事可在一定程度上作为旁证。⑤ 而且,即便不考虑秦始皇抽调部分完成伐楚使命的将士加入攻燕大军的可能性,秦军也至少留下部分军队驻防原楚地。这样的分析意味着,《淮南子》关于攻打南越之地的秦军数量之记载不免有夸张之嫌。事实上,就在叙述此事之前,《淮南子》记载秦始皇发卒五十万,使蒙公、杨翁子率领以修筑长城事。⑥ 与此很不一致的是,太史公在其书中指出:"秦已并天下,乃使蒙恬将三十万众北逐戎狄,收河南,筑长城。"⑦

关于秦军南征百越之战况,《淮南子》相关记载也很可能与事实不符。依据《史记·秦始皇本纪》以及《史记·王翦列传》相关记载可知,秦始皇二十五年(前220),秦军在基本平定楚地后随即开始征伐百越。秦始皇三十三年(前214),秦王朝又"发诸尝逋亡人、赘婿、贾人

---

① (汉)司马迁:《史记》卷七十三《白起列传》,中华书局1982年版,第2334页。
② (汉)司马迁:《史记》卷七十三《白起列传》,中华书局1982年版,第2335页。
③ (汉)司马迁:《史记》卷六《秦始皇本纪》,中华书局1982年版,第234页。
④ (汉)司马迁:《史记》卷七十三《王翦列传》,中华书局1982年版,第2341页。
⑤ (汉)司马迁:《史记》卷七十三《白起列传》,中华书局1982年版,第2335—2337页。
⑥ 张双棣:《淮南子校释(增订本)》卷十八《人间训》,北京大学出版社2013年版,第1948页。
⑦ (汉)司马迁:《史记》卷八十八《蒙恬列传》,中华书局1982年版,第2565页。

略取陆梁地，为桂林、象郡、南海，以谪遣戍"①。如果数十万秦军像《淮南子》所记载的那样已经伏尸流血，主帅尉屠睢亦战死，以"亡人、赘婿、贾人"等为主要成员组成的军队根本不可能"略取"南方，建立三郡。要知道，"凡言略地者，皆谓行而取之，用功力少"②。尉屠睢率领秦军征伐百越，结局无非三种：其一，秦军势如破竹，较为顺利地镇压百越人的反抗，并且有效地维护秩序。清代学者钱大昕虽未明言，然比较清楚地表达此意："当秦初并天下时，王翦南征百越，已有三郡之名，但因其君长，俾自治之，如后世羁縻之州，其后使尉屠睢略取其地，黜其君长，置官吏如内部。"③ 不过，所谓南征主将为王翦，秦始皇二十五年已有三郡之名以及自治云云均与《史记》相关记载有出入。其二，秦军水土不服，而百越人如《淮南子》所说的那样充分利用本土作战优势，采取正确战略战术，让秦军伤亡惨重，主帅尉屠睢身死。其三，战况介于两者之间，在强大的秦军的进攻下，百越的抵抗力量逐渐消耗殆尽，百越人不敢正面抵抗秦军，故而采取类似后世的游击战术与秦军周旋。秦军在数年之间付出极其惨重的伤亡乃至主将身死这样的代价以后惨胜。秦王朝军队在征伐南越时势如破竹以及伤亡惨重的可能性极小。倘若秦王朝军队南征百越的战事较为顺利，并有效建立和维持社会秩序，秦始皇没有必要再行派遣军队前往百越略地，建立郡县。倘若秦王朝军队大败，人们很难设想秦始皇在八年后派出的以"亡人、赘婿、贾人"为主要成员的军队能顺利地占领百越并建立郡县。原因非常简单，倘若如此，百越军队势必实力犹存而且士气如虹，必然采取相同或者相近的战略战术让秦军重蹈覆辙，秦王朝军队因而不可能顺利建立三郡。唯有在秦王朝军队付出沉重代价以后惨胜的情况下，秦始皇再行派军队前往轻而易举地占领百越并建立郡县才属合理。④

或有学者质疑太史公取材《秦记》之类文献或者文书档案而形成上述

---

① （汉）司马迁：《史记》卷六《秦始皇本纪》，中华书局1982年版，第253页。
② （汉）班固：《汉书》卷一《高帝纪》，中华书局1962年版，第9页。
③ （清）钱大昕：《潜研堂文集》卷三十五《再与谈阶平书》，载《潜研堂集》，上海古籍出版社1989年版，第632页。
④ 参见文锡进《关于秦统一岭南的战争问题》，《中山大学学报》（哲学社会科学版）1986年第2期。

记载的真实性——秦士大夫有可能夸大其功业、隐讳其过恶,汉代士大夫则不会如此认为。例如,晁错就曾经指出:"秦之戍卒不能其水土,戍者死于边,输者偾于道。秦民见行,如往弃市。"① 他还指出:"秦之发卒也,有万死之害,而亡铢两之报,死事之后,不得一算之复。"② 尽管这样的可能性不能彻底排除,然而,"秦时已并天下,略定杨越,置桂林、南海、象郡,以谪徙民,与越杂处十三岁"也是不争的事实。③ 倘若秦人在武力征服后建立三郡,内有将士视若畏途,外有强敌环伺,则秦王朝在百越的统治不大可能稳固。既然事实并非如此,则主父偃、严安、晁错以及《淮南子》所谓秦王朝因南征百越而给天下造成沉重负担以至于百姓在不堪忍受之余随时准备反抗之说就显得过于夸张,让人难以置信,特别是秦王朝在建立三郡后可以向百越征收赋税、徭役甚至兵役的情况下。

汉代士大夫对于秦王朝的指责集中于北伐匈奴以及南征百越,然又不仅限于此。例如贾山曾经愤怒地指责秦始皇"又为阿房之殿,殿高数十仞,东西五里,南北千步……为宫室之丽至于此,使其后世曾不得聚庐而讬处焉"④。同样令其觉得十分愤怒的是,秦始皇"死葬乎骊山,吏徒数十万人,旷日十年……为葬埋之侈至于此,使其后世曾不得蓬颗蔽冢而讬葬焉"。⑤ 阿房宫之修建确有其事。秦始皇嫌咸阳人多而宫廷太小,拟在渭南上林苑中修建朝宫。为此他决定先修建前殿阿房,"东西五百步,南北五十丈,上可以坐万人,下可以建五丈旗。周驰为阁道,自殿下直抵南山。表南山之颠以为阙。为复道,自阿房渡渭,属之咸阳,以象天极阁道绝汉抵营室也"⑥。此乃秦始皇的规划而已,与汉人所谓"殿高数十仞,东西五里,南北千步"云云有不小的差距。它的动工修建,并不像汉代士大夫所说的那样给百姓造成深重灾难,因为"阿房宫前殿并没有建成,只建成了夯土台基及其北墙、

---

① (汉)班固:《汉书》卷四十九《晁错传》,中华书局1962年版,第2284页。
② (汉)班固:《汉书》卷四十九《晁错传》,中华书局1962年版,第2284页。
③ (汉)司马迁:《史记》卷一百一十三《南越列传》,中华书局1982年版,第2967页。
④ (汉)班固:《汉书》卷五十一《贾山传》,中华书局1962年版,第2328页。
⑤ (汉)班固:《汉书》卷五十一《贾山传》,中华书局1962年版,第2328页。
⑥ (汉)司马迁:《史记》卷六《秦始皇本纪》,中华书局1982年版,第256页。

东墙和西墙（墙顶部有建筑）"①。汉代士大夫对此并非不知，太史公在其书中明确记载："阿房宫未成"②。贾山所谓"从车罗骑，四马骛驰，旌旗不桡"要么是以讹传讹，③ 要么是有意捏造而为其"赋敛重数，百姓任罢，赭衣半道，群盗满山，使天下之人戴目而视，倾耳而听。一夫大呼，天下响应"云云提供佐证。④

秦始皇确实曾经为其修建骊山陵墓。为此，"天下徒送诣七十余万人"来完成此浩大工程。⑤ 由"隐宫徒刑者七十余万人，乃分作阿房宫，或作丽山"这样的记载可知，⑥ 七十万人并非普通百姓，而是以往曾经触犯秦法者。⑦ 如果历史真的如汉代士大夫所云"秦之发卒也，有万死之害，而亡铢两之报"那样，秦二世赦免骊山之徒并以他们为主力组成军队后"杀陈胜城父，破项梁定陶，灭魏咎临济。楚地盗名将已死"事便难以合理解释。⑧ 骊山之徒一旦成为秦军将士，旨在奖励耕战的秦法就立刻对他们生效。在分析他们的行为倾向的时候，人们不仅要考虑秦法令所可能发挥的作用，还要参考秦军将士在秦国向东扩张直至统一天下期间的表现。这样才能合理解释上述现象。对于汉代士大夫诸如"戍者死于边，输者偾于道"之类言说，现代学者在研究相关史实的时候应该多一份冷静和理性，少一些情绪和盲从。

当然，贾山的言论并非全部属于言过其实。他所谓秦王朝"起咸阳而西至雍，离宫三百，钟鼓帷帐，不移而具"⑨ 能够得到太史公相关记载之佐证。⑩ 此外，秦王朝还有修建甘泉前殿，筑甬道以及治驰道事。⑪ 在"天下之心未定，痍伤者未瘳"之时，秦王朝这些作为并非太史公所

---

① 李毓芳等：《阿房宫前殿遗址的考古勘探与发掘》，《考古学报》2005年第2期。
② （汉）司马迁：《史记》卷六《秦始皇本纪》，中华书局1982年版，第256页。
③ （汉）班固：《汉书》卷五十一《贾山传》，中华书局1962年版，第2328页。
④ （汉）班固：《汉书》卷五十一《贾山传》，中华书局1962年版，第2327—2328页。
⑤ （汉）司马迁：《史记》卷六《秦始皇本纪》，中华书局1982年版，第265页。
⑥ （汉）司马迁：《史记》卷六《秦始皇本纪》，中华书局1982年版，第256页。
⑦ 参见 Jack L. Dull, "Anti-Qin Rebels: No Peasant Leaders Here", *Modern China*, Vol. 9, No. 3, Symposium: Peasant Rebellions in China (Jul., 1983), pp. 289–290.
⑧ （汉）司马迁：《史记》卷六《秦始皇本纪》，中华书局1982年版，第270页。
⑨ （汉）班固：《汉书》卷五十一《贾山传》，中华书局1962年版，第2328页。
⑩ （汉）司马迁：《史记》卷六《秦始皇本纪》，中华书局1982年版，第239页。
⑪ （汉）司马迁：《史记》卷六《秦始皇本纪》，中华书局1982年版，第241页。

第五章 官吏集团与秦王朝的灭亡

谓"振百姓之急，养老存孤，务修众庶之和"之类要务，① 会给百姓造成沉重负担。而且，秦王朝必须征收赋税以满足相关需求，像这样就会招致诸如"赋敛无度"之类指责。所谓"内兴功作，外攘夷狄，收泰半之赋"就是如此。② 师古曰："泰半，三分取其二。"③ 秦始皇不恤民力做法的确应予谴责，然而，人们也不能因而扭曲事实或者言过其实。有美国学者曾经从三个方面对秦王朝税赋水平进行分析，有力地驳斥颜师古对于秦王朝征收税赋高达三分之二的指责：第一，一个农民家庭如果仅能依靠收成的三分之一维持生存，必须具有较高的生产率或者其他收入来源，这在秦代是不可能的；第二，董仲舒指出，无地农民不得不将收成的一半交给出租土地给他们耕种的地主。如果后者必须缴纳收成的三分之二的话，没有人愿意当地主。倘若因出租土地而获得的收入还不足以缴纳赋税，他们还不如将土地交还朝廷；第三，秦国在商鞅变法时期规定，家有成年男子两人以上而不分家的，要加倍征收赋税。如果税赋水平高达三分之二，加倍征收将高达三分之四，这又是不可能的。④

根据以上分析，班固所谓秦王朝"竭天下之资财以奉其政，犹未足以澹其欲也。海内愁怨，遂用溃畔"云云有不尽不实之嫌。⑤ 所谓"天下苦秦"之说难免会让后世学者认为存在夸张的成分。喊出诸如此类口号者乃陈胜、武臣以及刘邦等人，他们率领的以楚人为主要成员的军队乃反秦主力，表明"苦秦"最甚者乃楚人。齐、赵、燕、韩、魏等地也爆发反秦战争，不过，激烈程度皆不如楚。其中，齐地反秦乃故齐贵族以及豪强借机复国之结果，赵地百姓对于反秦战争的支持和参与远不如楚人积极，原韩、魏贵族则系借楚国之力实现复国之目的。秦人对这场反秦战争则较为冷淡，甚至在不少秦军将领投降后下层吏民也不愿如此。⑥ 在摒弃汉代士大夫成说的基础上，这样的看法乃是从秦汉之际史

---

① （汉）司马迁：《史记》卷八十八《蒙恬列传》，中华书局1982年版，第2570页。
② （汉）班固：《汉书》卷二十四上《食货志上》，中华书局1962年版，第1126页。
③ （汉）班固：《汉书》卷二十四上《食货志上》，中华书局1962年版，第1126页。
④ 参见 Jack L. Dull, "Anti-Qin Rebels: No Peasant Leaders Here", *Modern China*, Vol. 9, No. 3, (Jul., 1983), pp. 291–294.
⑤ （汉）班固：《汉书》卷二十四上《食货志上》，中华书局1962年版，第1126页。
⑥ 陈苏镇：《〈春秋〉与"汉道"》，中华书局2011年版，第15—28页。

料出发并努力进行理性的分析而产生,给人非常之大的启发。不过,秦法以"百县之治一形"为基本原则,意味着秦王朝在征发赋税、徭役以及兵役的时候不大可能厚此而薄彼。因此,楚人苦秦最甚之说恐怕需要进一步探讨。在原齐、赵、燕、韩、魏等地百姓在反秦战争中的表现表明陈胜、刘邦等人所谓"天下苦秦"说未必与实际相符的情况下,人们应该依据《史记》《汉书》相关记载分析楚人何以以及如何反秦,这样才能得出比较合乎历史实际的看法。

秦始皇为巩固天下一统的局面而大兴土木、南征北战,甚至大肆修建宫殿和陵墓等,的确给黎民百姓带来较为沉重的负担。不过,如果说百姓因而愁苦到了极点甚至于随时准备反抗,恐怕也未必如此。"天下苦秦"说出自汉王朝缔造者刘邦等人之口,这样的说法能够为"伐无道,诛暴秦"提供正当根据。在刘邦建立汉王朝后,汉人言说必须与其保持一致才属政治正确。在这些言说往往系权力无形地介入和制约下的产物的情况下,人们就应该保持警醒和审慎,考虑它们是否与事实相符。对于汉人所谓秦王朝横征暴敛⇒天下苦秦⇒伐无道、诛暴秦⇒汉王朝建立之类逻辑,人们也有必要重新反思,并在较为可靠的史料基础上重新构建秦亡汉兴的真实逻辑。

第二节　秦始皇立储新考

考虑到秦王子婴继位仅四十余日,人们应该能够认同秦王朝亡于二世胡亥之手的说法。对于此人,贾谊曾给予严厉指责:"重之以无道,坏宗庙与民,更始作阿房宫,繁刑严诛,吏治刻深,赏罚不当,赋敛无度,天下多事。"[①] 依据《史记·秦始皇本纪》以及《史记·李斯列传》一些记载来看,秦始皇似乎原本打算立长子扶苏为太子。[②] 胡亥之继位,完全是赵高与李斯等人策划沙丘政变之结果。人们难免因而认为,如果公子扶苏继位的话,秦王朝的命运乃至中国历史很可能改写。不过,《史记》有一些记载与上述说法不一致。而且,北京大学藏西汉竹书中

[①] (汉)司马迁:《史记》卷六《秦始皇本纪》,中华书局1982年版,第284页。
[②] 参见辛德勇《生死秦始皇》,中华书局2019年版,第38—55页。

的《赵正书》关于秦始皇立储之记载也与众所周知的说法完全不同。①因此，关于秦始皇立储事，人们有必要在对相关文献记载进行充分的史料批判基础上努力形成尽可能接近历史真相的看法，为更为合理地解释秦王朝二世而亡现象提供新的思路，奠定更为坚实的基础。

一 秦始皇立扶苏为太子说商榷

以往不少学者依据《史记·李斯列传》记载的秦始皇在临终之际令赵高制作赐公子扶苏书以及其中所谓"以兵属蒙恬，与丧，会咸阳而葬"而认为，②秦始皇此举意在立公子扶苏为太子，他们的理由无非皇位继承者方有资格主持葬礼云云。其他学者则以汉初樊哙所谓"陛下独不见赵高之事乎"③以及叔孙通所谓"秦以不早定扶苏，令赵高得以诈立胡亥，自使灭祀"④为依据指出，赵高、李斯等人毁弃秦始皇遗诏而令胡亥诈立乃天下人所共知的事实。⑤诸如此类说法与所谓沙丘政变的时代非常接近，而且言说者似乎没有歪曲事实的必要，故而人们通常不假思索地信服其说。然而，如果愿意考虑诸如岳飞含冤而死后广为流传且为人们深信不疑的乃其因谋反而受诛之类事，人们对于即便秦汉时期盛行的秦始皇立储相关说法也有必要重新审视。

对于太史公"黥布反时，高祖尝病甚，恶见人，卧禁中，诏户者无得入群臣"这样的记载，⑥如果愿意摒弃先入之见，再三予以推敲，人们就难以理解颜师古为何将其与"谓始皇崩赵高矫为诏命杀扶苏而立胡亥"联系起来。⑦刘邦所作所为与因皇位继承问题而引发的争斗完全无关，而是与"二世用其计，乃不坐朝廷见大臣，居禁中"相类。⑧依照

---

① 参见北京大学出土文献研究所《北京大学藏西汉竹书（叁）》（下），上海古籍出版社2015年版，第187页；[日]鹤间和幸：《始皇帝：秦始皇和他生活的时代》，杨振红、单印飞译，中信出版集团股份有限公司2019年版，第169—170页。
② （汉）司马迁：《史记》卷八十七《李斯列传》，中华书局1982年版，第2548页。
③ （汉）司马迁：《史记》卷九十五《樊哙列传》，中华书局1982年版，第2659页。
④ （汉）司马迁：《史记》卷九十九《叔孙通列传》，中华书局1982年版，第2725页。
⑤ 辛德勇：《生死秦始皇》，中华书局2019年版，第55页。
⑥ （汉）司马迁：《史记》卷九十五《樊哙列传》，中华书局1982年版，第2659页。
⑦ （汉）班固：《汉书》卷四十一《樊哙传》，中华书局1962年版，第2073页。
⑧ （汉）司马迁：《史记》卷八十七《李斯列传》，中华书局1982年版，第2558页。

《史记·李斯列传》相关记载可知，此计乃赵高所献，旨在避免"大臣入朝奏事毁恶之"①，且收"赵高常侍中用事，事皆决于赵高"之效。②樊哙闯入禁中以后进谏的主要目的是提醒刘邦召见群臣，商议如何应对黥布谋反，防止有人趁机像赵高那样谋朝篡位。因此，颜师古之注释并非准确无误，而是难以成立。至于"樊哙等西汉开国诸臣和高祖刘邦所共同认知的二世皇帝继位史实"云云更是无从谈起。③

叔孙通所谓秦始皇不早定扶苏为太子给了胡亥等人可乘之机之说与《史记·李斯列传》相关记载基本一致，然而，从目前的史料来看，叔孙通未必"亲见亲闻胡亥登基即位的情景"④。由"问占梦，博士曰：'水神不可见，以大鱼蛟龙为候。今上祷祠备谨，而有此恶神，当除去，而善神可致'"这样的记载可知，⑤秦始皇最后一次出游，除赵高、李斯、胡亥以及方士徐市等人相从之外，确有博士伴其左右。不过，叔孙通乃胡亥继位后所立博士。在秦始皇出巡之时，他未必有机会随行，迄今为止也没有任何记载能够证实他随同出巡，一些学者所谓"亲见亲闻"之说因而根本无从成立。倘若叔孙通并未随行，而是待在咸阳，他就与时人一样，对秦始皇最后一次出巡途中所发生之事一无所知，不得不通过传闻而了解何以胡亥成为二世皇帝，而传闻未必属实。在叔孙通援引赵高事而劝阻其废嫡立少时，刘邦也对此未发表任何质疑。这只能表明刘邦认同叔孙通的说法，并不能证实叔孙通所谓秦始皇不早立扶苏为太子而导致胡亥篡夺事属实。像刘邦这样的秦王朝基层小吏不大可能有可靠渠道了解秦王朝高层内幕。诸如此类记载因而充其量表明刘邦和叔孙通等人有着相同或者相近的信息来源而已。

如果愿意摒弃成见，重新审视所谓秦始皇赐公子扶苏书中"与丧，会咸阳而葬"云云，⑥人们不难产生更为合理的看法。这句话从字面上看并无特别含义，也让人无从获悉秦始皇有命扶苏主持葬礼之意。在秦

---

① （汉）司马迁：《史记》卷八十七《李斯列传》，中华书局1982年版，第2558页。
② （汉）司马迁：《史记》卷八十七《李斯列传》，中华书局1982年版，第2558页。
③ 辛德勇：《生死秦始皇》，中华书局2019年版，第53页。
④ 辛德勇：《生死秦始皇》，中华书局2019年版，第53页。
⑤ （汉）司马迁：《史记》卷六《秦始皇本纪》，中华书局1982年版，第263页。
⑥ （汉）司马迁：《史记》卷八十七《李斯列传》，中华书局1982年版，第2548页。

始皇二十余子中，唯有扶苏奉命在外担任监军。在即将离世的时候，做父亲的希望儿子回来参与自己的葬礼，乃人之常情。人们没有充分的理由认为，上述言论表明秦始皇有意立其为储君。而且，秦始皇欲立公子扶苏为储之说不仅不能得到其他文献记载的佐证，反而人们在文献中不难发现不少反证。

不过，《史记·李斯列传》相关记载表明，赵高非常敏锐地察觉秦始皇的心思："上崩，无诏封王诸子而独赐长子书。长子至，即立为皇帝。"① 胡亥也是如此，起初也打算坦然接受父皇之安排："废兄而立弟，是不义也；不奉父诏而畏死，是不孝也……"② 在赵高前往游说丞相李斯的时候，后者看起来也十分清楚秦始皇的遗愿："安得亡国之言？此非人臣所当议也！"③ 然在赵高成功以利害动之后，胡亥与李斯"相与谋，诈为受始皇诏丞相，立子胡亥为太子"④，所谓沙丘政变因而发生。《史记·李斯列传》这些记载表面看起来合情合理，然在认真推敲后，人们还是可以发现其间存在若干疑点：其一，自从胡亥登基后，李斯从未言及此事，即便生死关头亦如此。在不得已承认所谓谋反罪名后，李斯在狱中向胡亥上书，表面上声称"若斯之为臣者，罪足以死固久矣"⑤，实则希望胡亥念在自己以往功劳份上网开一面。此时没有其他功劳能比协助胡亥登上皇帝之位更能令其动之。而且，殷鉴不远，作为丞相的李斯应该知道吕不韦因助庄襄王继位而获封相国事。然而，在所谓七条罪状中，李斯无一言之。在记载秦汉史事的其他文献中同样也没有记载李斯言及协助立胡亥为太子事。

其二，诸如私自扣留皇帝遗诏不发、矫诏立胡亥为太子以及杀害公子扶苏之类记载的史料来源不免让人疑窦丛生。汉代法律规定对矫制大害者处以腰斩之刑，对于矫制害者，也要处死。⑥ 从刑律的角度而言，"汉承秦制"之说大体成立，由此可以合理推测秦法也存在类似规定。

---

① （汉）司马迁：《史记》卷八十七《李斯列传》，中华书局1982年版，第2548页。
② （汉）司马迁：《史记》卷八十七《李斯列传》，中华书局1982年版，第2548—2549页。
③ （汉）司马迁：《史记》卷八十七《李斯列传》，中华书局1982年版，第2549页。
④ （汉）司马迁：《史记》卷八十七《李斯列传》，中华书局1982年版，第2549—2551页。
⑤ （汉）司马迁：《史记》卷八十七《李斯列传》，中华书局1982年版，第2561页。
⑥ 孙家洲、李宜春：《西汉矫制考论》，《中国史研究》1998年第1期。

在秦法之治下，赵高、李斯等人绝不敢公然商议、谋划以及实施事关重大的改立太子事，否则必然会受到秦法的严惩。在荆轲行刺秦王之时，群臣以及诸郎中在嬴政处于极其危险的境地也不敢未奉诏而上前相助，足以见人们对于秦法敬畏之深。① 赵高、李斯等人也不应例外。如果当时身在咸阳之人知道赵高、李斯等人矫诏，后果不难想象。因此，赵高、李斯等人在密谋改立胡亥为太子这样的大事的时候绝不可能让史官予以记录或者让他人得知，从而让咸阳乃至天下人知道胡亥继位属于"名不正"！倘若知道他人知情或者存在知情的可能性，李斯等人必然采取断然措施，避免所谓沙丘政变内幕泄露出去。如果以上分析成立，在李斯等人慑于秦法而始终保守所谓政变秘密的情况下，太史公如何得知其详并像人们所看到的那样载于《史记·李斯列传》中？②

尽管中国古代法律规定对于策划和实施政变者予以严惩，政变在中国古代史上仍然时有发生。因此，人们不能仅仅以秦法的存在为由断定李斯等人策划和实施政变完全不可能。不过，他们像这样做必须具备一定条件，这就是掌握秦王朝之政权和军队，即便罪行败露，他们也不必担心受到秦法之严惩。然而，李斯位不过左丞相而已，其权力不足以让留守咸阳的右丞相去疾以及其他大臣畏服。从力量对比的角度而言，赵高、李斯等人并不属于占优势一方——公子扶苏以及蒙恬等人控制着秦王朝三十余万大军。李斯等人如何才能确保像《史记·李斯列传》记载的那样顺利实施政变？即便策划并实施政变的滔天罪行因为史官或者他人之言行而败露，他们如何才能确保安然无恙？

其三，赵高所谓"上崩，无诏封王诸子"云云与秦王朝政制完全不符。秦王朝已经在秦始皇三十三年（前214）彻底否定分封诸公子为王的可能性。在即将驾崩之时，秦始皇根本不可能封王诸子，而只可能立太子。赵高言秦始皇封诸子为王之事因而十分可疑。分封诸子为王乃西汉王朝建立以后事，唯有在汉家制度环境中，人们才有可能思考和讨论分封诸王问题。因此，正如个别学者所指出的，太史公不过是依据汉初

---

① （汉）司马迁：《史记》卷八十六《刺客列传》，中华书局1982年版，第2535页。

② 日本学者西嶋定生认为："我们稍作考虑就能明白，即便胡亥伪造登基的阴谋属实，它也绝不可能以史料的形式流传后世。"参见[日]西嶋定生《秦汉帝国：中国古代帝国之兴亡》，顾姗姗译，社会科学文献出版社2017年版，第64页。

流传的关于胡亥继位的众多版本之一而撰写《李斯列传》所谓沙丘政变事而已。① 这样的看法极有见地,唯有如此才能合理解释赵高所谓封王诸子之说。

或有学者提出疑问,作为非常严谨的史家,太史公为何在《史记·李斯列传》中记载赵高、李斯等人策划以及实施沙丘政变事?如果记载之详略可以在一定程度上表明编撰者之倾向性的话,何以《史记·李斯列传》相关记载更为详细?诸如此类问题其实不难回答。秦始皇一直未公开宣布立储之事,在其最后一次出巡归来后已然驾崩,公子胡亥继位。咸阳乃至天下之人势必为此莫名惊诧,在立场不大相同且依据真假难分的信息而进行解释的情况下,各种版本的传闻或者记载势必因而流传于世。《赵正书》以及太史公据以撰写《史记·李斯列传》的文献或传闻应该就是像这样形成的。公子扶苏继位不仅符合一些儒家经典记载的嫡长子继承制,且公子扶苏因表现出对于儒家学说应有的尊重而符合儒生们的期待,诸生编撰秦始皇本意立公子扶苏为嗣却被胡亥等人篡夺之类著述或者私下散布类似流言蜚语因而显得合情合理。它们乃是借赵高、李斯乃至胡亥之口而表达秦始皇"与丧会咸阳而葬"之意,人们容易信服其说。在诸生掌握话语权的情况下,诸如此类文献或言说势必广为流传,相对于《赵正书》而言影响大得多。连戍卒陈涉都知道"吾闻二世少子也,不当立,当立者乃公子扶苏"②,太史公有什么理由不信?

太史公曾经借贾谊《过秦论》而言秦兴亡事,诸如"藉使子婴有庸主之材,仅得中佐,山东虽乱,秦之地可全而有,宗庙之祀未当绝也"之类言说表明,③ 他对嬴氏深感惋惜。当然,他对于百姓之苦难更是深表同情:秦始皇一统天下时,"既元元之民冀得安其性命,莫不虚心而仰上"④,然"秦王怀贪鄙之心……以暴虐为天下始"⑤。人们又将希望

---

① 北京大学出土文献研究所:《赵正书》,《北京大学藏西汉竹书(叁)》(下),上海古籍出版社2015年版,第187页。
② (汉)司马迁:《史记》卷四十八《陈涉世家》,中华书局2014年版,第2366页。
③ (汉)司马迁:《史记》卷六《秦始皇本纪》,中华书局1982年版,第276页。
④ (汉)司马迁:《史记》卷六《秦始皇本纪》,中华书局1982年版,第283页。
⑤ (汉)司马迁:《史记》卷六《秦始皇本纪》,中华书局1982年版,第283页。

寄托在秦二世身上，所谓"天下莫不引领而观其政"是也。① 然而，"二世不行此术，而重之以无道……天下苦之"，秦王朝因而倾覆。② 在太史公内心深处，所有这一切原本可因公子扶苏之继位而避免。从公子扶苏谏阻秦始皇阬儒之言来看，他如果成为秦二世，必然设法让黔首归心，且不会以重法绳诸儒。太史公倾向于详细叙述秦始皇原本打算立公子扶苏为嗣然为公子胡亥篡夺之事显得合情合理。诸如此类言说在一定时期甚嚣尘上，相信者众多。倘若太史公因为前面所说的原因而难以发现其中存在的不尽不实之处，人们不应感到意外。而且，人们也难以完全排除太史公以此来阐发其治理主张的可能性。

在考察秦王朝诸如立储之类重大事件时，人们有必要遵循两项原则：一是包括史官在内的他人不可能在场的密谋不能轻易采信。在不可能为史官所详知的情况下，他们不大可能撰写以密谋为重要内容或者组成部分的文献。换言之，流传下来的相关文献很可能乃秦汉时人根据传闻以及自己的想象编撰，可信度极低。二是在秦王朝实行以法治国的大环境中，法令之规定较为严密而且处罚较为严厉。而且，它们在实践中往往得到有效实施。如果文献记载的事件明显违反秦法，就不能采信。以此来评判《史记·李斯列传》有关沙丘政变之记载，人们不能因太史公大书特书而盲从其说。如果认同这样的看法，人们应该利用各类文献中更为可信的记载努力探求秦始皇立储之真相。

二 《赵正书》史料价值辨析

出自《北京大学藏西汉竹书》第三卷的《赵正书》与《史记·李斯列传》关于秦始皇立储的记载完全不同——李斯向秦始皇建议立胡亥为太子并得到秦始皇的同意。不过，该篇文献系在西汉中期武帝前后抄写，③ 乃秦汉时期流传的有关秦始皇立储事的诸多版本之一。在太史公未予采信的情况下，人们不能简单地因《赵正书》乃出土文献便认为其记载更加可靠，甚而用来改写历史。在像这样做之前，人们应该对其史

---

① （汉）司马迁：《史记》卷六《秦始皇本纪》，中华书局1982年版，第283页。
② （汉）司马迁：《史记》卷六《秦始皇本纪》，中华书局1982年版，第284页。
③ 北京大学出土文献研究所：《赵正书》，《北京大学藏西汉竹书（叁）》（下），上海古籍出版社2015年版，第187页。

料价值进行全面深入的探讨。

依照《赵正书》的说法，秦始皇知其命不久矣，召集李斯商议立储事。由"丞相臣斯、御史臣去疾昧死顿首言曰"云云可知，① 参与者至少还包括御史去疾。而且，诸如议决立储之类国之大事发生的时候，秦王朝史官也很可能在场记录。这让人觉得更为合情合理，前述《史记·李斯列传》史料来源令人生疑之类问题也不存在。倘若实际情况果真如此，公子胡亥返回咸阳以后顺利即位也不会出现任何意外。即便公子扶苏以及蒙恬等人心有不甘，在秦始皇拥有无可比拟的威望，满朝均为忠于他的臣子以及秦法之治下，他们也不得不服从秦始皇的遗志。李斯建议立胡亥为太子，表面看起来有拥戴之功。然而，他不过是在洞察嬴政之意后而为，故而立刻得到秦始皇的同意。② 与吕不韦相比，李斯实际上没有理由居功。《史记·李斯列传》以及《赵正书》等文献均未记载李斯声称有拥戴之功也就容易理解。

这份西汉中期武帝前后抄写的文献，作为千古良史的太史公也有可能看到，却未在《史记·李斯列传》中予以采信，这一点提醒人们，在出土文献改写历史较为盛行的时代，人们对其记载应该保持足够的审慎。《赵正书》不仅存在诸多亟待解决的问题，③ 而且人们从中不难发现诸多令人生疑之处。例如，在杀害扶苏事方面，《赵正书》与《史记》之记载不合。依据《赵正书》之记载可知，胡亥即位以后方杀扶苏。④ 而在《史记》中，扶苏遇害后二世才继位为皇帝。⑤ 前者表明杀害扶苏乃是胡亥的意思，相关诏书必然是以他的名义发出。而在《史记》相关记载中，诏书乃是以秦始皇的名义发出。相较而言，《史记》之记载更为可信。扶苏奉父命而自杀，包括使者在内的多人在场。如果没有令人信服的证据，人们不能轻易否定《史记》相关记载。

---

① 北京大学出土文献研究所：《赵正书》，《北京大学藏西汉竹书（叁）》（下），上海古籍出版社 2015 年版，第 190 页。

② 北京大学出土文献研究所：《赵正书》，《北京大学藏西汉竹书（叁）》（下），上海古籍出版社 2015 年版，第 190 页。

③ 辛德勇：《生死秦始皇》之《开篇的话》，中华书局 2019 年版，第 5—8 页。

④ 北京大学出土文献研究所：《赵正书》，《北京大学藏西汉竹书（叁）》（下），上海古籍出版社 2015 年版，第 190—191 页。

⑤ （汉）司马迁：《史记》卷八十七《李斯列传》，中华书局 1982 年版，第 2551—2552 页。

关于扶苏被杀事，人们还可以结合当时的政治形势作进一步分析。在立为太子事方面，公子扶苏至少得到两类政治势力的支持和拥护：第一类是儒生。秦始皇曾经"悉召文学方术士甚众"①，其中必然包含不少儒生。儒者以六艺为法，② 由李斯在建议颁行焚书令的时候特别指出藏《诗》《书》以及偶语《诗》《书》者可见一斑。③ 在焚书坑儒事件发生以后，秦王朝仍然至少保留三十余位充任博士的儒生。④ 尽管没有直接证据表明儒生们对于秦始皇立太子的态度，但人们有理由相信他们支持公子扶苏。因为公子扶苏乃长子，立其为嗣符合他们所熟悉的经书中有关嫡长子继承制的记载。例如，"立嫡以长不以贤，立子以贵不以长"⑤。在秦始皇下令阬杀咸阳诸生四百六十余人的时候，公子扶苏站出来劝谏："天下初定，远方黔首未集，诸生皆诵法孔子，今上皆重法绳之，臣恐天下不安。唯上察之。"⑥ 公子扶苏像这样逆龙鳞固然招致无妄之灾，然而，此举也并非让他毫无收获，这就是获得儒生的支持和拥护。人们不难合理想象的是，儒生渴望他成为皇帝后遵从儒家学说，改变严刑峻法的治国方略。秦始皇非常欣赏法家思想集大成者——韩非之学说，重用的也是像李斯这样人们通常归诸法家阵营的人物，很难设想在其治下儒生有多少机会成为秦王朝重要大臣，掌握治国理政实权。然而，儒、墨早已成为天下显学。天下信服其说者不知有多少。儒生们可以制造和传播舆论，影响政局的力量不容轻视和忽略。

第二类是以蒙恬为首的政治势力。秦始皇怒而派遣公子扶苏前往上郡担任蒙恬统率的军队的监军，助其获得一个强而有力的支持者。根据赵良将商君每天惩罚秦贵公子视为"相鼠有体，人而无礼"来看，⑦ 即便商鞅贵为大良造大庶长，对于秦公子也必须以礼相待。蒙恬对于公子

---

① （汉）司马迁：《史记》卷六《秦始皇本纪》，中华书局1982年版，第258页。
② （汉）司马迁：《史记》卷一百三十《太史公自序》，中华书局1982年版，第3290页。
③ （汉）司马迁：《史记》卷六《秦始皇本纪》，中华书局1982年版，第255页。
④ 在陈涉事起后，在胡亥咨询如何应对的时候，他们提出发兵击之的建议。（汉）司马迁：《史记》卷九十九《叔孙通列传》，中华书局1982年版，第2720页。
⑤ （汉）何休解诂、（唐）徐彦疏：《春秋公羊传注疏》卷一《隐公第一》，上海古籍出版社2014年版，第18页。
⑥ （汉）司马迁：《史记》卷六《秦始皇本纪》，中华书局1982年版，第258页。
⑦ （汉）司马迁：《史记》卷六十八《商君列传》，中华书局1982年版，第2234页。

第五章　官吏集团与秦王朝的灭亡

扶苏自然同样应该如此。如果公子扶苏继位为皇帝，蒙恬势必因而受到重用。就连沙丘政变撰述者也借赵高之口指出，公子扶苏即位后必用蒙恬为丞相。① 由此不难合理推测的是，在秦始皇迟迟未立太子的时候，公子扶苏因为得到拥兵数十万的将领蒙恬的支持而声势大振，甚至令朝中众多大臣因而攀附。

或许正因为如此，又或许是打算改弦更张，令黔首归心以及天下得以安定之故，公子扶苏对于太子之位也蠢蠢欲动。以秦始皇的名义发出的最后一份诏书明确指责公子扶苏"以不得罢归为太子，日夜怨望"②。事关重大的诏书如果所言与事实完全不符，纯属凭空捏造，势必引起公子扶苏以及将军蒙恬的怀疑，因而不可能达到目的。公子扶苏接到诏书后立刻"入内舍，欲自杀"③，表明他对诏书指控的事实毫无异议。将军蒙恬所谓"安知其非诈"也并非否认诏书所指控之事实，④ 而是心存秦始皇未必因而赐死他们或者在他们复请后秦始皇或许回心转意之念。

至于公子胡亥，无论是从朝中大臣的支持还是从诸生控制的舆论的角度而言，他都不占任何优势。不过，就立太子而言，除胡亥以外秦始皇没有更加理想的选择，原因有三：其一，与秦始皇一样，公子胡亥也认同法家学说。这在史书中不乏例证。例如，李斯"阿二世意，欲求容"而上书，以申子以及韩子所言为依据，建议二世行督责而"明申、韩之术，而脩商君之法"，胡亥对此欣然接受。⑤ 又如，在关东群盗并起后，左右丞相以及将军劝谏他停止修建阿房宫，减省四边戍转，胡亥引韩非之言将其下狱。⑥ 在此方面，胡亥可谓与秦始皇非常相像——在秦王朝尚未建立之时，嬴政见《孤愤》《五蠹》之书而曰："嗟乎，寡人得见此人与之游，死不恨矣！"⑦ 其二，与秦始皇一样，胡亥以法治国倾向较为显著。例如，太史公认为他"用法益刻深"⑧。又如，在左右丞相以

---

① （汉）司马迁：《史记》卷八十七《李斯列传》，中华书局1982年版，第2550页。
② （汉）司马迁：《史记》卷八十七《李斯列传》，中华书局1982年版，第2551页。
③ （汉）司马迁：《史记》卷八十七《李斯列传》，中华书局1982年版，第2551页。
④ （汉）司马迁：《史记》卷八十七《李斯列传》，中华书局1982年版，第2551页。
⑤ （汉）司马迁：《史记》卷八十七《李斯列传》，中华书局1982年版，第2554—2557页。
⑥ （汉）司马迁：《史记》卷六《秦始皇本纪》，中华书局1982年版，第271—272页。
⑦ （汉）司马迁：《史记》卷六十三《韩非列传》，中华书局1982年版，第2155页。
⑧ （汉）司马迁：《史记》卷六《秦始皇本纪》，中华书局1982年版，第269页。

及将军进谏后，胡亥"下去疾、斯、劫吏，案责他罪"①。臣子进谏非但无罪，反而是忠实履行其职的表现。胡亥也并未像巩固帝位期间那样直接予以处死而是试图为他们寻找或者罗织罪名，令其决定看起来符合秦法之规定，这一倾向与秦始皇相类。后者"事皆决于法"以及"于是急法"便是明证。②其三，以今人后见之明观之，公子胡亥在秦始皇死后"增始皇寝庙牺牲及山川百祀之礼"③、复作阿房宫等等，均表现出他对于父皇的孝心和尊崇。知子莫若父，对此秦始皇又岂会不知？

对于后人能够通过史书而获悉的公子扶苏以及胡亥各方面情况，身为父亲的秦始皇应该知之更详、更深。秦始皇子嗣甚众，达二十余人之多。即便在公子扶苏与胡亥这两人之间，秦始皇也面临艰难抉择：如果传位给公子扶苏，他很可能以民心尚未归向以及诸生诵法孔子为由以儒家学说治国，自己的政治遗产势必难以延续下去。然公子扶苏得到蒙恬等人的支持，舆论也站在他这一边。如果不传位给他，有可能引发扶苏及其支持者的不满甚至政局动荡。如果传位给公子胡亥，自己的政治遗产能够得以延续。然而，胡亥在朝中势单力薄，不过得到赵高的支持而已。况且这个赵高，世代卑贱，曾经犯下大罪。④如果将来胡亥予以重用的话，有可能引起朝臣的强烈反对。因此，在最终决定立胡亥为太子之后，秦始皇为其扫除继位的最大障碍，试图以此避免政局动荡，在临终前下遗诏杀公子扶苏显得合情合理。

在胡亥屠戮宗族事方面，《赵正书》相关记载或前后矛盾，或有违秦法。在杀害公子扶苏以及蒙恬以后，秦二世胡亥"免隶臣高以为郎中令。因夷其宗族，坏其社稷，燔其律令及故世之藏，又欲起属车万乘以抚天下……"⑤与其相一致的是子婴"内自夷宗族，诛群忠臣，而立无节行之人，是内使群臣不相信而外使斗士之意离也"云云。⑥然令人非

---

① （汉）司马迁：《史记》卷六《秦始皇本纪》，中华书局1982年版，第271—272页。
② （汉）司马迁：《史记》卷六《秦始皇本纪》，中华书局1982年版，第238页。
③ （汉）司马迁：《史记》卷六《秦始皇本纪》，中华书局1982年版，第266页。
④ （汉）司马迁：《史记》卷八十八《蒙恬列传》，中华书局1982年版，第2566页。
⑤ 北京大学出土文献研究所：《赵正书》，《北京大学藏西汉竹书（叁）》（下），上海古籍出版社2015年版，第190—191页。
⑥ 北京大学出土文献研究所：《赵正书》，《北京大学藏西汉竹书（叁）》（下），上海古籍出版社2015年版，第191页。

常诧异的是，在拒绝听从子婴的劝谏后，胡亥"杀其兄扶苏、中尉恬，立高为郎中令，出游天下"①。根据这样的记载可知，子婴所谓宗族和忠臣乃分别指扶苏和蒙恬。这未免与前面所谓"宗族"相矛盾，因为公子扶苏以及蒙恬已经遭杀害，"宗族"只可能是指除扶苏以外的其他秦王朝诸公子公主等人。倘若将"因夷其宗族，坏其社稷"诸语视为衍文，进而将子婴一番话视为劝谏胡亥不要杀害扶苏和蒙恬，前后文因而勉强一致，人们又必须注意子婴所谓"夫赵王钜杀其良将李微而用颜聚，燕王喜而轲之谋而背秦之约，齐王建遂杀其故世之忠臣而后胜之议。此三君者，皆终以失其国而殃其身"云云。②诸如此类言说有将胡亥与赵王钜、燕王喜以及齐王建等亡国之君相提并论之嫌，明显系以古非今者，与秦王朝已经颁发的焚书法令相违背。③这样就难免让人怀疑其可靠性。

在赵高被杀方面，《赵正书》所谓"将军张（章）邯入夷其国，杀高"也让人难以信服。④ 在《史记》中，秦王子婴设计杀赵高，夷其三族。⑤ 与所谓沙丘政变一样，子婴与其二子密谋事无从为外人所知，故而难以让人信从。不过，人们不能因而简单地否认秦王子婴处死丞相事。诸如此类大事必为秦王朝史官所记载，太史公予以采信，因而具有很高的可信性。反观《赵正书》，"入夷其国"之说不免让人生疑。秦始皇曾听从李斯建议否定封邦建国之说。在没有证据表明二世曾经改弦更张的情况下，赵高如何能获得封国？根据"已盟，章邯见项羽而流涕，为言赵高"这样的记载可知，⑥ 在章邯投降项羽的时候，赵高仍然在相当程度上掌控秦王朝政局，《赵正书》所谓将军章邯返回咸阳杀害赵高事让人难以置信。此外，《赵正书》中所谓御史去疾、中尉蒙恬等等与《史记》相关记载不合。⑦ 依据《史记》所谓"右丞相去

---

① 北京大学出土文献研究所：《赵正书》，《北京大学藏西汉竹书（叁）》（下），上海古籍出版社2015年版，第191页。

② 北京大学出土文献研究所：《赵正书》，《北京大学藏西汉竹书（叁）》（下），上海古籍出版社2015年版，第191页。

③ （汉）司马迁：《史记》卷六《秦始皇本纪》，中华书局2014年版，第325—326页。

④ 北京大学出土文献研究所：《赵正书》，《北京大学藏西汉竹书（叁）》（下），上海古籍出版社2015年版，第193页。

⑤ （汉）司马迁：《史记》卷六《秦始皇本纪》，中华书局1982年版，第275页。

⑥ （汉）司马迁：《史记》卷七《项羽本纪》，中华书局1982年版，第310页。

⑦ 北京大学出土文献研究所：《赵正书》，《北京大学藏西汉竹书（叁）》（下），上海古籍出版社2015年版，第190页。

疾守"可知,① 去疾的职务是右丞相。而蒙恬早已获委任为将军,率军北伐匈奴。

或有学者对以上分析提出疑问：前面已经论证《史记》关于胡亥即位的记载不过是太史公依据流传至汉武帝时代很可能为大多数所认同的文献而编撰,《赵正书》乃流传到汉武帝时代关于秦始皇立储事的又一版本,为什么总是厚彼而薄此？答案很简单,在以确凿证据排除《史记》中不可靠记载以后,人们还是应该信任《史记》之记载,并以它们为依据考察秦汉时事。"百年之间,天下遗文古事靡不毕集太史公。"② 人们很难设想包括《赵正书》作者在内的他人能够获得如此之多的史料。而且,司马迁"所谓述故事,整齐其世传,非所谓作也,而君比之于春秋,谬矣"③。这样的言说无疑表明司马迁无掺杂任何己意于其间之心,更无意利用史实从事创作。人们难免因而相信,太史公在创作《史记》的时候最大限度地保证遗文古事的本来面目。

总之,尽管相对于《史记·李斯列传》而言《赵正书》包含若干更为可信的记载,然而,在长达数十年的流传过程中,《赵正书》也产生若干与事实不尽相符的谬误以及汉人的解释。在探寻秦始皇立储真相过程中,人们应该依据前述两项原则排除《史记·李斯列传》以及《赵正书》等文献中难以令人信服的记载后,对其中较为可信的史料进行实事求是的分析和排列组合,在此基础上努力探求史实。

三　秦始皇立储史事考

就秦始皇立储事而言,人们不能因《史记·李斯列传》难以尽信而遽然依据《赵正书》得出结论。它不过是众多版本之一,人们并不能排除以后更加合乎情理的版本问世的可能性。正如在《赵正书》尚未重见天日以前人们依据《史记·李斯列传》之记载而得出似是而非的看法一样,目前人们安知依据《赵正书》不会产生与事实不尽相符的看法？对此事关秦王朝迅速灭亡的重大事件的考查,在目前的资料条件下比较可

---

① （汉）司马迁：《史记》卷六《秦始皇本纪》,中华书局1982年版,第260页。
② （汉）司马迁：《史记》卷一百三十《太史公自序》,中华书局1982年版,第3319页。
③ （汉）司马迁：《史记》卷一百三十《太史公自序》,中华书局1982年版,第3299—3300页。

第五章　官吏集团与秦王朝的灭亡

行的做法是，将《赵正书》与《史记》等文献中可靠记载结合起来，在尊重事实和逻辑的基础上进行探讨。鉴于《史记》的绝大多数记载往往较为可靠，在二者不尽一致的情况下，倘若没有较大的把握认为太史公相关记载难以尽信，人们还是应该采信《史记》之记载。

在这样做以前，人们有必要对近年来一些学者在认同《史记·李斯列传》相关记载的前提下对秦二世胡亥诏书所做的解读以及据以得出的相关结论进行辨析。前些年湖南省益阳市兔子山遗址九号井出土秦二世胡亥诏书，包含诸如"天下失始皇帝，皆遽恐悲哀甚。朕奉遗诏"以及"朕将自抚天下"这样的记载。① 以往学者们多将其视为秦二世胡亥窃位以后自证合法性的行为，有学者甚而指出："不能简单化地以新出土的地下文献为据修改传世文献的纪事叙事框架。"② 诸如此类言说足以表明，他们在将《史记·李斯列传》有关沙丘政变的记载视为理所当然之事实的前提下产生上述看法。在如前所述此前提难以成立的情况下，他们的分析以及得出的结论便失去立足之地。如果《赵正书》之记载属实，秦始皇将帝位传给胡亥，胡亥便没有任何必要像那样证明帝位合法性！人们完全可以产生其他解读，这就是胡亥不过在诏书中陈述事实而已。而且，秦二世胡亥诏书的重点并非在于强调所谓继位合法性，它的重点或者主要内容是胡亥基于"朕年少，初即位，黔首未集附。先帝巡行郡县，以示强，威服海内。今晏然不巡行，即见弱，毋以臣畜天下"这样的考虑而带领李斯等向东巡行郡县。③ 非常明显，胡亥乃试图以示强的方式威逼天下人服从，并非向天下人昭示自己皇位来源于秦始皇遗愿并以此证实其帝位之合法性。倘若愿意重新审视所谓自证合法性诸说的话，人们不妨好好想想，即便篡夺之人即位，也会像秦二世胡亥诏书那样表述。"朕奉遗诏"云云并未像一些学者所以为的那样表达特别含义。

以往在讨论秦始皇立储的众多论著中，赵高因怨恨蒙毅之故而在得

---

① 张春龙、张兴国：《湖南益阳兔子山遗址九号井出土简牍概述》，《国学学刊》2015年第4期。

② 孙家洲：《兔子山遗址出土〈秦二世元年文书〉与〈史记〉纪事抵牾释解》，《湖南大学学报》（社会科学版）2015年第3期。

③ （汉）司马迁：《史记》卷六《秦始皇本纪》，中华书局1982年版，第267页。

势后企图加害蒙氏之言说通常为人们所忽略。事实上，它们对于探讨秦始皇立储真相非常重要："臣闻先帝欲举贤立太子久矣，而毅谏曰'不可'。若知贤而俞弗立，则是不忠而惑主也。以臣愚意，不若诛之。"①仅从字面意义而言，人们仍然难以确知秦始皇试图立谁为太子。不过，如果将赵高所言之事置于具体语境中，人们便不难得出较为确切之看法。赵高这番话是在胡亥听闻扶苏死讯而准备不再惩罚蒙氏的时候所说。它所造成的后果是，胡亥将蒙毅关押于代。② 赵高上述言说的意思因而是，秦始皇曾打算立胡亥为太子，却遭蒙毅谏阻。只有这样，胡亥才可能怀恨在心并将其系狱。这样就与奉命乘传前往代而赐死蒙毅的使者的言说完全一致："先主欲立太子而卿难之。今丞相以卿为不忠，罪及其宗。朕不忍，乃赐卿死……"③ 蒙毅如果谏阻秦始皇立他人为太子，对胡亥而言就不存在不忠的问题。只有谏阻秦始皇立胡亥为太子，胡亥才可能像这样指责蒙毅。

对于使者传达的指责，蒙毅断然予以否认："以臣不能得先主之意，则臣少宦，顺幸没世。可谓知意矣。以臣不知太子之能，则太子独从，周旋天下，去诸公子绝远，臣无所疑矣。夫先主之举用太子，数年之积也，臣乃何言之敢谏，何虑之敢谋……"④ 由是可知，善于领会秦始皇之意图的蒙毅因"太子独从"诸事而对秦始皇打算立其为太子事无所怀疑。而所谓"夫先主之举用太子，数年之积也"云云表明，秦始皇拟立胡亥为太子的时间已经长达数年。蒙毅进而以"何言之敢谏，何虑之敢谋"表明，他从未如胡亥指责的那样进行谏阻。"始皇甚尊宠蒙氏，信任贤之。而亲近蒙毅，位至上卿，出则参乘，入则御前。恬任外事而毅常为内谋，名为忠信，故虽诸将相莫敢与之争焉。"⑤ 秦始皇一向乾纲独断，然而，他毕竟也是人。对于像立储这样的大事，他或许不便与群臣商议，然而，他完全可能与其非常信任的蒙毅私下商议。因此，蒙毅就秦始皇立储所发表的言论无疑应该引起人们高度重视。

---

① （汉）司马迁：《史记》卷八十八《蒙恬列传》，中华书局1982年版，第2567页。
② （汉）司马迁：《史记》卷八十八《蒙恬列传》，中华书局1982年版，第2567页。
③ （汉）司马迁：《史记》卷八十八《蒙恬列传》，中华书局1982年版，第2568页。
④ （汉）司马迁：《史记》卷八十八《蒙恬列传》，中华书局1982年版，第2568页。
⑤ （汉）司马迁：《史记》卷八十八《蒙恬列传》，中华书局1982年版，第2566页。

第五章 官吏集团与秦王朝的灭亡

不过，据《史记》记载，蒙毅在否认谏阻秦始皇立胡亥为太子后说过这样一段话："昔者秦穆公杀三良而死，罪百里傒而非其罪也，故立号曰'缪'。昭襄王杀武安君白起。楚平王杀伍奢。吴王夫差杀伍子胥。此四君者，皆为大失，而天下非之，以其君为不明，以是籍于诸侯。"① 姑且不论蒙毅将秦国先君先王与楚平王以及吴王夫差这样的亡国之君相提并论，公然言其"不明"属大不敬，理应受到严惩，即便依照秦王朝"以古非今者族"之类法令，蒙毅像这样说势必让自己乃至整个蒙氏家族陷入绝境。所谓"为羞累先主之名，原大夫为虑焉"表明，② 蒙毅仍然抱有一线活下去的希望，并非在自知必死的情况下畅所欲言。因此，像这样实属不智的说法未免显得不合情理，难免让人怀疑蒙毅前面所谓秦始皇立胡亥为太子事的真实性。不过，《史记·蒙恬列传》记载的蒙毅临终言说对于人们讨论的秦始皇立储事而言仍然具有重要意义。它至少表明，在《史记·蒙恬列传》所依据的文献的编撰者看来，秦始皇令扶苏前往北方监军而让胡亥随其出游事蕴含着抉择之意。这在一定程度上可以充当前述赵高所谓"臣闻先帝欲举贤立太子久矣"之佐证。相关文献编撰者虽然未必能够像蒙毅那样获得秦始皇与其商议的机会，也未必能够像胡亥、赵高等人那样得到较为可靠的消息，然而，他们获得一些传闻的可能性是存在的。秦始皇若有立胡亥为储君之意，他的言行不可能没有任何蛛丝马迹，诸如此类传闻因而就有可能流传开来。若能以传闻为前提或者参考，人们便能对秦始皇的相关言行进行更为合理之解读。

回过头来看《赵正书》之记载，该文献在流传过程中产生一些不尽合乎事实之文字，然就秦始皇临终前立储之记载而言，显得非常合乎情理。它的记载除了不像《史记·李斯列传》那样存在史料来源难以置信的问题，也不存在违反秦法令之问题以外，人们至少还可举出两方面的理由而认为它可信：其一，秦始皇所谓"不奈吾子之孤弱何"云云表面看来与事实不符，实际上别有深意。③ 秦始皇有二十余子，公子扶苏已经成人而且能前往北郡监军，难以言其孤弱。秦始皇所谓孤弱之子因而

---

① （汉）司马迁：《史记》卷八十八《蒙恬列传》，中华书局1982年版，第2568—2569页。
② （汉）司马迁：《史记》卷八十八《蒙恬列传》，中华书局1982年版，第2568页。
③ 北京大学出土文献研究所：《赵正书》，《北京大学藏西汉竹书（叁）》（下），上海古籍出版社2015年版，第190页。

另有所指。如果秦始皇意在胡亥,决意立其为储,这样的言说便让人容易理解。《史记》明确记载,胡亥为其幼子,除赵高以外别无支持者,堪称孤弱。在有人持璧言秦始皇只能活一年的情况下,秦始皇让胡亥跟随自己游徙,没有任何考虑甚至安排是不可能的。① 李斯等人显然心领神会,遂迅速表明立场,"请立子胡亥为代后",秦始皇随即表示同意。②

其二,公子胡亥,以往只有赵高私事之,在朝中显得势单力薄。丞相李斯等人的支持显得至关重要。因此,秦始皇召丞相李斯并向其指出心中的忧虑:"其后不胜大臣之分(纷)争,争侵主。"③ 秦始皇如果准备立公子扶苏为储君,不大可能产生这样的顾虑。这位公子不仅得到统率三十万大军的蒙氏之支持,而且为不少朝臣所拥戴。如果公子扶苏即位为君,不大可能出现上述局面。秦始皇所说的是仅能获得赵高支持的胡亥即位才有可能出现的问题。这样的局面一旦出现,就会让秦始皇不仅担心其子孤弱问题,而且担心百姓命运问题。④ 对朝廷局势洞若观火的李斯听闻此言,立即表示绝对效忠,至死不渝:"臣窃幸甚,至死及身不足。"⑤ 秦始皇即将驾崩,何人需要李斯至死效忠?结合秦始皇前面的言说不难获得正确的答案:秦始皇希望李斯等人效忠嗣君,死而后已。只有这样,才能令其不再哀怜幼子孤弱及其蒙容之民!《赵正书》依据什么文献而成书已经不得而知,在它关于秦始皇立储的记载能够得到《史记·蒙恬列传》相关记载的佐证的情况下,人们应该有充分的理由予以认同。

对于秦始皇立储真相,人们还可以结合胡亥继位前后所发生的重大事件进行探讨。公子胡亥携秦始皇立储诏书返回咸阳,顺利即位为二世皇帝。在处理宗庙事务、除定律令以及解除流罪以后,⑥ 这位新皇帝为

---

① (汉)司马迁:《史记》卷六《秦始皇本纪》,中华书局2014年版,第330—331页。
② 北京大学出土文献研究所:《赵正书》,《北京大学藏西汉竹书(叁)》(下),上海古籍出版社2015年版,第190页。
③ 北京大学出土文献研究所:《赵正书》,《北京大学藏西汉竹书(叁)》(下),上海古籍出版社2015年版,第190页。
④ 北京大学出土文献研究所:《赵正书》,《北京大学藏西汉竹书(叁)》(下),上海古籍出版社2015年版,第190页。
⑤ 北京大学出土文献研究所:《赵正书》,《北京大学藏西汉竹书(叁)》(下),上海古籍出版社2015年版,第190页。
⑥ 张春龙、张兴国:《湖南益阳兔子山遗址九号井出土简牍概述》,《国学学刊》2015年第4期。

第五章　官吏集团与秦王朝的灭亡

威服海内而巡行郡县。在其返回咸阳以后，秦二世下令处死诸公子。①更有甚者，连十公主也被矺死（裂其肢体）而杀于杜。②关于秦二世对宗室成员施以如此酷刑的缘由，《史记·秦始皇本纪》的相关记载是，胡亥担心诸公子与其争夺皇位。③然据《史记·李斯列传》相关记载可知，此乃秦二世更为法律，令赵高鞫治有罪之结果。④《史记·秦始皇本纪》有"阴与赵高谋"之类字样，⑤让人难以信服。既然大肆屠戮宗室成员系暗中策划，他人如何得知？诸公子觊觎皇位尚可理解，十公主如何可能对秦二世的皇位构成威胁，以至于秦二世以如此酷刑杀之？《史记·李斯列传》的记载因而更为可信。诸公子以及十公主很可能实施修改后的法律规定应处以僇刑或者矺刑的行为。⑥令人颇为遗憾的是，史书并未记载他们实施何种行为，而流传至今的文献均难以发现经秦二世以及赵高等人修改后的法律。不过，人们可以合理推测的是，倘若听闻诸如沙丘政变之类流言蜚语，或许他们以为，既然胡亥可以用不正当手段夺取皇位，他们同样可以。倘若他们将诸如此类想法付诸实施，秦二世采取上述异常残酷的手段处置他们就显得合乎情理。

人们或许还会产生这样一个问题：为什么诸公子以及十公主不在公子胡亥即位成为皇帝以前与其争夺君位，而是在其登基以后为之？后者意味着，秦二世与其君臣名分确定，且新皇帝行使至高无上的权力将获得秦法之支持和保障。在其即位以后争夺皇位表面看起来并非最为有利的时机。如果秦始皇乃是立公子胡亥为太子的话，诸如此类疑问均迎刃而解。尽管秦始皇已经病重甚至即将驾崩，他的命令也会得到不折不扣地实施。自从嬴政亲政以来，诸如嫪毐以及吕不韦之类忠心有亏之人先后退出朝堂，其余之人不仅功勋卓著，且与秦始皇之间形成比较稳定的臣忠君信之关系。在这样的政局中，如果秦始皇决定立胡亥为太子，大

---

① （汉）司马迁：《史记》卷六《秦始皇本纪》，中华书局1982年版，第268页。
② （汉）司马迁：《史记》卷八十七《李斯列传》，中华书局1982年版，第2552页。
③ （汉）司马迁：《史记》卷六《秦始皇本纪》，中华书局1982年版，第268页。
④ （汉）司马迁：《史记》卷八十七《李斯列传》，中华书局1982年版，第2552页。
⑤ （汉）司马迁：《史记》卷六《秦始皇本纪》，中华书局1982年版，第268页。
⑥ 从情理上而言，更有可能系与十公主非常亲近的人为之，法律规定她们应予连坐。然在无史料支撑的情况下勉强言之。

臣们势必尊重其意见，忠实地执行其使命。如果诸公子与十公主在公子胡亥即位以前与其争斗，势必与负责行使朝廷权力的大臣们为敌。更何况秦始皇下令赐死以往太子之位呼声最高的公子扶苏，对于他们也形成强大的震慑！在公子胡亥继位以后，政局发生重大改变。大臣们遵从秦始皇遗命、拥立公子胡亥的使命已经完成。尽管他们在秦法之治下必须忠于新皇帝，甚至像李斯那样因为先皇的嘱托而忠于秦二世，然而，正如赵高所言，大臣们乃天下累世名贵人，未必对秦二世心服，特别是在他任用像赵高这样生于隐宫、世世卑贱之人的情况下。① 从秦二世的角度而言，正因为大臣们绝对忠于先皇，他们是否忠于自己值得怀疑。他后来采纳赵高的意见"尽除去先帝之故臣，更置陛下之所亲信者近之"在很大程度上便是明证。② 在君臣之间像这样心生嫌隙故而秦二世难以获得大臣们全心全意的支持、部分大臣甚至有可能争取过来为其所用的情况下，诸公子以及十公主在这时与秦二世争夺皇位的胜算更大。庶长壮与大臣、诸侯以及公子在秦昭襄王二年方为逆事或许可以在一定程度上充当佐证。③

　　以往人们对《史记·李斯列传》有关沙丘政变之记载深信不疑，以为秦始皇原本打算传位公子扶苏，进而对前些年出土的秦二世元年诏书做出似是而非的解读，以为胡亥试图以此证明继位合法性。然而，如果注意到《史记·蒙恬列传》相关记载，不难得出结论的是，与不少史事一样，太史公对秦始皇立储事亦难知其详，故而两存其说。人们固然不能像有些历史学者所说的那样简单地依据出土《赵正书》之类文献否定《史记·李斯列传》相关记载，然而也不能走向另外一个极端——一味认同《史记》的相关说法，完全无视出土文献之记载。较为合理的做法是，深入辨析《史记·蒙恬列传》与《史记·李斯列传》以及《赵正书》等文献相关记载的可靠性，在此基础上合乎逻辑地重构更加接近其本来面目的历史图景，才能就秦始皇立储真相得出更为合理的结论。

---

① （汉）司马迁：《史记》卷六《秦始皇本纪》，中华书局1982年版，第268页。
② （汉）司马迁：《史记》卷八十七《李斯列传》，中华书局1982年版，第2552页。
③ （汉）司马迁：《史记》卷五《秦本纪》，中华书局1982年版，第210页。

在秦始皇立储这件事情上，秦汉时人已经莫知其详，连太史公也不得不两存其说。此乃秦人君位继承制度的必然结果。在秦国建立之初，秦人在君位继承方面一度与中原政权相类。后来不知何故，秦人在实践中有时候采取与嫡长子继承制不类的做法。例如，秦穆公继承君位表面看来是兄终弟及之结果。在君位继承方面，秦国国君一直享有决定权。例如，在吕不韦的授意和安排下，安国君应华阳夫人之请而立子楚为嗣，也就是未来的太子。① 在君位继承方面，大庶长所能发挥的作用也不容低估。在秦国历史上，大庶长也数度废国君而改立他人。秦国/王朝君位/皇位继承因而是国君与大庶长之类重臣权力博弈的结果，而不是遵循所谓君位继承制度的结果。如果再加上决策过程不公开透明且不大可能留下相关原始记录等因素，除极少数参与其事者以外，其他人不明真相具有较大的必然性。因此，对于那些因具有特殊身份而知悉相关内幕之人——例如蒙毅等人的说法，人们应该高度重视，它们对于人们探索君位继承事之真相至关重要。唯有高度重视和充分利用，人们才有可能获得真相。

由于君权至高无上，对有资格获得者具有极大的诱惑力。在君位继承没有步入制度化轨道的情况下，秦国/王朝宗室成员在任何可能的情况下都会积极参与争夺。由此非常容易引发政治动荡，秦国九世不宁便是像这样发生的。它导致秦国内部政局动荡，外部丧权辱国，从而引发商鞅变法。然而，从根本上而言，商鞅变法改变的是君权的治理方式，而不是君权本身。因此，商鞅没有也不可能将君权的继承和运行纳入制度化轨道。以往因君位继承而导致政局动荡故事，还会在时机成熟的时候发生，秦二世元年事便是如此。后面的分析将要表明，它对于秦王朝命运所产生的影响无论如何强调也不为过。

第三节　秦二世"繁刑严诛"析论

在秦始皇执政期间，与汉人所谓天下半数之家欲为乱很不一致的是，秦王朝不过发生皇帝两次遇险事而已：一是秦始皇与四位武士夜出而在

---

① （汉）司马迁：《史记》卷八十五《吕不韦列传》，中华书局2014年版，第3044页。

兰池遭遇盗贼；① 二是秦始皇东游至博浪沙遇张良等二人行刺。② 这很难让人将其与天下半数人已经不满到了极点联系起来。在胡亥即位以后，陈胜、吴广等人首倡的起事风起云涌，此伏彼起，嬴氏数世努力才建立的空前强大的王朝在短短三年后灭亡。秦二世对此负有不可推卸的责任。不过，胡亥是否如贾谊指责的那样"繁刑严诛，吏治刻深，赏罚不当，赋敛无度，天下多事"③？他又是否如《淮南子》指责的那样"作阿房之宫，发闾左之戍，收太半之赋，百姓之随逮肆刑，挽辂首路死者，一旦不知千万之数"④？如果它们与前述汉人对于秦始皇的施政的指责一样有似是而非、极尽夸张之嫌，所谓"繁刑严诛"云云又是指什么？诸如此类问题之解决，有利于人们更为合理地认识秦二世在位期间的施政，从而有利于人们更为合理地理解秦王朝二世而亡的真正原因。这一节拟从经考证以后的史事出发对秦二世即位以后的"繁刑严诛"进行考查，并且实事求是地评估其造成的后果。

一 "灭大臣而远骨肉"

即便强烈谴责秦王朝严刑峻法的贾谊也认为："秦之盛也，繁法严刑而天下振；及其衰也，百姓怨望而海内畔矣。"⑤秦人在商鞅主持变法期间制定的法令随着时势的变化而不断丰富和完善，不过，它们并未在方向、旨归或者原理等方面发生重大或者根本的变化。为什么同样的法律在秦王朝建立以前令"天下振"而在秦二世执政时期造成"海内畔"的不同结果？人们只能将原因归诸执法者和执法方式不同。倘若认为秦二世应当为"繁刑严诛，吏治刻深"致使秦王朝迅速灭亡承担责任，人们应该从较为可靠的史料出发，合理解释"繁刑严诛"何以在秦二世执政期间造成"海内畔"而非"天下振"的后果，并且深入揭示这一进程的机制和原因。

---

① （汉）司马迁：《史记》卷六《秦始皇本纪》，中华书局1982年版，第251页。
② （汉）司马迁：《史记》卷五十五《留侯世家》，中华书局1982年版，第2034页。
③ （汉）司马迁：《史记》卷六《秦始皇本纪》，中华书局1982年版，第284页。
④ 张双棣：《淮南子校释（增订本）》卷十五《兵略训》，北京大学出版社2013年版，第1598页。
⑤ （汉）司马迁：《史记》卷六《秦始皇本纪》，中华书局1982年版，第278页。

第五章 官吏集团与秦王朝的灭亡

胡亥在即位以后有"燔其律令"之举。① 与其颇为一致的记载是,"二世然高之言,乃更为法律"②。不过,这些记载并非表明胡亥将秦王朝律令像《诗》《书》以及百家语那样付之一炬。否则,"用法益刻深"势必成为难以解释的反证。③ 结合胡亥继位时的政局来看,"燔其律令"很可能是指秦二世下令废除妨碍他为巩固皇位而采取的各项举措的律令。这是秦二世在面临诸公子与其争位以及大臣不服、官吏尚强的局面下采取的措施,④ 表明它们针对的乃危及皇权之人而非百姓。如果人们认同秦二世继续实施"以法治国"方略的话,"更为法律"乃"燔其律令"的必然结果。人们同样应该注意秦二世像这样做的主要目的乃赵高所谓"灭大臣而远骨肉"以及"尽除去先帝之故臣"等。⑤ 在帝位尚不稳固的情况下,秦二世等人应该不大可能将主要精力用于对付百姓,变本加厉地施以严刑峻法;在天下尚未动荡的时候,秦二世等人亦无必要针对百姓而更改法律。不过,人们仍然会产生诸如胡亥继位以后"燔其律令"以及"更为法律"的举措是否以及如何导致"海内畔"之类问题。

根据湖南益阳兔子山出土秦简之记载可知,秦二世在即位以后下令:"律令当除定者毕矣。元年与黔首更始,尽为解除流罪,今皆已下矣。朕将自抚天下,(正)吏、黔首其具行事已,分县赋援黔首,毋以细物苛劾县吏,亟布。"⑥ "律令当除定者毕矣"乃是指新皇帝继位后对于以往律令进行例行整理。"尽为解除流罪"表明,秦二世不仅没有加重针对黔首的刑罚,反而为其解除流罪。他出巡天下,要求官吏和百姓如同日常一样行事。而且,县府还要从征收的赋中拿出部分来补偿百姓。因此,秦二世不应承担"赋敛无度"之指责。至于所谓"挽辂首路死者,一旦不知千万之数"与所谓秦二世"繁刑严诛,吏治刻深"之间并不存在因果关系,至少在胡亥即位之初如此。"不知千万之数"并非在全面

---

① 北京大学出土文献研究所:《赵正书》,《北京大学藏西汉竹书(叁)》(下),上海古籍出版社2015年版,第191页。
② (汉)司马迁:《史记》卷八十七《李斯列传》,中华书局1982年版,第2552页。
③ (汉)司马迁:《史记》卷六《秦始皇本纪》,中华书局1982年版,第269页。
④ (汉)司马迁:《史记》卷六《秦始皇本纪》,中华书局1982年版,第268页。
⑤ (汉)司马迁:《史记》卷八十七《李斯列传》,中华书局1982年版,第2552页。
⑥ 湖南文物考古研究所、益阳市文物处:《湖南益阳兔子山遗址九号井发掘简报》,《文物》2016年第5期。

而且客观地统计事实以及数据基础上形成的看法，而是极尽夸张之能事之说。

或有学者以诸如"下调郡县转输菽粟刍藁，皆令自赍粮食，咸阳三百里内不得食其谷。用法益刻深"之类记载为依据而质疑以上看法。①诸如此类记载能够得到右丞相去疾、左丞相斯以及将军冯劫所谓"盗多，皆以戍漕转作事苦，赋税大也。请且止阿房宫作者，减省四边戍转"的证实，②故而有必要略加辨析。阿房宫在秦始皇执政期间已经开始修建，进展非常缓慢。而且，"骊山徒多，请赦之"这样的记载表明，③参与修建骊山陵墓者乃因违反法令而处以徒刑者。"及并天下，天下徒送诣七十余万人"这样的记载表明，④修建阿房宫者同样如此。至于"下调郡县转输菽粟刍藁"云云，乃"外抚四夷，如始皇计，尽征其材士五万人为屯卫咸阳"的结果。⑤秦二世为满足五万材士习射所需要的狗、马等禽兽而要求郡县转输菽粟刍藁等等难以称得上是"赋敛无度"，为此即便"用法益刻深"，也不太可能造成像"挽辂首路死者，一旦不知千万之数"这样令人惨不忍睹的局面。因此，去疾、李斯以及冯劫等人进言不能说没有任何根据以及合理性，然而，人们也有必要注意的是，为达成其目的，他们在劝谏的时候的言说也未必与事实完全相符。且"下调郡县转输菽粟刍藁，皆令自赍粮食，咸阳三百里内不得食其谷"⑥与"用法益刻深"之间的因果关系或者相关性也值得推敲。此乃数十年后司马迁之见解，人们不能简单视其为秦二世"尽征其材士五万人为屯卫咸阳"所造成的结果。事实上，秦王朝末年各地纷纷起事的原因与秦始皇父子的所谓暴政完全无关，而修建骊山陵墓以及阿房宫的受害者后来成为镇压起事的主要力量，这样的事实也足以让人们对上述两类因果关系进行重新审视。

人们势必追问秦二世即位以后为什么对诸公子以及大臣"繁刑严

---

① （汉）司马迁：《史记》卷六《秦始皇本纪》，中华书局1982年版，第269页。
② （汉）司马迁：《史记》卷六《秦始皇本纪》，中华书局1982年版，第271页。
③ （汉）司马迁：《史记》卷六《秦始皇本纪》，中华书局1982年版，第270页。
④ （汉）司马迁：《史记》卷六《秦始皇本纪》，中华书局1982年版，第265页。
⑤ （汉）司马迁：《史记》卷六《秦始皇本纪》，中华书局1982年版，第269页。
⑥ （汉）司马迁：《史记》卷六《秦始皇本纪》，中华书局1982年版，第269页。

第五章　官吏集团与秦王朝的灭亡

诛"。这可以从蒙氏兄弟罹难开始考查。在接到以秦始皇的名义发出的包含"将军恬与扶苏居外，不匡正，宜知其谋，为人臣不忠，其赐死"等内容的诏书后，蒙恬复请。使者将其交付属吏，囚禁于阳周。① 秦二世在听闻扶苏死讯后打算将其释放。② 赵高为报私仇，以蒙毅曾经谏阻秦始皇立其为嗣为由劝秦二世诛之，胡亥仍然不过系蒙毅于代而已。③ 根据"赵高亲近，日夜毁恶蒙氏，求其罪过，举劾之"这样一些记载来看，④ 秦二世并非对赵高言听计从，也不愿为他报私怨。后来胡亥最终赐死蒙氏兄弟，其中必有缘故。关于蒙氏兄弟之死，《史记·李斯列传》与《史记·蒙恬列传》之记载略有不同：在《史记·李斯列传》中，赵高曰"蒙恬已死，蒙毅将兵居外，臣战战栗栗，唯恐不终"，秦二世听从其谋而杀大臣蒙毅等。⑤ 然在《史记·蒙恬列传》中，胡亥不听子婴之言，派遣御史前往代赐死蒙毅，后又派遣使者前往阳周，令蒙恬自杀。⑥ 秦二世在处死蒙氏兄弟问题上的态度最终发生变化，最为合理的解释应该是赵高以所谓"诸公子尽帝兄，大臣又先帝之所置也。今陛下初立，此其属意怏怏皆不服，恐为变"成功说服胡亥。⑦ 后者很可能担心，一旦赵高所言"为变"之事变成现实，自己不仅帝位不保，"悉耳目之所好，穷心志之所乐"之期望也将成为泡影，甚至连性命也难保。⑧ 在胡亥心目中，蒙恬"为变"的可能性难以排除。正如《史记》借蒙恬之口所指出的，"今臣将兵三十余万，身虽囚系，其势足以倍畔！"⑨ 反观蒙毅，根据"始皇三十七年冬，行出游会稽，并海上，北走琅邪。道病，使蒙毅还祷山川，未反"这样的记载可知，⑩ 蒙毅在陪伴秦始皇出游途中奉命还祷山川，并未率领多少将士随行。像这样的人不大可能对

---

① （汉）司马迁：《史记》卷八十七《李斯列传》，中华书局1982年版，第2551页。
② （汉）司马迁：《史记》卷八十八《蒙恬列传》，中华书局1982年版，第2567页。
③ （汉）司马迁：《史记》卷八十八《蒙恬列传》，中华书局1982年版，第2567页。
④ （汉）司马迁：《史记》卷八十八《蒙恬列传》，中华书局1982年版，第2567—2568页。
⑤ （汉）司马迁：《史记》卷八十七《李斯列传》，中华书局1982年版，第2552页。
⑥ （汉）司马迁：《史记》卷八十八《蒙恬列传》，中华书局1982年版，第2568—2569页。
⑦ （汉）司马迁：《史记》卷八十七《李斯列传》，中华书局1982年版，第2552页。
⑧ （汉）司马迁：《史记》卷八十七《李斯列传》，中华书局1982年版，第2552页。
⑨ （汉）司马迁：《史记》卷八十八《蒙恬列传》，中华书局1982年版，第2569页。
⑩ （汉）司马迁：《史记》卷八十八《蒙恬列传》，中华书局1982年版，第2567页。

胡亥帝位构成多么严重的威胁。其他大臣要么不像蒙恬那样能够调动足以发动政变的军队，要么不像蒙恬那样具有"为变"的直接诱因——至少在胡亥等人心目中，像蒙恬这样的人有可能在诸公子以及大臣们对胡亥继位事生疑的时候麾兵南下以达成为公子扶苏报仇的目的。倘若秦二世先杀蒙毅，势必加大将兵三十余万的蒙恬"倍畔"的可能性。反过来，如果胡亥决定先杀蒙恬，再处死蒙毅，风险更小。当然，这样的判断有待更多的史料予以证实。

　　与前述赵高所言相一致的是，秦二世本人也发现其执政面临"大臣不服，官吏尚强，及诸公子必与我争"的问题。① 也只有如此，赵高才能成功说服胡亥处死蒙氏兄弟。关于大臣不服，在赵高看来，"先帝之大臣，皆天下累世名贵人也，积功劳世以相传久矣。今高素小贱，陛下幸称举，令在上位，管中事。大臣鞅鞅，特以貌从臣，其心实不服"②。赵高以往小贱确属事实："赵高昆弟数人，皆生隐宫，其母被刑僇，世世卑贱。"③ "隐宫"乃"专门收容因犯罪受过肉刑，身体不完全而后又因立功被赦免为庶人"之机构。④ 像这样出生于隐宫之人，未立寸功而骤然居于大臣之上，自然为累世名贵的大臣们不服。而且，他们的不服未必仅限于此。或许在秦二世心目中，他们都认为秦王朝应该由扶苏继承皇位。

　　根据蒙恬所云"陛下居外，未立太子"可知，⑤ 在出游以前，秦始皇仍然未公开宣布立谁为嗣。在随其出游的赵高、李斯一行人等返回咸阳的时候，秦始皇已经驾崩，公子胡亥手持立其为嗣之诏书即位。咸阳之人必然会对此心存程度不等的怀疑，特别是在胡亥继位后的所作所为令其大失所望的情况下。因为人们难以确定诏书系秦始皇生前发布、真实地代表其意思还是赵高、李斯等人在秦始皇死后杜撰。在胡亥奉秦始皇遗诏继位以后，他和赵高乃诏书所载立嗣之事最大的得利者。前者继位为皇帝，后者升迁为郎中令。令人不免起疑的是，赵高早已私事胡亥。

---

① （汉）司马迁：《史记》卷六《秦始皇本纪》，中华书局1982年版，第268页。
② （汉）司马迁：《史记》卷六《秦始皇本纪》，中华书局1982年版，第268页。
③ （汉）司马迁：《史记》卷八十八《蒙恬列传》，中华书局1982年版，第2566页。
④ 周晓瑜：《秦代"隐宫"、"隐官"、"宫某"考辨》，《文献》1998年第4期。
⑤ （汉）司马迁：《史记》卷八十八《蒙恬列传》，中华书局1982年版，第2551页。

第五章　官吏集团与秦王朝的灭亡

此人以往一直担任的中车府令又职掌皇帝玺印以及诏书等。诸如沙丘政变之类故事在咸阳迅速传播显得合情合理。对于诸生而言，编撰诸如沙丘政变之类故事绝非难事。像这样的故事一旦传播开来，不仅以往支持公子扶苏之人愤愤不平，诸公子及其支持者也必然不服，一些公子甚而采取违逆举措。在他们心目中，既然胡亥可以通过篡改遗诏的方式登基，他们也可以争夺胡亥得之不正的皇位。这很可能就是胡亥在即位以后仍然担心"诸公子必与我争"的缘故。

尽管公子胡亥继位乃秦始皇本意。然而，嬴政不可能死而复生并向天下申明立胡亥为太子之事实以及缘由。在这样的政治局势中，秦二世无论如何解释都不足以令天下之人信服。人们因而不难理解，在赵高献上"因此时案郡县守尉有罪者诛之，上以振威天下，下以除去上生平所不可者。今时不师文而决于武力，愿陛下遂从时毋疑，即群臣不及谋。明主收举余民，贱者贵之，贫者富之，远者近之，则上下集而国安矣"的应对措施以后，①秦二世无选择，立即将它们付诸实施。"今时不师文而决于武力"意为不依照律令行事，而是利用皇帝的权力直接将危及皇位的人处死。例如，诸如"阙廷之礼，吾未尝敢不从宾赞也；廊庙之位，吾未尝敢失节也；受命应对，吾未尝敢失辞也。何谓不臣"②以及"天乎，吾无罪"③之类声辩表明，公子将闾等人很可能无罪，然使者以"臣不得与谋，奉书从事"为由而迫使其自杀。④

《史记·李斯列传》之记载与此有所不同："严法而刻刑，令有罪者相坐诛，至收族，灭大臣而远骨肉；贫者富之，贱者贵之。尽除去先帝之故臣，更置陛下之所亲信者近之。此则阴德归陛下，害除而奸谋塞，群臣莫不被润泽，蒙厚德，陛下则高枕肆志宠乐矣。"⑤在主要内容以及赵高建议胡亥所行之事的目的方面，这样的记载与前述《史记·秦始皇本纪》相关记载基本相同，"贱者贵之，贫者富之"等语句也基本相同。然而，二者也存在不同：在《史记·李斯列传》中，赵高建议胡亥更改

---

① （汉）司马迁：《史记》卷六《秦始皇本纪》，中华书局1982年版，第268页。
② （汉）司马迁：《史记》卷六《秦始皇本纪》，中华书局1982年版，第268页。
③ （汉）司马迁：《史记》卷六《秦始皇本纪》，中华书局1982年版，第268页。
④ （汉）司马迁：《史记》卷六《秦始皇本纪》，中华书局1982年版，第268页。
⑤ （汉）司马迁：《史记》卷八十七《李斯列传》，中华书局1982年版，第2552页。

法律，然后在法治框架内剪除异己并以忠于自己之亲信予以替换。而在《史记·秦始皇本纪》中，赵高建议秦二世将法律弃之不顾，直接利用皇帝权力清除对皇位构成威胁之人，换上自己的亲信。从赵高"通于狱法"以及秦二世后来处死李斯等人均在法治轨道上实施这一角度而言，《史记·李斯列传》之记载合理合法。然从秦二世赐死蒙恬与迫使公子将闾自杀的手法相似这一角度而言，《史记·秦始皇本纪》之记载也并非完全不可信。因此，对这两个内容有所不同的赵高进言，人们应该进一步予以探讨。

依据《史记·秦始皇本纪》相关记载可知，秦二世听从赵高的建议，"行诛大臣及诸公子，以罪过连逮少近官，三郎无得立者，而六公子戮死于杜"①。公子将闾昆弟三人稍后被认定有罪，他们不得不自杀。②而在《史记·李斯列传》中，"群臣诸公子有罪，辄下高，令鞫治之。杀大臣蒙毅等，公子十二人僇死咸阳市，十公主矺死于杜，财物入于县官，相连坐者不可胜数"③。公子高上书请求从死以避免收族。④ 二者之间区别非常明显。对于诛杀群公子以及大臣这类重大事件，史官不可能不予记载。而且，公子将闾昆弟三人以及公子高之事，也容易为众人所知而流传开来。因此，人们不能简单地以此非彼，在考查这样的问题之时应该另寻他途。

《临潼上焦村秦墓清理简报》可为此提供有价值的线索，其中包含女性墓主相关记载：M17，女性，头、身、下肢骨相互分离，左脚骨与胫骨分离，两臂伸张；M11，女性，骨骼较完整，但上、下颚骨左右相错，仰身直肢。⑤ 在这一简报中，人们还可以获取男性墓主若干信息：M16，男性，下肢发现于填土中，头骨在椁室头箱盖上；M15，男性，头、身、四肢分离，置于椁室头箱盖上，头骨发现于洞室门外填土中；M12，男性，头骨置于椁室的头箱盖上，肋骨等其他骨骼置于头箱内；M10，男

---

① （汉）司马迁：《史记》卷六《秦始皇本纪》，中华书局1982年版，第268页。
② （汉）司马迁：《史记》卷六《秦始皇本纪》，中华书局1982年版，第268页。
③ （汉）司马迁：《史记》卷八十七《李斯列传》，中华书局1982年版，第2552页。
④ （汉）司马迁：《史记》卷八十七《李斯列传》，中华书局1982年版，第2553页。
⑤ 秦俑考古队：《临潼上焦村秦墓清理简报》，《考古与文物》1980年第2期。

第五章　官吏集团与秦王朝的灭亡

性，头、首、身、脚骨分离，倒置于椁室的头箱内……①关于墓主之身份，简报作者推测"这批墓的墓主人可能是秦始皇帝的宗室或大臣"②。这样的说法得到一些考古学者的认同。③ 在遽然得出结论前，人们应该注意《史记·秦始皇本纪》"诸侯兵至，项籍为从长，杀子婴及秦诸公子宗族。遂屠咸阳，烧其宫室"这样的记载。④ 或有学者以为，临潼上焦村秦墓埋葬的有可能乃项羽进入咸阳后屠杀的诸公子宗族。《史记·项羽本纪》以及《史记·高祖本纪》相关记载与其存在不小区别。例如，前者曰"项羽引兵西屠咸阳，杀秦降王子婴，烧秦宫室"⑤，后者曰"项羽遂西，屠烧咸阳秦宫室，所过无不残破"⑥。二者均无项羽屠杀诸公子之记载。于情于理，项羽都不大可能在屠杀诸公子后将其异地安葬。因此，《临潼上焦村秦墓清理简报》可在一定程度上证实《史记·秦始皇本纪》"六公子僇死于杜"以及《史记·李斯列传》"十公主矺死于杜"事。

倘若将《临潼上焦村秦墓清理简报》所透露出来的信息与广为人知的公子将闾昆弟三人以及公子高之事结合起来，人们有理由认为，《史记·秦始皇本纪》以及《史记·李斯列传》记载秦二世以及赵高等人诛杀诸公子以及大臣事很有可能均属实。从秦王朝权力结构的角度而言，秦二世有权将律令置之度外，任一己之意处死对皇位构成威胁之人。身为郎中令的赵高则无此权力，必须在律令的范围内行事。他们二人可能分工负责：若能够在律令框架内将诸公子大臣置于死地，则赵高鞫治之；若实在无从将他们治罪，则秦二世直接予以处置。二十二位秦王朝公子因而被杀害或者被迫自杀，不服其统治之大臣亦被诛杀殆尽。秦二世、赵高等人甚至"以罪过连逮少近官，三郎无得立者"⑦，他们心目中的威

---

① 秦俑考古队：《临潼上焦村秦墓清理简报》，《考古与文物》1980年第2期。
② 秦俑考古队：《临潼上焦村秦墓清理简报》，《考古与文物》1980年第2期。
③ 查瑞珍编著：《战国秦汉考古》，南京大学出版社1990年版，第162页。
④ （汉）司马迁：《史记》卷六《秦始皇本纪》，中华书局1982年版，第275页。
⑤ （汉）司马迁：《史记》卷七《项羽本纪》，中华书局1982年版，第315页。
⑥ （汉）司马迁：《史记》卷八《高祖本纪》，中华书局1982年版，第365页。
⑦ （汉）司马迁：《史记》卷六《秦始皇本纪》，中华书局1982年版，第268页。这里将"三郎"后置，作为"无得立者"之主语，较原来标点更为合理。"三郎"乃是指中郎、外郎以及散郎，乃"少近官"成员。在像本文这样后置以后，"无得立者"有了主语，且可对"以罪过连逮少近官"构成补充说明，文意更为通畅。

胁因而得以彻底解除。不过，他们是否考虑上述举动会给秦王朝带来多么严重的危机，人们不得而知。

《史记·秦始皇本纪》所记载的赵高诸多建议，都是秦二世"阴与赵高谋"之结果。人们难免提出包括史官在内的他人如何获悉秦二世与赵高密谋的内容之类疑问。在它们与《史记·李斯列传》记载的赵高相关言说内容基本一致的情况下，不能排除它们乃秦汉时人根据《史记·李斯列传》记载的赵高相关言说以及秦二世赐死公子将闾昆弟三人的方式编撰的可能性。《史记·李斯列传》记载的赵高相关言说乃是在秦二世燕居场合发表，史官有可能在场并予以记录，并不存在后人难以得知其详的问题。

总之，秦二世继位以后"繁刑严诛"针对的是诸公子和大臣，并非百姓。在继位引发合法性危机后，秦二世采纳赵高之建议，以鞫治和赐死等两种方式清除心目中对皇位构成威胁的诸公子以及大臣，连其少近官也受到牵连。若进而言百姓因而无所措手足，无论如何也难以令人信服。诸多记载秦汉史事的文献中所谓百姓因而身处水深火热中，时刻准备反抗云云很可能乃秦汉时人以及史官为合理解释秦末起事而随意发表的看法，难以获得他们所记载的史实的佐证。

二 "尽除去先帝之故臣"

在秦二世和赵高处死诸公子、大臣并连坐其少近官后，秦二世的皇位稳固。不过，就在这样的政局中，秦王朝政治史上又发生一件重大事件，这就是丞相李斯之死。《史记·李斯列传》较为详细地叙述李斯之狱的发生、发展以及结局，不少内容与《史记·秦始皇本纪》之记载不符。一些记载与秦法之治以及秦王朝政治权力结构格格不入。为此，人们有必要予以辨析，以便更加合理地理解这一可能对秦王朝迅速灭亡产生影响的重大政治事件。

依据《史记·李斯列传》之记载，在故意数次让李斯在秦二世"方燕乐，妇女居前"的时候请求奏事并激怒胡亥后，赵高向秦二世进谗言："夫沙丘之谋，丞相与焉。今陛下已立为帝，而丞相贵不益，此其意亦望裂地而王矣。"[1] 这与《史记·秦始皇本纪》相关记载存在较大差

---

[1] （汉）司马迁：《史记》卷八十七《李斯列传》，中华书局1982年版，第2558页。

异。在后者之中,右丞相去疾、左丞相斯、将军冯劫劝谏秦二世"止阿房宫作者,减省四边戍转"①。秦二世不仅不予采纳,反而以三位大臣"群盗并起,君不能禁,又欲罢先帝之所为,是上毋以报先帝,次不为朕尽忠力,何以在位"为由将其下狱,案责他罪。② 如果《史记·李斯列传》的记载属实,从赵高在李斯死后升任丞相,成为最大的获利者这一角度来看,李斯之狱纯属赵高为夺取丞相之位而千方百计置李斯于死地的结果。倘若《史记·秦始皇本纪》之记载属实,该狱乃是因李斯等人进忠言逆龙鳞而发生。孰是孰非因而有必要进行探讨。既然所谓沙丘政变很可能乃时人道听途说的传闻甚至有人别有用心地杜撰之作品,《史记·李斯列传》中赵高所谓"夫沙丘之谋,丞相与焉"云云因而可能系太史公"整齐其世传"的结果。③ 即便不接受这样的说法,人们也应该注意到赵高所谓"望裂地而王"之说未免不尽不实。李斯在秦王朝建立之初反对分封诸王,又在博士淳于越进言分封诸子后强烈反对,甚至为此建议颁行焚书令,此乃时人尽知之事。李斯连立诸公子为王之说尚且反对,他怎么可能在废除封建制、实行郡县制已成定局后萌生封王之念?诸如此类言说在分封诸王事纷至沓来的西汉时期出现才属合理。《史记·秦始皇本纪》的前述记载也让人觉得不可思议。秦二世在天下已然大乱的时候自毁长城实属不智。然而,朝堂之事通常为史官所记载,能够为司马迁这样的史家提供比较可靠的原始文献。加之秦二世确有将如实奏闻东方反事的谒者之使下吏之事。④ 在今人看来不合情理之事或许在秦二世眼中并非如此,在没有足以证明其荒谬的可靠史料出现以前,人们应该予以信从。

在右丞相去疾、将军冯劫愤而自杀以后,人们不知秦二世打算如何处置李斯。《史记·李斯列传》较为详细地记载案件审理经过,人们因而有机会得知其详。不过,《史记·李斯列传》充斥着让人难以置信之记载,需要进行考辨。在秦二世决定对李斯等人"案责他罪"前后,

---

① (汉)司马迁:《史记》卷六《秦始皇本纪》,中华书局1982年版,第271—272页。
② (汉)司马迁:《史记》卷六《秦始皇本纪》,中华书局1982年版,第271—272页。
③ (汉)司马迁:《史记》卷一百三十《太史公自序》,中华书局1982年版,第3299—3300页。
④ (汉)司马迁:《史记》卷六《秦始皇本纪》,中华书局1982年版,第269页。

"李斯子由为三川守,群盗吴广等西略地,过去弗能禁。章邯以破逐广等兵,使者覆案三川相属,诮让斯居三公位,如何令盗如此"①。此事顺理成章地成为秦二世处置李斯之借口,这就是所谓"欲案丞相,恐其不审,乃使人案验三川守与盗通状"②。在李斯面临的局面已经非常严峻的情况下,让人难以置信的是,《史记·李斯列传》却记载李斯指斥秦二世为不道之君、诅咒秦王朝行将灭亡事。③这样一些言论确实能合理地解释李斯之狱何以由"赵高案治李斯"进入"于是二世乃使高案丞相狱"的新阶段。④然而,从秦法之治的角度而言,李斯的言说让人觉得匪夷所思。西汉王朝曾经发生类似事件:"夏侯胜非议诏书大不敬,霸阿从不举劾,皆下廷尉,系狱当死。"⑤非议诏书尚且依法当处以死刑,非议皇帝的罪行更为严重,处罚理所当然会更重。在秦汉律大都存在继承关系的情况下,人们难免据而认为,李斯如果像《史记·李斯列传》所记载的那样非议秦二世,依法应该面临更为严厉的处罚。李斯曾经向秦始皇建议"以古非今者族"并成为法令,应该知道诸如"今吾智不及三子,而二世之无道过于桀、纣、夫差"之类言说将面临族刑的后果,⑥不至于"自负其辩,有功"而言他人所不敢言。⑦论与秦二世之间的血缘关系,李斯比不上诸公子;论功劳,李斯比不上蒙氏。在诸公子以及蒙氏已然罹难后,李斯不至于奢望在像那样激怒秦二世以后能够获得其格外开恩。倘若言李斯自知其必死而无所顾忌,其后上书祈求赦免之事就难以合理解释。《赵正书》中并无这样的记载,显得更为可信。《史记·李斯列传》借李斯之口言说秦二世倒行逆施,指出秦王朝行将灭亡,与前述汉人对秦王朝的指责基本一致,非常有利于证实代之而起的汉王朝的合法性,难免让人怀疑系汉代人编撰而为因身处其中而习焉不察的太史公采信。

---

① (汉)司马迁:《史记》卷八十七《李斯列传》,中华书局1982年版,第2554页。
② (汉)司马迁:《史记》卷八十七《李斯列传》,中华书局1982年版,第2559页。
③ (汉)司马迁:《史记》卷八十七《李斯列传》,中华书局1982年版,第2559—2550页。
④ (汉)司马迁:《史记》卷八十七《李斯列传》,中华书局1982年版,第2560—2561页。
⑤ (汉)班固:《汉书》卷八十九《循吏传》,中华书局1962年版,第3629页。
⑥ (汉)司马迁:《史记》卷八十七《李斯列传》,中华书局2014年版,第2560页。
⑦ (汉)司马迁:《史记》卷八十七《李斯列传》,中华书局2014年版,第2561页。

第五章　官吏集团与秦王朝的灭亡

　　章邯所谓李由无力阻止吴广军在一定程度上属实，然而，如果说李由与吴广等人勾结甚至谋反，恐怕让人难以置信。依据《史记》"吴广围荥阳。李由为三川守，守荥阳，吴叔弗能下"①，以及"（周勃）击李由军雍丘下"② 等记载可知，在陈胜、吴广起事后，李由切实担负起守土一方之责。依据《史记》"（沛公、项羽）西略地至雍丘，大破秦军，斩李由"③ 以及"（曹参）南救雍丘。击李由军，破之，杀李由"④ 等记载可知，在秦王朝看来大势已去的情形下，李由仍然坚守其职，直至战死。从利害的角度而言，李由没有与叛军暗中来往的理由：一旦反叛行为被朝廷察觉，他在咸阳的亲友乃至宾客势必受到牵连。而且，李由之父李斯贵为丞相，他也位至郡守，与陈胜、吴广等勾结难以获得更高的权位和利益，更何况陈胜、吴广未必成事。秦二世等人不会不明白此理，然而，他们需要的不过是除去李斯的合乎秦法规定的事由。为此，赵高肆无忌惮地"榜掠千余"以及"使其客十余辈诈为御史、谒者、侍中，更往覆讯斯。斯更以其实对，辄使人复榜之"⑤。更有甚者，"使者来，会丞相下吏，赵高皆妄为反辞"⑥。在李斯因而"终不敢更言，辞服"以后，赵高上奏秦二世，"具斯五刑，论腰斩咸阳市"⑦。综观李斯之狱的发生、发展以及结果，不难得出此乃秦二世和赵高为处死李斯而制造的彻头彻尾的冤案这样的结论。

　　在李斯并未威胁秦二世的皇位的情况下，胡亥为什么要和赵高一道殚精竭虑地制造冤狱，自毁长城？在《史记》中，人们至少可以发现两方面缘由：其一，"尽除去先帝之故臣，更置陛下之所亲信者近之"⑧。自上书而获得秦王嬴政赏识和任用后，李斯为秦国一统天下立下汗马功劳，官职由长史升迁为廷尉。在秦王朝建立后，在明法度、定律令、同

---

① （汉）司马迁：《史记》卷四十八《陈涉世家》，中华书局2014年版，第2370页。
② （汉）司马迁：《史记》卷四十八《陈涉世家》，中华书局2014年版，第2510页。
③ （汉）司马迁：《史记》卷七《项羽本纪》，中华书局1982年版，第302页。
④ （汉）司马迁：《史记》卷五十四《曹相国世家》，中华书局2014年版，第2456页。
⑤ （汉）司马迁：《史记》卷八十七《李斯列传》，中华书局1982年版，第2561页。
⑥ （汉）司马迁：《史记》卷八十七《李斯列传》，中华书局1982年版，第2561—2562页。
⑦ （汉）司马迁：《史记》卷八十七《李斯列传》，中华书局1982年版，第2561—2562页。
⑧ （汉）司马迁：《史记》卷八十七《李斯列传》，中华书局1982年版，第2552页。

文书以及外攘四夷等诸多方面,"斯皆有力焉"①,他也因而由廷尉升迁为丞相。因此,李斯毫无疑问属于秦始皇故臣之一,属于赵高所说的应当除去的大臣的范围。其二,李斯诸多女儿以及诸男之妇被杀,忠诚度堪虑。以往在探讨李斯之狱的时候,人们往往忽略李斯"诸男皆尚秦公主,女悉嫁秦诸公子"事。② 秦二世即位后,诸公子遭屠杀殆尽,连少近官也不能幸免,李斯之女恐怕也难以例外。同时遇难的十公主又必然包含李斯诸男之妇。由于李斯的女儿和儿媳均遭其毒手,秦二世无论如何也不可能相信李斯仍然忠诚于他。在丞相位高权重可能对其构成严重威胁的情况下,秦二世必然设法除掉李斯,这应该是"案责他罪"的真实原因。至于赵高为何尽力置李斯于死地也不难解释:在秉承秦二世旨意除去李斯这样的先帝故臣后,胡亥必然任用其亲信之人,丞相之位舍赵高莫属。

在秦王朝因陈胜、吴广之起事而风雨飘摇的时候,秦二世、赵高一味为巩固帝位或者夺取权位而清除异己,完全没有意识到这样的举动给秦王朝所造成的危机。由"相连坐者不可胜数"这样的记载可知,③ 在秦二世、赵高等人诛杀诸公子大臣的时候,后者所谓同党也在清除之列,连少近官也不得幸免。像李斯这样的大臣,在不断崛起为丞相的过程中,亲信之人不在少数。加之身为丞相的他可以向皇帝推荐郡守人选,并且可以派遣府吏前往县府担任官吏,人们不难设想他的势力如何庞大:"三川守李由告归咸阳,李斯置酒于家,百官长皆前为寿,门庭车骑以千数。"④ 在李斯遇难后,由于秦二世、赵高等人曾经让诸公子、大臣所谓同党连坐,与李斯有千丝万缕联系的大小官吏势必惴惴不安,天下震恐在所难免。

以往秦国国君即位后大多起用政坛新人,以提供建功立业的机会来换取他们的忠诚。在秦国因而不断崛起以及开疆拓土的过程中,官吏们也逐渐聚拢在国君周围,提高了施政效率,确保了政权的稳定。秦二世在继位以后大肆屠杀诸公子和先帝故臣,不少职位因而空缺,为提携新

---

① (汉)司马迁:《史记》卷八十七《李斯列传》,中华书局1982年版,第2546—2547页。
② (汉)司马迁:《史记》卷八十七《李斯列传》,中华书局1982年版,第2547页。
③ (汉)司马迁:《史记》卷八十七《李斯列传》,中华书局1982年版,第2552页。
④ (汉)司马迁:《史记》卷八十七《李斯列传》,中华书局1982年版,第2547页。

第五章 官吏集团与秦王朝的灭亡

人创造了条件。陈胜、吴广起事又为他们建功立业提供了机会。秦二世本来可以像秦先王、先帝那样建立以自己为核心的官吏集团,建立和巩固较为稳定的政治局面。事实却恰好与此相反。现以章邯等人为例说明之。陈胜派遣周章等人率领军队西进至戏,对咸阳构成切实威胁。少府章邯挺身而出,建议秦二世赦免骊山徒,以他们为主力组建军队。秦二世采纳其建议,任命章邯为将军,率领这支秦军镇压起事者。在章邯率领军队大败周章军后,秦二世又派遣长史司马欣、董翳协助章邯镇压其他起事者。陈胜、项梁以及魏咎等楚地名将及其率领的军队基本覆灭,章邯于是率领秦军北渡河而攻打钜鹿。① 在秦王朝内部,赵高任丞相,处死李斯。② 至此,秦二世组建了以赵高为相以及以章邯为将的全新政治格局。

章邯在率军镇压楚地名将及其军队的过程中立下大功,依据诸如"章邯令王离、涉间围钜鹿。章邯军其南,筑甬道而输之粟"之类记载可知,③ 他的官职获得较大提升。王离为名将王翦之孙,在蒙恬遇害后担任三十余万秦军之统帅。章邯能够让这样一位将军服从其调动,除非他的官职与汉王朝统帅天下军队的大将军相类。不过,人们不能想当然地以为,章邯的跨越式升迁乃是秦二世胡亥依法论功行赏的结果。贾生所谓"秦使章邯将而东征,章邯因以三军之众要市于外,以谋其上。群臣之不信,可见于此矣"颇耐人寻味。④ 这样的言说在一定程度上表明,秦二世因章邯并非其亲信之人而不愿依法奖励其功,后者不得不通过"要市于外"的方式获得秦法规定的奖赏。在项羽率领军队前往救钜鹿,"与秦军遇,九战,绝其甬道,大破之,杀苏角,虏王离"后,秦军数次退却。⑤ 章邯不仅未能获得增援,反而遭受秦二世派来的使者之谴责。⑥ 人们不难合理推测的是,章邯既然在建功后要求依法论功行赏,在战事失利后就应依法论罪。正如秦将杨熊在白马、曲遇之战一再失利

---

① (汉)司马迁:《史记》卷六《秦始皇本纪》,中华书局1982年版,第270页。
② (汉)司马迁:《史记》卷六《秦始皇本纪》,中华书局1982年版,第273页。
③ (汉)司马迁:《史记》卷七《项羽本纪》,中华书局1982年版,第304页。
④ (汉)司马迁:《史记》卷六《秦始皇本纪》,中华书局1982年版,第276页。
⑤ (汉)司马迁:《史记》卷七《项羽本纪》,中华书局1982年版,第307页。
⑥ (汉)司马迁:《史记》卷七《项羽本纪》,中华书局1982年版,第308页。

后逃至荥阳，秦二世派使者斩以徇一样。① 在章邯军一再失利而依秦法当诛的情况下，面对"与诸侯为从，约共攻秦，分王其地，南面称孤"的前景，② 为避免"身伏鈇质，妻子为僇"之结局，③ 章邯不得已向项羽投降。

在皇帝居于秦王朝绝对主宰地位的政治权力结构中，若无秦二世首肯和授意，身为郎中令的赵高不大可能肆无忌惮地制造丞相李斯之冤狱。而且，《史记·秦始皇本纪》《史记·项羽本纪》以及《史记·高祖本纪》的诸多记载表明，秦二世并非如《史记·李斯列传》所记载的那样居禁中而任由赵高操纵，而是不断对前线将领发号施令，赵高本人也曾经"恐二世怒，诛及其身"④。因此，一些人将秦王朝灭亡过多归罪赵高也不甚合理。大致而言，与史书基本未见秦国大肆屠戮先君、先王故臣不类的是，秦二世继位后为巩固皇位而将秦始皇时代的功臣宿将屠杀殆尽。在大规模起事爆发后，秦王朝仅有像章邯这样并非秦二世亲近之良将苦撑危局。与秦国先王大都从东方诸侯国源源不断地获得试图在秦国建功立业的才能之士襄助不同的是，在秦王朝大厦将倾、狂澜即倒之时，才能之士多在起事者一方出将入相。在秦王朝军队难以如以往秦军那样在战场上节节获胜的情况下，大量秦王朝将领以及郡县官吏倒向起事者一方，秦王朝之灭亡因而势在必然。

第四节 "伐无道，诛暴秦"析论

在秦二世继位短短三年后，刘邦率领军队攻入武关，嬴秦历经数世艰苦努力而建立的强大王朝随之覆灭。在议论秦王朝何以迅速灭亡的时候，汉人常谓其"土崩"："秦以任刀笔之吏，吏争以亟疾苛察相高，然其敝徒文具耳，无恻隐之实。以故不闻其过，陵迟而至于二世，天下土崩。"⑤ 何谓土崩？汉人以为，"（陈涉）偏袒大呼而天下从风，此其故何也？由民困

---

① （汉）司马迁：《史记》卷八《高祖本纪》，中华书局1982年版，第358页。
② （汉）司马迁：《史记》卷七《项羽本纪》，中华书局1982年版，第308页。
③ （汉）司马迁：《史记》卷七《项羽本纪》，中华书局1982年版，第308页。
④ （汉）司马迁：《史记》卷六《秦始皇本纪》，中华书局1982年版，第273页。
⑤ （汉）司马迁：《史记》卷一百二《张释之列传》，中华书局1982年版，第2752页。

第五章 官吏集团与秦王朝的灭亡

而主不恤，下怨而上不知，俗已乱而政不修，此三者陈涉之所以为资也。是之谓土崩。"① 诸如此类说法对后世影响很大。在前面证明汉人关于秦政的负面评价多属夸大其词后，人们难免进而对他们关于秦王朝何以迅速灭亡的说法提出这样一些疑问：在汉武帝时代，百姓负担的兵役、徭役以及赋税等也异常沉重，而且繁刑严诛问题同样存在，汉王朝何以并未迅速灭亡？因此，人们有必要以《史记》《汉书》等传世文献以及出土秦汉简牍相关记载为依据，对秦末大规模起事领导者、参与者以及所谓"伐无道，诛暴秦"之起源和经过进行考察，在实证基础上较为清晰地勾勒出秦王朝灭亡之逻辑，帮助人们形成关于秦王朝迅速灭亡的经过以及原因更为合理的新认识。

一 陈胜、吴广起事史实辨析

最先振臂高呼"伐无道、诛暴秦"者为陈胜、吴广等人。在建立政权以后，陈胜自封为王。事实上，他这个王与战国秦汉时期诸王还是存在不少区别。太史公仍然将陈胜之传记置入记载诸王事迹的世家系列，在相当程度上表明太史公对于其行事的肯定甚至推崇。倘若秦王朝真的如始皇帝所期望的那样传之无穷，则史书关于陈胜的记载必然完全不同。人们因而可以发现，即便是像太史公那样的良史，在记载史事的时候也难免将主观爱憎掺入其中，从而影响其所撰写的历史的客观性。加之后世出于种种考虑为陈胜披上各种光环，对太史公语焉不详的记载难免产生各种误解。因此，为完成前述研究目标，人们有必要对于首先"伐无道、诛暴秦"的陈胜、吴广等人相关史实进行辨析。

陈胜曾经为人所雇佣而从事农耕，在他发出"苟富贵，勿相忘"的呼声以后，同伴们难免报以嘲笑："若为庸耕，何富贵也？"② 实际上，吏六百石才能赐予五大夫爵位，一般庶民以及秩未达六百石者只能赐予公乘以下爵位。③ 因此，高官厚爵根本不可能是像陈胜这样的黔首可以

---

① （汉）司马迁：《史记》卷一百一十二《平津侯主父列传》，中华书局1982年版，第2956页。
② （汉）司马迁：《史记》卷四十八《陈涉世家》，中华书局1982年版，第1949页。
③ （日）西嶋定生：《中国古代帝国的形成与结构：二十等爵制研究》，武尚清译，中华书局2004年版，第87页。

通过耕战而获得的。这对于秦人而言属于生活常识，陈胜所念念不忘的富贵只有在一种情况下才属可能，这就是推翻秦王朝的统治。令其同伴万万没有想到的是，陈胜居然会有此想法。所谓"燕雀安知鸿鹄之志哉"表明他早已心怀异志。①

陈胜的志向在秦二世元年（前209）七月有了实现的可能性。秦王朝征发"闾左適戍渔阳，九百人屯大泽乡"②。汉人晁错在对秦兴兵攻打胡、粤事进行评论时指出："秦之戍卒不能其水土，戍者死于边，输者偾于道。秦民见行，如往弃市，因以谪发之，名曰'谪戍'。先发吏有谪及赘婿、贾人，后以尝有市籍者，又后以大父母、父母尝有市籍者，后入闾，取其左。"③汉人多对秦王朝所谓暴政夸大其词，极言其弊。不过，晁错关于秦王朝谪戍对象之顺序的说法颇具可信性。秦王朝曾"发诸尝逋亡人、赘婿、贾人略取陆梁地，为桂林、象郡、南海，以谪遣戍"④。在秦二世即位后不久，秦王朝又开始征发"闾左"。人们可以合理推测的是，秦王朝已经征发"尝有市籍者"以及"大父母、父母尝有市籍者"，史书因各种缘故而失载，然距其不远的汉人尚知其事。倘若以上分析合理，居于闾左者很可能在法律地位方面介于有市籍者以及从事农耕的百姓之间。像陈胜这样曾经被人雇佣而从事农耕之人，他们的劳动成果必然归于雇主，不大可能向朝廷缴纳赋税。因此，他们的法律地位势必低于雇佣他人耕作并纳赋税之人。自从商鞅变法以来，秦国基于"重关市之赋，则农恶商，商有疑惰之心。农恶商，商疑惰，则草必垦矣"的考虑而重农抑商，⑤商贾较从事农耕者的法律地位为低便不难理解。在商贾以及有市籍者已经征发后，秦王朝如果仍然需要人谪戍，势必征发法律地位较其为高的居于闾左之人。⑥这样的举措很可能表明其征发的范围已经过大，对农耕构成潜在的威胁。如果继续像这样下去

---

① （汉）司马迁：《史记》卷四十八《陈涉世家》，中华书局1982年版，第1949页。
② （汉）司马迁：《史记》卷四十八《陈涉世家》，中华书局1982年版，第1950页。
③ （汉）班固：《汉书》卷四十九《晁错传》，中华书局1962年版，第2284页。
④ （汉）司马迁：《史记》卷六《秦始皇本纪》，中华书局1982年版，第253页。
⑤ 蒋礼鸿：《商君书锥指》卷一《垦令》，中华书局1986年版，第17页。
⑥ 参见辛德勇《闾左臆解》，《中国史研究》1996年第4期；于振波：《"闾左"身份平议》，《简牍与秦汉社会》，湖南大学出版社2012年版，第144—148页。

就势必将征发范围扩大至雇佣他人从事农耕的百姓，从而动摇秦王朝之根本。① 如此一来人们便不难理解何以汉人伍被将秦王朝"发闾左之戍"视为秦王朝迅速灭亡的原因之一。②

所谓"今诚以吾众诈自称公子扶苏、项燕，为天下唱，宜多应者"云云表明，③陈胜以往对与公子扶苏以及楚将项燕相关的"国之大事"较为关注。也只有如此，他才有可能善加利用，提出切实可行的起事方略，且敢于以区区九百人的队伍"伐无道，诛暴秦"，企图在推翻秦王朝以后实现其鸿鹄之志。倘若果真如汉人所言，因秦王朝严刑峻法、横征暴敛之故，天下早已苦不堪言，欲叛者十之八九，则陈胜振臂一呼，这支由地位低下、"有万死之害而无铢两之报"之戍卒组成的队伍便会悍然起事。④ 事实并非如此。陈胜、吴广应该心知肚明的是，戍卒们看不到希望，完全没有可能冒险跟着起事。为此，他们采取或许可称之为巫术的举措，欺骗士卒追随他们起事：其一，陈胜等人以丹书"陈胜王"于帛，并将其置于军队所购买的鱼腹中，故意让戍卒在烹食的时候发现，误以为此乃天意。其二，陈胜又暗中让吴广夜晚在军队驻地旁边丛祠中点燃篝火，模仿狐狸大呼"大楚兴，陈胜王"，让戍卒们又以为此乃鬼神之意。⑤

陈胜、吴广率领的这支队伍，因大雨导致道路不通之故，无法按时到达戍地，《史记》记载他们"度已失期"⑥。陈胜、吴广等人围绕失期大做文章，让戍卒们误以为身陷绝境，所谓"公等遇雨，皆已失期，失期当斩"是也。⑦ "失期，法皆斩"也出现在《史记》正文中，表明太史公也视之为不言自明之事。⑧ 近来有学者根据出土秦简相关记载而否定其说并提出新说。例如，有学者依据睡虎地秦简记载的《徭律》"御

---

① 参见 Jack L. Dull, "Anti-Qin Rebels: No Peasant Leaders Here", *Modern China*, Vol. 9, No. 3, Symposium: Peasant Rebellions in China (Jul., 1983), pp. 287–289.
② （汉）司马迁：《史记》卷一百一十八《淮南衡山列传》，中华书局1982年版，第3090页。
③ （汉）司马迁：《史记》卷四十八《陈涉世家》，中华书局1982年版，第1949页。
④ （汉）班固：《汉书》卷四十九《晁错传》，中华书局1962年版，第2284页。
⑤ （汉）司马迁：《史记》卷四十八《陈涉世家》，中华书局1982年版，第1950页。
⑥ （汉）司马迁：《史记》卷四十八《陈涉世家》，中华书局1982年版，第1950页。
⑦ （汉）司马迁：《史记》卷四十八《陈涉世家》，中华书局1982年版，第1952页。
⑧ （汉）司马迁：《史记》卷四十八《陈涉世家》，中华书局1982年版，第1950页。

中发征，乏弗行，赀二甲；失期三日至五日，谇；六日至旬，赀一盾；过旬，赀一甲。其得殹（也），及诣。水雨除兴"指出，失期超过十天，处罚也不过赀一甲而已。陈胜等人"会天大雨"，依法无所谓处罚问题。① 这样的质疑是不能成立的。徭役与谪戍乃两回事，失期的危害也不能相提并论，依据《徭律》来讨论谪戍失期事很难算是合理。其他学者通过《史记》等文献记载的夏商周三代以及汉代一些史实指出，"失期当斩"源自三代以来军法，不能据以认定秦法严苛。② 如果这样分析成立，人们又难以解释陈胜紧接着所谓"藉弟令毋斩，而戍死者固十六七"③。这样的言说表明，谪戍失期也存在不斩的可能性。因此，人们对于"失期，法皆斩"应当予以进一步探讨，进而对陈胜相关言说进行更为客观的评判。

　　关于秦法是否存在失期皆斩相关规定，在秦王朝相关史实阙如的情况下，人们可以基于秦汉法律之间大都存在继承关系而通过汉代史实来加以考察。人们在《史记》中不难发现其例。例如，"（将军公孙敖）以将军出北地，后骠骑期，当斩，赎为庶人"④。又如，"（将军张骞）出右北平，失期，当斩，赎为庶人"⑤。依据这些记载可知，军队将领确实因失期而当斩。不过，人们不能因史书未记载士卒之命运而认为他们就不在当斩之列。如次之案例因而显得较为重要：前将军李广"与右将军食其合军出东道，惑失道，后大将军。大将军与单于接战，单于遁走，弗能得而还"⑥。李广向大将军长史指出："诸校尉亡罪，乃我自失道。吾今自上簿。"⑦ 令人万万没想到的是，这位名将因"年六十余，终不能复对刀笔之吏矣"而自杀。⑧ 所谓大将军长史向广、食等人询问失道情形，

---

① 于敬民：《"失期，法皆斩"质疑》，《中国史研究》1989年第1期。
② 庄小霞：《"失期当斩"再探——兼论秦律与三代以来法律传统的渊源》，《中国古代法律文献研究》（第十一辑），社会科学文献出版社2017年版，第120—130页。
③ （汉）司马迁：《史记》卷四十八《陈涉世家》，中华书局1982年版，第1952页。
④ （汉）司马迁：《史记》卷一百一十一《卫将军骠骑列传》，中华书局1982年版，第2942页。
⑤ （汉）司马迁：《史记》卷一百一十一《卫将军骠骑列传》，中华书局1982年版，第2944页。
⑥ （汉）班固：《汉书》卷五十四《李广传》，中华书局1962年版，第2447—2449页。
⑦ （汉）班固：《汉书》卷五十四《李广传》，中华书局1962年版，第2447—2449页。
⑧ （汉）班固：《汉书》卷五十四《李广传》，中华书局1962年版，第2447—2449页。

第五章　官吏集团与秦王朝的灭亡

传达大将军卫青准备向皇帝详细奏报李广等人失道的曲折经历之意，人们不应从文字表面意义来理解。此事归根结底乃是因为李广军因迷路而失期，导致单于逃脱。倘使李广军在失道后能够采取补救措施，及时与卫青率领的大军汇合，李广就不大可能因军队失道而受到惩罚。所谓"失道""失军"云云不过是卫青等人试图为李广开脱罪责而已。李广所谓"诸校尉亡罪，乃我自失道"值得重视。① 作为将军，李广不可能不知道这次"失道"的严重后果。他的言说表明，依据汉法，失期当斩者最多及于校尉。秦法相关规定很可能与其相类。因此，陈胜等人所谓"公等遇雨，皆已失期，失期当斩"就属于故意误导戍卒，让他们以为继续根据官府的命令前往戍地乃死路一条。大概为避免有人知法并揭露其谋从而令其功亏一篑这样的危险之故，陈胜进一步以所谓"藉弟令毋斩，而戍死者固十六七"来夯实戍卒们所误认为的无可挽回之命运。在秦王朝接连征发亡人、赘婿以及有市籍者后，居于闾左之人必然耳闻不少戍卒未能重返家园事。陈胜这样的话因而令其不得不信服，为求一线生机而放手一搏。所谓"壮士不死即已，死即举大名耳，王侯将相宁有种乎"② 云云一方面能够调动戍卒们成为王侯将相的本能欲望，一方面又让他们能够克服长期以来因耳濡目染而形成的忠孝等方面的观念，即便面对王侯将相也毫不犹豫地置其于死地。

陈胜所率领的队伍不过区区九百人而已，他们迅速发展壮大乃至于动摇曾经一统天下的秦王朝的根基必有其故。太史公不过像"攻大泽乡，收而攻蕲。蕲下，乃令符离人葛婴将兵徇蕲以东，攻铚、酂、苦、柘、谯，皆下之。行收兵，比至陈，车六七百乘，骑千余，卒数万人"这样简要叙述陈胜军发展壮大经过而已，③ 为诸如贾生等人所谓"天下云集响应，赢粮而景从"预留了空间。④ 正如陈胜在军队攻占陈县后能够"号令召三老、豪杰与皆来会计事"一样，⑤ 在攻占蕲、铚、酂、苦、柘、谯等地后，陈胜很有可能将秦王朝官府收归己用，利用它们来征收

---

① （汉）班固：《汉书》卷五十四《李广传》，中华书局1962年版，第2447—2449页。
② （汉）司马迁：《史记》卷四十八《陈涉世家》，中华书局1982年版，第1952页。
③ （汉）司马迁：《史记》卷四十八《陈涉世家》，中华书局1982年版，第1952页。
④ （汉）司马迁：《史记》卷六《秦始皇本纪》，中华书局1982年版，第281—282页。
⑤ （汉）司马迁：《史记》卷四十八《陈涉世家》，中华书局1982年版，第1952页。

赋税，征发徭役和兵役等。只有像这样做，陈胜才可能迅速将其军队扩充至数万人。也是因为控制若干地方之政并拥有达数万人之众的军队之故，陈胜在攻占陈县后建立张楚政权并称王方显得合情合理。后来项羽、刘邦等建立军队并不断发展壮大的历程在一定程度上可以作为佐证。

二 关东豪杰趁势复国

由所谓"苟富贵，勿相忘"以及"王侯将相宁有种乎"可知，复兴楚国并非陈胜之志。然在召集陈县三老、豪杰议事的时候，后者以所谓"伐无道，诛暴秦，复立楚国之社稷，功宜为王"为由将其推上王位。① 这样的言说表明，陈县三老、豪杰对于陈胜的支持并非无条件的，他们为他设定推翻秦王朝以及恢复楚国之目标。换言之，这两项使命成为张楚政权建立的正当根据。基于这样一些考虑，同时又为了进一步实现其鸿鹄之志，陈胜派遣军队四处出击：一是陈胜"以吴叔为假王，监诸将以西击荥阳。陈人武臣、张耳、陈馀徇赵地，令汝阴人邓宗徇九江郡"②；二是"陈王令魏人周市北徇魏地"③；三是陈胜委任周章为将军，率领军队向西攻打秦王朝。在这样的形势下，关东豪杰趁机复国。数月之内，数代秦人几十年的心血化为乌有，秦王朝丧失关东大片土地。对这段波澜壮阔的历史，如果能够摒弃成见，从可靠的史料出发，对其经过及其内在缘由进行考查，人们应该能够产生有价值之发现。

关于西征至戏的周章军，《史记·秦始皇本纪》与《史记·陈涉世家》的记载颇为不同。前者曰："二年冬，陈涉所遣周章等将西至戏，兵数十万。"④ 后者云："周文……陈王与之将军印，西击秦。行收兵至关，车千乘，卒数十万。至戏，军焉。"⑤ 非常明显，它们关于这支军队将领姓名的记载不同，《史记·秦始皇本纪》曰"周章"，《史记·陈涉世家》云"周文"。《史记集解》文颖曰："即周章。"⑥ 此乃后世学者试

---

① （汉）司马迁：《史记》卷四十八《陈涉世家》，中华书局1982年版，第1952页。
② （汉）司马迁：《史记》卷四十八《陈涉世家》，中华书局1982年版，第1953页。
③ （汉）司马迁：《史记》卷四十八《陈涉世家》，中华书局1982年版，第1954页。
④ （汉）司马迁：《史记》卷六《秦始皇本纪》，中华书局1982年版，第270页。
⑤ （汉）司马迁：《史记》卷四十八《陈涉世家》，中华书局1982年版，第1954页。
⑥ （汉）司马迁：《史记》卷四十八《陈涉世家》，中华书局1982年版，第1954页。

图调和矛盾之做法，未能提出任何有效证据。关于这支军队之结局，《史记·秦始皇本纪》与《史记·陈涉世家》的记载也存在区别。前者曰："（章邯军）击破周章军而走，遂杀章曹阳。"① 后者指出："周文败，走出关，止次曹阳二三月。章邯追败之，复走次渑池十余日。章邯击，大破之。周文自刭，军遂不战。"② 这些记载表明，到了汉武帝时代，人们对于这支西征至戏的军队的详情已经难以确知。

这就难免让人怀疑太史公关于这支西征军数量达"数十万"的记载。在攻占蕲县以及其他数地后，陈胜军不过数万人而已。在占领陈县后，陈胜不大可能将其军迅速扩充至数十万。而且，陈胜遣人四处出击，都要给他们分派军队。例如，他采纳陈馀之建议，"予卒三千人，北略赵地"③。以此估算，他分派给周章的军队充其量数万而已。在刘邦西征的时候，不少秦王朝郡县官吏投降，所部将士很有可能被其置于麾下。进入咸阳后，刘邦军也不过达十万之众而已。在陈胜、吴广起事之初，张楚政权的前景尚不明朗，不大可能有大量秦军将士投敌。依据以上两方面来判断，周章军的人数不大可能高达数十万之众。联想到"是时项羽兵四十万，号百万。沛公兵十万，号二十万"这样的记载，④ 周章有可能对外宣称其率领的军队达数十万之众。他像这样夸大其词一方面能够给秦王朝造成恐慌，事实上也的确令"二世大惊"⑤；另一方面让秦王朝其他郡县官吏不明真假，误以为秦王朝危在旦夕。从章邯的角度而言，他率领军队与周章军作战，最终消灭这支军队，不可能不知道它的大致数量。然而，章邯如果像贾生说的那样"要市于外"的话，也未必愿意揭露真相。消灭数万叛军与成功镇压数量达数十万之众的叛乱，二者功劳不可同日而语。

在奉命率领军队到达邯郸后，武臣自立为赵王。他采纳张耳、陈馀等人建议，派遣原上谷卒史韩广率领军队北徇燕地。后者在故燕贵人、豪杰的鼓动下，自立为燕王。周市在奉命北徇地至狄的时候，故齐王田

---

① （汉）司马迁：《史记》卷六《秦始皇本纪》，中华书局1982年版，第270页。
② （汉）司马迁：《史记》卷四十八《陈涉世家》，中华书局1982年版，第1954页。
③ （汉）司马迁：《史记》卷八十八《张耳陈馀列传》，中华书局1982年版，第2573页。
④ （汉）司马迁：《史记》卷八《高祖本纪》，中华书局1982年版，第364页。
⑤ （汉）司马迁：《史记》卷六《秦始皇本纪》，中华书局1982年版，第270页。

氏族人田儋杀狄县之令，自立为齐王。周市军不得已还而平定魏地，在使者五反后，陈胜同意立魏宗室后故宁陵君咎为魏王。① 其中，武臣、韩广以及田儋等人分别与原赵、燕以及齐等诸侯国国君没有血缘关系或者血缘关系较为疏远，他们的行为属于趁势而起，与陈胜一样想实现其鸿鹄之志。周市则系借机帮助魏人复国。对于秦王朝而言，此乃陈胜、吴广起事所造成的最为严重的后果。秦国消灭关东诸侯并一统天下，乃是由数位国君花费数十年时间才告完成。武臣等人所建立的国一不像商鞅变法以后的秦国那样拥有强大的国力和军力，二不像秦国那样有不断涌入的关东才智之士为其效力，他们在数月之内就成功略地并建国事值得加以考察。

关于韩广、田儋以及周市等人平定燕、齐以及魏等地的具体情形，太史公语焉不详。不过，人们幸而能在其为张耳、陈馀所列之传中简要了解武臣等人平定赵地之经过。自白马渡河而到达赵地以后，武臣等人成功说服一些豪杰归附，组建人数达数万的军队。武臣等人说服赵地豪杰之言说主要包含三方面内容：其一，以所谓"秦为乱政虐刑以残贼天下"云云让人们认为起事具有正当性；② 其二，不断制造谣言，让人们认为秦王朝危在旦夕，起事具有可行性。例如，陈涉起事并自立楚王后"方二千里，莫不响应，家自为怒，人自为斗，各报其怨而攻其雠，县杀其令丞，郡杀其守尉"③。又如，陈王"使吴广、周文将卒百万西击秦"④；其三，以所谓"报父兄之怨而成割地有土之业"云云调动人们复仇以及建功立业等本能欲望。⑤

前面已对所谓"秦为乱政虐刑"进行讨论，这里试就所谓"县杀其令丞，郡杀其守尉事"以及秦王朝危在旦夕之类言说略加辨析。在《史记》《汉书》等传世文献中明确记载秦王朝末年杀县令、郡守尉事者，

---

① （汉）司马迁：《史记》卷四十八《陈涉世家》，中华书局1982年版，第1955—1956页。
② （汉）司马迁：《史记》卷八十八《张耳陈馀列传》，中华书局1982年版，第2573页。
③ （汉）司马迁：《史记》卷八十八《张耳陈馀列传》，中华书局1982年版，第2573—2574页。
④ （汉）司马迁：《史记》卷八十八《张耳陈馀列传》，中华书局1982年版，第2573—2574页。
⑤ （汉）司马迁：《史记》卷八十八《张耳陈馀列传》，中华书局1982年版，第2574页。

无非田儋杀狄县之令、项羽杀会稽守,东阳少年杀其令以及沛县父老共同诛杀其令而已。① 田儋杀狄令与武臣等人略赵大致同时,武臣等人有可能知晓其事。项羽、东阳以及沛县事则在其后,武臣等人不可能有先见之明。因此,武臣等人所言,虽不是无稽之谈,然也是将星星之火夸大为燎原之势的结果。或有学者表示反对,他们的依据是,太史公曾明确记载:"山东郡县少年苦秦吏,皆杀其守尉、令丞反,以应陈涉,相立为侯王,合从西乡,名为伐秦,不可胜数也。"② 诸如此类记载还不止一处。对于《史记》的记载,人们自然应予重视,然而不应盲从。所谓各地杀县令、郡守尉事不可胜数的记载就非常可疑。在诛杀县令丞、郡守尉类事发生后,领导者往往称王,《史记》为其大书特书。例如,陈胜、田儋、刘邦以及项羽等人后来均称王,太史公专门为其立传,详细叙述其成长经历以及最终归宿。东阳少年杀其令,固然未在史书上留下其姓名,然其强行立故东阳令史陈婴为其长,后者亦担任楚上柱国、封五县,为史书所记载。③ 然而,对于其他所谓不可胜数的诛杀县令丞、郡守尉并自立为侯王的类似事件,太史公在《史记》中却并未提供任何佐证。换言之,出自武臣等人之口的所谓不可胜数的"县杀其令丞,郡杀其守尉"事难以获得充分可靠的史料的支持。或许在它们有助于解释秦王朝何以迅速灭亡的情况下,太史公在撰写《史记》的时候难免受其影响。至于吴广、周文将卒百万伐秦云云,乃是武臣等人为了让赵地豪杰相信秦王朝行将灭亡而夸大其词,甚至可以说是制造的谣言。倘若秦王朝真的如武臣等人所说的那样"为乱政虐刑以残贼天下",有人振臂一呼,天下便会云集响应。武臣等人不断夸大其词,制造谣言甚至恐慌,只能表明事实并非如此。

在攻占赵地十余城后,武臣等人对于赵地其他郡县的攻击并不顺利。不过,在武臣等人率领军队改而向东北准备攻打范阳的时候,蒯通成功说服范阳令投降。在范阳令将城池交给武臣等人后,"赵地闻之,不战以城下者三十余城"④。赵地就像这样被武臣等人所平定。韩广、田儋以

---

① (汉)司马迁:《史记》卷六《项羽本纪》,中华书局1982年版,第298页。
② (汉)司马迁:《史记》卷六《秦始皇本纪》,中华书局1982年版,第269页。
③ (汉)司马迁:《史记》卷六《项羽本纪》,中华书局1982年版,第298—300页。
④ (汉)司马迁:《史记》卷八十八《张耳陈馀列传》,中华书局1982年版,第2575页。

及周市等人平定韩、齐以及魏地的过程很有可能与武臣相类。倘若他们都必须拼死血战才能攻城略地的话，数千人的军队不大可能在数月之内完成强大的秦军数十年才完成的使命。这是否百姓苦于秦王朝的严刑峻法和横征暴敛，故而云集响应起事军队的结果？无论是在与秦汉史事相关的传世文献相关记载中，还是在出土秦汉简牍之记载中，人们都难以发现百姓箪食壶浆以迎起事军之记载，更未见百姓聚众以响应起事者并迫使秦王朝郡县官吏投降之只言片语。恰好相反，人们在《史记》可以发现反对起事军队的记载。例如，范阳少年企图杀害其县令，控制城池并反抗武臣等人进犯。①

从秦王朝的权力结构的角度而言，由于郡县官吏负责当地防务，控制所属军队，坚守城池抑或投降完全取决于他们的决定。因此，他们而非百姓决定武臣、韩广、田儋以及周市等人徇地的过程是否顺利。在探讨秦王朝为什么在短时间内迅速丧失函谷关以东大片土地之类问题应当从郡县官吏的言行入手。蒯通劝说范阳令的言说因而值得重视：其一，天下大乱，诸侯相继背叛秦王朝，秦法难以继续实施。在外有武信君率领的军队即将发动进攻，内有少年因父兄或其他亲人被杀、断足或者黥首而准备复仇的情况下，范阳令的身家性命堪忧；其二，范阳令如果改而向武信君投诚，则不但身家性命可保，还可以获封侯爵。② 至于所谓周文已经率军百万攻入函谷关之说，身居关东的秦王朝官吏们未必能够及时分辨真伪，人心惶惶在所难免，甚而以为秦王朝大势已去。因此，在关东秦王朝郡县官吏心目中，一方面，秦法难以像以往那样继续保障他们的身家性命；另一方面，在他们投敌后，秦法也不能像以往那样施以严厉制裁。据张家山汉简《二年律令》记载："降诸侯，及守乘城亭障，诸侯人来攻盗，不坚守而弃去之若降之，及谋反者，皆要（腰）斩。其父母、妻子、同产无少长皆弃市。"③ 此乃汉法而非秦法，然汉法多沿袭秦法。人们或许可以根据这样的法令而推测秦王朝郡县官吏降敌

---

① （汉）司马迁：《史记》卷八十八《张耳陈馀列传》，中华书局1982年版，第2575页。
② （汉）司马迁：《史记》卷八十八《张耳陈馀列传》，中华书局1982年版，第2574—2575页。
③ 张家山二四七号汉墓竹简整理小组：《张家山汉墓竹简【二四七号墓】》（释文修订本）》，文物出版社2006年版，第7页。

会有何下场。然而，一旦他们认为可以脱离秦法之管辖，加之身家性命获得武臣等人承诺的保障，人们依据常识就能知道关东秦王朝郡县官吏会做出什么样的抉择。

从秦王朝的角度而言，在秦二世大肆诛杀大臣诸公子后，太史公在《史记·秦始皇本纪》中称其"用法益刻深"①。《史记·李斯列传》也有"法令诛罚日益刻深，群臣人人自危，欲畔者众"这样的记载。② 或许秦二世以为，在诛杀对其帝位构成威胁的诸公子、大臣及其爪牙，换上其亲信之人后，如果大小官吏都慑于法令诛罚之故而不敢起异心，他从此就可以"悉耳目之所好，穷心志之所乐，以安宗庙而乐万姓，长有天下"③。任何人制定的法令、采取的举措都不能违反人性，否则必然自食其果，秦二世也不例外。在满足衣食住行等生存所需以后，人们就比较重视满足安全方面的需求，没有人愿意长期在动辄得罪、身家性命难以保全的环境中生活。倘若秦二世为郡县官吏营造这样一种恶劣的生存环境，在起事军队以令人信赖的方式确保秦王朝郡县官吏的既有权力和利益，又为其解除动辄得罪的威胁的情况下，他们纷纷向武臣等人投降便不难理解。倘若如此，秦王朝二世而亡与严刑峻法不能说没有任何关系。然而，与人们通常的理解颇有出入的是，并非天下百姓而是诸多郡县官吏苦于乱政虐刑。在他们纷纷向起事者投降后，秦王朝呈现大厦将倾之迹象。

三　项羽、刘邦等起而亡秦

陈胜之起事除了让周市等人借机帮助魏王后裔复国以及武臣等人借复国的名义建功立业以外，还有一些豪杰趁势而起。例如，陵人秦嘉等率领军队围攻东海守庆于郯，④ 沦为群盗之黥布"乃见番君，与其众叛秦，聚兵数千人"⑤。影响最大的乃是以项羽、刘邦等为首的起事者。就所谓"伐无道，诛暴秦"事而言，从史料出发探讨项羽、刘邦

---

① （汉）司马迁：《史记》卷六《秦始皇本纪》，中华书局1982年版，第269页。
② （汉）司马迁：《史记》卷八十七《李斯列传》，中华书局1982年版，第2553页。
③ （汉）司马迁：《史记》卷八十七《李斯列传》，中华书局1982年版，第2552页。
④ （汉）司马迁：《史记》卷四十八《陈涉世家》，中华书局1982年版，第1957页。
⑤ （汉）司马迁：《史记》卷九十一《黥布列传》，中华书局1982年版，第2598页。

等人兴起之缘由以及颠覆秦王朝的逻辑更为重要。只有这样，人们才不会被汉代士大夫的言说所蒙蔽，也才能真正从秦亡汉兴故事中吸取经验和教训。

项羽乃世世为楚将的项氏之后代，如果所谓"学万人敌"至多表明他希望像祖先一样成为将军的话，① 在秦始皇帝游会稽的时候，其"彼可取而代也"这样的言说则表明，② 项羽心怀天下之志。项羽之季父项梁同样心怀异志，在避仇于吴中的时候，他暗中以兵法约束宾客子弟，试图通过这种方式知道他们的才能，③ 显然是为以后图谋大事做准备。在陈胜等人于大泽乡起事后，项氏实现其天下之志的时机到来。会稽郡守通召唤项梁并与其商议："江西皆反，此亦天亡秦之时也。吾闻先即制人，后则为人所制。吾欲发兵，使公及桓楚将。"④ 会稽郡守的言行表明，在周章军攻入函谷关以及赵、韩、齐以及魏等国建立以后，像会稽郡郡守这样秦王朝高级官吏也认为秦王朝大势已去，不仅不愿挽狂澜于既倒，反而准备起兵反叛。在项羽出其不意地斩杀会稽郡守后，"项梁持守头，佩其印绶"⑤。在项羽杀死郡守府数十百人，彻底制服郡府之人后，"梁乃召故所知豪吏，谕以所为起大事，遂举吴中兵。使人收下县，得精兵八千人。梁部署吴中豪杰为校尉、候、司马"⑥。这样的记载一方面表明，项梁等人起事，并非被秦王朝法令诛罚以及横征暴敛所困，而是趁势而起，企图建功立业；另一方面向人们较为详细地展示项氏军队的形成过程。校尉、候以及司马等军官乃是项氏暗中结交的豪吏，精兵八千人乃是项梁派人收下属县士卒的成果。项氏这支军队因而并非由苦于秦王朝暴政的百姓组成，而是项氏在接管会稽郡后将秦王朝士卒收归己有的结果。

与项氏乃楚国贵族不同的是，刘邦出身秦王朝小吏。根据他看到

---

① （汉）司马迁：《史记》卷七《项羽本纪》，中华书局1982年版，第296页。
② （汉）司马迁：《史记》卷七《项羽本纪》，中华书局1982年版，第296页。
③ （汉）司马迁：《史记》卷七《项羽本纪》，中华书局1982年版，第296页。
④ （汉）司马迁：《史记》卷七《项羽本纪》，中华书局1982年版，第297页。
⑤ （汉）司马迁：《史记》卷七《项羽本纪》，中华书局1982年版，第297页。
⑥ （汉）司马迁：《史记》卷七《项羽本纪》，中华书局1982年版，第297页。

第五章 官吏集团与秦王朝的灭亡

始皇帝以后所说的"嗟乎,大丈夫当如此也"来看,① 与项羽一样,刘邦也是不安其位、有天下之志之人。担任亭长的刘邦曾经为沛县送徒前往郦山,途中徒不断逃亡,估计到了郦山以后逃亡殆尽。在到达丰西泽以后,刘邦干脆"止饮,夜乃解纵所送徒"②。在无从获悉相关秦法的情况下,或有学者认为可以参考张家山汉简记载的毋忧案而推测刘邦因而应该受何种处罚:"(毋忧)为都尉屯,已受致书,行未到,去亡。"官府因其岁出五十六钱以充当徭赋之故而对其逃亡应如何定罪产生争议并奏谳,朝廷回复应当腰斩。③ 刘邦纵徒逃亡事与毋忧去亡事之间不无区别,然而,其法律后果可能并不多大不同。无论秦王朝是否处于风雨飘摇的境地,人们也很难设想刘邦率领十余人组成的军队举大计能够成功。④ 大概刘邦因纵徒之故而处于"亡亦死,举大计亦死"的境地。⑤ 否则,他没有必要在看不到任何希望的情况下对秦王朝发动无异于以卵击石的战争。

不过,刘邦仍然企图成为秦始皇那样的大丈夫。他利用秦汉时期人们的信仰或者心理大做文章。如果说"刘媪尝息大泽之陂,梦与神遇。是时雷电晦冥,太公往视,则见蛟龙于其上。已而有身,遂产高祖"⑥、"常从王媪、武负贳酒,醉卧,武负、王媪见其上常有龙"⑦ 以及老父言吕后母子之事⑧很可能是后来汉王朝为了将刘邦塑造成为天命所归者而塑造的神话的话,"拔剑击斩蛇,蛇遂分为两"以及老妪所谓其子白帝子化为蛇而为赤帝子所斩事很可能系刘邦所编造出来的神话。⑨ 刘邦隐于芒、砀山泽岩石之间,吕雉所谓"季所居上常有云气"故而常常求得之说亦如是。⑩ 诸如此类行为的目的非常明确,这就是令"诸从者日益

---

① (汉)司马迁:《史记》卷八《高祖本纪》,中华书局1982年版,第344页。
② (汉)司马迁:《史记》卷八《高祖本纪》,中华书局1982年版,第347页。
③ 张家山二四七号汉墓竹简整理小组:《张家山汉墓竹简【二四七号墓】》(释文修订本)》,文物出版社2006年版,第91页。
④ (汉)司马迁:《史记》卷八《高祖本纪》,中华书局1982年版,第347页。
⑤ (汉)司马迁:《史记》卷四十八《陈涉世家》,中华书局1982年版,第1950页。
⑥ (汉)司马迁:《史记》卷八《高祖本纪》,中华书局1982年版,第341页。
⑦ (汉)司马迁:《史记》卷八《高祖本纪》,中华书局1982年版,第343页。
⑧ (汉)司马迁:《史记》卷八《高祖本纪》,中华书局1982年版,第346页。
⑨ (汉)司马迁:《史记》卷八《高祖本纪》,中华书局1982年版,第347页。
⑩ (汉)司马迁:《史记》卷八《高祖本纪》,中华书局1982年版,第348页。

畏之"① 以及"沛中子弟或闻之，多欲附者矣"②。至此人们可以发现，刘邦真可谓因秦法严酷之故而不得不起事之人。在他付出诸多努力后，跟从者仅数十百人而已，③ 而且没有任何理由相信他们也与刘邦的境遇相同或相似。

　　刘邦原本毫无成功希望的大业很快迎来转机。在陈王派遣将领四处出击并在不少秦王朝郡县官吏中间引起恐慌的时候，沛县之令准备积极响应。萧何、曹参向其指出："君为秦吏，今欲背之，率沛子弟，恐不听。原君召诸亡在外者，可得数百人，因劫众，众不敢不听。"④ 人们有必要思考的问题是，如果天下果真如贾谊、晁错以及伍被等人所说的那样，如果刘邦等人所谓"天下苦秦久矣"果真属实，⑤ 萧何、曹参之流有何必要向沛县之令提出上述建议？刘邦与萧何、曹参等人所持看法相近。在射向沛县县城的书帛中，刘邦威胁沛人跟随起事："今父老虽为沛令守，诸侯并起，今屠沛。沛今共诛令，择子弟可立者立之，以应诸侯，则家室完。不然，父子俱屠，无为也。"⑥ 所谓诸侯并起确有其事，然是否即将屠沛却未必如此，至少刘邦没有提供令人信服的证据。然而，沛县已经人心惶惶。在刘邦空言恫吓下，沛县父老率领子弟一起杀死沛令，打开城门迎接刘邦等人。刘邦因而成为沛公，"少年豪吏如萧、曹、樊哙等皆为收沛子弟二三千人"⑦。此乃秦末起事者利用其掌握的秦县官府扩充军队的又一实例，与项羽等人掌握会稽郡以后迅速建立八千人的军队一样，都可以视为陈胜军迅猛发展的佐证。

　　在项氏、刘邦等起事并建立政权后，他们面临的政治、军事形势发生重大变化。在章邯率领秦军大败周章军以后，秦二世派遣长史司马欣、董翳协助他平叛。章邯军先后在荥阳、郯、许以及陈等地打败陈胜军各部，诸多将领甚至陈胜本人也先后遇难，⑧ 项氏军以及刘邦军陷入苦战。

---

① （汉）司马迁：《史记》卷八《高祖本纪》，中华书局1982年版，第347页。
② （汉）司马迁：《史记》卷八《高祖本纪》，中华书局1982年版，第348页。
③ （汉）司马迁：《史记》卷八《高祖本纪》，中华书局1982年版，第349页。
④ （汉）司马迁：《史记》卷八《高祖本纪》，中华书局1982年版，第349页。
⑤ （汉）司马迁：《史记》卷八《高祖本纪》，中华书局1982年版，第350页。
⑥ （汉）司马迁：《史记》卷八《高祖本纪》，中华书局1982年版，第350页。
⑦ （汉）司马迁：《史记》卷八《高祖本纪》，中华书局1982年版，第350页。
⑧ （汉）司马迁：《史记》卷四十八《陈涉世家》，中华书局1982年版，第1956—1958页。

就项氏军而言,在先后合并陈婴、黥布、蒲将军以及秦嘉等人率领的军队后,兵力超过六七万人。① 然在他们攻击秦王朝郡县的过程中,官吏们的表现与以往截然不同。例如,"项梁前使项羽别攻襄城,襄城坚守不下"②。又如,"沛公、项羽乃攻定陶。定陶未下,去,西略地至雍丘,大破秦军,斩李由。还攻外黄,外黄未下"③。刘邦军与其相类,虽其兵力逐渐扩充至一万余人,然在攻打秦王朝郡县的过程中,官吏们宁死也不肯投降。例如,"(刘邦)引兵之薛。泗州守壮败于薛,走至戚,沛公左司马得泗川守壮,杀之"④。又如,"东阳宁君、沛公引兵西,与战萧西,不利。还收兵聚留,引兵攻砀,三日乃取砀"⑤。趁此时机复国的韩国平定其地的过程十分不顺,与武臣、韩广、田儋以及周市等人分别平定故地而建立赵、燕、齐以及魏的过程形成较为鲜明的对照:"项梁使良求韩成,立以为韩王。以良为韩申徒,与韩王将千余人西略韩地,得数城,秦辄复取之,往来为游兵颍川。"⑥

秦王朝官吏们的意志和行为在较短时间内发生重大变化的原因至少有二:其一,章邯军镇压陈胜、项氏以及刘邦等人率领的军队的表现为官吏们重新赢来信心。被武臣等人夸大至百万之众的周章军在章邯军的打击下覆灭,一度声势浩大的陈胜军也被秦王朝军队所镇压。在与项氏军以及刘邦军作战过程中,章邯率领的秦王朝军队尽管有时遭遇败绩,然而,他们也多次获得大捷。例如,"章邯军至栗,项梁使别将朱鸡石、馀樊君与战。馀樊君死,朱鸡石军败,亡走胡陵"⑦。更让秦王朝官吏们振奋的是,连项梁这样的名将也在秦军的打击下军败身死:"秦果悉起兵益章邯,击楚军,大破之定陶,项梁死。"⑧ 这样的战场态势不仅让官吏们认为秦王朝的军事威胁正在乃至必将解除,在起事者蛊惑下的少年们也不敢轻举妄动。换言之,在秦王朝治理秩

---

① (汉)司马迁:《史记》卷七《项羽本纪》,中华书局1982年版,第298—299页。
② (汉)司马迁:《史记》卷七《项羽本纪》,中华书局1982年版,第299—300页。
③ (汉)司马迁:《史记》卷七《项羽本纪》,中华书局1982年版,第302页。
④ (汉)司马迁:《史记》卷八《高祖本纪》,中华书局1982年版,第351页。
⑤ (汉)司马迁:《史记》卷八《高祖本纪》,中华书局1982年版,第352页。
⑥ (汉)司马迁:《史记》卷五十五《留侯世家》,中华书局1982年版,第2036页。
⑦ (汉)司马迁:《史记》卷七《项羽本纪》,中华书局1982年版,第299页。
⑧ (汉)司马迁:《史记》卷七《项羽本纪》,中华书局1982年版,第303页。

序逐渐得以恢复的情况下，官吏们认为又可以得到秦法的保护；其二，逐渐恢复其权威的秦法又势必重新对秦王朝官吏们形成有效约束。例如，李斯因其子李由不能禁止群盗往来三川而被下狱，其后更是以谋反的罪名而被夷三族。① 丞相尚且如此，其他秦王朝官吏若有类似行为其结果不言而喻。

对于秦王朝而言好景不长的是，对其较为有利的军事—政治态势因章邯军与项羽军的钜鹿之战而发生不可逆转的变化。这一大战因赵国君臣逃入钜鹿城而起。章邯令王离、涉间围之，自己则率领军队驻扎于钜鹿城之南，修建甬道为王离、涉间军提供粮草。② 项羽派遣当阳君、蒲将军率军二万渡河救钜鹿，为王离军所败。项羽于是率领所部其余楚军渡河，"皆沈船，破釜甑，烧庐舍，持三日粮"，大破王离、涉间军。③ 有学者指出，章邯置被围的王离军于不顾，致其全军覆灭，身为人虏，表明章邯与王离之间关系不密切，甚至有矛盾。因此，钜鹿之战秦军之败与其将领之间存在矛盾不无关系。④ 对于诸如此类说法，人们可以进一步推敲。以往王离作为裨将在北方驻守，防备匈奴。章邯则担任少府，负责骊山事务。二人之间似乎并无交集，也无从产生矛盾。在奉章邯之令南下平叛并包围钜鹿后，王离军为项羽军所围困。"（项羽军）与秦军遇，九战，绝其甬道。"⑤ 这支秦军只可能是章邯所部军队，一来王离军已经被包围，二来为王离军提供粮草的乃章邯军。既然为了确保输往王离军的粮草通道畅通，章邯军不惜与项羽军发生九战，人们很难坚持认为章邯坐视王离军陷入困境。或有学者指出，在项羽军与王离军决战的时候，章邯军至少有二十余万之众，却没有大力救援王离军。这样的说法也是不能成立的。"诸侯军救钜鹿下者十余壁。"⑥ 人们不能以"莫敢纵兵"这样的后见之明而指责章邯

---

① （汉）司马迁：《史记》卷八十七《李斯列传》，中华书局1982年版，第2562页。
② （汉）司马迁：《史记》卷七《项羽本纪》，中华书局1982年版，第304页。
③ （汉）司马迁：《史记》卷七《项羽本纪》，中华书局1982年版，第307页。
④ 施丁：《谈谈"章邯军"与"王离军"》，《史学月刊》2001年第3期。
⑤ （汉）司马迁：《史记》卷七《项羽本纪》，中华书局1982年版，第307页。
⑥ （汉）司马迁：《史记》卷七《项羽本纪》，中华书局1982年版，第307页。

置王离军于不顾。① 在王离军被项羽军包围后，诸侯军所畏者为章邯军。章邯不可能因他率领的军队为诸侯军所畏而投入全部力量与项羽军决战。他必须防范在像这样做以后为诸侯军所乘而腹背受敌的可能性。由"楚战士无不一以当十"这样的记载可知，② 王离军相对于楚军而言至少具有数量上的优势。因此，章邯关于钜鹿之战的军事部署并无明显不当。③ 对于秦王朝而言，章邯之罪在于，他在钜鹿一战后丧失斗志，在尚拥有二十余万之众的军队的情况下，在再次失败后以欺诈手段令所部秦军向项羽军投降。④

以往有学者在各种场合指出秦王朝尚有另外一支生力军，这就是南征百越的军队。⑤ 诸如此类说法难以成立。南征百越的军队在基本消灭当地抵抗势力的同时自身消耗也极大。秦王朝为此必须征发亡人、赘婿以及商贾前往平定百越，开创桂林、南海和象郡等岭南三郡。他们很可能与原来的秦军一道转为三郡驻军。章邯所率领的秦军因而是秦王朝镇压起事的主要力量。这支军队的投降对刘邦向西略地事产生重大影响。刘邦军在西征的时候虽通过收陈胜、项梁军散卒以及夺刚武侯军等方式不断发展壮大，也取得袭陈留、败杨熊以及略南阳郡等胜利，然也多次失利。例如，刘邦与彭越俱攻秦军不利，攻昌邑、开封未拔，战雒阳东不利，等等。⑥ 令刘邦军不利态势发生根本转变的乃南阳郡守率领部下向其投降。根据陈恢所谓"宛，大郡之都也，连城数十，人民众，积蓄多，吏人自以为降必死，故皆坚守乘城。今足下尽日止攻，士死伤者必多；引兵去宛，宛必随足下后"可知，⑦ 如果南阳郡吏民奋起抵抗，刘邦军势必陷入两难困境。然而，在答应陈恢之要求而封宛守为殷侯以及封陈恢千户以后，刘邦不仅得以率领原来驻

---

① （汉）司马迁：《史记》卷七《项羽本纪》，中华书局1982年版，第307页。
② （汉）司马迁：《史记》卷七《项羽本纪》，中华书局1982年版，第307页。
③ 参见辛德勇《巨鹿之战地理新解》，傅杰编：《二十世纪中国文史考据文录》，云南人民出版社2001年版，第2093—2094页。
④ （汉）司马迁：《史记》卷七《项羽本纪》，中华书局1982年版，第308—310页。
⑤ 他们并未以学术论文的形式公开发表，故而不便引用。
⑥ （汉）司马迁：《史记》卷八《高祖本纪》，中华书局1982年版，第357—359页。
⑦ （汉）司马迁：《史记》卷八《高祖本纪》，中华书局1982年版，第359—360页。

守宛的秦王朝军队一起西征，而且在此过程中"无不下者"[1]。秦王朝官吏们再次纷纷不战而降的缘故不难得知。以往他们之所以坚守城池的唯一原因是他们自认为投降以后必然死路一条，此乃刘邦在西征过程中"南攻颍阳，屠之"之类举动给秦王朝官吏们留下的印象。[2]然而，在获悉宛投降刘邦以后仅军队必须跟随其西征而官吏们能够维持现状后，他们别无选择。与以往周章军对秦王朝构成较为严重的威胁仅属真假难辨的传闻甚至谣言不同的是，王离军在钜鹿之战大败。而且，章邯军也屡次受挫且有投降之虞。此乃秦王朝官吏们不得不面对的军事现实。与武臣等人略地而复国时一样，在秦王朝官吏们看来，秦法既不能继续保障他们的安全又不能制裁他们向起事者投降之行为。赵高处死李斯也有可能与秦王朝官吏们纷纷投降有关。[3]据《史记》记载，在李斯为其子回咸阳而大摆筵席时，前往祝寿之官吏的车骑数以千数，其中可能包含若干郡县官吏。倘若事实果真如此，在赵高有可能循故事而对他们开杀戒的时候，官吏们唯有择木而栖方觉无虞。局势恶化至此，秦王朝灭亡不过是时间问题。

与以往汉代士大夫所谓秦王朝暴政导致其迅速灭亡完全不同的是，在秦二世为巩固皇位而对秦王朝功臣宿将大肆屠杀后，陈胜、项羽以及刘邦等早已心怀异志者趁势而起。他们利用巫术以及谣言等手段发动区区数百之众跟随其起事，在成功夺取秦王朝一些郡县后利用官府的力量迅速扩充军队。在他们向秦王朝四处出击的过程中，一些豪杰趁势建功立业，迅速重建为秦王朝灭亡的诸侯国。秦王朝关东郡县官吏因认为秦法之治难以为继而纷纷投降。在秦王朝负责镇压起事的主要军事力量向项羽投降并遭阬杀后，其余郡县官吏因见秦王朝大势已去而纷纷向刘邦军投降，秦王朝的灭亡因而成为必然。倘若秦王朝没有因皇位继承引发的政治斗争所导致官吏集团不稳定，倘若秦王朝大小官吏都不以严法刻刑为意，恪尽职守，死而后已，人们很难设想的是，以曾经灭亡六国的秦王朝军队之强，甚至难以与六国军队相提并

---

[1] （汉）司马迁：《史记》卷八《高祖本纪》，中华书局1982年版，第360页。
[2] （汉）司马迁：《史记》卷八《高祖本纪》，中华书局1982年版，第358页。
[3] （汉）司马迁：《史记》卷六《秦始皇本纪》，中华书局1982年版，第273页。

论的起事者有可能灭亡秦王朝。

第五节 本章小结

　　秦始皇帝大兴土木、南征北战等做法的确有伤民力,然而,若言天下因而怨望乃至海内因而随时准备反叛不过汉代士大夫夸大其词而已。事实上,无论是陈胜、吴广起事,还是项羽、刘邦等人反秦,都是通过妖言惑众以及危言耸听等方式鼓动不明真相之人夺取一些地方之官府,然后利用很可能改造后的官府征发兵役以迅速扩充其军队,与汉儒所谓首事者攘臂一呼后天下便云集响应完全不同。也就是说,参与起事者往往并非所谓严刑峻法以及横征暴敛的受害者。

　　秦王朝二世而亡肇始于始皇帝在其驾崩以前未能合理地安排最高权力的有序转移。公子扶苏是秦始皇长子,深得崇尚儒术的士大夫之心。在出任监军后,公子扶苏又获得统率数十万大军的将军蒙恬等人的支持。至少这两拨人都期待公子扶苏继位。然而,秦始皇出于维持政治遗产等方面考虑而立胡亥为储君。这一做法不符合嫡长子继承的古老政治传统,加之胡亥继位以后又倚重赵高之类出身隐宫之人,难免让人们觉得其继位属于"名不正"。诸公子因而企图与秦二世争夺皇位,大臣也纷纷表示不服。为此,秦二世与赵高修订法律,鞠治对胡亥皇位构成威胁之诸公子以及大臣,甚至不惜利用皇帝的权力直接将并未违反秦法的公子将闾昆弟以及大臣蒙恬兄弟等赐死,连坐其左近官。秦二世继位后政治事态的发展,较为生动地诠释了孔子所谓"名不正,则言不顺;言不顺,则事不成;事不成,则礼乐不兴;礼乐不兴,则刑罚不中"①。

　　在孔子生活的时代,"刑罚不中"不过造成"民无所措手足"而已。秦二世大肆诛杀诸公子以及大臣,给官吏集团造成非常严重之破坏,为陈胜这样心怀异志之人所利用。在大泽乡起事后,陈胜率领区区九百人的戍卒攻占若干县城,迅速扩充其军队。在建立张楚政权后,陈胜一方

---

　　① (宋)朱熹:《论语章句集注》卷七《子路》,载《四书章句集注》,中华书局1983年版,第142页;参见宁全红《"礼乐不兴,则刑罚不中"新解》,《中华文化论坛》2017年第10期。

面派遣武臣、周市等人四处略地，一方面派遣周章等人率领军队西征。在赵、燕、齐以及魏等国趁机死灰复燃的同时，诸如项羽、刘邦之类心怀异志之人也趁势而起。在周章军西征给秦王朝造成重大威胁以及项羽军歼灭章邯军这支秦王朝主要军事力量的情况下，秦法不能像以往那样保障秦王朝官吏们身家性命、约束和制裁秦王朝官吏通敌行为，加之起事者经常通过维持秦王朝官吏既有权力和利益以及赐予高官侯爵等方式拉拢，秦王朝大小官吏纷纷投降，导致关东土地迅速沦丧以及刘邦军和项羽军的长驱直入咸阳。事态恶化至此，秦王朝覆灭的命运便难以避免。总之，秦王朝在政治方面陷入危机后引发军事方面的危机，而军事危机又反过来促进政治的崩溃，从而让秦王朝迅速灭亡，这才是秦二世而亡的真正原因。

结　　语

　　自从汉、唐时起，一些士大夫就比较热衷于议论秦王朝何以迅速灭亡。时至今日，这一问题仍然为相关领域学者所关注，为此发表不少论著。关于秦国迅速崛起的经验之总结也应该被学人们提上议事日程。如果不能像生活在周、秦时代的人们那样将家、国兴衰归诸天意或者五德终始，人们就应该从其他角度解释秦何以兴亡："以德配天"说很难回答战国时人公认的所谓"暴秦"或者拥有"虎狼之师"的秦国何以能够获得皇天眷顾乃至于一统天下之问题。"五德终始"说难以解释替代存续时间长达八百余年的周王朝的秦王朝何以二世而亡之问题。依据《史记》相关记载来看，秦国在商鞅主持下实施变法，实现治理模式由"议事以制"向"以法治国"的转变以后，秦人的耕战积极性空前高涨，国家也迅速富强。在十余年时间内，天子赐伯且诸侯毕贺。因此，秦国迅速崛起必然与秦法存在莫大关联。商鞅身死而秦法未败，除根据形势变化以及治理需要而对秦法进行修改以及整理之外，秦人再未进行类似商鞅变法那样的重大变革。秦法因而不过随着时代需要的变化而不断发展和完善而已。就在此情形下，秦王朝却在短短十余年后覆灭。因此，人们不能将秦之兴衰归结于秦法本身。事实上，秦法能否发挥作用，以及是否严苛，在很大程度上取决于实施秦法的官吏们。而官吏们实施秦法的方式和成效又会深刻地影响秦国乃至全天下之人的利益和命运，进而影响人心向背。倘若人们同意王朝或者国家的兴衰从根本上而言乃是由人心向背来决定，则从官吏的角度来解释秦兴衰就非常容易令人信服。继承秦法而形成的汉法何以令汉王朝在不长的时间内富强之类问题也比较容易获得答案。

　　在商鞅变法大获成功以后，四代秦国国君调动当时天下最强大的战争机器,利用它们来满足自己日趋膨胀的、支配更多乃至全天下土地和人口的欲望。所谓"寡人欲容车通三川,窥周室,死不恨矣"正是这种欲望的生动写照。① 在对外征战过程中,秦国经常向东方诸侯国交还所侵占的土地。不过,诸如此类做法无不是策略性的,其目的乃是稳定国内政局以及破坏诸侯国邦交,为进一步扩张服务。在完成一统天下之大业后,秦王政"今名号不更,无以称成功,传后世"② 以及众大臣所谓"平定天下,海内为郡县,法令由一统,自上古以来未尝有,五帝所不及"云云,正好表明秦孝公以迄嬴政等国君的最终以及根本目的。③ 在个人的时间和精力都有限的情况下,秦国君/皇帝必须委任并利用官吏们来协助他们治理。官吏们与秦国君/皇帝之间没有父子之情,在绝大多数情况下二者之间也没有血缘关系。他们之所以愿意大力协助秦国君/皇帝是因为,后者能够利用官爵以及赏赐等等交换其效劳,调动并满足其功业欲。例如,商鞅夺取河西之地,秦孝公为此兑现"吾且尊官,与之分土"之承诺。又如,吕不韦为己门之大而散尽家财,受惠于此的秦王在继位以后封其为相。郡县官吏们也总是希望获得尽可能高的官职和爵位。例如,喜利用担任令史的机会努力学习治狱所需掌握的法令和技能,最终成功达成目标。为回答诸如官吏们的功业欲如何被驱使到积极投身耕战,为秦国君/皇帝效力这样的问题,人们就不能不提到商鞅变法期间制定的秦法。在其大多数内容如今已不可考的情况下,人们可以依据记载商鞅奏事或者议政相关言论的《商君书》而略窥一斑:官爵唯有根据人们从事耕战所立之功而授予。材、能、知、惠以及诗、书、礼、乐等等均非国家授予官爵的依据。在这样的政治、法律环境中,官吏们如果希望加官晋爵,甚至封侯拜相,就必须积极投身耕战事业并建功立业。

为了能让官吏们更好地协助国君/皇帝治国理政,秦国/王朝必须授予相应的权力。一些官吏有可能利用权力以满足私欲,妨碍秦法的有效实施,影响和损害对于秦国君/皇帝之欲望和大业。在比较特殊的情形下,官吏们甚至有可能威胁王权/皇权。例如,魏冄利用秦军来扩大自己

---

① (汉)司马迁:《史记》卷五《秦本纪》,中华书局1982年版,第209页。
② (汉)司马迁:《史记》卷六《秦始皇本纪》,中华书局1982年版,第236页。
③ (汉)司马迁:《史记》卷六《秦始皇本纪》,中华书局1982年版,第236页。

的封地，嫪毐试图让自己的子孙继承秦王之位。商鞅曾经考虑过这样的问题，为此建议秦孝公采取有效措施进行防范：其一，国家通过各种途径让秦法广为人知，保持秦法的基本稳定以及在全国实施的法令的内容相同，等等。在秦法之实施与百姓切身利益相关的情况下，这些举措有利于占人口绝大多数的百姓出于维护自身利益需要而监督官吏们是否守法。其二，国君依据农战之功而授予官爵，不考虑左右大臣之言论以及吏民才能、智慧等因素。这样的举措是为了防止少数官吏不积极投身农战而通过贿赂等非法途径获得升迁。其三，以势、术等御奸，上计等制度因而问世。商鞅还建议秦孝公任法为治，防范官吏们结党营私。与之相应的是，秦国/王朝逐渐形成立法权、断狱讼权以及监察权等既分工、又制约的权力格局，同时形成朝廷官吏负责立法而郡县官吏负责实施并接受上一级官府监督的格局。盖因此之故，秦国/王朝历史上很少出现较为严重的官吏以权谋私现象。

秦孝公以迄秦王嬴政等国君大体上依据秦法而对官吏们进行赏罚。不过，秦国君/皇帝也会受其情感、偏好以及其他非理性因素之影响，并非总是依法授予官爵，有时候甚至利用权力阻止秦法之实施。例如，魏冄以及吕不韦等人均非因耕战之功而获封丞相或者相国。又如，公子市、公子悝以及穰侯等人未必依据耕战之功而获封为侯。再如，范雎依法当族诛，秦昭襄王不仅不愿施刑，反而下令阻止他人非议。有时候从秦法的角度而言一些将领的官爵的授予也未必十分公平。不过，诸如此类之现象的存在并没有降低官吏们的耕战积极性。非因耕战之功而获授官爵者，或者是像魏冄这样与国君之间存在血缘关系的外戚，或者是像吕不韦这样对于庄襄王继位功不可没者，又或者是国君或者权臣非常赏识者。在不具备类似条件的情况下，其他官吏如果希望满足功业欲，就只能更加努力地建立耕战之功。就郡县官吏的日常治理而言，一些简牍记载的法律文书表明，在所处法令环境中，官吏们很难以权谋私。秦军从未因为兵员得不到有效补充或者后勤补给难以维持而功败垂成。这可以在相当程度上表明郡县官吏在实施秦法方面颇有成效。因此，秦国四世有胜乃至一统天下具有相当的必然性。

秦国君/皇帝所垄断的政治、经济以及军事等方面的资源，乃官吏们建功以满足功业欲的前提条件。如果不能获得委任或者有机会率军出征，官吏们就不可能满足秦法规定的奖励条件，功业欲也无从满足。因此，获得秦国君/皇帝的赏识以及委任对于才能之士而言格外重要。官吏们必然向国君表示忠诚，甚至逐渐与国君/皇帝之间产生人身依附关系。此乃双刃剑，一方面有利于保持政局稳定，另一方面又容易引发严重的政局动荡。秦君位/皇位通常由长子继承，或者由国君/皇帝在诸子中间指定继承者。在国君/皇帝死后，继承者因年龄等原因未必能马上亲政。秦人为此设计补救措施，这就是由太后摄政。在秦国君/皇帝年幼而太后未必愿意操劳国事的情况下，国君/皇帝权力往往由太后宠信之人代为行使，魏冄以及嫪毐就是其例。才能之士或官吏们为获得治理或率军征伐的机会以满足自己的功业欲，就必须向其表示忠诚，甚至逐渐与其形成依附关系。像这样就会导致未必忠于王权/皇权的政治势力的逐渐形成，进而导致秦国/王朝政治、经济以及军事资源为其所攫取并据以为他们个人利益和权力欲服务，在特定条件下甚至对秦王权/皇权造成严重威胁。以嫪毐为核心的政治势力就是其例。不过，在政治势力形成并对王权/皇权造成威胁的时候，在长期的秦法之治下，秦王/皇帝一旦亲政，容易获得吏民大力支持和拥护，政治势力往往迅速土崩瓦解，秦国政局在经历短暂的动荡后重新走上正轨。

官吏们与秦国君/皇帝之间容易形成人身依附关系还可能引发严重的政治动荡。商鞅变法以后的秦国成为才能之士施展才能和抱负以满足其功业欲的理想场所。在因而必然存在激烈竞争的环境中，与秦国君/皇帝之间好不容易形成的密切关系必然为官吏们尽力维系。换言之，像这样建立在臣子忠贞基础上的君臣关系必然日趋稳固，有利于确保政局稳定。[①] 不过，像这样又容易对政局产生比较消极的影响。根据《史记·秦本纪》《史记·秦始皇本纪》以及《史记》一些列传的记载来看，除了司马错、樗里子以及蒙骜等少数将领在两位以上国君执政期间较为活跃外，其他重要官吏通常在一位国君执政期间建功立业。秦国政治因而

[①] 有学者指出，秦国政治文化中"忠"的观念或者规范有可能受到戎翟社会"一国之政犹一身之治，不知所以治"的影响。这样的可能性当然不能排除，而上面的分析表明，在秦国独特的政治权力结构中，"忠"的观念或者规范逐渐得以强化，在一定程度上实现"真圣人之治"的目标。参见王子今《秦代专制政体的奠基和"忠"的政治规范的定型》，《政治学研究》1995年第1期。

形成比较明显的"一朝国君一朝臣"现象。大概官吏们因忠于先君而难以让继任者相信其忠之故,在秦国国内外人才不断涌现的情况下,新任国君总是倾向于任用新的才能之士,让他们在建功立业的过程中逐渐与自己形成比较稳定的君臣关系,在充分发挥其才能、推进统一天下的大业的同时维系政局的稳定。然而,如果秦国君/皇帝不能妥善地对官吏集团进行除旧布新,就会引发后果极其严重的政治问题,继位之初的秦二世就是如此。这位皇帝认为难以获得既有官吏集团的拥护,于是试图通过繁刑严诛的方式淘汰在统一天下过程中建立卓越功勋的累世名贵人,打造一支对自己绝对忠诚的官吏集团。然而,在新的强而有力的官吏集团尚未形成的情况下,秦二世对于官吏集团的破坏被陈胜、项羽以及刘邦等人所利用。他们乘势而起,夺取秦王朝所属官府并利用它们迅速扩充军队。在秦王朝军事失利或者相关谣言迅速蔓延开来,官吏们在认为难以获得秦法之治的保护以及制裁情况下纷纷向起事者投降,秦王朝的迅速灭亡难以避免。

参考文献

（按照在文中出现的先后顺序排列）

一　传世典籍类

（汉）班固：《汉书》，中华书局1962年版。

（汉）何休解诂、（唐）徐彦疏：《春秋公羊传注疏》，上海古籍出版社2014年版。

（西汉）刘向集录：《战国策》，上海古籍出版社1998年版。

（汉）韩婴：《韩诗外传集释》，中华书局1980年版。

（汉）司马迁：《史记》，中华书局1982年版。

（汉）许慎：《说文解字》，中华书局2013年版。

（晋）杜预集解：《春秋经传集解》，上海古籍出版社1978年版。

（晋）杜预注，（唐）孔颖达等正义：《春秋左传正义》，上海古籍出版社1990年版。

（清）董增龄：《国语正义》，巴蜀书社影印光绪庚辰章氏式训堂精刻本1985年版。

（清）孙诒让：《墨子间诂》，中华书局2001年版。

（清）王先谦：《荀子集解》，中华书局2013年版。

（清）王先慎：《韩非子集解》，中华书局1998年版。

（清）永瑢等：《四库全书总目》，中华书局1965年版。

（清）朱彬：《礼记训纂》，浙江大学出版社2010年版。

（宋）司马光：《资治通鉴》，中华书局1956年版。

（宋）苏轼：《东坡志林》，中华书局2007年版。

（宋）朱熹：《四书章句集注》，中华书局1983年版。

（唐）杜牧：《樊川文集》，上海古籍出版社1978年版。

（唐）房玄龄等：《晋书》，中华书局 1974 年版。
（唐）徐坚等：《初学记》，中华书局 1962 年版。
（五代）刘昫等：《旧唐书》，中华书局 1975 年版。
黄怀信等：《逸周书汇校集注》，上海古籍出版社 2007 年版。
蒋礼鸿：《商君书锥指》，中华书局 1986 年版。
黎翔凤：《管子校注》，中华书局 2004 年版。
李零：《吴孙子发微》，中华书局 1997 年版。
王利器：《新语校注》，中华书局 1986 年版。
徐元诰：《国语集解》，中华书局 2002 年版。
杨伯峻编著：《春秋左传注》，中华书局 2016 年版。
张双棣：《淮南子校释》（增订本），北京大学出版社 2013 年版。

二　出土文献类（含考古发掘报告）

北京大学出土文献研究所：《北京大学藏西汉竹书 叁》，上海古籍出版社 2015 年版。
陈松长主编：《岳麓书院藏秦简（壹—叁)》（释文修订本），上海辞书出版社 2018 年版。
陈松长主编：《岳麓书院藏秦简（肆)》，上海辞书出版社 2015 年版。
陈松长主编：《岳麓书院藏秦简（伍)》，上海辞书出版社 2015 年版。
陈伟主编：《秦简牍合集（贰)》，武汉大学出版社 2014 年版。
陈伟主编：《秦简牍合集·释文注释修订本（壹)》，武汉大学出版社 2016 年版。
湖北省荆门市博物馆：《荆门郭店一号楚墓》，《文物》1997 年第 7 期。
湖北省荆沙铁路考古队编：《包山楚墓》，文物出版社 1991 年版。
湖北省荆州地区博物馆：《江陵杨家山 135 号秦墓发掘简报》，《文物》1993 年第 8 期。
湖北省荆州市周梁玉桥遗址博物馆：《关沮秦汉墓清理简报》，《文物》1999 年第 6 期。
湖南省文物考古研究所、慈利县文物保护管理研究所：《湖南慈利县石板村战国墓》，《考古学报》1995 年第 2 期。
湖南文物考古研究所、益阳市文物处：《湖南益阳兔子山遗址九号井发掘简报》,《文物》2016 年第 5 期。

荆州地区博物馆:《江陵王家台 15 号秦墓》,《文物》1995 年第 1 期。

李毓芳等:《阿房宫前殿遗址的考古勘探与发掘》,《考古学报》2005 年第 2 期。

秦俑考古队:《临潼上焦村秦墓清理简报》,《考古与文物》1980 年第 2 期。

睡虎地秦墓竹简整理小组:《睡虎地秦墓竹简》,文物出版社 1990 年版。

张家山二四七号汉墓竹简整理小组:《张家山汉墓竹简(二四七号墓)》,文物出版社 2006 年版。

中国文物研究所、湖北省文物考古研究所编:《龙岗秦简》,中华书局 2001 年版。

朱汉民、陈松长主编:《岳麓书院藏秦简(三)》,上海辞书出版社 2013 年版。

三 专著类

(清)康有为:《新学伪经考》,中国人民大学出版社 2010 年版。

(清)钱大昕:《潜研堂集》,上海古籍出版社 1989 年版。

卜宪群:《秦汉官僚制度》,社会科学文献出版社 2002 年版。

查瑞珍编著:《战国秦汉考古》,南京大学出版社 1990 年版。

陈启天:《商鞅评传》,商务印书馆 1935 年版。

陈苏镇:《〈春秋〉与"汉道"》,中华书局 2011 年版。

陈苏镇:《两汉魏晋南北朝史探幽》,北京大学出版社 2013 年版。

冯绍霆:《周礼:远古的理想》,上海古籍出版社 1997 年版。

高敏:《秦汉史探讨》,中州古籍出版社 1998 年版。

韩国磐:《中国古代法制史研究》,人民出版社 1993 年版。

何炳棣:《何炳棣思想制度史论》,联经出版公司 2013 年版。

瞿同祖:《瞿同祖法学论著集》,中国政法大学出版社 1998 年版。

李开元:《秦谜:重新发现秦始皇》,北京联合出版公司 2015 年版。

蒙文通:《蒙文通文集》第二卷《古族甄微》,巴蜀书社 1993 年版。

宁全红:《周秦时代狱讼制度的演变》,人民出版社 2015 年版。

潘秀玲:《〈诗经〉存古史考辨》,花木兰出版社 2006 年版。

钱穆：《国史大纲》，商务印书馆1996年版。

仝卫敏：《出土文献与〈商君书〉综合研究》，花木兰文化出版社2013年版。

王绍东：《秦朝兴亡的文化探讨》，内蒙古大学出版社2004年版。

辛德勇：《生死秦始皇》，中华书局2019年版。

杨宽：《战国史》，上海人民出版社1998年版。

张觉：《商君书校疏》，知识产权出版社2012年版。

郑良树：《商鞅及其学派》，上海古籍出版社1989年版。

［日］鹤间和幸：《始皇帝：秦始皇和他生活的时代》，杨振红、单印飞译，中信出版集团股份有限公司2019年版。

［日］守屋美都雄：《中国古代的家族与国家》，钱杭、杨晓芬译，上海古籍出版社2010年版。

［日］西嶋定生：《秦汉帝国：中国古代帝国之兴亡》，顾姗姗译，社会科学文献出版社2017年版。

［日］西嶋定生：《中国古代帝国的形成与结构：二十等爵制研究》，武尚清译，中华书局2004年版。

［英］崔瑞德、鲁惟一编：《剑桥中国秦汉史》，杨品泉译，中国社会科学出版社1992年版。

四 报刊论文类

卜宪群：《再看秦亡汉兴》，《光明日报》2002年11月26日。

晁福林：《论平王东迁》，《历史研究》1991年第6期。

晁福林：《商鞅史事考》，《中国史研究》1994年第3期。

晁福林：《五国攻秦与修鱼之战考》，《安徽史学》1996年第1期。

陈公柔：《云梦秦墓出土〈法律答问〉简册考述》，《先秦两汉考古学论丛》，文物出版社2005年版。

陈洪：《秦人葬式与社会等级的关系及其演变》，《考古与文物》2016年第2期。

陈侃理：《睡虎地秦简〈编年记〉中"喜"的宦历》，《国学学刊》2015年第4期。

陈梦家：《秦刻石杂考》，《文史》2015年第1期。

陈伟：《论岳麓秦简法律文献的史料价值》，《武汉大学学报》（哲学社会科学版）2019年第2期。

杜勇：《清华简〈祭公〉与西周三公之制》，《历史研究》2014年第4期。

何双全：《天水放马滩秦简综述》，《文物》1989年第2期。

何双全：《天水放马滩秦墓出土地图初探》，《文物》1989年第2期。

贺慧慧：《少梁城地望考》，《司马迁与史记论集》第九辑，陕西人民出版社2011年版。

胡大贵：《商鞅制爵二十级献疑》，《史学集刊》1985年第1期。

胡平生：《云梦龙岗六号秦墓墓主考》，《文物》1996年第8期。

黄爱梅：《睡虎地秦简与龙岗秦简的比较》，《华东师范大学学报》（哲学社会科学版）1997年第4期。

黄盛璋：《云梦秦简〈编年记〉初步研究》，《考古学报》1977年第1期。

李福泉：《北伐匈奴是秦亡的重要原因》，《学术月刊》1985年第9期。

李福泉：《论秦始皇统治的失误》，《湖南师大社会科学学报》1989年第4期。

李福泉：《秦国客卿议》，《湖南师院学报》（哲学社会科学版）1980年第2期。

李国明等：《法家思想与秦亡关系新探》，《当代法学》1993年第5期。

李开元：《秦始皇的后宫之谜与亡国之因》，《21世纪经济报道》2007年8月20日。

李如森：《略论关中东周秦墓葬制与关东诸国的差异》，《北方文物》1993年第4期。

李学勤：《秦孝公、惠文王时期铭文研究》，《中国社会科学院研究生学院学报》1992年第5期。

李裕民：《郭店楚墓的年代与墓主新探》，《陕西师范大学学报》（哲学社会科学版）2000年第3期。

林剑鸣：《〈睡〉简与〈放〉简〈日书〉比较研究》，《文博》1993年第5期。

刘笃才、杨一凡：《秦简廷行事考辨》，《法学研究》2007年第3期。

刘海年：《云梦秦简的发现与秦律研究》，《法学研究》1982年第1期。

刘乐贤：《睡虎地秦简日书〈诘咎篇〉研究》，《考古学报》1993 年第 4 期。

刘敏：《秦汉户籍中的"宗室属籍"》，《河北学刊》2007 年第 6 期。

刘芮方：《秦庶长考》，《古代文明》2010 年第 3 期。

刘巍：《"民心"决定论的困境：以秦亡汉兴为例》，《北京理工大学学报》（社会科学版）2015 年第 4 期。

刘信芳、梁柱：《云梦龙岗秦简综述》，《江汉考古》1990 年第 5 期。

陆青松：《论学术在秦统一中的作用》，《社会科学论坛》2011 年第 7 期。

罗运环：《论郭店一号楚墓所出漆耳杯文及墓主和竹简的年代》，《考古》2000 年第 1 期。

马振方：《〈战国策〉之小说辨析》，《中国典籍与文化》2009 年第 3 期。

孟万忠等：《从地缘政治学的角度探讨秦统一全国的历史必然性》，《太原师范学院学报》（社会科学版）2005 年第 1 期。

宁全红：《李斯卒年再辨》，《中华文化论坛》2015 年第 8 期。

宁全红：《〈岳麓书院藏秦简（肆）〉所载〈贼律〉、〈具律〉析论》，《简帛研究》2018 年春夏卷，广西师范大学出版社 2018 年版。

裴明相：《信阳楚墓的主要遗存及其特点》，《中原文物》1989 年第 1 期。

彭林：《以人法天的理想国纲领——〈周礼〉》，《光明日报》2001 年 3 月 27 日。

齐思和：《商鞅变法考》，载《中国史探研》，中华书局 1981 年版。

乔松林：《秦亡于法家说质疑》，《史学月刊》2013 年第 6 期。

萨孟武：《秦的兴亡》，《新政治》1938 年第 1 卷第 1 期。

沈刚：《简牍所见秦代地方职官选任》，《历史研究》2017 年第 4 期。

沈建华：《清华楚简〈祭公之顾命〉中的三公与西周世卿制度》，《中华文史论丛》2010 年第 4 期。

施丁：《谈谈"章邯军"与"王离军"》，《史学月刊》2001 年第 3 期。

史党社：《再论墨学与秦的关系》，载《秦始皇帝陵博物院》第三辑，三秦出版社 2013 年版。

四川省博物馆、青川县文化馆：《青川县出土秦更修田律木牍》，《文物》1982 年第 1 期。

宋洪兵：《韩学极盛与秦二世而亡》，《学术月刊》2017 年第 4 期。

苏俊林：《岳麓秦简〈暨过误失坐官案〉的议罪与量刑》，《史学月刊》2019年第8期。

孙国志：《战国时期秦国封君考论》，《求是学刊》2002年第4期。

孙家洲、李宜春：《西汉矫制考论》，《中国史研究》1998年第1期。

孙家洲：《兔子山遗址出土〈秦二世元年文书〉与〈史记〉纪事抵牾释解》，《湖南大学学报》（社会科学版）2015年第3期。

孙少华：《史书"故事"的文体衍化与秦汉子书的叙事传统》，《中南民族大学学报》（人文社会科学版）2014年第2期。

孙闻博：《东郡之置与秦灭六国——以权力结构与郡制推行为中心》，《史学月刊》2017年第9期。

孙占宇：《放马滩秦简乙360—366号"墓主记"说商榷》，《西北师大学报》（社会科学版）2010年第5期。

汤志彪：《略论里耶秦简中令史的职掌与升迁》，《史学集刊》2017年第2期。

王晖：《论文王平虞芮之讼与商周战略形势之遽变》，《社会科学战线》2003年第1期。

王晖：《周文王授命称王与商周战略形势遽变之因》，载《古文字与商周史新证》，中华书局2003年版。

王明钦：《王家台秦墓竹简概述》，艾兰、邢文编：《新出简帛研究》，文物出版社2004年版。

王伟：《睡虎地秦简文本复原二题》，《中国矿业大学学报》（社会科学版）2016年第6期。

王玉哲：《周平王东迁乃避秦非避犬戎说》，《天津社会科学》1986年第3期。

王占通：《秦朝灭亡非法家思想之罪》，《古籍整理研究学刊》2012年第5期。

王子今：《秦代专制政体的奠基和"忠"的政治规范的定型》，《政治学研究》1995年第1期。

王子今：《秦王朝关东政策的失败与秦的覆亡》，《史林》1986年第4期。

伍仕谦：《秦公钟考释》，《四川大学学报》（哲学社会科学版）1980年第 2 期。

武黎嵩：《战国秦汉间的文学之士》，《南京大学学报》2012 年第 2 期。

辛德勇：《闾左臆解》，《中国史研究》1996 年第 4 期。

辛德勇：《王翦南征百越战事钩沉》，《旧史舆地文录》，中华书局 2013 年版。

邢义田：《从出土资料看秦汉聚落形态和乡里行政》，载黄宽重主编：《中国史新论·基层社会分册》，联经出版公司 2009 年版。

徐进：《韩子亡秦论——商鞅、韩非法律思想之比较》，《法学研究》1994 年第 4 期。

徐进：《商鞅法治理论的缺失：再论法家思想与秦亡的关系》，《法学研究》1997 年第 6 期。

徐卫民：《法家思想与秦王朝灭亡关系新论》，《西北大学学报》（哲学社会科学版）2005 年第 4 期。

雍际春：《秦公簋及"十又二公"考》，《社会科学战线》2013 年第 6 期。

于豪亮：《秦律丛考》，载《于豪亮学术文存》，中华书局 1985 年版。

于豪亮：《释青川秦墓木牍》，《文物》1982 年第 1 期。

于敬民：《"失期，法皆斩"质疑》，《中国史研究》1989 年第 1 期。

于振波：《"闾左"身份平议》，《简牍与秦汉社会》，湖南大学出版社 2012 年版。

张春龙、张兴国：《湖南益阳兔子山遗址九号井出土简牍概述》，《国学学刊》2015 年第 4 期。

张继海：《睡虎地秦简魏户律的再研究》，《中国史研究》2005 年第 2 期。

赵旭东：《习俗作为法律与法律的习俗研究》，《学术月刊》2019 年第 6 期。

周海锋：《秦律令之流布及随葬律令性质问题》，《华东政法大学学报》2016 年第 4 期。

周晓瑜：《秦代"隐宫""隐官""宫某"考辨》，《文献》1998 年第 4 期。

朱凤瀚：《北大藏秦简〈从政之经〉述要》，《文物》2012 年第 6 期。

朱锦程：《秦对新征服地的特殊统治政策——以"新地吏"的选用为例》，《湖南师范大学社会科学学报》2017年第2期。

庄小霞：《"失期当斩"再探——兼论秦律与三代以来法律传统的渊源》，《中国古代法律文献研究（第十一辑）》，社会科学文献出版社2017年版。

［德］劳武利：《张家山汉简〈奏谳书〉与岳麓书院秦简〈为狱等状四种〉的初步比较》，李婧嵘译，《湖南大学学报》（社会科学版）2013年第3期。

［日］富谷至：《论出土法律资料对〈汉书〉、〈晋书〉、〈魏书〉"刑法志"研究的几点启示：〈译注中国历代刑法志·解说〉》，薛夷风译，周东平校，载韩延龙主编：《法律史论集》（第六卷），法律出版社2006年版。

Jack L. Dull, "Anti-Qin Rebels: No Peasant Leaders Here", *Modern China*, Vol. 9, No. 3, (Jul., 1983).

五 博硕士论文类

白艳利：《从汉承秦制看吏治对秦亡的影响》，硕士学位论文，内蒙古大学，2005年。

黄苑野：《战国秦汉上郡军事地理研究》，硕士学位论文，首都师范大学，2011年。

王治国：《金文所见西周王朝官制研究》，博士学位论文，北京大学，2013年。

夏利亚：《秦简文字集释》，博士学位论文，华东师范大学，2011年。

张孝蕾：《睡虎地秦简〈封诊式〉研究》，硕士学位论文，湖南大学，2013年。

后　　记

　　长期以来，我天南海北地搜集资料，绞尽脑汁地在电脑上敲下文字，翻来覆去地对日益熟悉的语句进行修改。为此，我经常在晚上睡觉以前考虑第二天做些什么，时常在凌晨三四点就醒来并且再也睡不着，有时候我干脆就起来爬格子。在这样的努力让我有机会整年好好读一下书以后，我真的失去了写点什么的兴趣。不过，前不久在新浪微博上看到一位在美华裔学者因不能写后记而觉得很遗憾以后，我还是决定应耿晓明老师的要求围绕这本书的诞生做一些交代。

　　这本书是在我主持的同名国家社科基金资助项目最终成果的基础上完成的。在以早期中国狱讼制度以及法律制度的形成和演变为主题完成或正在完成博士后工作报告后，我就在考虑下一个课题的选题。我是从法学界进入历史学界的，与科班出身的历史学者相比，我的很多想法有所不同。例如，我一直将培根所说的"读史使人明智"奉为圭臬。为此，我一直认为，历史学者应该关注现实中需要解决的重大问题以及人们所关注的问题，通过对于历史上与其存在惊人的相似的事件和现象的研究，为人们思考和解决相关问题提供启示。当然，在像这样做的时候，历史研究者绝对不能搞影射史学，而是必须以求真为基本原则和最起码的标准。在考辨史实、梳理事件来龙去脉的基础上，历史学者应该认真总结经验教训，提炼出规律性认识和理论。只有像这样进行研究，历史学才能真正引起人们的关注和重视。这并非易事，不过，我愿意勉力而为。

　　在网络上随意浏览的过程中，或许与我对于正在如火如荼地进行的反腐败斗争的高度认同和钦佩有关吧，我注意到一位香港记者的评论。在他看来，官员对于中国问题的解决至关重要。此后不久，我注意到一篇学术综述，系对于学者们就法家是否应当为秦二世而亡承担责任所进行的讨论的简要介绍和评论。我一下子就想到，我国目前所实施的"依法治国"方略与秦"以法治国"虽存在根本区别，然也存在相类之处。作为一位因研究早期中国法律发展史而对相关历史比较熟悉的研究者，我或许可以考察一下官吏们在秦"以法治国"过程中发挥的作用以及他们是否应当以及在多大程度上应当为秦二世而亡承担责任的问题。如此一来，我不就参与了实践中所出现的重大问题以及学者们所关注的问题的讨论了吗？

在以上初步想法成为比较成熟而完善的课题申报书的过程中，一些师友提出了宝贵的意见和建议。记得我曾向时任四川省社会科学院院长侯水平研究员作了汇报。他在对我这个想法表示赞赏以后指出，以往人们比较关注秦何以二世而亡的问题，很少有人重视秦何以兴的问题，后面这个问题其实同样重要，值得认真研究。侯水平院长的一席话不仅让我坚定了将课题设计与完成好的决心，而且极大地充实和完善了我的初步设想。在围绕上述想法读书的过程中，我注意到几年前仇鹿鸣教授出版的《魏晋之际的政治权力与家族网络》这本书，觉得可以通过考察秦各种政治势力的联合和斗争来探讨秦何以兴亡的问题。当然，与他试图突破既往"政治集团"与"党争说"的分析范式相比，我可能有些落后，将他试图扬弃的"政治集团"发展成为"官吏集团"，甚至作为标题。四川省社会科学院一向对国家社科基金的申报非常重视，院所经常组织专家对研究人员拟申报的课题进行论证。在一次课题申报论证会上，时任四川省历史学会会长谭继和研究员在给我提建议的时候提出"秦法之治"这个概念，我觉得非常之好，将它作为课题题目的组成部分。由于流传至今的关于秦国的可靠资料较少，从官吏集团的角度进行讨论又进一步限制它们的范围。难免有专家质疑能否据以完成一项国家课题的问题，对此，段渝研究员指出，如果加上春秋时期的秦国史料，估计够了，这给了我莫大的信心。

尽管如此，在国家社科规划办发布对拟资助项目进行公示的公告后，我完全高兴不起来，反而心里发怵。我申报的是中国历史类一般项目，而以往我在法学院度过六年时光，很难说历经比较正规和严谨的学术训练。进入四川大学历史文化学院中国史博士后流动站学习也不过四年多而已，我很能设想自己已经能像那些历经十余年历史学训练的师友那样顺利完成课题。也正因为如此，有人当着我的面质疑我是否能够完成课题，甚至有人要我自觉中止课题。这对于我来说是难以承受之重。在别有用心的人的策划下，我似乎在中国法律史学界遭到了封杀：不仅以往的诸多同学以及认识的学人拒绝与我联系，而且一些教授也加入了这样的行列。这决定了我以后只能在历史学界谋生存，倘若不能将这个课题完成，我以后有何面目与历史学界师友交流？所以，我只能硬着头皮将课题做下去。在中国历史学界的一些师友都表示这个课题难以完成的情况下，我就更不可能一开始就拿出比较切实可行的研究方案。在课题有时间方面的规定的情况下，我不得不每天围绕着课题题目限制的方向和范围，将相关史料找出来翻来覆去地进行分析。在像这样做了一年多以后，终有一天在我了头脑中形成了比较清晰的思路和框架。不过，与我觉得可以较快地完成课题最终成果的撰写不同的是，我又花了一年多的时间才完成初稿，毕竟将新的思路和想法落到实处需要对以往的分析进行比较大的修改。在请各位专家就初稿提出修改意见特别是王献华教授指出通过评审应该问题不大以后，我才放下心来。

尽管看了我的书稿并且提出修改建议的赵宠亮副教授给予高度评价，我仍然没有信心，有时甚至不敢看国家社科规划办每个月发布的有关通过评审的国家社科基金资助项目的公告。在终有一天我从这样的公告中发现了自己的名字并且看到结项等级为"良好"以后，一种无与伦比的愉悦油然而生。直到那一刻，我才敢自认为是一个合格的历史研究者，有资格在中国历史学界谋生存和求发展。这个课题的成功完成，给予我的不仅仅是信心和愉悦，更是一种较为严格的学术训练。在完成这个课题以后，我发现了一些变化：以往在参与四川大学历史文化学院以及清华大学历史系一些师友组织的读书会的过程中，我发现无论如何努力也遭到师友们的严厉批评甚至完全否定。在完成这个课题之后，我发现自己能够和师友们一样讨论问题，不至于因知识或者思维方面存在的问题而无法正常交流。

对于这种状况的形成，我首先要感谢王献华教授。自进入四川大学历史文化学院中国历史博士后流动站时起，我就知道应该努力做到像历史学者一样思考。然而，无论我如何努力地听历史学教授们的讲课和学术讲座，也无论我如何将自己写的东西拿出来供历史学界的师友们批评，我总觉得前述目标比较缥缈，遥不可及。直到有一天我在网上看到王献华教授接受历史学本科生采访的全文以后，我突然明白了历史学是做什么的，应该怎么样做。也正因为如此，我才能将比较纷乱的围绕史料所进行的分析组织成为在一些师友看来比较新颖而严谨的项目最终成果。也是因为我看了那篇网文，我才真正理解王献华教授之前跟我说的如何着手完成课题以及如何寻求历史真相的课堂讲授的真正含义。这对于我成长成为一个合格的历史研究者是至关重要的。

前面已经提到，在形成初步设想并完成课题申报书的过程中，侯水平研究员、谭继和研究员以及段渝研究员都提出过非常宝贵的意见和建议，王炎研究员甚至阅读申报书直至凌晨两点。在这里我要对他们公开致以最诚挚的谢意。在完成课题最终成果的初稿以后，段渝研究员、王献华教授、赵宠亮副教授、李树浪博士以及郭凯等师友都提出过宝贵的修改意见，这里一并表示感谢。当然，对于书中必然存在的若干缺陷和错误，责任理应由我本人来承担。